中国近代
思想家文库

◎

樊洪业　潘　涛　王勇忠　编

任鸿隽卷

中国人民大学出版社
·北京·

总　序

　　对于近代的理解，虽不见得所有人都是一致的，但总的说来，对于近代这个词所涵的基本意义，人们还是有共识的。一个国家、一个民族走入近代，就意味着以工业化为主导的经济取代了以地主经济、领主经济或自然经济为主导的中世纪的经济形态，也还意味着，它不再是孤立的或是封闭与半封闭的，而是以某种形式加入到世界总的发展进程。尤其重要的是，它以某种形式的民主制度取代君主专制或其他不同形式的专制制度。中国是个幅员广大、人口众多、历史悠久的多民族国家，由于长期历史发展是自成一体的，与外界的交往比较有限，其生产方式的代谢迟缓了一些。如果说，世界的近代是从 17 世纪开始的，那么中国的近代则是从 19 世纪中期才开始的。现在国内学界比较一致的认识，是把 1840 年到 1949 年视为中国的近代。

　　中国的近代起始的标志是 1840 年的鸦片战争。原来相对封闭的国门被拥有近代种种优势的英帝国以军舰、大炮再加上种种卑鄙的欺诈打开了。从此，中国不情愿地加入到世界秩序中，沦为半殖民地。原来独立的大一统的中央集权的君主专制国家，如今独立已经极大地被限制，大一统也逐渐残缺不全，中央集权因列强的侵夺也不完全名实相符了。后来因太平天国运动，地方军政势力崛起，形成内轻外重的形势，也使中央集权被弱化。经历第二次鸦片战争、中法战争、甲午战争、八国联军入侵的战争以及辛亥革命后的多次内外战争，直至日本全面侵略中国的战争，致使中国的经济、政治、教育、文化，都无法顺利走上近代发展的轨道。古今之间，新旧之间，中外之间，混杂、矛盾、冲突。总之，鸦片战争后的中国，既未能成为近代国家，更不能维持原有的统治秩序。而外患内忧咄咄逼人，人们都有某种程度"国将不国"的忧虑。

　　"天下兴亡，匹夫有责"，读书明理的士大夫，或今所谓知识分子，尤为敏感，在空前的危机与挑战面前，皆思有所献替。于是发生种种救亡图存的思想与主张。有的从所能见及的西方国家发展的经验中借鉴某些东西，形成自己的改革方案；有的从历史回忆中拾取某些智慧，形成某种民族复兴的设想；有的则力图把西方的和中国所固有的一些东西加以调和或结合，形成某种救亡图强的主张。这些方案、设想、主张，从世界上"最先进的"，到"最落后的"，几乎样样都有。就提出这些方案、设想、主张者的初衷而言，绝大多数都含着几分救国的意愿。其先进与落后，是否可行，能否成功，尽可充分讨论，但可不必过为诛心之论。显而易见，既然救国的问题最为紧迫，人们所心营目注者自然是种种与救国的方案直接相关的思想学说，而作为产生这些学说的更基础性的理论，及其他各种知识、思想，则关注者少。

围绕着救国、强国的大议题，知识精英们参考世界上种种思想学说，加以研究、选择，认为其中比较适用的思想学说，拿来向国人宣传，并赢得一部分人的认可。于是互相推引，互相激励，更加发挥，演而成潮。在近代中国，曾经得到比较广泛的传播的思想学说，或者够得上思潮的，主要有以下几种：

（一）进化论。近代西方思想较早被引介到中国，而又发生绝大影响的，要属进化论。中国人逐渐相信，进化是宇宙之铁则，不进化就必遭淘汰。以此思想警醒国人，颇曾有助于振作民族精神。但随后不久，社会达尔文主义伴随而来，不免发生一些负面的影响。人们对进化的了解，也存在某些片面性，有时把进化理解为一条简单的直线。辩证法思想帮助人们形成内容更丰富和更加符合实际的发展观念，减少或避免片面性的进化观念的某些负面影响。

（二）民族主义。中国古代的民族主义思想，其核心是"非我族类，其心必异"，所以最重"华夷之辨"。鸦片战争前后一段时期，中国人的民族思想，大体仍是如此。后来渐渐认识到"今之夷狄，非古之夷狄"，"西人治国有法度，不得以古旧之夷狄视之"。但当时中国正遭受西方列强的侵略和掠夺，追求民族独立是民族主义之第一义。20世纪初，中国知识精英开始有了"中华民族"的概念。于是，渐渐形成以建立近代民族国家为核心的近代民族主义。结束清朝君主专制，创立中华民国，是这一思想的初步实现。第一次世界大战爆发，中国加入"协约国"，第一次以主动的姿态参与世界事务，接着俄国十月革命爆发，这两件事对近代中国的发展历程造成绝大影响。同时也将中国人的民族主义提升到一个新的层次，即与国际主义（或世界主义）发生紧密联系。也可以说，中国人更加自觉地用世界的眼光来观察中国的问题。新生的中国共产党和改组后的国民党都是如此。民族主义成为中国的知识精英用来应对近代中国所面临的种种危机和种种挑战的一个重要的思想武器。

（三）社会主义。社会主义作为一种模糊的理想是早在古代就有的，而且不论东方和西方都曾有过。但作为近代思潮，它是于19世纪在批判近代资本主义的基础上产生的。起初仍带有空想的性质，直到马克思和恩格斯才创立起科学社会主义。20世纪初期，社会主义开始传入中国。当时的传播者不太了解科学社会主义与以往的社会主义学说的本质区别。有一部分人，明显地受到无政府主义的强烈影响，更远离科学社会主义。直到五四新文化运动兴起之后，中国人始较严格地引介、宣传科学社会主义。但有一段时间，无政府主义仍是一股很大的思想潮流。中国共产党的成立，从思想上说，是战胜无政府主义的结果。中国共产党把在中国实现社会主义乃至共产主义作为自己的奋斗目标。此后，社会主义者，多次同各种非科学社会主义思想的信仰者进行论争并不断克服种种非科学社会主义思想的影响。

（四）自由主义。自由主义也是从清末就被介绍到中国来，只是信从者一直寥寥。直到五四新文化运动兴起，具有欧美教育背景的知识精英的数量渐渐多起来，自由主义始渐渐形成一股思想潮流。自由主义强调个性解放、意志自由和自己承担责任，在政治上反对一切专制主义。在中国的社会条件下，自由主义缺乏社会基础。在政治激烈动荡的时候，自由主义者很难凝聚成一股有组织的力量；在稍稍平和的时候，他们往往更多沉浸在自己的专业中。所以，在中国近代史上，自由主义不曾有，也不可能有大的作为。

（五）激进主义与保守主义。处于转型期的社会，旧的东西尚未完全退出舞台，新的东西也还未能巩固地树立起来，新旧冲突往往要持续很长的时间，有时甚至达到很激烈的程度。凡助推新东西成长的，人们便视为进步的；凡帮助旧东西排斥新东西的，人们便视为保守的。其实，与保守主义对应的，应是进步主义；与顽固主义相对的则应是激进主义。不过在通常话语环境中人们不太严格加以区分。中国历史悠久，特别是君主专制制度持续两千余年，旧东西积累异常丰富，社会转型极其不易。而世界的发展却进步甚速。中国的一部分精英分子往往特别急切地想改造中国社会，总想找出最厉害的手段，选一条最捷近的路，以最快的速度实现全盘改造。这类思想、主张及其采取的行动，皆属激进主义。在中共党史上，它表现为"左"倾或极左的机会主义。从极端的激进主义到极端的顽固主义，中间有着各种程度的进步与保守的流派。社会的稳定，或社会和平改革的成功，都依赖有一个实力雄厚的中间力量。但因种种原因，中国社会的中间力量一直未能成长到足够的程度。进步主义与保守主义，以及激进主义与顽固主义，不断进行斗争，而实际所获进步不大。

（六）革命与和平改革。中国近代史上，革命运动与和平改革运动交替进行，有时又是平行发展。两者的宗旨都是为改变原有的君主专制制度而代之以某种形式的近代民主制度。有很长一个时期，有两种错误的观念，一是把革命理解为仅仅是指以暴力取得政权的行动，二是与此相关联，把暴力革命与和平改革对立起来，认为革命是推动历史进步的，而改革是维护旧有统治秩序的。这两种论调既无理论根据，也不合历史实际。凡是有助于改变君主专制制度的探索，无论暴力的或和平的改革都是应予肯定的。

中国近代揭幕之时，西方列强正在疯狂地侵略与掠夺殖民地和半殖民地，中国是它们互相争夺的最后一块、也是最大的资源地。而这时的中国，沿袭了两千年的君主专制制度已到了奄奄一息的末日，统治当局腐朽无能，对外不足以御侮，对内不足以言治，其统治的合法性和统治的能力均招致怀疑。革命运动与改革的呼声，以及自发的民变接连不断。国家、民族的命运真的到了千钧一发之际，危机极端紧迫。先觉分子救国之心切，每遇稍具新意义的思想学说便急不可待地学习引介。于是西方思想学说纷纷涌进中国，各阶层、各领域，凡能读书读报者，受其影响，各依其家庭、职业、教育之不同背景而选择自以为不错的一种，接受之，信仰之，传播之。于是西方几百年里相继风行的思想学说，在短时期内纷纷涌进中国。在清末最后的十几年里是这样，五四时期在较高的水准上重复出现这种情况。

这种情况直接造成两个重要的历史现象：一个是中国社会的实际代谢过程（亦即社会转型过程）相对迟缓，而思想的代谢过程却来得格外神速。另一个是在西方原是差不多三百年的历史中渐次出现的各种思想学说，集中在几年或十几年的时间里狂泻而来，人们不及深入研究、审慎抉择，便匆忙引介、传播，引介者、传播者、听闻者，都难免有些消化不良。其实，这种情况在清末，在五四时期，都已有人觉察。我们现在指出这些问题并非苛求前人，而是要引为教训。

同时我们也看到，中国近代思想无比的多样性与复杂性呈现出绚丽多彩的姿态，各种思想持续不断地展开论争，这又构成中国近代思想史的一个突出特点。有些论争为我们留下了非常丰富的思想资料。如兴洋务与反洋务之争，变法与反变法之争，革命与改良之争，共和与立宪之争，东西文化之争，文言与白话之争，新旧伦理之争，科学与人生观之争，中国社会性质的论争，社会史的论争，人权与约法之争，全盘西化与本位文化之争，民主与独裁之争，等等。这些争论都不同程度地关联着一直影响甚至困扰着中国人的几个核心问题，即所谓中西问题、古今问题与心物关系问题。

中国近代思想的光谱虽比较齐全，但各种思想的存在状态及其影响力是很不平衡的。有些思想信从者多，言论著作亦多，且略成系统；有些可能只有很少的人做过介绍或略加研究；有的还可能因种种原因，只存在私人载记中，当时未及面世。然这些思想，其中有很多并不因时间久远而失去其价值。因为就总的情况说，我们还没有完成社会的近代转型，所以先贤们对某些问题的思考，在今天对我们仍有参考借鉴的价值。我们编辑这套《中国近代思想家文库》，希望尽可能全面地、系统地整理出近代中国思想家的思想成果，一则借以保存这份珍贵遗产，再则为研究思想史提供方便，三则为有心于中国思想文化建设者提供参考借鉴的便利。

考虑到中国近代思想的上述诸特点，我们编辑本《文库》时，对于思想家不取太严格的界定，凡在某一学科、某一领域，有其独立思考、提出特别见解和主张者，都尽量收入。虽然其中有些主张与表述有时代和个人的局限，但为反映近代思想发展的轨迹，以供今人参考，我们亦保留其原貌。所以本《文库》实为"中国近代思想集成"。

本《文库》入选的思想家，主要是活跃在 1840 年至 1949 年之间的思想人物。但中共领袖人物，因有较为丰富的研究著述，本《文库》则未收入。

编辑如此规模的《文库》，对象范围的确定，材料的搜集，版本的比勘，体例的斟酌，在在皆非易事。限于我们的水平，容有瑕隙，敬请方家指正。

《中国近代思想家文库》编纂委员会

目　录

导　言

20世纪初年，一场教育革命迎来了与现代教育接轨的科学知识体系，国人的知识结构开始发生全面转变；雨后春笋般的新学堂把原来以科举入仕为唯一正途的旧士人阶层送进了墓地，汹涌澎湃的留学大潮则把现代知识分子群推上了新世纪的舞台。

从传统社会向现代社会变迁的"时势"，造就了历史潮头上的一代"英雄"，在1910年代和1920年代涌现出中国第一代科学家，如丁文江、翁文灏、秉志、胡先骕、竺可桢、叶企孙、曾昭抡、侯德榜、茅以升等，奠定了各门基本学科的基础。在此过程中，也出现了任鸿隽这样的知识精英。他获得哥伦比亚大学硕士学位之后没有在专业上发展，称不上是真正的化学家，但他与第一代科学家们携手走来，成为现代科学在中国奠基时期的学界领袖，无以名之，或可称之为"科学事业家"。

一

任鸿隽祖居浙江归安（现吴兴县）菱湖镇，祖父辈为避太平军战乱，躲往四川。父亲章甫公纳粟入官，到垫江县做典史。任鸿隽于1886年出生在垫江。男中行三，取字叔永。六岁上学，于家馆中初习八股。1898年，考取了垫江县书院的住院生。1904年冒充巴县籍到重庆参加院考，在1万多名童生中考取了第3名秀才，他赶上了中华帝国科举考试的最后一班车。

任秀才住进重庆府中学堂，第二年即以速成师范班毕业，学得了一些物理、化学、教育学、心理学之类的新知识。毕业以后，在重庆的开智小学和一家私立中学教书，一年下来竟有大约200元的积蓄。于是乘船顺江东下，进了大上海的中国公学。

中国公学，本是由留日学生因反抗日本当局的压制而回国组建的。校内革命气氛浓厚，任鸿隽进校的第一件事就是剪掉了辫子。为时不久，他嫌学校功课程度太低，就于1908年初东渡日本留学。翌年加入了孙中山领导的同盟会，积极从事反清的革命活动。1909年秋天考进东京高等工业学校应用化学预科，目的就是为了学会制造可用于革命造反的炸药。在留日期间，他曾参与购买武器、印制传单，发表过《川人告哀文》和《为铁道国有告国人书》，先后担任过同盟会四川分会书记、会长，也曾参与总会事务。

革命来得很快，在任秀才参加造反的第三个年头，武昌起义爆发。他毅然抛弃学业和书物，怀一腔热血匆匆回国。1912年元旦，孙中山在南京就任临时大总统，任鸿隽应召到总统府秘书处工作。此间，他为孙中山起草过《告前方将士文》、《咨参议会文》、《祭明孝陵文》等。4月间，南北和议结束，孙中山让位给袁世凯。任鸿隽不愿到袁政府中做事，就要求到欧美学习。经过一番周折，终以第一批"稽勋生"资格赴美留学。这一年的初冬，任鸿隽进入康奈尔大学文理学院学习。

二

1910年代，中国留学界的主流在美国。他们办有一份专门刊物《留美学生年报》，本来是通讯联谊性质的。任鸿隽于1914年1月接手这份刊物，将它改刊为《留美学生季报》，按春夏秋冬出刊，内容转以评论和创作为主。

从故土来到异邦，任鸿隽通过中外对比看到国家之间社会现状的巨大反差，认为中国弱于列强的原因在于学术之荒芜。因此，他在1914年的《留美学生季报》连续发表文章，论述应该建立中国的"学界"。由此再进一步，他提出，在众多学术之中，中国最缺少科学。国家要强盛，就一定要发展科学。于是，他在康奈尔大学校园内联络一些中国同学发起创办了《科学》杂志。经过几个月紧张筹备，1915年1月，《科学》创刊号由上海商务印书馆印行问世，后来成为20世纪前半叶在中国影响最大的综合性科学刊物。

《科学》发刊词开篇指出"世界强国，其民权国力之发展，必与其学术思想之进步为平行线，而学术荒芜之国无幸焉"，"学术门类亦众矣，而吾人独有取于科学"。在论述了科学对物质文明、人类健康、知识进步和道德建设的巨大作用之后，他大声疾呼："继兹以往，代兴于神州学术之林，而为芸芸众生所托命者，其唯科学乎，其唯科学乎！"

这篇发刊词最早"并举"起民主与科学的旗帜，全面地阐述了科学的社会功能，突出宣扬科学救国的思想。

起初的科学社只是为了办杂志而成立的集股公司性质的松散组织。大家后来觉得，为了全面推进科学事业，有必要把科学社改成学会性质的组织，于是推举任鸿隽、胡明复和邹秉文三人起草章程。章程以通信方式于1915年10月25日获得通过，遂成立"中国科学社"，选举任鸿隽为董事长，亦即为社长。

从科学社到中国科学社，核心问题是要求社员之间的关系以"学问"为基础，其宗旨从"传播世界最新科学知识为帜志"扩展到"联络同志共图中国科学之发达"。

中国科学社正式成立之后，曾以五位董事的名义刊登《本社致留美同学书》于《科学》第2卷第8期上：

> 同学诸君足下：科学为近世文化之特彩，西方富强之泉源，事实俱在，无特缕陈。吾侪负笈异域，将欲取彼有用之学术，救我垂绝之国命。舍图科学之发达，其道莫由。顾欲科学之发达，不特赖个人之研精，亦有待于团体之扶翼。试览他国科学发达之历史，莫不以学社之组织为之经纬。……兹事体大，所期甚遥，自非鸠集大群，骈力合德以趋所向之的。其曷有济，是用不辞冒昧，谨书本社缘起、现在情形及现行总章邮呈左右。倘本大贤为国求学之素志，鉴同人以蚊负山之愚忧，惠然肯来共襄业，则岂特本社之幸，其中国学界前途实嘉赖之。

后来成为任鸿隽夫人的陈衡哲，在晚年回忆文字中说：

> 我是于1914年秋到美国去读书的。一年之后，对于留学界的情形渐渐的熟悉了，知道那时在留学界中，正激荡着两件文化运动。其一，是白话文学运动，提倡人是胡适之先生；其二，是科学救国运动，提倡人便是任叔永先生。（《任叔永先生不朽》）

在中国近代史上，提出"科学救国"思想的第一人是严复。当1895年清政府与日本签订丧权辱国的《马关条约》时，中国知识界痛感有亡国灭种的危险而急切寻求救亡之策，严复曾断言"西学格致，非迁途也，一言救亡，则将舍是而不可"。其言之要义，就是唯有依靠"西学格致"才是救亡的捷径。当时，中国语汇中尚无"科学"一词。严复是把 science 译为"西学格致"的。他说西学格致救亡，意即后来的"科学救国"。

严复在 20 年前提出西学格致救亡时，只是单枪匹马的孤独先行者。20 年之后，任鸿隽们已是团队行动了。科学救国的使命感，把留学生们凝聚为中国科学社，在历史上充当了科学救国的先锋队。

在中国近代思想家的谱系中，任鸿隽是"科学救国"思潮和运动的旗手。

三

在 1916 年中国科学社召开的首次年会上，任鸿隽在他的社长报告中论述英国皇家学会的历史时，大段引用了培根在《新大西岛》书中对所罗门宫的描绘。在演讲的末尾，又仿效培根的方式，面对留学美国的年轻伙伴们，充满激情地描述他的梦想："兄弟倒要请诸君做一个短梦，看一看中国科学社未来的会所……"所梦者——中国科学社在一个环境优美的地方建立起图书馆、博物馆和许多实验室，组织社员们研究世界上没有解决的各种科学问题。

1918 年 10 月，任鸿隽即与杨杏佛同船回国。随着骨干人物的转移，中国科学社这颗幼苗也从美国的温室移到了中国的大田。为了筹措经费，任鸿隽等发起了"五万元基金"的募集活动。他周游广州、上海、南通、南京、北京等地，游说各界名人，得到过政界徐世昌、实业界张謇等人的捐助。经过几年的摸爬滚打，他们渡过了回国之初的低谷，有了属于自己的社址，尤其是 1922 年 8 月在南京建立了生物研究所。紧接着，在张謇的支持下，于南通召开了红红火火的第七次年会。为了得到社会的更大支持，他们把张謇、蔡元培、梁启超、马相伯、汪精卫、范源濂等名流请入董事会，另组理事会为工作班子。任鸿隽后来长期担任理事并同时担任董事会的书记，一直是中国科学社的实际领袖。

1922 年年底，任鸿隽写成《中国科学社之过去及将来》一文，把1916 年的梦想做了进一步的细化，为科学社勾画出一幅远景图：出版专业杂志和通俗杂志，在各地创办图书馆；建立理化研究所、生物研究所、卫生研究所、矿冶研究所和特别研究所；设立自然历史博物馆和工业商品博物馆。他在这一番憧憬之后写道："吾人处荜路蓝缕之后，当康庄大启之时，尚不能从当世学者之后以为世界学海增一勺之量乎？我言及此，吾心怦然，吾尤知海内外期望吾社之贤达同此心理也。"兴奋之情，跃然纸上。

中国科学社是民间学术团体，不是职业岗位。其领袖人物是分头找饭碗、合力办"科学"的。任鸿隽的饭碗与志趣的完全相合，是他在中基会工作的阶段。

1925 年 9 月，时任中华教育文化基金董事会干事长的范源濂，请任鸿隽去做专门秘书。他此后十年如鱼得水，从专门秘书改任执行秘书，再升任副干事长，到 1929 年 1 月继任干事长，走上了他一生事业的高峰。

1924 年 9 月 18 日，中华教育文化基金董事会成立于北京，负责管理使用美国第二次退还的庚款。这个基金组织虽以"教育文化"冠名，但在任鸿隽一班人的运作下，基本上变成了"自然科学"的基金组织。在他到岗不久的 1926 年 2 月，干事处就拟定了经费使用的补充原则，规定资助"教育事业"的范围包括：①科学研究（含物理、化学、生物、地学、天文、气象学）；②科学应用（含农、工、医）；③科学教育（含科学教学、教育科学的研究）。

为了以"有限的财力，谋最大最良的效果"，任鸿隽提出的政策是把经费用在补助"已有成效的机关"上，让他们锦上添花，强者更强，他称之为"因材而笃"（语义出于《礼记·中庸》）。

在任鸿隽任职的十年中，中基会拨款建北平图书馆（今国家图书馆前身），成立社会调查所，组织编译委员会，在大学中设置"科学教席"，开展土壤调查，与尚志学会合办静生生物调查所，补助中国科学社、地质调查所、黄海化工研究社、中国营造学社和许多公立私立大学，还设置了科学研究补助金，等等。任鸿隽及其合作者们，为 30 年代中国科学事业的繁荣，为几代科学人才的成长，做出了不可磨灭的贡献。

在世界历史上，从 17 世纪中叶开始，科学体制从起源上出现两种模式，一种是英国皇家学会的模式，一种是法国皇家科学院的模式。美国是移植了英国的，俄国是移植了法国的。各国的体制都在历史中不断有所调整，但总的来说，还是两种基本模式，一是以社会团体化为主导的分散型体制，一是以国家机构化为主导的集中型体制。当中国的近现代科学刚刚起步的时候，西方先进国家的科学事业已经在大约 250 年中走过了体制化的各个主要阶段。因此，像其他后进国家一样，中国在推进科学体制之初，必然是要按照先进国家的科学体制模式依样画葫芦。面对各国的不同体制模式，中国科学事业先行者们就有一个"体制选择"的问题。当年刚刚走出国门的留学生们，患着一种通行的幼稚病，就是到哪个国家留学就觉得哪个国家是我们学习的榜样。留学美国的任鸿隽们，就以为英美的一套最好：办《科学》以 Nature 为楷模，办中国科学社，则以英国皇家学会为楷模。1918 年回国以后，募集基金建研究所，建图书馆，建科学图书仪器公司，着眼在社会而非政府，要闯出一条"民办"科学事业的道路。

由于中基会经费来源稳定，又有行政上的自主权，任鸿隽方有可能在中国现代史上一个相对稳定的时期里去实现他的各种主张，中国科学社等社会团体化的科研机构得到了必要的支持。

但中国的国情注定了社会团体化的"蛋糕"做不大。后来在蔡元培等倡议下建立了与中央集权制相适应的中央研究院，从 1928 年一诞生，就占据了中国科学界的主导地位。

随着任鸿隽出任四川大学校长而离开中基会的负责岗位，随着抗日战争的全面爆发而出现的中华民族的危局，中国科学社的事业虽然仍在苦撑，但已难得见昔日风光。

四

梳理任鸿隽的人生轨迹，可以发现他的主轨在科学事业，但还有一条辅轨在教育事业。

留学期间，任鸿隽就很关注教育事业，不仅介绍西方大学的历史发展，也同时注意评述国内的教育现状。

1919 年 6 月至 1920 年夏，为在四川省建立钢铁厂而奔走的同时，他也曾草拟过四川高等教育的发展计划，送呈省长公署，建议仿美国各州立大学之例设立四川大学。计划虽经省议会通过，但后因川军内战，其实业计划与教育计划皆归于零。

1920 年 9 月，应蔡元培之聘，与陈衡哲同时到北京大学任教，又旋受教育总长范源濂之召而出任教育部专门教育司司长。1921 年再因范源濂辞职而失业。1922 年 5 月，他第二次入川寻找发展机会，也托朋友在上海或北京帮忙。最后到年底被聘到商务印书馆做了一年的编辑。1924 年初，郭秉文请他出任国立东南大学副校长。但想不到翌年 3 月发生了"易长风潮"，未久辞职。

在教育方面，他这一时期在《努力周报》等刊物上发表过许多具有醒世之义的言论，如 1920 年在北大开学典礼上强调大学负有知识上的责任，须加强学术研究以贡献于人类；1922 年批评北京教育界的"兼职"现象严重危害教育的健康发展；1925 年在《高等中学公共必修的科学概论课程纲要》，提出"注重科学精神及方法"，等等。

在中基会任职期间，他是《独立评论》的主要撰稿人之一，撰述文字主要在教育方面，他抨击国民党推行的"党化教育"政策，评述国际联盟来华教育考察团的总结报告，发表对改革师范教育和农业教育的意见，分析"择师自由"和"救国教育"思潮中的错误倾向，痛心疾首地指出滥设国立大学给国家教育事业带来的长远危害……凡此种种，多是站在学界制高点上的匡世之论。

1935 年 8 月，任鸿隽被任命为国立四川大学校长，应该视为国民政府高层为抗战而经略大后方的一项重要举措。这在当时也很引人注目。川外欢送的舆论说他是"跑到老远的四川古城，做着垦荒的工作"，川内欢迎的舆论说他此来乃四川教育界的"福音"。

踌躇满志的任鸿隽在经过一番考察之后，提出了改革整顿的计划，其基本指导思想是实现川大的"现代化"和"国立化"。现代化，是指无论文理各科，均需以适应现代学人需要为准则。国立化，是指四川大学为国立大学，要造成"国士"，而不仅仅是造成"乡人"。为此，他强调三点，一是要输入世界新知识，用知识的开通来补偿四川的闭塞；二是把四川大学建成西南的文化中心，成为这一地区文化策源地的综合大学；三是在国难严重的情况下，负起民族复兴的责任。

在他领导之下，学校革心改面，进步非常明显。可惜，刚见一派大好形势，任校长却挂冠而去了。

任鸿隽到川大，坚持由校长定期聘任教授的制度，抱"对事不对人"的态度调整教师队伍。第一年调整幅度较小，比较顺利。第二年要从川外选聘大批教授，原有川籍教授中有四十余人要另谋出路，他们就发动起来"警告任叔永"，对任氏情绪颇有影响。他平时不与党政官场应酬，傲然处世，易于生隔阂。再者，陈衡哲入川之后，曾就所见所闻四川军阀的丑恶行径和社会问题撰写文章，发表在胡适主办的《独立评论》上，遭到了地方保守势力的围攻。陈衡哲因此于 1936 年 7 月间回到北平，再不返成都。由于陈衡哲的态度坚决，任氏犹豫再三，最后决定辞去校长职务。迁就于夫人而欠失于公责，乃为人所诟病者。

五

1937 年 6 月，任鸿隽重回中基会工作，任编译委员会委员。抗战全面爆发后，先避居于庐山，后滞留于香港。1938 年下半年，应蔡元培院长之邀，出任中央研究院化学研究所所长，到昆明赴职，继而兼任中央研究院总干事。在昆明乡村躲避空袭期间，他与吴学周、李珩合作翻译 W. C. 丹皮尔的《科学史及其与哲学和宗教的关系》。后来以《科学与科学思想发展史》为名，1946 年先后在重庆和上海出版。太平洋战争爆发后，中基会成立"紧急委员会"，在重庆设立办事处，以任鸿隽为干事长。以后他就住在重庆嘉陵江边李子坝的办事处新址，处理中基会的少许国内事务。

抗战胜利后，任鸿隽曾赴美商议中基会工作，并送子女留学。回国后继续为中国科学社的生存操劳。同时，他密切关注着世界科学的发展趋势，强调中国"要把发展科学当作此后立国的生命线"，并具体提出：第一，要把发展科学确定为"国策"；第二，要为发展科学制定一个具体而整个的计划；第三，国家要为发展科学做出专门的预算；第四，管理科学事业的人员要由专家担任。在复员前后，他立足科学说"国策"，是带着反省和批评的口吻来议政的。

在上海易主前夕，他在左翼组织主持召开的座谈会上，重谈"要把科学当作国策"，则明显是向新政权的建言了。1949 年 9 月，任鸿隽作为特邀代表，来去匆匆地出席了全国政协会议。中华人民共和国成立后，他向中国科学社社友宣传"科学研究已成了新政府的国策"，虽显得无厘头，但却反映出希望新政权能采纳自己建言的痴情期待。

在缔造共和国的路线图中，中国科学社曾与其他三个自然科学领域的综合性团体联名发起倡议召开"中华全国自然科学工作者代表大会筹备会议"，由此推举出参加全国政协会议的代表。翌年 8 月召开正式代表大会，产生了"中华全国自然科学专门学会联合会"（简称"科联"），他被选为常务委员。大会结束后，原有的自然科学综合性学会随即宣告解散，唯有他坚持不同意解散中国科学社。

在统一战线、政治协商制度的大格局中，任鸿隽是全国政协委员、政务院文化教育委员会委员、华东人民政府文化教育委员会委员、全国科联常务委员、上海科联主任委员……而在任鸿隽的心目中，他最为看重的还是中国科学社，这是他苦心经营三十余年且欲终身相伴的事业。他希望保留中国科学社，但已与社会大潮流相背。可能是从统战的角度，看在任鸿隽老资格的面子上，新政权网开一面，容忍了中国科学社在上海的继续存在，而任其自行枯萎消亡。当然，任老先生在无奈之下也最终选择了配合，沿着中国社会主义改造的指向，逐步把科学社原有的各项事业送进了全民所有制的大熔炉。

1960 年 5 月 4 日，他向上海市科协办妥一切移交事项，科学社走到了终点。

1961 年 11 月 9 日，任鸿隽的生命也走到了终点，逝世于上海华东医院。他最后的社会身份是全国政协委员、上海市科学技术协会副主席。

六

任鸿隽幼时受塾师影响，雅好吟咏，出塾时策论文字出色。后入县中书院，曾从师治文字训诂之学。早年留学日本时，更与钱玄同、沈士远、马裕藻等一起就教于章太炎。1913 年以后，与胡适共同参与编辑《留美学生年报》，继而主笔《留美学生季报》，被胡适称为"留学界中第一古文家"，甚至与任有过"我诗君文两无敌"的悄悄话。

他一生著述很多，1912 年以前，写了一阵子"革命文字"。他后来反思这段经历，说："吾此时之思想行事，一切为革命二字所支配，其入校而有所学习，不能谓其于学术者所企图；即谓其意在兴工业，图近利，仍无当也。"

自到美国留学起，他先后在《留美学生季报》、《科学》、《新青年》、《努力周报》、《现代评论》、《独立评论》、《申报》、《大公报》、《科学画报》等各种报刊上发表了大量文章，另有专著《科学概论》，译著《教育论》、《科学与科学思想发展史》，忆述文字有《前尘琐记》、《五十自述》等，此外还有不少诗词作品。

在中国近代思想上，任鸿隽是科学救国思潮的领跑者，是开辟中国科学传播新纪元、探索实现中国科学体制化的先锋。其平生著述也主要与科学事业发展有关，他留学期间即钟情于"整个科学"。

他在《五十自述》中特别强调在美国留学时的重要体会："此时于西方学术之本源略有所见……所谓科学者，非指一化学，一物理学或一生物学，而为西方近三百年来用归纳方法研究天然与人为现象所得结果之总和。……效法西方而撷取其数理化，莫如绍介整个科学，盖科学既为西方文化之泉源，舍此莫由。"

他从创办《科学》杂志之始就体现了他的这一理解，为此特辟"通论"专栏（初称"普通"），他是这一特色栏目的"第一枝笔"。他在校学习主要攻化学，他在课外阅读则主要是追问"科学之为物"，即科学究竟是什么？博学之，审问之，慎思之，明辨之，解读西方的科学观，参以对中国历史与现实的思考与批判，写出了《说中国无科学之原因》、《科学与工业》、《科学与教育》、《科学精神论》、《发明与研究》、《科学与近世文化》……一路下来，洋洋洒洒，后又修订、增补，结集为《科学概论》一书，虽未终篇，但可以说是中国近代思想"文库"中科学文化类著述的早期精品。

在通论科学各义之中，任鸿隽特别倾心宣传"科学方法"和"科学精神"。在神州大地上的拓荒事业中，他把科学方法和科学精神比喻为"科学种子"，把研究组织看做是"培养此种子之空气与土壤"。在中国科学社和中基会的岗位上，我们看到的是一位"笃行之"的实干家身影。我们希望通过本书的选文向读者充分展示这位"科学事业家"独特的学术人生。

有关入编本书文章的选择，还应做几点说明。

1. 在建立中国科学体制的早期探索中，《中国科学社总章》是一份解读中国科学社推进科学制度化的文本，因出现时间较早，具有开创性的意义。

2. 对题目大致相同而多处发表的文章，一般按时序选用最早发表的，对后发文章有重要修改者，在脚注中说明。对题目大致相同而相隔时间较久的著述，若有与时俱进的重要修改，则按先后两篇处理。

3. 对集体署名或集体撰述的作品，在脚注中注明合作者。对无署名文章但可确认为作者所撰者，在脚注中说明判定理由。

笔者曾于2002年在张久春先生协助之下选编《科学救国之梦——任鸿隽文存》一书（上海科技教育出版社与上海科技出版社），此次应

《中国近代思想家文库》之召编选新书，除在原有基础上做了较大增删之外，也对原有篇目做了重新审读、整理和订正。

此次对书后所附年谱下力较多，力求提供一个文字简明、史实准确的文本，也希望借此机会纠正拙文《任鸿隽：中国现代科学事业的拓荒者》在史实方面出现的若干错误。

在本书脱稿之际，须对任锡畴、杨翠华、张剑、张久春、潘友星、段韬诸先生以往在多方面给予的支持表达诚挚的谢意，还要感谢潘涛先生和王勇忠先生在完成此次新作业过程中的精诚合作。

樊洪业

2013 年 8 月 31 日于中关村

建立学界论[*]
（1914 年 6 月）

　　耗矣哀哉，吾中国之无学界也。夫将有求于暗夜之中，非烛何以昭之？有行于众瞀之国，非相何以导之？学界者，暗夜之烛，而众瞀之相也。国无学界，其行事不豫定，其为猷不远大，唐突呼号，茫昧以求前进，其不陷于坎阱者几希。且夫学界之关系一国，岂特其未来之运命而已。实则当前之盛衰强弱，皆将于学界之有无为正比例焉。吾人试一盱衡当世，其能杰然特出，雄飞大地之上者，必其学术修明之国也。其荼阛不振，气息奄奄，展转于他人刀砧之上者，必其学术荒芜之国也。盖国民性者，教育之结晶。无真实之学界，必不能有真实之国民性。国家者，国民性之发越。无强固之国民性，必不能有强固之国家。一事之成，必有由来；一国之兴，断无幸获。欲觇人国之强弱者，先观之于学界可矣。

　　今试与游于世界强国之都会，于其繁赜深远不可测度之社会中，常见有一群之人焉，汶然潜伏群众之中，或乃蛰居斗室，与书册图器伍，舍其本业与同侪外，未尝与世相竞逐也。然天下有大故，或疑难非常吊诡新奇之事出，为恒人所瞠目结舌，惶惧不知所出者，则人皆就之以伺其意见焉。是人也，平日既独居深造，精研有得，临事则溯本穷源，为之辨其理之所由始，究其效之所终极，历然如陈家珍于案而数之也。其言既腾载于报章，听者遂昭然若发蒙。其事而属于政治也，将有力之舆论，由之产出，而政府之措施，因以寡过。其事而属于学问也，将普通之兴昧，因以唤起，而真理之发舒，乃益有期。是群也，是吾所谓学界也，于英于德于法于美之各大都会及教育中心所在地见之，乃至于日本之东京而亦见之。而环顾吾国，则吾大索十日而未尝见也。此吾所以为吾国无学界悲也。

吾意方吾为中国无学界之说，闻者必不悦吾言，谓："吾有西洋之博士硕士学士若干人，东洋学士得业士若干人，乃至前清季年所授之举人、进士、翰林又不知几千百人，安得言无学界。"顾吾试问："此无数博士、硕士、翰林、进士之中，有能对一特殊问题，就一专门科学，发一论，建一议，令人奉之为圭臬，如西方学界所称之 Authority（译言'宗师'）者几何人？"吾知论者必无以难我矣。说者又曰："吾目前虽无学界，然有之亦甚易易，学校也，学会也，派遣留学也，吾次第举之，不崇朝而事集矣。"余应之曰："言不可以若是其几也。学校等事乃建设学界之手段，而非建设学界之基础。建设之事，基础必先于手段，彰彰明矣。"唯然。吾请进言基础之事。

一事，国内须承平之度。昔孔子与冉有之论治也，冉有曰："既庶矣，又何加焉？"曰："富之。""既富矣，又何加焉？"曰："教之。"此言教育之功，有事于富庶之后也。溯洄言之，即民未富庶之先，虽欲教育之普及，学术之丕炽，而势有不能。欧洲学术之发达，乃在近五十年内耳。此数十年中，欧洲与国之间，无大战争。国民富庶之度，日以增加。民各安其业，遂其生，而国家闲暇，无屈挠夭札之患。民之有心思才力者，因得奋力于学，继长增高，以有今日之盛。若别国取例，其征宏多。若罗马全盛时代之治术，英国伊里沙白朝之文学，以及吾国历朝继世守成之世。其学术之造诣，虽深浅不同，而皆为一代之冠。则以当此之时，世号小康，民得修养生息，以致力于思想之事故也。独春秋战争之世而百家杂兴，硕师倍出，似为例外。实则彼时所谓战争者，无过强者凌弱，众者暴寡，未尝如蛮夷相杀，以残贼为能事。而其竞相雄长之精神，则足以激学子进取之志，偿战争所失而有余。此如德人以善战为世界雄，而同时学术之精，又为各国冠。此例之并行不悖，亦可概见。向令彼日耳曼民族，兄弟阋墙，日寻干戈，以相争讨，则彼扶弊救疮之不给，安见其有进德修业之事也。盖斯宾塞尔有言："合群之用，有待于战争。唯群制既立，文教既行之后。不仅于民智民力，少所摩厉精进也，且得退群之效焉。"其退群之效，何由而致。则以战争之事，妨害其民，使不得从事学问之途也。学者人群之花也，唐室以莳之，甘露以灌之，犹惧其不植。若乃临以斧斤，牧以牛羊，而曰繁华璀璨之期可坐而致，我知其必无是矣。此吾所以以国内承平无事，为建立学界第一基础也。

二事，国人向学之诚。自近世科学之术愈益发达，凡人群所待以为用之知识，有条理伦脊可抽绎者，莫不列为专科从事研究。明而政治经济，玄而哲理数术，大而建船筑路，细而日用服食，皆得于学校教育占一席焉。其教育之旨，多在致用。致用之极，于是有浅尝肤受得一能自给，充然自以为足而无复深造之想者。夫今之科学，其本能在求真，其旁能在致用。上治之国，其制度厘然，物质灿烂者，无非食科学之赐，致用之无害于科学，又何待言。顾无委心专志，发愤忘食之科学家，积其观察之勤，试验之劳，思辨之能，为之设立公例，启示大凡，令后人得循序渐进以抵高明之域，则近世欧洲学界仍如中世之黑暗可也。是故建立学界之元素，在少数为学而学，乐以终身之哲人，而不在多数为利而学，以学为市之华士。彼身事问学，心萦好爵，以学术为梯荣致显之具，得之则弃若敝屣，绝然不复反顾者，其不足与学问之事，明矣。此吾所以以国人向学之诚，为建立学界之第二基础也。

上述两事，略举大要，今试以与吾国时事相勘。如第一事，国内承平之期，其可望乎？夫以吾国处积弱之势，外侮凭陵，不可终日，以言无事，非愚则谀。然外患之来，其病在表。善为国者，折冲御侮，未尝不可偷安旦夕。而忧危虑患之深，或且生其发愤为雄之志。今日列强中之德日，皆尝受外患之赐。外患之无害于学界，或反有助焉，盖可见矣。吾所引为大惧者，则国内战争之不息是也。国内战争之起，可分为二类。其一，则群盗无赖，鼠窃狗偷，残民以逞，而无一定之目的。此其直接之害，在使民不聊生，自然消其好学深思之志。其二，则金壬在位，举措乖方，使在下之人，无旋定安集之情，有汲汲顾影之忧。则忧时爱国之士，思起而易之，此为有目的有蕲向之战争矣。吾人于此，所当明辨以悉者，则战争之后，其所得之效果能如所期否也。夫一国之内，至于分子相轨，杌陧不安，其势之成，不在种族、宗教诸大原因。则必国人无学，生计凋残，人相竞于私利私害，以至此耳。于此时也，道德退舍，人欲横流。如以霉菌附腐杇，随在蕃衍，机体虽易，病根仍存。即有一二高尚纯洁之士为之倡导，率引无当也。于此之时，而为正本清源之策，唯有建设学界，以铸造健全之分子。分子既异，实质自然改观。若以此为迂阔，而欲图急功近效，攘攘不已，本实先拨，枝叶尚何望哉。忧国之士，诚能深思远虑，计民生之凋敝，哀道德之堕落，察知识之童昧，知愚顽之不足图存。武力竞争之思想，其亦可以少息矣乎。

如第二事，国人向学之诚则何如。科举时代无论矣。自改设学校以来，教育未兴，学制未善，国内尚无名实相副之大学。必不得已，求为吾国未来学界之代表者，其唯今之留学生乎。然吾每一念及学界代表与留学生之两名词，觉其性质之不符，有若磁石之南北两极。此非吾之过言也。当前清季年，以考试囮留学生。彼时留学者之心，一科举之心也。改政以还，考试之制度废，吾方引以为幸。而吾留学生中，尚有疑失此无以为出身之路者。彼其视数万里外之负笈，数年之课程，无他故焉，曰以谋一己之荣利而已。故方其学也，不必有登峰造极之思，唯能及格得文凭斯已耳。及其归也，挟术问世，不必适如所学，唯视得钱多者斯就之已耳。故有学文科而办铁路，亦有学机械而官教育者。夫在他国，学校工场星罗林立，学者一出学校，则或为教习，或为工程师，无不可本其所得，验之实地，因以深造有得焉。然非其人委身事学，不以一知自足者，尚未可冀。况吾留学生囊橐数年之讲章实习以归，归而无学校足供砥砺也，无图书足供参考也，无工场足供实验也，无师友足供切磋也。而又张冠而李戴，削足以就屦，数年之后，尚有丝毫学理储其胸中邪？或曰如上所言，皆社会组织未完之故，安所尤于留学生。抑思国民方受教于人，其社会组织之未完，固矣。改造而振作之，正唯吾留学生之责。若以驾舟执舵之人，不能自定方向，唯随水势以为进退。彼岸之达，宁复有幸。抑吾谓吾留学生欲完设立学界之责，于忠于所学之外，尚有一不可不备之要素焉，则其人必兼通国学是也。吾所谓国学，固非如经生老儒，钻研故纸，穷年矻矻，至死不休者。而于吾学术思想之大要，历史推迁之陈迹，不可以不知。属辞比事，笔于手而出于口，所以自尽其意之术，不可以不能。此其事之重要。有二故焉。一则知彼而不知己，不可以为完全学者。一则留学之职，在于贩彼所有，济我所无。负贩之道，在利交通，国学文字，所以为沟通彼此之具也。今以吾国土地之广也，人民之众也，待举之事之繁也。而留学各国者，无过数千百人。骤观之，其数若庞然可骇。及其归也，如以杯水益巨海，泯然于若有若无之间矣。将大增留学之数乎？自教育方针及国家财政言之，其势复有所不可。其唯一补救之方法，则曰吾留学者一人，而可收数十百人之效而已。夫留学者一人而可收数十百人之效，其事在此一人能以其学传播于数十百人。欲以其学传播于数十百人，非其国文能著书立说，自达其意不为功。吾闻西洋留学生归者，令为教习，所授则旁行书也，所讲则外国语也。如是则与外国学者何异。夫外国学者虽众，不能有益于中夏学界，彰彰明矣。

今试假定国内已安已定矣，学子既已委身事学矣，既已卓然成家矣，既已博通彼我具传达沟通之术矣，将如何而后学界可立。曰吾前已言之矣，学校也，学会也，皆建立学界之手段也。而吾谓学校为尤要。学校萃群材于一隅，具研几之涂术，成人之有德，小子之有造，恒必由之。今吾既得多数学者，则当亟设多数大学以会萃之。留学外国归者，必先令教于某校中，以是为试验之具。且教学相长，教者亦不至阁置所学，久而益荒。社会工商之事，苟无妨于学问者，虽兼任之无害。不然，则宁雇用客卿，而不以扰我学子研几之思。盖形质之事，他人所得代治者也。学问之事，他人所不得代治者也。循是为之，期以十年，而后其效可睹已。

改革以还，吾国士夫竞言建设矣。顾其目光所及，唯在政治，于学界前途未尝措意。岂唯未尝措意而已，方且毁弃黉舍，放锢哲人，划绝之不遗余力。卒之，政治上之建设亦攘攘终年，靡有定止，则吾国人学识之不足，亦大可见矣。侈言建设而忘学界，是犹却行而求前也。余窃有惑焉，作建立学界论。

建立学界再论[*]
（1914 年 9 月）

余曩者作建立学界论，撮其要素，一在国内久安无事，二在国人好学心诚。而欲其学术传播流衍，普及无碍，尤在学者具有传达学术思想之能力。其前二事，就其待于外者言之也。其第三事，就其学之已成而推广者言之也。然而今日为学，当以何方法乎？此亦言建立学界者所不可不研究之问题也。

今欲言建立学界，当先定其学之为何物。所谓学者，谓旧学乎，抑新学乎。易言之，今将仍钻研故纸，寻章摘句，守先哲之陈言以为学乎。抑将依今世科学之法律，阐天地自然之奥，探迹索隐，游心事物之间以为学乎。此问题最易解答。盖学者，一以求真，一以致用。吾国隆古之学，致用既有所不周，求真复茫昧而未有见。以人类为具理性之动物，固当旁搜远讨，发未见之真理，致斯世于光明。而不当以古人所至，为之作注释自足。故今日为学，当取科学的态度，实吾人理性中所有事，非震惊于他人成效，昧然学步已也。

由上所言，吾所谓学界者，当为格物致知、科学的学界，而非冥心空想、哲学的学界。夫学之为类广矣，玄言抽象，不得谓非学。且滞心小物，聪明或有时而室。欲纲举领挈，观其会通，非玄言抽象不为功。虽然，实质之学，譬如辟路于草莽而登高山，步步而增之，方方以进之，至其登峰造极，亦有豁然开朗之一日。玄想之学，譬犹乘轻气之球游于天空，有时亦能达其所望而与以清明之观，然迷离徜恍者十八九也。且夫乘轻气球者，浮于天空，能左右进退，不至迷离失所者，何也。以其天空之方向与地下之山川形势，前知于心，足以为之导也。远

---

* 录自《留美学生季报》，第 1 卷第 3 号（1914 年 9 月）。——编者注

西迄来哲学玄理之进步，又何尝不恃科学为之前驱。不由科学的方法以求真理，譬如乘轻气球游于天空，惝然不知方向之所在，其不堕于五里雾中者几希。然则，吾今日言学界而稍稍侧重于科学，非过虑矣。

虽然，吾知论者必有说曰：是无难。他国有物理学，吾学焉，归而重力声光电磁之试验可复按也。他国有化学，吾学焉，归而元素之分析，物质之化合，可复制也。他国有植物矿物之学，吾学焉，归而吾国自然之产，可名者吾得名之，可分类者吾得分之也。如是得不谓之科学已具乎。曰不然。科学之道，可学而不可学。其可学者，已成之绩。而不可学者，未阐之蕴。且物物而学之，于他人之学，必不能尽。尽之，犹终身为人奴隶，安能独立发达，成所谓完全学界耶。是故，吾人今日之从事科学者，当不特学其学，而学其为学之术。术得而学在是矣。

然则其为学之术奈何，曰归纳的论理法是已。曩者哈佛大学校长爱里俄（C. W. Eliot）博士尝觇国于东方矣，归而著书告其国人曰："关于教育之事，吾西方有一物焉，足为东方人金针宝筏者，则归纳的论理法是已。东方学者，驰骛空想，渊思冥索，其哲理宗教纯出于先民之传授，而未尝以归纳的方法实验之以求其真也。吾人欲救东方人为学之病，使其有独立不羁、发明真理之能力，唯有教以自然科学。以归纳的真理，实验的方法，简炼其官能，使得正确之知识于平昔所观察者而已。"谅哉言乎，非善觇国者不能为也。

欧洲科学之成立，原于归纳的论理法。此非爱里俄一人之私言，凡少习欧洲历史者，未有疑其言者也。今夫回溯欧洲科学之祖者，不以为加里雷倭，不以为牛顿，而以弗兰斯氏培根（Francis Bacon）当之。培根者，首倡为以归纳的方法研究自然事物者也。虽其人于科学上未有重要发明，而其建立归纳的论理法以为研究事物必由之术，则为科学发生之种子，此其功在万世而不可没也。归纳的论理法为何？即凡研究一事，首重实验而不倚赖心中悬揣。易言之，即叩自然事物，以待自然事物之答解，而不以己意为之设解是也。其为法之特异，可以一故事明之。方培根高足弟子得卫（Sir Humphry Davy）之研究水质也，当时用阿尔达电池（Voltaic battery）以分析水。于所得水素养素之外，其阴极常呈酸性而阳极得苛性。当时法国学者，已倡水中唯含轻、养两元素之说，而以为其酸性与苛性为外来之不纯物。得氏以为非得实验上之证明，其说不足信也，乃归而试验之。以动物薄膜连结两玻璃管，盛水而置电极于两管中。迨试验毕，其得酸性与苛性如故也。彼疑其酸性与苟性之物来自动物薄膜也，于是易动物薄膜以洗洁之棉花。此时所得者为少量之硝酸，而苟性物如故也。于是彼知此酸性之物，半来于动物薄膜，而疑此苟性物之来于玻璃也（因制玻璃尝用苟性物）。彼于是代玻璃管以玛瑙杯而试验之，而酸与苟性之发见如故也。彼乃代玛瑙杯以金制小圆杯而试验之，而酸与苟性之发见复如故也。至此，常人将决定此酸与苟性为水中所有之质矣，而得氏不尔也，乃转而注意于所用之水。彼前用为试验之水，蒸溜水也。而疑蒸溜之时，泉水之不净者或得混入也。于是蒸发所用水而得其滓物，加于试验水中，而发见其酸性与苟性之增加与为比例也。于此，若可决定此酸性、苟性之物为水中之不洁者矣，而得氏不尔也。彼于是复蒸溜其所用之蒸溜水，三四反复，至蒸发至干无滓而止。乃用此水与金杯以为试验，而所得酸与苟性之物复如故也。至此人又将失望而止矣，而得氏不尔也。彼于此时试验所得苟性之物，知此苟性物为发挥质之安姆尼亚，而非固定质之枭达等，异于前者所得。于是彼知此枭达等之苟性物来于玻璃与玛瑙。而发挥性之苟性物与硝酸必来于空气中无疑，以此时与彼为缘舍空气与水外无物也。彼于是置试验之水于抽气筒中，尽排其空气而试验之，而酸与苟之微迹仍在也。彼知抽气筒之力不能尽排出其筒内空气也，于是出空气于筒，以轻气换之；而又排出，而又换之；至筒中绝无空气痕迹而止。乃通电流，分水质，而酸与苟性乃不复见于两极。至此而水中含轻养二元素之说乃定。而得氏之喜慰，亦不言可知矣。

上所引例，特科学研究之一。水之分析，又非甚烦杂之业，而所经之程序有如是，非其程序之足尚。其不敢轻于自信，而必待于实际上之证明，不惮反复推阐以求一当，其求真之精神，乃足尚也。吾国挽近言训诂之学者，如顾亭林、戴东原、王念孙、章太炎之俦，尚左证，重参证，其为学方法，盖少少与归纳相类。惜其所从事者不出文字言语之间，而未尝以是施之自然界现象。至关天然事物之理（如论阴阳雷电等事，其例甚多，不遑枚举），则老师宿儒开口辄多可笑者。夫学问之道，固随世运为转移。以今日真理开发，物无隐情，而例数十百年前之思想言论，其为可笑固宜，虽然，学者求知识之圆满而已。吾国二千年来所谓学者，独有文字而已。而文字之运，又递降浸衰，每下愈况。一二有力者，欲挽之以复于古，而卒不可得。从而为之说曰：古之时文与道合，今之时文与道分。而于所谓道者，又冥心潜索，千年而未有获也，则宜其文之愈趋愈下也。实则周秦之世，其人学问知识，皆较后人为胜，故其文章亦灿然可观。近人言之无故，持之无理，其文章足以传人名、记景物而已。精之者可以为艺人，而不可以为学者。近世中国舍文人外无所谓学者也，此吾所以谓今日中国无学界也。是故欲立学界，在进文人知识；欲进知识，在明科学；明科学，在得所以为学之术；为学之术，在由归纳的论理法入手。不以寻章摘句玩索故纸为已足，而必进探自然之奥。不以独坐冥思为求真之极轨，而必取证于事物之实验。知识之进也，庸有冀乎。此吾所以以科学的方法，为今日为学之之第一要素也。

读者或疑吾上篇言学者当注重国文，而此言注重科学，为自相矛盾乎。吾上既言之矣，欲具传达学问思想之能，不可不通本国文学。文学者，如大匠之有刀锯准绳，可以为斫木垛石建筑室家之用，而非所以建筑之物也。建筑之物，是在求真与致用之学，而是二者非由科学之方法末由得也。笃学之士，将尽瘁于学尽一科之能，自以为足乎。抑将阐明求学之方法，陈大道于国人之前，令得率由不越，以达此真美之域乎。其为效之大小，则必有办矣。余愿国人之留意焉，作建立学界再论。

《科学》发刊词[*]
（1915 年 1 月）

迩来杂志之作亦夥矣。愤时之士，进不得志于时，退则摇笔鼓舌，以言论为天下倡。抑或骚人墨客，抑郁无聊，亦能摅写怀抱，发舒性情，鸿文丕焕，号召声类。此固政客文人所有事，而于前民进德之效未尝不有获也。独是一物之生，有质而后有力。一事之成，有本而后有末。五石之瓠，非不庞然大也。以盛水浆，其坚不能自举。世界强国，其民权国力之发展，必与其学术思想之进步为平行线，而学术荒芜之国无倖焉。历史具在，其例固俛拾即是也。

抑欧人学术之门类亦众矣，而吾人独有取于科学。科学者，缕析以见理，会归以立例，有觵理可寻，可应用以正德利用厚生者也。百年以来，欧美两洲声明文物之盛，震铄前古。翔厥来原，受科学之赐为多。科学之为物，未可以一二言尽也。科学之效用，请得略而陈之。

今夫吾人今日，陆行则驭汽车，水行则驾轮舟，绝尘而驰，一日千里，山陵失其险阻，海洋失其邈远，五方异族，往来如一堂者，此发明蒸汽机关者之赐也。趋利赴急，片时可寄千里之书，亲戚远离，暌居而得晤言之雅，则发明电力机械者之赐也。且也，机械之学，进而益精，蒸汽电力，以为原动，则一日而有十年之获，一人而收百夫之用，生产自倍，间阎殷账。近稽统计，远西名邦，若美，若英，若法，若德，二十年间，国富之增，或以十倍，或以五倍，或以三倍，假非其人好勤远略，縻财经武，则彼社会学家所理想"去贫"之说，未始不能实现也。此科学之有造于物质者也。

---

* 录自《科学》，第 1 卷第 1 期（1915 年 1 月）。原文无署名。根据《科学》创刊时期任氏在科学社中的地位，以及当时各主要撰稿人在关注问题、行文体例、写作风格和惯用词语的特点分析，此文应为任氏所撰写。——编者注

不宁唯是。生民之初，与天然战。其所恃者，唯是体力。洪水饥馑疫厉夭札之来，无以御之也。挽近科学大昌，风雨之变，测候既精，地形之利，相度必尽，不惟洪水饥馑之灾可免也。乃生物之理，辨极于微茫。药石之用，利尽乎金石。卫生之要，普为常识。疫厉之氛，消于比户。大耄可以坐登，寿考竟得力致。故千八百五十年，美国人平均岁数①为二十三岁零百分之十者。至千九百年，则为二十六岁零百分之三十三。千八百五十一年，英国人平均岁数，为二十六岁零百分之五十六者。至千九百年，则为二十八岁零百分之九。其增长之律，盖可睹矣。此科学之有造于人生者也。

不宁唯是。科学所影响于人类之知识，又有可言者。当中世纪之初，欧洲大陆，有宗教迷信，为人类知识进步之障碍。不独学说之背于教义者，莫由滋长也。乃谓听天敬神，则自然可任，桎梏人心，莫此为甚。使非科学家如加里雷倭（Galelio）者，本其好真之心，行其求是之志，血战肉搏，与宗教争此思想上之自由，则至今犹蒙屯可也。文学复兴之后，人竞文彩，则赫胥黎、斯宾塞尔之徒，又主张以自然科学为教育学子之要道。乌乎！今人抵［抵］掌而谈地方，伏地而拜闪电。则三尺童子知悼笑之矣。然非得科学上之证明，究何以识地之本形，与电之原理哉。此科学之有造于知识者也。

不宁唯是。科学与道德，又有不可离之关系焉。今人一言及科学，若啻属于知识，而于道德之事无与焉者，此大误也。管子曰："仓廪实而知礼义，衣食足而知荣辱。"此古今不易之定理也。故科学之直接影响于物质者，即间接影响于道德。且人之为恶，固非必以是为乐也。辨理之心浅，而利害之见淆，故有时敢为残贼而不顾。自科学大昌，明习自然之律令，审察人我之关系，则是非之见真，而好恶之情得。人苟明于经济学之定理，知损人之终于自损也，必不为以邻为壑之行。明于社会学之原理，知小己之不能独存，而人生以相助为用也，而人偶共作慈祥岂弟之心油然生矣。又况以科学上之发明，交通大开，世界和同。一发全身之感，倍切于畴昔。狭隘为己之私，隐消于心曲。博施济众，泽及走禽。恤伤救难，施于敌士。四海一家，永远和平。皆当于科学求之耳，奚假铄外哉。

乌呼！临渊羡鱼，不如退而结网。过屠门而大嚼，不如归而割烹。

---

① 一国平均岁数，以其国人数除其总岁数算得之。

国人失学之日久矣。不独治生梏窳，退比野人。即数千年来所宝为国粹之经术道德，亦陵夷覆败，荡然若无。民生苟偷，精神形质上皆失其自立之计。虽闭关自守，犹不足以图存，矧其在今之世耶。夫徒钻故纸，不足为今日学者，较然明矣。然使无精密深远之学，为国人所服习，将社会失其中坚，人心无所附丽，亦岂可久之道。继兹以往，代兴于神州学术之林，而为芸芸众生所托命者，其唯科学乎，其唯科学乎！

同人不佞，赖父兄伯叔之力，得负笈远西，亲睹异邦文物之盛。日知所亡，坎然其不足也。引领东顾，眷然若有怀也。诚不自知其力之不副，则相与攫讲习之暇，抽日月所得，著为是报。将以激扬求是之心，引发致用之理，令海内外好学之士，欲有所教于同人者，得所藉焉。是则同人所私愿而社稷尸祝之者也。

说中国无科学之原因 *
（1915 年 1 月）

今试与人盱衡而论吾国贫弱之病，则必以无科学为其重要原因之一矣。然则吾国无科学之原因又安在乎？是问也吾怀之数年而未能答，且以为苟得其答，是犹治病而挟其根，于以引针施砭，荣养滋补，奏霍然之功而收起死之效不难也。今欲论吾国科学之有无，当先知科学之为何物。

科学者，知识而有统系者之大名。就广义言之，凡知识之分别部居，以类相从，井然独绎一事物者，皆得谓之科学。自狭义言之，则知识之关于某一现象，其推理重实验，其察物有条贯，而又能分别关联抽举其大例者谓之科学。是故历史、美术、文学、哲理、神学之属非科学也，而天文、物理、生理、心理之属为科学。今世普通之所谓科学，狭义之科学也。持此以与吾国古来之学术相较，而科学之有无可得而言。

今夫吾国学术思想之历史，一退化之历史也。秦汉以后，人心梏于时学。其察物也，知其当然而不求其所以然。其择术也，骛于空虚而引避乎实际。此之不能有科学不待言矣。即吾首出庶物之圣人，如神农之习草木，黄帝之创算术，以及先秦诸子墨翟、公输之明物理机巧，邓析、公孙龙之析异同，子思有天圆地方之疑，庄子有水中有火之说，扬己者或引之以明吾国固有之长，而抑他人矜饰之焰。不知凡上所云云，虽足以显吾种胄之灵明，而不足证科学之存在。何则，以其知识无统系条贯故也。

虽然，欧洲之有科学，三数百年间事耳，即谓吾国古无科学，又何病焉。顾吾尝读史而有疑矣。欧洲当罗马帝国沦于蛮族，其学界之黑

＊ 录自《科学》，第 1 卷第 1 期（1915 年 1 月）。——编者注

暗，殆非吾秦汉以来所可沦儗。迨十六世纪文学复兴，而科学萌芽同时并茁，弗兰西氏培根（Francis Bacon）导其端，加里雷倭（Galileo）、牛顿（Newton）明其术，其后硕师辈出，继长增高，以有今日之盛。吾国则周秦之间，尚有曙光。继世以后，乃入长夜。沉沉千年，无复平旦之望。何彼方开脱之易，而吾人启迪之难也。谓东西人智慧不相若耶，则黄帝子孙早以神明著称矣。谓社会外像利于彼而毒于此耶，则吾国异端之罢斥视彼方宗教之禁制，方之蔑如矣。是故吾国之无科学，第一非天之降才尔殊，第二非社会限制独酷，一言以蔽之曰，未得研究科学之方法而已。

曩者哈佛大学校长爱里亦脱（C. W. Eliot）氏尝觇国于东方矣。归而著书告其国人曰："关于教育之事吾西方有一物焉，足为东方人之金针者，则归纳法（Inductive Method）[1] 是也。东方学者驰于空想，渊然而思，冥然而悟，其所习为哲理。奉为教义者纯出于先民之传授，而未尝以归纳的方法实验之以求其真也。西方近百年之进步，既受赐于归纳的方法矣。……吾人欲救东方人驰骛空虚之病，而使其有独立不倚、格致事物、发明真理之精神，亦唯有教以自然科学，以归纳的论理、实验的方法，简炼其官能，使其能得正确之知识于平昔所观察者而已。"谅哉言乎！足为吾中国无科学之原因安在之答解矣。

或曰论理学之要术有二，一曰演绎法（Deductive Method）[2]，一曰归纳法。二者之于科学也，如车之有两轮，如鸟之有两翼，失其一则无以为用也。今独以无归纳法为无科学之大原因，亦有说乎？曰吾谓归纳法为研究科学之必要，吾固未言演绎法非研究科学之必要也。虽然，无归纳法则无科学，其说可得，请于下方明之。

第一，归纳法者实验的也。论理学上之定义曰，由特例而之通义者曰"归纳"，由通义而得特例曰"演绎"。其应用于科学也，则演绎者先为定例以验事实之合否，归纳者积多数试验以抽统赜之定律，其不同之点，则归纳法尚官感，而演绎法尚心思。归纳法置事实于推理之前，演绎法置事实于推理之后是也。夫演绎法执一本以赅万殊，在辩论上常有御人口给之便，然非所以经始科学之道，盖以人心之简驭自然事物之繁，欲得一正确不移之前提固甚难也。难之则将废然无所用心，或奋其

---

[1] 按：Inductive Method，日本人译为归纳法，侯官严氏译为内籀术，今以日译意较易瞭，从日译。

[2] Deductive，严译为外籀，今从东译。

小智，发凡起例，应用于实物而不验，犹无例也。欲得正确之前提，必自从事实验始。实验积，关系见，而后相应之设论（Hypothsis）生。设论者，依实验而出，又待实验而定者也。使所设者试之实验而不应，弃之可也。试之实验而应，而定例乃立。是故实验之后虽用设论，而其结论仍出于事实之归纳，而非由悬傫之演绎。故从事归纳则不得不重实验，有实验而后有事实，而后科学上之公例乃有发明之一日。善夫阿里士多德之言曰："无官感则无归纳，无归纳则无知识，无知识则不足知自然之定律。"吾国学者之病端在不恃官感而恃心能，其钻研故纸、高谈性理者无论矣，乃如王阳明之格物，独坐七日；颜习斋之讲学，专尚三物；彼固各有所得，然何其与今之研究科学者殊术哉。此吾国无科学之大原因也。

第二，归纳法者进步的也。科学为有统系之知识。唯其为有统系之知识，亦能为有统系之发达。即合众事实而得一公例，而此公例又生新事实，合诸新事实又发见新公例。循环递引，以迄无穷。此略翻一专门之书，而可得其兆迹者也。举其最近之例，如物理学者研究稀薄气体中电流传导之理，而得所谓阴极光线（Kathode Ray）。因研究此阴极光线之性质，而得电子（Electron）之说。因此阴极光线之射触于试验管壁，而得所谓 X 光线。因研究 X 光线，而得所谓 α、β、γ 光线。因此三种光线而发见镭之放射作用（Radioactivity），而元素不变之说且因以震动焉。不特此也，一科学之进步常足以影响于他科，而挟以俱进。此任观一性质相近之两科学而可得其例者也。如数学上微积分法发明而后，物理学之进步乃益可睹。物理学上高压与低温之术发明而后，化学上之气体定律乃益确定，元素分析之法乃益精密。化学上光色分析（Spectrum Analysis）与物理学上光波长短之研究精，而后日球之质体①与空间恒星之进退②可推算而知也。夫事理联属，相引愈进，然非

① 以三棱镜分析日光成七色光带，此光带中，尝间有多数黑线。物理学上之证明，凡一种元素当白热时，以三棱镜观尝呈一种色光。而此色光通过其本质之气体，其温度较低于发光体时，则尝为此气体所吸收，而呈黑线。故日光光带中黑线由其光线经过包裹日光之低温气体为所吸收而然也，其被其吸收则日体中有此物质之证也。

② 观测星象时，其星之对地球而左右驰者易见，向地球而前后行者难见。今天文学家应用物理学上光波长短之定理，以此星分光带与其他七色光带相比较，设其星向人行者，其光波被促而较短，其光带之色彩常与他光带之色彩常有一定之差。若此星背人行者，其光波被引而较长，其光色位置之差适与前者左右相反，故观其光色相差之方向而可以知其星之进退云。

用归纳法以为研究，则前者于后者为无意味，用归纳法有时虽误，而亦有得。读者亦知化学之起原乎？当物质不变定律之未发明也，欧洲人士精心炼金之术，以谓黄金可以由他质变成。于是镕铸化炼，不遗余力。而其结果，则黄金未得，而化学以之始诞。此无他，以其发见种种新事实为研究之资故也。不由归纳法，则虽圣智独绝，极思想之能，成开物之务，亦不过取给于一时，未能继美于来祀。某说部言有西人适中国者，以吾指南针发明在数千年前，谓必精美逾彼所有，入市急购一具，则彼所见与数千年前之物无异。凡若此类，其例宏多，岂特一指南针哉。故无进步之术者，必无进步之学，此可质之万世者也。

要之，科学之本质不在物质，而在方法。今之物质与数千年前之物质无异也，而今有科学，数千年前无科学，则方法之有无为之耳。诚得其方法，则所见之事实无非科学者。不然，虽尽贩他人之所有，亦所谓邯郸学步，终身为人厮隶，安能有独立进步之日耶，笃学之士可以知所从事矣。

中国于世界之位置*
（1915 年 3 月）

《传》曰：能自得师者王，谓人莫己若者亡。老子曰：自视之谓明，自听之谓聪。吾诚不知吾中国与世界各国相交接，其所处之地位居何等也。以土地言，中国本土之面积为一百五十五万六千二百七十七英方里。除俄与美外，无有能及者。则世界之大国也。以人口言，四百兆之统计，久为世界所称道，则世界之众国也。以矿产言，一中国北方所产之煤，二十倍于欧洲所产而有余，而他矿之未经采度者不计焉，则世界之富国也。一行征兵之制，数百万之常备军不难立集，则世界之强国也。开化最早，文明首出，当他国方沉滞于原人蛮野之时，而吾已文物燦然为人类冠（除埃及、巴比伦等外），则世界最有学之国也。然而今也如何？财政不理，待人而食，生计萧索，人民饿莩，则世界最贫之国莫我若也。兵制不修，兵备不讲，外侮之来，闻虎色变，莫敢与较，则世界最弱之国莫我若也。民人失学，识字者不及百分之五，古代之文明既不能发挥而广大，他人之新理复不能吸取为我用。徒是居居于于，以食以死，与草木同腐朽，则世界最无学之国民莫我若也。凡此之类，皆为情实。吾人试一反视内听，觉有白纸大书黑字于目前，虽欲无睹而不可得，国民苟非心盲与善忘，当与吾人有同感也。

抑吾人所欲知中国于世界之位置，非自吾人自视之位置，而为他人所视之位置。吾人之自视，曰贫也、弱也、无学也，如是而已。他人之所视，则于贫也、弱也、无学也之外，有一较深之评价焉，曰其国民能力之薄弱也，种姓之下劣也，进化之不可冀也。综此诸感，乃得一最后之结论曰"轻视"。轻视之结果，则为攘夺。政治家所谓兼弱攻昧，天

＊ 录自《留美学生季报》，第 2 卷第 1 号（1915 年 3 月）。——编者注

演家所谓弱肉强食，胥由此出。乌乎，此吾中国所以陷于危亡之境，几几乎有不可救之势也。

闻者疑吾言乎？吾将举近事以实之。其一，征之于政治。国人亦知倡瓜分吾国之议之所持以为口实者为何物乎。夫至明言瓜分吾国，则吾国之弱而无力为人砧上鱼肉，已不待言。然而操刀以临之者，不曰此土也美，吾取之足为我利。而曰此土也不材，将为众乱之源。吾不及早图之，而祸且及我也。不见乎近数年来欧洲数强国，群注视东亚问题之解决为世界和平之关键乎。不见乎东邻之日本，以解决中国问题为维持东亚和平之第一要着乎。彼以为此亚东大国不能自存，如委肉于途，群犬趋集，各争一脔，争之不已，斗且起于其中。今试设吾中国强盛修治，如北美之合众国，则各国亦通商惠工，各取交通之利而止，必不包藏祸心也。是故彼倡瓜分之议者，以为解决中国问题，而不以为狡焉思启封疆以利社稷。倡保全之说者，以为解决中国问题，而不为爱老而恤邻。彼视以武力解决之而利也，则瓜分之。以和平解决之而利也，则保全之。要之，其视吾国为世界祸乱之源则一也。是故自彼世界政治家言之，彼而保全我也，我当感其养痈遗患之德；彼而瓜分我也，我当谢其奏刀伐溃之功。乌乎，吾诚不料不能自立之国，乃以烦强国之宰割自取戾也。且其事不止此。为优胜劣败之说者曰：世界地积只有此数，使入于一族之手而不能尽地上之材力以利用而厚生，则他族取而代之不为过。何也，一亩之地在一人之手而不足供一人之用者，在他人之手而足供十人之用，则他人之当有此一亩之地，为天理之当然而无庸疑议。观今白皙人种奔腾四出，殖民于美亚非澳各洲。其土人之受其侵入者，寖减寖微，澌灭殆尽。而彼邦治计学与统计学者，方洋洋然夸于众曰：白人所至之地，其地即随而繁盛。故白人之移植，实世界之好现象也。乌乎，此自白人言之则然耳，使彼被戕待灭之黑棕各色人种，起而自言，又何如乎。

其二，征之于学问。吾中国固以文明古国自诩于世界者也。夫先祖虽齐圣而子孙沦于愚顽，不得藉先祖余荫而自慰藉，譬如贵胄之子沦于舆台，已虽数典及祖，侈然自豪，谁复望而起敬。今之世界，相竞以学。凡欲自侪于文明之域者，莫不各有代表之学者，往来于世界学者之林以相夸耀。此非满足人生好胜之心而已也，实则统全世界而观，人类犹一家也，各种犹兄弟也。兄弟对其家必各尽其应尽之责，其材者人皆尊尚之，其不材者皆鄙夷之，又势理之所当然，无足怪者。方今世界人类中，除野蛮小种族不计外，其对于学界无所尽力者，莫吾中国若。曩者吾尝计世界各国每百万人中所有科学家人数，最多者瑞典五十八人，最少者俄国一人。近年如日本亦渐以学问研究有声世界。而吾中国以世界五分之一之人口，乃无一学问家足齿于世界学者之林。闻美大发明家爱迭生尝语人云：世界各国皆有所献助于当今学界，唯支那无之。此言诚然。味爱君言，吾人固当愧死入地矣。夫学问之事，天下为公，无种族、国界、强弱、彼我之见存于其间。顾吾与他人相见，而其无颜又至是。则吾人欲以口舌之间增我国家于世界之位置，又乌可得耶！又乌可得耶！

凡上所云云，非敢自甘暴弃，而为强梁增其攘夺之焰。欲我国人知无所以自立之方，虽有广土众民，欲于世界上占一位置，而不与埃及、波兰同其运命，固难能矣。方今世界，龙拏虎掷，变动不居。得志者升青云，失意者委泥涂，皆在炉锤之间耳。我国民有不甘为人奴僇者乎。反而求之，道不远人。

致蔡元培等函[*]
（1915 年 5 月 25 日）

子民、石曾、精卫先生左右：

前者上书左右，并縢以《科学》杂志第一册，敬求教正，托吴君玉章转达。近得吴君来书，始知此书迄未收到。当此战涛汹涌中，区区鱼雁浮沉，亦何足怪，然辜同人仰望之心又数月矣。

同人等愚见，以为国之不振，国民无学，实尸其咎。窃不自揆力之不副，就修学之暇，发起此《科学》杂志，将以为传输学术之机关，作起国人好学之志气。竭蹶经营，已将一载。其第一期于正月在上海出版，今已出至第四期矣。幸得国内外同学匡助，尚得继续无替。然科学大业，而同人学识谫陋，知不足副椎轮之任。

诸先生德业文章，为世尊仰，若能不吝金玉，赐以宏篇，则不独本杂志之光，实社会之导也。读复康南耳同学书，责同人以养成新中国复活之种子，同人驽劣，何能副先生等重望。然区区此心，苟利国家，不敢惮劳，以此自誓，并望先生等之助成之耳。时事艰虞，几难自奋，顾瞻春树，引领于邑。专此，敬问。

道安不一。

任鸿隽再拜　五月廿五日

---

* 录自《蔡元培全集》，第 10 卷，250～251 页，杭州，浙江教育出版社，1998。——编者注

科学家人数与一国文化之关系[*]
（1915 年 5 月）

迩日美国《通俗科学》杂志载有《世界科学家之分配》一文，颇足兴人观感。其言曰："各国对于科学进步尽力之多寡，可自其所产科学家人数之多寡判断之。"据最近《科学人物志》（Who's Who in Science）之调察，美国科学家之数，为千六百七十八人，而英国科学家之数，则为千四百七十二人。由此数观之，美较英为盛矣。此《科学人物志》为专记英、美两国科学人物之作，故不及欧洲大陆各国。然使吾人取各国科学家之数计之，知无出美国右者。兹举各国所有科学家之数如下：

德意志	1 280 人
法兰西	423 人
奥大利匈牙利	236 人
义大利	215 人
瑞士	214 人
荷兰	155 人
瑞典	109 人
俄罗斯	97 人
丹麦	94 人
比利时	90 人
诺威	88 人
葡萄牙	49 人
西班牙	41 人

---

* 录自《科学》，第 1 卷第 5 期（1915 年 5 月）。——编者注

观上表可知德国科学家之数，三倍于法。据现在人口之数，德多于法。然使就此诸科学家初生之时计之，则两国人口之数，相差不远。现今科学家年岁平均约五十岁，绝无在四十岁以下者。而法国四十五岁以上之人数少于德国者不过百万，德国之小儿口数，乃二倍于法，是法国科学家人数之少于德国，不可以人口之数为之解说矣。

欲使小国所产之科学家人数与大国所产之数相比较，不可不并计其人口之数。故吾人若计各国每百万人中所得科学家之数，则其次序如下：

瑞士	58
诺威	37
丹麦	34
荷兰	26
瑞典	20
德意志	19
比利时	12
法兰西	11
葡萄牙	9
意大利	6
奥大利匈牙利	5
西班牙	2
俄罗斯	1

由上表观之，可见国小者得数恒多。瑞士首出各国，而俄罗斯乃为后殿。一国所产科学家之多寡，乃其国文化之标志。吾人于此，不能不为俄罗斯有愧色矣。

记者按：《科学人物志》为美国史荻芬生（H. H. Stephenson）所编纂而纽约某书肆所印行者也。据其自序，其所谓科学者，只限于自然科学与物理科学之内，而不及社会科学与人心科学之藩。故生计学、教育学、心理及探险学者，皆不在史氏《科学人物志》之内。唯上举各科大家亦有阑入者，则以其工夫与他科学相关之处甚多故也。又其取人之术，以其于科学上真积力久，有所著述表见为衡，而不取其一得之长。故志中小传对于英国皇家科学会会员及国家学士会（National Academy）会员之头衔，尤为注重，而其他学位称号，乃在其后云。

又据哈佛大学气象台长辟可灵（E. C. Pickering）博士所调察，各国科学家中其得外国国家学士会会员之荣号在两个以上者，于德得二十九人，法得十二人，英得十二人，美得六人，奥得四人，意大利、瑞典、荷兰、诺威、典玛、俄罗斯各得三人。

　　吾人观于上列各表所不能不怦然心动者，则世界上科学家全数六千二百余人中，无一人产于东方是也。说者将谓史氏所搜罗只及旁行文字之国，故东方之人，不得入录耶。然以史氏取人之格绳之，则吾东方科学家其能入录者几何。夫今之科学家，非所谓闭门造车，出门合辙者，而必有其成事之肆，与致力之所焉。大学也，科学研究会也，公共之科学上调察所也（如国家所设之地质测量所及卫生试验所等），皆产生科学家之地也。而吾东方诸国中，其备具此数者又几何。若求其近似，日本于此数者尚具雏形，而吾中国乃瞠乎后矣。故在东方求科学家，日本人中或不无一二可齿数者，而吾中国乃真无一可举，此非吾东方民族之羞乎？

　　前表所列各国，每百万人中之科学人数，为美国《通俗科学》杂志所算定，故于英、美两国独缺焉不详，今就两国所有科学人数以其人口之数除之，美每百万人中得十八人。英每百万人中，若仅就英伦三岛之人口计之，则得三十二人；若合其殖民之人口计之，则得三人。要之世界诸国，其文明程度之高低，与其国政之整紊，人民生计之乐苦（其中有数小国不以武力自著者，故不可以国力为比较），无不与于其国内科学家之多寡为正比例。吾中国人口之数大，计约四万万，若如瑞士之例，应有科学家二万三千二百人，若取法乎下，如俄罗斯之每百万人中得一人者，亦应有四百人。乃今遍问四万万人中，其敢毅然以科学家自任者（因无人为之统计，故不得不作此悬拟之词）几何人。来者吾不知，就现在言之，吾恐尚无一人也，此吾人所不能不为吾国惶然大惧者也。

　　《通俗科学》杂志记者之言曰："科学家人数之多寡，为其国文化之标识。"吾人更推广其意曰：一国国政之整紊，与人民生计之乐苦，与科学家之数为正比例。假定此论理不谬，吾人乃于吾国生死问题上，得一最单简之答案，即欲富强其国，先制造科学家是也。夫一国之事，经纬万端，原非徒事物质科学者所能尽办。吾人知美国有千六百余人之科学家，同时当知尚有数千百人之政治学家、生计学家、社会学家、文哲学家也。其于他国也亦然。然今日学界之趋势，则物质科学者之数，必远于社会科学者之数，此无可疑者。吾人若想象一国所需各科学者之数，当于科学家数中，加以其他学者，不可谓有其他学者，而科学家遂可有可无也。然则科学家将由何法制造之乎？其略上已言之矣。请寻其本，则科学家罕有不由学生来者。今试以美国大学生之数与其科学家之数相比例，其学生之数，于千九百十二年为三十一万九千四百四十八人，而千九百十三年科学家之数为千六百七十八人，约一百九十余学生中而得一科学家也。如使吾国有四千科学家，则当有七万六千大学生，以每大学容三千学生计之，吾国当有二十八大学。今又试问吾国大学之数与其容量如吾所言者，有一存焉否。古人有言，百年树人。吾不知期以百年，能有二十八大学现于神州否，深思远顾之君子，奈何不急起直追耶。

解　惑[*]
（1915 年 6 月）

　　自本杂志出版以来，海内大雅颇不以同人为不可教。怜其款款之愚，惠然以沮疑之词来相劝诱。其言以谓国人承辛丑改革之后，受欧洲大战之余波，寝息未遑，偷食朝夕，国内学校其仅而开校者屈指可数，而人心荒荡，未遑学问，何居乎子之以科学进也。且以方今国人之科学程度，将言其深者乎，其能读之者几何。将言其浅者乎，则未知肤末之学其为效也几何。综言者之意，盖谓国人此时未尝需求科学也。不求而给之，其值将不显而存不可久。善哉，言者为小己计、为利便计则得矣，顾未知为大体计、为学术计何如耳。今将言者之意就两方面答解之。

　　第一，国人未尝有科学之需求，此言是也，顾吾以为国人应有科学之需求。何以故，以一切兴作改革，无论工、商、兵、农，乃至政治之大，日用之细，非科学无以经纬之故。是故其未尝需求也，非不需求也，实不知需求耳。今夫吾国通商之市，三尺童子亦口衔纸卷香烟矣。当纸烟未入口之前，国内之人，何尝知其可嗜而需求之。有猾商者出其巨资，冒失利之险，贩运以入中国，其初人未知嗜也，则附物而遗之人人，不取值焉。迨其浸染既深，群起购求，彼乃操奇取赢，高下在心矣。烟，病物也。彼善贾者犹不惜其浸润之劳，以凿浑沌之窍，而收倍市之利，况君子欲以学术救国，乃吝其口笔之勤，不为之反复陈说，兴其需求学问之思，而云彼昏不知，为之姑徐徐云尔，吾不知待之之至于何时也。方吾人始与西方物质文明相接触，震其机械动作与质性变化之出于常轨也，则夷然以"奇技淫巧"轻之。厥后相习既久，知其事物之各有本源，而奥妙之未易窥也，则又退然以"造物化工"神之。此二者，一失之亢，一失之卑，要皆不寻其本而已。苟寻其本，则当得之于科学。今纵未能遽得，所谓科学家者出而明民供物，而国人不可不知科学之为用。知之矣，而后科学之需求从此出也。

第二，真正之科学知识，当于学校教科实验室中求之，非读一二杂志中文字，掇拾于口耳分寸之间所能庶几。虽然，教科之为书，旨取平易简率，各于其分，不能于特殊之点有所详细说明。读化学者，至原子之说，常苦其微渺难捉。读物理书者，至电学诸称谓，则有目迷脑眩之苦。于此欲于一学说原理，溯本穷源，如观纹于掌，了然心耳者，唯当于专门论文或特别讲义中求之。是故《科学》杂志之为物，未必能于每科各要义，首尾贯彻，巨细无遗，而于某科某点，有为教科之所不及，讲席之遗漏，亦不无拾遗补阙之功焉。由此方面言之，则本杂志之出现，不当在科学已盛之时，而当在科学萌芽之际，不待言矣。

抑吾《科学》杂志之职志，有不仅如上所言者。凡一国学界，必有其专门之志，以发表学者研究之所得，而求同学者之共证。吾人试一读科学教科书偶及较新之理，必举某杂志某号以为印证。盖科学杂志者，当时之科学发达史也。吾国科学方在萌芽，学四方者，率履他人故步，孜孜未遑，以言新理，或病未能。虽然，学术本非私物，新理之发舒，不于自己，即于他人。学界之进步不息，则吾人所以纪录之之机关不可以已。如曰他国之文足资讽诵，则未知能得他国学术杂志而读之者，遍国中能有几人。如曰他人学术上之发明，譬如邻猫生子，无与我事，则自绝于当今学界，将何以别于僿野之民哉。且夫他域学术发达之国，其学术杂志，卷则汗牛充栋，名则更仆难数，而吾神州大陆，尚属绝无仅有，亦当今学者之羞也。同人诚无似，忘其蚊负之愚，将薪是志为吾中国具有学界之标识。他日者，学术昌明，研究精进，安知不与他国之学术杂志同占学界上之要位。令讲学者引证曰"见某年《科学》某卷"，则吾人之愿毕矣。

复次，吾国科学遍及之难，原因多端，而名词之难定，实为障碍之一。今欲俟政府之审定乎？无论吾政府当多事之秋，未暇及此也；即使能之，而以法衍繁赜之科学，责公家诸人为之正名而必其皆当，亦必不得之事也。然则将由私人译著之家定之乎？则一人之所及者，其范围甚隘。且译著之为事，善成在久，恶成不及改，亦非尽善之道。足为科学定名之预备者，其唯《科学》杂志乎。何则，《科学》杂志，旁罗百家，著述既多，收名自富，其便一。一名既定，有专员以司其事，凡社中著述皆当遵用。姑置杂志影响所及于不论，而社中已收试用之效，至每年之终，乃汇集所得而刊布之，以待海内学者之公议，其便二。凡名有初经行用，后以为未善者，以杂志为机关，得随时宣告改易，其便三。以上三便，皆杂志之副产物，而为他机关之所不具。同人区区微意，窃欲借此出版物之便，与海内学界共图此举，热心科学之君子，皆当不惜出其绪余以相助也。

实业与科学，相须为用，而科学与实业，不能同时并进。一新术之发明，其经科学家之试验者几何日。其科学上之方法能应用于实业上而有利者，又须几何日。其操奇计赢之实业家，能奋然决心投巨资以营新发明之实业者，又须几何日。无他，科学之知识未充，则其信仰之心不至也。德国人造靛之发明以来，几尽逐天然靛于市场，而垄断世界之利。然问其何以成功，则不持无数化学学者研究之力，而公司之出资以供研究者，某一公司已达四百万金之巨，其毅力亦不可没焉。今欲于吾国言新实业，知识之所未周，经验之所未及，其难尤当倍蓰。则同人肆陈学理之应用，以为有志实业者导其先河，当非无事书空之类矣。

乌乎！作始之难，古人所喟。众擎易举，鄙谚所陈。当世高明远识之君子，将于此有同心乎？为之执鞭，所忻慕焉。

归国后之留学生*
（1915 年 6 月）

留学生者，吾国所仰为起死回生之卢扁也。留学生之归国者年以百数，吾人试以吾留学生归后之所行所为，卜吾国国事之进退，或亦非过。记者曩尝言以吾国土地之广，人民之众，待举之事之繁，留学归者，如以杯水益巨海，泯然入于若有若无之乡。故欲为吾留学生之左史，为归后留学生之统计，其事至难。然械札之所涉及，报章之所披露，窥豹一斑，亦足以供吾人切磋之资矣。因拉杂论次如后，俾当世君子及我同学得观鉴焉。

（一）记者尝有友在科罗剌多矿业专门学校学矿，毕业归后数月来书云：

（上略）适值金城同学王君由京来信相招，云中美合资煤油公司将有探油队之组织，往陕西一带探测石油，用美人五，华人如数为副，四个月返京，去留听便，竭力劝弟前往。弟亦以此事于所学相近，一路矿学及地质学经验不少，诚难得之机会，故决计前往。及入都门，始悉此事已为捷足者先得，所用之人，亦殊出人意表。有外国文学毕业者，有粗通美语者，甚有并英语不能者。闻华人均归煤油筹办处聘雇，揆当轴者意，以此项人才，不过备翻译，供外人驱使耳，其探测及工程等事，自有外人可恃。以此类心理，与外人合资办事，而欲在公司占少许势力，其可得耶？（下略）

按：吾国顷以乏才而送学生于他国，迨其学成而归，可谓少有可用之才矣。才而不用，则安用才为，安用其遣学之为？如探油之事，属之曾学矿者，则人与事两受其益；属之未曾学矿者，则人与事两受其损。

当局者心理，来书所言，足发其覆。吾谓此事，操用人之柄者固有不可辞之责，而为之用者，不问其事之与己相称与否，苟一时之得，以遂其衣食之欲，而不知实业前途，即败坏于一己取舍之中。其人苟具平旦之气者，又岂忍出耶？先哲有言，治国如治家，使男司耕，女司织，则理。国内人才之数微矣。非在上者公而忘私，在下者守己慎节，勿徒脂韦突梯，以蔽人才之路，则天下事安有豸乎？吾为此言，欲为国人进一药石，非为吾友鸣不平也。

（二）又同学某君去年归国，归后以书道所感，中有一节云：

此间亦有留美学生会，月聚一次。上次余未得往，某君与会，归而大沮丧，为余言会中无他事，唯大饮大嚼及叉麻雀牌耳。中亦有一二自好之辈，然势孤不胜，只守缄默，无能禁沮也。

曩者吾友梅君尝寓书来言，留学生不亟于改换脑经，归后一接旧社会、旧习惯，将旧病复发，不可救药。今读某君书，然后叹梅君之言无以易也。夫吾人求学他国四五年，非仅以有一技之长，归而自立已也。固自命为曾受新教育之人，且将以吾之所得，新我国民者也。以曾受新教育之人，负改良社会之责，乃不能利用其宝贵之光阴，作有益之事业，而为旧习惯所同化，博弈饮酒以终日乎？记者不暇为吾留学生惜，为中国前途痛也。

（三）《上海时报》二月二十八日关于考试留学生有新闻一则云：

此次考试并无一定办法，不过言取列最优等者呈候大总统酌量任用而已。至如何用法，并未有明白规定，闻有派往各部院作为学习员之说。

按：考试留学生一事，右之者以为登庸人才之所当有事，左之者以为科举之余习。吾谓科举之为害，不仅在所以考之者非有用之学，乃在率天下之才智，而入于政治之一途。人才集中于政治一途，则社会上事业固失。而所以应考者，陈纸空谈，即所谓莅民治事，亦非所习，则政治之事又失。今之留学生，固不仅从政之才，而多致力于工商、制造之学，以此散之四方，从事于生利事业，则社会改良庶几可望。今政府乃以考试一举，集数年中之留学生，而置之部曹闲散之地，是名用而实锢之也。即用得其所，而注全国有用之才于政治一途，亦岂计之得者，政府已矣。吾愿吾留学归国诸君，稍稍留意于社会事业，而勿以考试为终南捷径，作金马门避世之想，则国事或尚有望乎！

救亡论 *
（1915 年 6 月）

　　吾国人闻亡国之声久矣，吾国处亡国之地位亦久矣。甲午战争而后，情见势绌，瓜分、保全两政策，为世界列强对我外交樽俎之冲。而我则俯首退听，伺他人之嗔怒而定我运命之休戚。幸而以势均之机，保全论得胜，而吾国乃得苟延性命于旦夕。然而亡国之运，初不以此而遽止，譬犹死囚既受死刑之宣告而缓其行刑之期焉。其不得以此而遂自庆生全也，明矣。果也，欧战起，均势之机失，而吾亡国之期至。

　　夫日本之提出要求于我国也，破空而来，不必有发生之理。据其要求之条件，不独关于利权也，固将囊括吾主权而有之。其外交上之口实，吾不暇论。综言之，彼盖欲利欧洲列强不暇东顾之时，用其昔日殄灭三韩之故智，令我中华为第二朝鲜而已。亡国大事，吾人昔者闻其言而未见其形者，今则形成一具体之条件。日议论于吾政府与彼国外交家之间而迫我之承受焉。吾二千五百万方里之土地，将为三岛之附庸乎；吾四万万之人民，将为五千二百万人（日本民数）之奴僇乎。下乔木而入幽谷，此其时矣。

　　虽然，谓日本此次亡我条件，纯出于欧洲战争之影响，乘均势之失其衡而贪独得之利者，尚是一孔之论，察其近因而未及其远因者也。今夫一国外患之来，故当以四周境遇为之转移，而其本国之情势，实其主要之原因焉。今使吾国数年以来，内政修明，动乱不作，军实搜完，财政就绪，有兴国之观，无颓败之象，则强邻之觊伺于吾侧者，或将易其轻蔑之心，而生畏惮之念。而无如吾国数年之政治现象，一退步之政治现象也。以积弱之余，而加以不振之气，其召亡国之祸。又何怪焉。吾

---

　　* 录自《留美学生季报》，第 2 卷第 2 号（1915 年 6 月）。——编者注

为此言，非欲以亡国之祸归罪于政府诸公也。亡国之祸，根种于历史之酝酿，成于国民之亨毒。诸公特不幸而代表此历史、国民，以发挥其亡国之政治而已。吾所谓历史者，不仅指甲午以来对外之败绩历史，而指秦汉以来对内之专制历史。专制之敝为压抑，而人失其独立自治之精神；专制之敝为愚民，而人失其问学求真之理想；专制之敝为文胜，而人失其强武不屈之风度。种瓜得瓜，种豆得豆，则吾今日而得此阍昧楛窳不能自生之国民，又何待言。吾人徒见政府之附会共和以揖让，易官名以将军、卿大夫，而叹其倒行逆施，欲挽二十世纪之新中国于三千年之前而以图存也。而不知国民中乃有欲废学校以复科举者。虽欲复之事，远近有差，而复古之热则一。其复古之念何由而起，则以彼所知者，不出于陈编故纸。而于世界致治之真理，学问之实绩，举未梦见故也。问复古之事何以得见于今日，则以此历史上之人物尚占社会之中坚而未蜕化以去故也。以上所举两事，特以证吾历史之说，非谓此即致亡之原因。致亡之原因，乃在国民之愚昧楛窳。愚昧楛窳之国民，无时不足致亡。而时与事会，乃假日本人之手以出之。吾不自怨而怨日本人，不亦疏乎。

虽然，在天演上论之，日本无可怨之理。而自国际言之，则日本之乘机侵略，与盗贼之白昼攫金何以少异？国际间道德之程度，尚在私人道德之后。强凌弱众暴寡之恶行，在私人以为背德非法者，在国家行之则以为金科玉律。强者既不肯置议，弱者亦唯有忍息顺受而已。是故积弱之后，外患既来，则辩理之辞与怨恶之情，均非解决问题之道。置二十一条于吾前，而吾之所择者唯有两途：曰将俛首系颈而为人之保护国乎，或将奋发慷慨以保我独立也。进言之，将菹醢鱼肉任人宰割并不得有国之名乎，抑将断脰流血与吾国同命而一瞑不际也。此二道者，在吾国民之自择。远隔重瀛，吾国民之决心，末由得知。或者政府方守其秘密主义，以一手掩盖天下耳目，国亡之后。国民尚在梦中，亦未可知。至于旅居他国者，消息较灵，感觉较强，其决心所表示必有可观者。今请得而第论之。

（一）主战论者。此派之所主张者，曰："不战亦亡，战亦未必亡。等亡矣，与其不战而亡，屈于霸道强权而亡，熟若背城借一，殉人道公理而亡之为愈也。"曰："许则亡，不许未必即亡。何勿背城借一，孤注一掷。语云'困兽犹斗'，何况人乎，何况国乎。"（以上所引见最近留美学生发行之《战报》第三期。）此主张之果决，人所共晓者也。其主张之理由,则尚未之闻。以意度之,必谓日本之要求,关系于我主权之要求也。吾一许之,而国家之实质已去。吾一许之,而吾国之军备皆在日本人管理之下矣,吾国之外交皆当仰承日本人之鼻息矣,吾国人之起居动作皆当受日本人警察之监视干涉矣。如是则不独亡其国而已,国亡之后且当永劫不复,则何如及束缚之未及,刀锯之未临,而一为振迅奋搏。侥倖万一之为愈乎。所谓不战亦亡,战亦未必亡者。明知强弱之势不敌,而无如东人逼我之甚乃使我铤而走险,急不能择也。是故主战者其语则雄,其心则悲。彼盖先定一中国已亡之结论,而后死中求生。无所往而不可,是诚热忱爱国之士执干戈以卫社稷者之所出也。而吾留学界之主张是论者,虽谓占百分之九十,当非过也。

(二)和平论者。此论者又分两派。一、积极的和平论者。彼浸淫于此和平论者之言,谓弭兵可以预期,和平可以力致。凡言及兵事,皆彼所掩耳不欲闻。不悟彼方谈和平者,在破强者狡焉思启之迷,而不否认弱者设防自卫之计。若强者不自戢,已无如何。而唯以和平主义责之弱者,其结果则与扶强凌弱无异。稍明理者当不如是,况以哲人自命者乎。二、消极的和平论者。彼之不主战,非不主战也。极度于敌己之强弱,与战和之利害,而以为战之为事,国家存亡之所关,种族继绝之所系,孤注一掷,谈何容易,则不得不迟回而审度之。其属于第一派者,无过一二好奇之伦。其属于第二派者,则吾学界中之皇皇然寝不安席、食不甘味、踌躇终日而未能满志者皆是矣。

据上所列以卜人心之趋向,则必以主战论者为大势所归,无疑也。虽然吾人今日言战,非好战也,固将以救亡也。然则吾人假定战矣,其因战而致之利害将如何,此不可不详察者也。今之论战者,率以战后之结果相挈度,曰不战而许日求,其甚者失其主权,自侪附庸。即失一二路矿,亦启列国欧战了后瓜分中国之局。如其战也,以中国土地之大,旷日持久,当非难事。设迁延数寒暑,欧战之局已终,而中日雌雄未决,欧洲列强不利日本之独据膏腴也,将共出而逼日还我旧物。此推测之言虽复近理,不足据以断事。吾所欲论者,当前之利害耳。夫吾器械之精,军储之备。士卒之练,运轮之利,举不如日。一旦启衅,胜负之数,盖可逆睹。故今日言战,形势之上不得谓利。然我有一无形之利,足以胜此有形之害。则委靡不振之国民,受此戟刺,或能生其爱国之心,作其同仇之气。精神上之所得,或足补形势上之所缺。人苟不愿为奴,固无人能奴之者。杜兰斯窟之抗英,血战三年,英仍许其自治。朝鲜之于日本，埃及、印度之于英国，太阿受人，唯恐抗其颜行，一旦政权尽失，其国人亦遂奄奄复生气矣。虽然战争固起死回生之妙方，而亦锄弱留强之毒剂。唯本质强者得所刺激，则鼓舞奋兴，勃然而起。若本质弱者，未受战争之益，而先为战争所汰。蒙古、满洲入主之时，我国民又何尝不奋起抵抗哉，而其结果竟如何。此吾所以反观内顾而惕然以惧者也。

主战论者之所主张，其第一前提曰"不战必亡"，其第二前提曰"战未必亡"。其第二前提者，未来之推想，前既已言之矣。其第一前提，则当前之事实，而日本二十一条要求所明示吾人者也。是故第一前提而确，则主战者之主张已成立，初不必问第二前提为何如。此次日本之要求，如关于我之练兵、行政、外交、警察及内地矿山铁道等权，皆亡国条件也，许之则亡。若不得已而出于战，亦所谓铤而走险，急何能择者。即使战而亡，与不战而亡等耳，况战尚有不亡之希望也。若所要求之条件尚未至侵害我主权，尚留我自由行动之余地，则孤注一掷之语，未可以轻心掉之。此主战论适用之范围也。

美国《外观报》之论中日交涉曰："东方人之外交，如其贸易。售者尝昂其不可必得之值，以待购者之论价而减其所索焉。"今假定该报之言幸而获中，日人或愿低其故昂之值，而吾国遂可高枕自肆乎。夫吾国固日处于不能不战之境，而特苦于无能战之力者也。其所以无能战之力，则以国人愚暗苟偷，心无远虑。寇至则张皇惕息，手足无所措，寇退则心驰志怠。所视不过五步之外，所营无过一身之务，而未尝以有千里之忧、百年之患焉。如是，则战斗力何由而生？今试与人言备战之事，必曰我须有造兵工厂，不必如德之克虏伯。求若日之炮兵工厂，日出炮若干尊，枪若干支，大小子弹若干发，其所须预备之人才时间几何。必曰我须铁路若干里，东西南北，纵横午贯，军行援应，无不如意，其所须之人才时间又几何。我必能自制军舰，自练军队。国家之财政，平日有以供常备之饷而不虞缺乏。战时有以应出军之需而不患匮蹶，则所须之整顿岁月又几何。此物质上之设置备矣。然使人心涣散、爱钱畏死如甲午之役，虽以坚甲利器而不足与人敌，则犹未可战也。是故今日言备战，不独当图物质之发达，且当求人心之完结。外患之来，迫于眉睫，救应之至，远于隔世。吾人不尝胆卧薪，急起直追，作一日千里之急驰，而欲以空言决胜，岂有济乎。

吾国人之大病，在于善忘。甲午以来，吾人所受之疡痛深矣。当时虽震动失次，过则漠然于心。而谋我者方日进不已，我退而敌进，是以有此不可收拾之患。今日之事，唯有合志一心，勿忘在莒，立以独立自卫以为的，而并力竭智以赴焉。政府而甘卖吾国也，吾其起而易之。外人而敢干吾政也，吾其起而逐之。实力既充，人心既一，乃无所为而不可。千八百七十年之役，德人歼法军，入法都，而卒不敢转其国者，以其国人自有不可亡之实在也。我国民苟具有此实，区区三岛又何足以亡我哉。记者不敏，诚望吾国民之先觉者急起图之也。

中日交涉之回顾[*]
（1915 年 9 月）

中日交涉之失败，于今五十余日矣。忆当四五月之交事机危迫时，内外国民气结声嘶，奔奏呼号，期以一当强邻为幸。盖非特宁为玉碎，勿为瓦全，高其激昂慷慨之情，而实见夫坐而待亡。孰与争之，尚得万一之希冀也。洎乎政府怵于威吓，要盟结于城下，满蒙土地，路矿之权利，闽鲁势力之范围，与扬子流域之路线，汉冶萍铁矿之产业，莫不予求予取，囊括而归，而顾问、军备、警察诸权，且暂寄外府，效狙公朝三暮四之故智以博群狙之喜焉，果也。灭国墟社之大交涉，遂以此告一结局。两方当局在彼固欢忻鼓舞，称觞上寿，庆其不劳而获之功。在我亦伈伈泄沓，长息出气以告于众曰"和平了结"。而自他人观之，则以为世界外交史上无此奇例。自我国民观之，则以为大耻奇辱，国已不国。乌乎，此一月以来，救国储金、救亡会、国耻纪念日、国耻纪念会之所以接踵而起遍于全国也。

此次交涉之失败，为亡国之第一步。凡我国民，有血气心知而非丧心病狂者，必不能否认斯言。亡国之进行将由何道，则不可不为之预测。余谓此次交涉之最当注意者，在日本之提出第五部顾问、军备、警察各项与其撤回各项。而我之抗拒此项条款也，在彼观之，实在无足轻重之列。方其提出此项条款也，日人心中固欲夷我于其保护国之列。如一九一〇年以前之高丽，非苟以是尝试我而已。彼其要求顾问，则为其设统监之地位也。此时恐吾国民之未易服也，则又先握我军备警察权以为之预备。设军备警察权皆入其掌握，彼即可为其欲为而莫之谁何矣。乃交涉已三四月，其他权利皆已囊括以去，而至最后通牒时，乃能暂缓

---

* 录自《留美学生季报》，第 2 卷第 3 号（1915 年 9 月）。——编者注

第五部之提议。彼固非畏我最终之抗拒也，我政府未尝示以宁死弗承之态度。自其最后通牒到京，政府诸公周章无措之情形观之，虽有第五部之各项在，亦未必不隐忍承受。而彼顾示此暂缓须臾之惠者，则非畏我之抗拒，而以英美之间有责言焉。可断言也，是彼之暂缓提议此事也，或俟欧战毕后，与列强议决东方问题时而并及之。或者及欧战未了之时，运用其外交妙手，与英美及他有关系之国协商既定，而后再出以谋我焉。要之，日人之暂搁第五部要求也，非遂不要求也。昔欲为独力之垄断，今当分邻人以杯羹。昔所欲一蹴以几者，今乃不能不顺次而及。至其与列强会议之结果，则均势之局，既为日人此次要求所破，虽欲复之，势有不能。即能之，而分割及于腹心，尚有何处容我建立国家之地。国民尚希冀欧洲议和时，吾国当有列席发言之权，得折冲樽俎之间乎。则此次中日交涉中，我以胶州之事，声言他日议和，中国须有列席发言权，而为日本所拒矣。我之得列席于欧洲和议与否，本非日本所得主宰。而我当局弄巧反拙，言而见拒。他日再欲言之，彼反藉今日之事为口实而堵吾口。又使欧洲战事延长，日本得成其弥缝英美之外交，而早攫得其第五部之各权利。则我外交之事，彼且越俎而代之矣。（交涉时日人即有此言国人勿忘。）彼时吾欲以他手段得之乎，则高丽之事，可为寒心。高丽前太上皇当国时，尝愤日人之陵逼，于第二次海牙和平会议时遣密使诣会。欲自通于各国，得世界之公议，以杀日人之势力。日人闻之，立遣师三团，入高丽京城，逼其时之高丽皇退位。立其子而结新协约四条，高丽自是以后永无复起之望矣。使我国当欧洲议和时，已入日本权利之下，则高丽之惨剧，几何不复演于我国。乌乎，"东亚之门罗主义"，"亚洲者，亚洲人之亚洲"，此日本首相大隈伯之宣言。其音若甚洪伟可听，而寻其实，则无异言我当臣妾于日为高丽之续而已。即不然，瓜分豆剖，又势之所必至。忧时者所为闻和平了结之言，不啻闻亡国之宣言，而为之椎心饮泣者也。

且夫此次交涉之失败，又不仅当局者之罪而已。吾国民之罪，抑又过之。夫今日战和之事，司其冲者固当局之数人，而为之盾者则全国之民气。故当欧洲各国未开战以前，其当局折冲之词则曰"大国若不图，恐敝政府无术以抑制吾愤激之民气"。进观德之将与俄宣战也，其柏林市民罢市走聚以俟战书之宣布者埋衢填巷焉。法之将与德宣战也，其巴黎市民之激动亦如之。英之将与德宣战也，其伦敦市民之激动亦如之。乃至日本挟其无理之要求，强我承认不得而以武力迫胁也，其东京市民亦且哄聚欢哗，若不胜其愤慨焉者。是何也，凡以见民心之所同，而示敌国以不可侮之情而已。吾非谓此一哄之气，其实足以当十万之师。然使并此外见之情而不可得，则执政者当何所据以测人心之趋向，而觇之者有以识其易与，则长驱以入无人之境而已。吾于交涉紧急危机一发时，亦尝注意我国民之态度矣，当时世界视线群集于首都所在，故南方举动阙焉不详。而各报之载吾北方情形者，则曰首都之中静谧如常。上中以下之人，尚未知交涉为何事。知之者亦缄默不言，而富人达官有移其财产贵宝入于外国公使馆界内以求庇护者。以此情形与柏林、巴黎、伦敦、东京各处宣战前之情形比较观之，有不令人气结者耶。吾国积年以来，孱弱不振，兵以防家贼也，而不足当御侮之任。械不能自造，而常仰人为之供给。而又国防四撤，卧榻任人酣睡。门户洞辟，虎狼亦已入室，至不得已而出于战，亦曰我独立国民，非甘为人屈辱，与其觍颜而生，无宁激烈而死耳。若如上之情形观之，一旦有事，庚子顺民之旗，恐不得专美于前矣，又何望乎。比者事后追维，痛定思痛，于是有救国储金、国耻纪念等之发起，若可为吾民沉梦将醒之证。若曰吾当日不得不隐忍受辱，徒以无预备故。吾今乃从事于最后之预备。且昔者吾屡受巨钜大创而转瞬即忘者，以无物为之记取也。吾将学夫差之立人于庭，出入必以父仇相警。吾将学勾践之卧薪尝胆，刻苦自励。甚善甚善。而言者满途，行者复能有几。救国储金，非所谓救国之实际办法耶。此事发起之动机若何，成功所须之程序若何，姑无具论。顾其名则以救国号召矣，应之者则出于救国热诚矣。使此区区五千万之款而不能集，或集矣，而以监督之未周，办理之失当，致所薪向之目的终未得达。是无异告我国民曰：汝勿扰扰，国亡非汝所能救也。其影响于国民心理者甚大，不特物质上之损失而已。是故，救国储金之举，不发起则已，发起之后必薪其成。而何以数月以来，其踊跃应募者，车夫走卒、劳动学生之伦占其多数，而豪商富绅毅然毁家纾难以为国民之倡者，尚忧乎未有闻也。岂非推其不信人之心，视其钱之价值太重，而国之存亡为无足轻重耶。国耻纪念之语，亦徒托空言。吾欲问发起学校中每日课暇将五月七日之电默诵一遍，究有行之者否。吾欲问报纸上载国耻纪念第若干日之提议，究有行之者否，吾非谓此遽足当救亡之计，然以量吾国民实际之力，则其最低最易之限，无有过于此者。此而不能，遑言其他。诸君自以国事为儿戏耳，又何怪木展儿之掀髯于旁耶。

　　由上所说，不独政府之冗阘足以使人失望也，乃吾国民之昏聩尤足使人失望焉。说者必曰国民之昏聩，非国民之罪，乃吾政府铸成之而然。彼方挟雷霆万钧之势，言莫予违之威，日以拑制吾民之手足，涂塞吾民之耳目为事，则吾国民之慑伏偷息，坐待亡日之至，亦何足怪。不见乎交涉以后之文告乎，所谓罪己之书，戒惧之训，渺乎未闻，而朝布一令，夕定一法，惟兢兢于所谓国贼乱党之窃发是惧。推其意若谓权利予人，无损于我，而内乱间作，乃真亡国不复者。此在政府诸公视之，或者有然，而自国民视之，乃适得其反。彼既颠倒其事之轻重是非矣，则欲国民之不迷罔失次，其可得乎。斯言也，可谓明于吾民气不振之原矣。然天下事，溯其原因，与谓其事之当然。截然两物，不可混也。今夫此次交涉之失败，固由吾国积弱，自召外侮。亦由吾国方戴一名共和实专制之政府，以一人之意向，定全国之运命。于是他人得利用此一人而劫持驰骤之，以求得所欲。当日本最后通牒之未发也，日本报纸即宣言吾国总统欲让步而恐国民之反对，欲得一哀的美敦以自解于国民。（五月初旬某日《纽约泰晤士报》。）吾初读此言，窃谓日人轻视我当局，污蔑吾政府。至于此极，为之愤愤。而其结局，乃适如其意中所欲出。然后叹一人专断为害之烈，而国民对于国家之事不可不自操其柄也。吾人不欲效海外党人之口吻，谓政府与日本别有密约，撼莫须有之事，以重政府卖国之罪。然就显而易见者言之，则日报之所拟议已成事实。政府欺诳国民之罪已不可逭，而国民乃昏聩罔觉，此吾所以重为吾民悲也。

尤奇者，交涉失败以后，吾人冀为补牢之计，则日称诵甲午、庚子之已事，以为二役之后吾国所受创痛未尝不深，政府罪己之诏未尝不切且痛。而转瞬之后，时过境迁，则又酣嬉歌舞如故。斯言诚历史上事实，无可议者。然言者之意，若谓吾国此后运命只系于政府数人之智愚明暗，则大不可也。昔者意大利处奥人权力之下，国势分裂，而能内合众志，外攘强奥，巍然成一强国者。其国民好独立、好统一也。吾人习闻人言建国豪杰之事，若一国之兴亡，一二人之力可以左右之者，实则国民心中之抱负，乃有不可侮之潜势力。此一二有名之英雄，乃为之代表而已。吾国民若甘让他人之墟吾社稷，甘视政府之送吾国权，而不为之所。是为自甘亡国，自甘为奴。他人来亡吾国，吾能救之。吾自甘亡国，吾不能救之也。于斯之时而有一二贤哲之士，忧国亡之不可复，而耻为奴之不可终古，则当以一义进于国民之前。其一义为何？曰："知国之将亡，知国之不可亡。"使国人共怀此心，然后可与言救亡之事。

中国科学社总章[*]
（1915 年 10 月 25 日）

第一章　定名

第一条　本社定名为中国科学社。

第二章　宗旨

第二条　本社以联络同志，共图中国科学之发达为宗旨。

第三章　社员

第三条　本社社员如下之五种：（一）社员；（二）特社员；（三）仲社员；（四）赞助社员；（五）名誉社员。

第四条　社员　凡研究科学或从事科学事业，赞同本社宗旨，得社员二人之介绍，经董事会之选决者为本社社员。

第五条　特社员　凡本社社员有科学上特别成绩，经董事会或社员二十人之连署之提出，得常年会到会社员之过半数之选决者为本社特社员。

第六条　仲社员　凡在中学三年以上或其相当程度之学生意欲将来从事科学，得社员二人（但一人可为仲社员）之介绍，经董事会之选决者为本社仲社员，但入社二年以后，复得社员二人之介绍，经董事会之选决者得为本社社员。

第七条　赞助社员　凡捐助本社经费在二百元以上或于他方面赞助本社，经董事会之提出，得常年会到会社员过半数之选决者为本社赞助会员。

第八条　名誉社员　凡于科学学问事业上著有特别成绩，经董事会

＊《科学》，第 2 卷第 1 期（1915 年 10 月）。任鸿隽忆称董事会"指定胡明复、邹秉文、任鸿隽三人草拟社章"，见《中国科学社史简述》（载《文史资料选辑》，北京，中华书局，1961）。——编者注

之提出，得常年会到会社员过半数之选决者为本社名誉社员。

第九条　凡社员一次纳费至一百元（美金五十元，在他国照算）者为终身社员，不另纳常年费。

第十条　凡社员、特社员、仲社员未交常年会费至二年者，本社即除其名，但交足欠费或经重举，得仍为本社社员。

第四章　社员权利及义务

第十一条　社员及特社员

（1）有选举及被选举权。

（2）有享受本社发行之期刊及其他印刷物之权，但书籍不在此内。

（3）得借用本社图书及其他仪器，但须依各种章程。

（4）有遵守本社章程及纳入社费与常年费之义务。

第十二条　仲社员

（1）有享受本社所发行之期刊及第十一条（三）项之权。

（2）有遵守本社章程及纳仲社员常年费之义务，但被选为社员后须照社员例纳入社费及常年费。

（3）得赴本社各种常会，但无表决及选举被选举权。

第十三条　赞助社员及名誉社员

（1）得享受第十一条（二）（三）项之权利。

（2）得赴本社各种常会，但无表决及选举被选举权。

（3）无入社［费］及常年费。

第五章　分股

第十四条　本社社员得依其所学之科目分为若干股，以便专门研究且收切磋之益，其分股章程另定之。

第十五条　凡每科社员在五人以上者，即得设立分股。

第十六条　每分股设分股长一人，其任期及选举法由分股章程定之。

第十七条　设分股委员会，由分股长组织之。

第十八条　分股委员会设委员长一人，由分股委员互选出之。

第十九条　分股委员会之职务：（一）议定分股章程；（二）管理设立分股事宜；（三）相察情形，提议各股应办事件；（四）管理常年会宣读论文事件。

第二十条　未设分股委员会以前，由董事会推任一人专司设立分股事件。

第六章　办事机关

第二十一条　本社办事机关为董事会，分股委员会，期刊编辑部，书籍译著部，经理部，图书部。

第二十二条　董事会之职务：（一）决定进行方针；（二）增设及组织办事机关；（三）监督各部事务；（四）管理本社财产及银钱出入；（五）决选入社社员，提出特社员、赞助社员、名誉社员；（六）报告本社情形及银钱账目于常年会；（七）推任经理部长，图书部长及各特别委员。

第二十三条　分股委员会之职务见第五章第十九条。

第二十四条　期刊编辑部管理期刊编辑事务，其章程由该部自定之，但关于银钱事务须得董事会之认可。

第二十五条　书籍译著部管理译著书籍事务，其章程由该部自定之，但关于银钱事务须得董事会之认可。

第二十六条　经理部经理刊行发售本社各种期刊书籍事务，其章程由董事会协同经理部长定之。

第二十七条　图书部管理本社图书及筹备建设图书馆事务，其章程由董事会协同图书部长定之

第二十八条　各部应报告其事务进行于常年会。

第七章　职员及其任期责任

第二十九条　董事会以董事七人组成，由社员全体依第十章选举法选出之，任期二年，每双数年改选四人，单数年改选三人，轮流递换，但得连任。

第三十条　本社设社长一人，书记一人，会计一人，任期皆一年，由董事互换出之，但社长、书记、会计三人须在一处。

本社社长即为董事会会长。

第三十一条　董事会职员责任如左：

会长代表本社全体监理董事会一切事宜。

书记（一）记录董事会及常年会会议事件；（二）发布通告；（三）记录社员姓名住址；（四）收发及保存往来信件。

会计（一）收管本社财产，经理银钱出入；（二）收集社员会议；（三）预备银钱出入报告。

第三十二条　期刊编辑部设部长一人，管理期刊编辑一切事宜，部长由本部选出，其选举法及任期由编辑部专章定之。

第三十三条　书籍译著部设部长一人，管理书籍译著一切事宜，部长由本部选出，其选举法及任期由译著部专章定之。

第三十四张　经理部设部长一人，由董事会推任，任期无定。

第三十五条　图书部设部长一人，由董事会推任，任期无定。

第八章　会费及特别捐

第三十六条　社员入社时应交入社费中银十元（在美者交美金五元，他国照算）。

第三十七条　常年费，社员、特社员中银四元（美金二元，他国照算），仲社员中银二元，期刊费在内。

第三十八条　常年费以每年正七两月初一为起算期，凡在十月至三月间入社者，作正月起算，四月至八月间入社者作七月起算。

第三十九条　常年费须于应交起算时期后三个月内交齐，但初入社者其入社费及常年费自獎社之日起，三个月内交齐。

第四十条　凡逾期三个月不交常年费者，本社即停止其各种权利（文内三个月即起算期后六个月）。

第四十一条　凡入社费，常年费皆交本社会计或特别经理员。

第四十二条　本社得募集特别捐，由会计或特别经理员经理之。

第四十三条　凡特别捐皆存储作基本金，但捐者指定作某项用时不在此例。

第九章　常年会

第四十四条　常年会每年一次在七月或八月内举行，其时期地址由董事会决定通告。

第四十五条　常年会决定人数以社员全数十分之一为定。

第四十六条　常年会应办事件：（一）选举司选委员三人及特社员、赞助社员、名誉社员；（二）决议董事会提出事件；（三）提议及决议重要事件；（四）宣读论文；（五）修改章程；（六）检查账目。

第四十七条　未交常年费者无表决，选举及被选举权。

第四十八条　在常年会开会八十日以前（常年会期以七月十五起算下同），董事会应将提议事件及候选特社员、赞助社员、名誉社员姓名通告于各社员。

第十章　选举

第四十九条　司选委员三人由常年会选出之，管理选举次年职员事务。

第五十条 司选委员会应于常年会三个月以前决定各候选职员，报告其姓名于各社员，如社员有依次条之规定提出候选职员者，应于常年会三个月以前将候选职员姓名交司选委员，司选委员即承受之，并报告于各社员。

第五十一条 社员欲提出候选职员者，须得十人以上之连署。

第五十二条 候选职员之提出时期以常年会前三个月半（即四月初一）为限，如提出之械件在三个月半以内到者作为无效。

第五十三条 各社员得候选职员姓名后，即由邮投票选举，其邮件由司选委员经收之。

第五十四条 每社员得投一票，其票所举之人数如其年应改选之人数。

第五十五条 凡选举票应于常年会期十五日以前（即七月初一以前）交至司选委员处，逾期者作为无效。

第五十六条 选举职员之结果应于常年会中由司选委员报告之。

第五十七条 新旧职员之交替于十月初一行之。

第十一章 附则

第五十八条 本章经社员三分之二决定后即为有效。

第五十九条 本章经常年会三分之二或社员五分之一以上提议得修改之。

第六十条 本章修改事件应由董事会于常年会三个月以前通告各社员，复经常年会三分之二通过后即为有效。

民国四年十月二十五日通过

科学与工业[*]
(1915 年 10 月)

吾闻今之谈学术者有言："古之为学者于文字，今之为学者于事实，二十世纪之文明无他，即事实之学战胜文字之学之结果而已。"

斯言也，何其深切著明，而足代表科学之精神与能事也。自十七世纪培根、笛卡儿、加里雷倭、牛顿诸哲人降世以后，实验之学盛而科学之基立。承学之士，奋其慧智，旁搜博证，继长增高，遂令繁衍之事物，蔚为有理之科条。自然之奥窍愈明，人事之愿欲毕备。黉舍之中，百科灿然，授受精研，如恐不及。计自乡庠以逮大学，其人非愚钝，上达无碍者，必习明于几何、代数之理，方圆形体之算；其在物理，必明于动力、能量之定律，声光电磁之原理；其在化学，必明于八十三元子之化合，酸碱中性之变应；乃至有机物类之夥赜；其在自然界中，物植之生长，地质之构成，茫然无知，又学者之耻。甚哉，今日为学之道，诚与空言格物而坐俟豁然之一旦者，其难易繁简，不可同年语矣。是道也，不独先进之国为然，即步人后尘，遑遑然唯恐不及者，又何莫不然。读者试思吾国自以学校之制代科举，所遑遑然以求者，非此科学之移植，而坐收兴业之效耶。所殷殷然以忧者，非此学校之未足尽移植科学之天职，而奏兴业之实效耶。唯然，而言者不能无疑矣。

疑者曰："今之学校，以实验科学为教者，吾不知其何居。凡诸物理、化学诸书所有者，既成之定律与已往之实验耳，自牛顿之动力三律以至最近质射之理，观之诚叠叠矣，而何有于利用厚生之事。化学上能

---

* 录自《科学》，第 1 卷第 10 期（1915 年 10 月）。后收入《科学通论》时有所修改。——编者注

制绿气与钠质矣，而取盐者必穿井凿山，煮炼以得之，不恃试验室而后备也。是故学问与事业，常不相合，所谓高等教育科学能事者，不过为饰己炫人之具，而于应用殖货之事无与焉。吾欲兴一业，制一器，吾但就市人而问焉可矣，安用殚精竭虑，驰骛于精征要妙之理论，事倍而功乃半耶。"

上所云云，不敢谓代表一般学者之心理，然略窥科学之门径而未竟厥源委者，则往往有此疑。今欲明科学之应用，当先言今昔工业之异。昔之所谓工业者，约言之，则如村女之织纫，匠人之斧凿，与陶冶之范器。其治业也，无过四体手足之勤；其庸劳也，无过十室百夫之众；其出产足给初民日用之需；其周流唯限于乡邑邻里之近。是故其事业之嬗衍也，唯是箕裘之递绍，而无学问思想之事行乎其中。今也不然，机械之用兴而分业之效著。一业之佣工，动以千万计。一工之所产，又十百倍于前焉。环货山积，通市并海，财利之积愈弥，则兴业之情愈盛，而工业之进步，乃为时势所逼挢而不容已。此谈生计者所以划欧洲十八世纪学术之发明为工业革命时代。而西方百余年来物质之发达，国富之增进，胥由于此。吾且弗言吾国产业之迟顿不进，其原因安在。吾且与读者一观欧洲十八世纪以前工业之状态，盖若与我不相径庭。而百余年来彼方进步之速，发达之盛，乃使我望尘莫及临岩而返。何也，吾思之，吾重思之。十八世纪以前之西方，与今日之中国，其学术之未及于工业，同也，故其沉滞不进之状亦同。十八世纪以后之西方，与今日之中国，其工业学术之发达异也，故其工业进退之状亦异。虽然，十八世纪以前之欧洲，科学虽未大昌，而种子则已萌芽于培根之归纳论理与牛顿诸氏之实验发明。今之中国，既无科学矣，而国人乃未梦及科学与工业之关系。学术之不修，原理之不习，贸贸然号于众曰，兴工业！兴工业！无本而求叶茂，见弹而求鸮炙，是不亦太早计矣乎。

是故古今工业之异点安在乎？一言以蔽之曰，古之工业，得于自然与习惯之巧术。今之工业，得于勤学精思之发明。古之工业，难进而易退。今之工业，有进而无退。何则，有学问以为后盾故也。今欲列举近世之工业出学问讲求之结果者以实吾言，其事无往不在，悉数之更仆未可终也。无已，则略举一二以见例。

今夫近世工业规模之巨与应用之无穷者，孰有如电之一物乎。电有四，一曰化电，二曰热电，三曰摩擦电，四曰磁电，亦曰感应电。数者见象虽殊，其原理则一，亦法勒第（Faraday）所证明者也。今日工业上所用之电力，大都出于磁电，以磁电能生强大之原动力，其力又易传达转迻于各处也。磁电之发见，托始于厄斯台得（Oersted）而大明于法勒第。法氏之电学实验研究，盖科学上不朽之业也。读其《实验录》（Experimental Research）首章有云：

> 感应电流之效，既有人知之而言之矣，如电之生磁①，安培耳（Ampere）之以铜版接近平螺旋与其复作阿喇戈（Arago）之电磁试验②皆是也。然，此数者似未足尽感应电之能事。且诸试验无铁则不验，而世间无数物质，对于静电而呈感应者，对于感应之动电而不能不无所动，可断言也。且无论安培耳之名论适合与否，而自电流所经辄生磁场之事实观之，一善导体在此范围以内，安知不以感应而生电流或与电流同类之力乎。吾以此理想而进为实验之研究，不独为阿喇戈之试验加一说明已也，或于电流上开一新途亦未可知耳。

法氏之大发明，乃在其十日间之电学试验。彼先以二十尺之铜线十二枚缠于一木环上，各线之间，皆以线隔绝之。连 1，3，5，7，9 为一组，他为一组，以 A，B 表之（如第一图）。今置电流计（galvanometer）于 A 道中，而置电池于 B 道中，迨电流忽通或断时，电流计即生影响。此互感电流之发明也。法氏又以铜线缠于纸作空柱上，而贯铁条于其中。此铜线中仍置一电流计，次用大磁石二，两异极合于一处，他异极则隔离相对，使成一马蹄磁石形。今若置此铁贯铜线环于两磁石之两极间，而忽断其一极，则铜线中之电流计即生影响。反之两极复连亦如之，此磁石生电之发明也。法氏于是设一器具如第三图，N、S 为大磁石，n、s 为软铁块，用以强磁极，且令磁极得远近自由。A 为铜圆板，置 n、s 之间，有柄能自由旋转。板心与缘各有导线连之，中置电流计。今如旋动铜板，则电流即生于导线之中。③ 法氏所以为阿喇戈试验之说明者，盖谓置导体于磁场中，而扰动其磁力，即足以生电。此实后世磁场发电之滥觞，而今日电机工业所从出也。

---

① 此似指厄斯台得之发见电流之磁场言。
② 此指阿喇戈之发见置铜版磁针而旋转之则磁针随之旋动而言。
③ 以上所述见法勒第之《实验录》第一章（Experimental Research，Series I）。

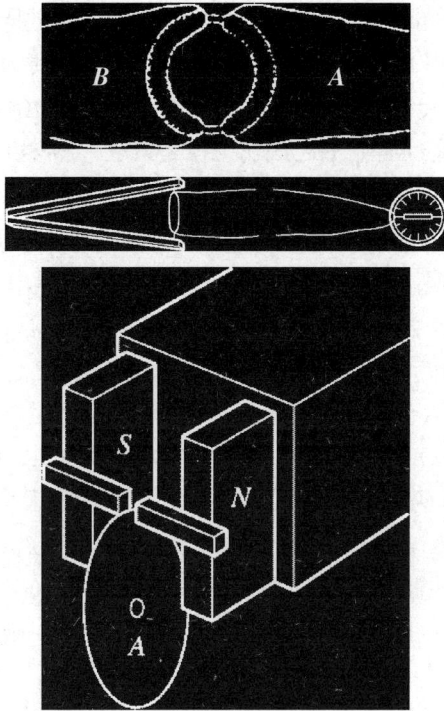

由磁电发生之工业，可略分为两类：其一，应用发生之电力者，上言由化学、热力、摩擦而生之电，其量皆甚微，不足以供工业之用。唯磁电之理明，吾人乃有术以变天然或机器之力而为电力，而电力不可胜用矣。其变机力为电力之器，谓之磁场发电机（dynamo）。机力可以发电，反之即电力亦可动机。其假电力而动之机，谓之电动机（Motor）。二者实一物，其构造皆本于磁电感应之理，其为用有互相依倚之势。凡今之电车、电扇与其他待电而动之机械，与用电最多之工业如电灯电话与渐见流行之电炉，皆由此出者也。吾人欲观电业之发达，亦但计其发电机与发动机之价值而已。据 1900 年全美国所用之发电机，为值 10 000 000 金元，其发动机之值，为 24 000 000 金元，而各电厂之出产，乃至 150 000 000 金元，而电车、电话、电灯各工业尚在计算之外也。其二，不直接应用发生之电，而用感应之机者，如电报之发明，盖在磁电初见之时（1820），其所用之电流，亦不为感应所生。然非藉磁电之理，则其记号机关无由构成，而何以致今日千里晤言之盛。又自蓄电池（Storage battery）日精，而电力之用乃益宏，如自动车之用电，其一例也。据 1900 年统计，美国电报业之全数，为 21 000 000 金元，其资本之投于蓄电器者，亦 11 000 000 金元。不宁唯是，电学上之发明，方兴未艾，电画（telectroscopy）之用光以传画，光话（photo-phone）之用光以传言，皆在萌芽方始之际，而长距离之电话，与直接打字之电报，皆最近商业上之成功。循是以往，科学上之进步无穷，而工业上之进步，其又可量耶。

以上取证于物理学者也。今请再取例于化学。近来化学之最盛者，断推德国。德国化学工业之最耸人耳目者，莫如其人造色料。人类之知染久矣，蓝茜之用，远见于吾国古籍，而欧人之用靛，乃在十六世纪印度之靛传入埃及以后。盖先民所用为染之色料，无过草木之汁浆，即所谓天然色料是也。至 1869 年德人葛雷白（Graebe）与里字曼（Liebermann）发见由纳夫色林（naphthalene）以造阿立沙林红（alizarin red），是为人造植物色料之始。迄今德人由煤膏（coal-tar）造成之植物色料，盖二千五百余种，为值 125 000 000 金元。以来因（Rhein）河上之一制色厂，而所用化学师至三百人。德国全国燃炭所得煤膏百分之八十五，皆利用为制造色料之原料，则其工业之盛可想见也。

人造色料中之最重者厥为人造靛。未有人造靛以前，世人所用之靛，皆取之于蓝草。其草产印度者英名 Indigofera sumatrana，产非洲西岸者，英名 Lonchocarpus eyanescens，产中国者英名 Polygonum tin-torium，要皆属于蓝草科（Indigofera）。其取靛之法，则取蓝叶渍于水中，蓝中所含糖质（glucosides）与靛质（indican），即溶入水。以微菌及空气中养气之作用乃养化而成靛精（indigotin），又名靛蓝（indigo-blue）。此时水作深蓝色，更俟之蓝质即沉淀而出，取压而干之，即市中所售之靛也。

天然靛之造法，如上所述，固觉单简易能，其为古人所偶然发见无怪也。独至以人力造成此靛，则所需学力智术甚巨，而令此发明足供工商业上之应用，其事尤非易易。盖综而言之，其相待为用者约有三事：（一）须先明物质之构造；（二）须求构成此同样物质之法；（三）所用于构造之原料必须价廉易购而制造之费亦不过昂，兼此三者而成功乃可冀。吾人皆知人造靛之法，发明于贝野耳（Baeyer）而大成于郝以曼（Heumann），而不知贝野耳之从事靛之研究也，盖十有五年，而后其人造靛之法乃出，又五年而郝以曼之法乃能蔚然成一工业。此二十年中所消耗学者之脑力几许无论矣，某公司以此而耗费之资本，亦不下四百万金。天下事岂有无劳之获哉。

今当略及人造靛之化学，以见此业之非甚容易。贝野耳 1880 之法，在以葡萄糖还元正硝养二、盘基三炭欠四轻酸，此物又得于正硝养二肉桂酸，其化学变化如下：

$$C_6H_4{<}{CH=CH-COOH \atop NO_2(O)} +2Br=C_6H_4{<}{\overset{HBr}{\overset{\vee}{C}}-\overset{HBr}{\overset{\vee}{C}}-COOH \atop NO_2(O)}$$

正硝养二肉桂酸
(ortho–nitro cinnamic acid)　　二溴化正硝养二肉桂酸
(ortho–nitro cinnamic acid bibromide)

$$C_6H_4{<}{\overset{HBr}{\overset{\vee}{C}}-\overset{HBr}{\overset{\vee}{C}}-COOH \atop NO_2(O)} +2KOH$$
(alcoholic)

$$=C_6H_4{<}{C\equiv C-COOH \atop NO_2(O)} +2KBr+2H_2O$$

正硝养二盘基三炭欠四轻酸
(orht o nitro phenyl propiolic acid)

$$2C_6H_4{<}{C\!:\!C\!\cdot\!COOH \atop NO_2(O)} +4H$$

$$=C_6H_4{<}{CO \atop NH}{>}C\!:\!C{<}{CO \atop NH}{>}C_6H_4 +2CO_2+2H_2O$$

靛精 (indigotine)

后二年，贝野耳更发明一法，用煤膏中之陶卤（toluene）为原料，先以硝酸加之，得正硝养二陶卤，

$$C_6H_5CH_3+HNO_3=C_6H_4{<}{OH_3 \atop NO_2(O)} +H_2O.$$

陶卤(toluene)　　正硝养二陶卤
(ortho–nitro–toluene)

次以过锰酸钾养化正硝养二陶卤为正硝养二盘基欠酸，

$$C_6H_4{<}{OH_3 \atop NO_2(O)} +2O=C_6H_4{<}{C{<}{O \atop H} \atop NO_2(O)} +H_2O.$$

正硝养二盘基欠酸
(ortho–nitro–bengaldehyde)

正硝养二盘基欠酸与酢通（acetone）相结合而生下物，

$$C_6H_4{<}{C{<}{O \atop H} \atop NO_2(O)} \longleftarrow +HCH_2-CO-CH_3$$

$$=C_6H_4{<}{CH(OH)-CH_2-CO-CH_3 \atop NO_2(O)}$$

此物与碱类（alkalis）共热之即得靛。

以上两法中，尤以次法之出产为丰，然陶卤由煤膏取出为量甚少，不足供大工业之用。惟其少也，其价亦较昂，以是造靛，得不偿失也。

1890 年郝以曼发明之法，在以安尼林（aniline，原于法文之 anil，译言蓝也），与绿化酢酸相结合而得盘基硝轻二酢酸。

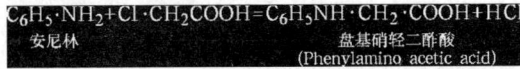

$$C_6H_5 \cdot NH_2 + Cl \cdot CH_2COOH = C_6H_5NH \cdot CH_2 \cdot COOH + HCl$$

安尼林　　　　　　　　　　盘基硝轻二酢酸
（Phenylamino acetic acid）

此物和碱类熔之即得靛精。由此变化而生靛，虽其原料较富而产量仍不甚丰。后乃知用盘基硝轻二酢酸之正炭基酸化合物，则生靛甚富，而前者可自煤膏之纳夫色林制造之，其物又甚贱而易得也，于是人造靛业乃有工业上之价值矣。今将其化学变化略举之如下：

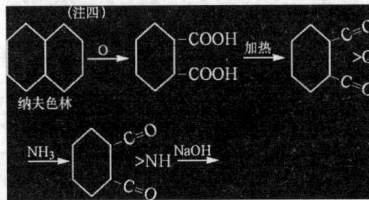

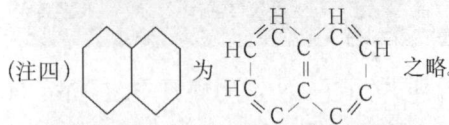

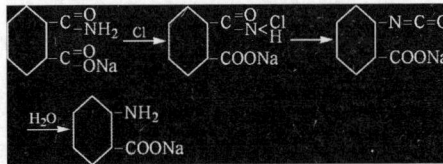

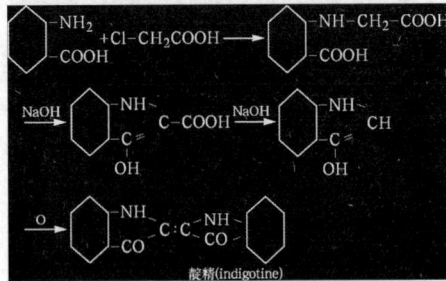

人造靛不独其价较天然者为贱也，其质又较天然者为良。盖天然靛中，杂质甚多，其纯粹之靛精，有时少至百分之二十，而人造靛则含有百分之九十靛精，故业染者多喜用之，而人造靛乃有代天然者而夺其席之势。今将近数年间人造靛与天然靛输入英国之比较，列表如下，以见一斑。

	天然靛	人造靛
1901	788 820 镑	
1904	316 070 镑	83 397 镑
1906	111 455 镑	147 325 镑
1908	136 882 镑	134 052 镑

世界用靛之全额，约值 20 000 000 金元，而 1912 年德国之商业报告，其人造靛之输出额，为值 10 769 900 金元，是已占世界全额之大半矣。去年开战以来，英美染业家之最感痛苦者，莫如人造色料之断绝一事。英政府至特立豫算，投资五百万镑以谋国内人造色料工业之发达，而我国业靛者亦拟乘机以恢复我天然靛之地位（见四月《上海时报》），则德人化学工业影响之巨，于此可见矣。

十八世纪生计学始祖亚丹斯密司（Adam Smith）创"劳力即富"之说（"Labor is wealth"），至今言生计者未之能易。所谓劳力者固不徒指手足之勤而言，彼殚精竭思以治自然物理之学而发明前人未辟之秘，以成开物成务之功者，乃真能劳者矣。以劳为之种，而福世利人之获随之而至，如响之不爽于声，影之无逃于形。今之人心之未瀹也，而唯瀹物之求，智之未广也；而唯广业之务。不种而思获，未施而望报，其反乎生计学上富之原理也甚矣，容有冀乎。

吾作此篇，将以明近代国富之增进，由其工业之发达，而其工业之起原，无不出于学问，因以见学校中科学教育之不容已。至于社会政治之组织，国民生计之情状，无不于工业有直接关系，然当从他方面观之，故其言如上而止。

（附记）此篇所用有机化学名词既无旧书以供参考，又非融会贯通而后出之，恐不免有牴牾之处，容他日订正。

科学与教育*
（1915 年 12 月）

　　余曩作《科学与工业》，虑世人不知科学之效用，而等格物致知之功于玩物丧志之伦也，为之略陈工业之导源于科学者一二事，以明科学致用之非欺人。虽然，科学不为应用起也。赫胥黎有言曰："吾诚愿'应用科学'之名之永不出现于世也。自有此名，而学者心中乃若别有一种实用科学知识在'纯粹科学'之外，可以特法捷径得之，此大误也。所谓应用科学者无他，即纯粹科学之应用于某特殊问题者是矣。即纯粹科学本观察思辨而发见之通律所推衍之结果也……凡今制造家所用之方术，不出于物理，则出于化学。将欲进其术，必先明其法。人非久习于物理化学之实验，从纯粹科学之简练，洞悉其定律，而心惯于事实，而欲明制造之法，收改进之功，其道无由。"① 由斯以谈，应用者，科学偶然之结果，而非科学当然之目的。科学当然之目的，则在发挥人生之本能，以阐明世界之真理，为天然界之主，而勿为之奴。故科学者，智理上之事，物质以外之事也。专以应用言科学，小科学矣。吾惧读者之误解吾前文也，故复以此篇进。

　　科学于教育上之位置若何？此半世纪前欧洲学者辩论之点也。赖诸科学大家如斯宾塞尔、赫胥黎之流，雄文博辩，滔滔不绝；又科学实力之所亨毒，潮流之所趋赴，虽欲否认之而不能。科学于教育之重要，久已确立不移矣。其在今日，科学之范围愈广，其教育上之领域亦日增。设有人焉，居今之世，犹狃于中古之法，谓教育之事，唯以读希腊、拉丁之文，习《旧约》神学之书为已足者，彼方五尺童子，知唾其面矣。

＊　录自《科学》，第 1 卷第 12 期（1915 年 12 月）。——编者注
①　见赫胥黎演说《科学与淑身》（Science and Culture）。

还顾吾国，科学之真旨与方法，既尚未为言教育者所深谙；而复古潮流之所激荡，乃有欲复前世咿唔咕哔之习，遂以为尽教育之能事者，此其结果所及，非细故也。余不敏，请引据各家之论证，以言科学于教育之重要。

谓教育之本旨，在"自知与知世界"（to know ourselves and the world）者，此阿诺尔特（Matthew Arnold）之说也。其达此本旨之术，则曰"凡世界上所教所言之最善者吾学之"（to know the best which has been taught and said in the world）。① 阿氏此说，曾为赫胥黎所诘驳。赫氏以谓阿诺尔特之所谓所教所言之最善者，文学而已。于是郑重言之曰："当今时代之特彩，乃在天然界知识之发达。"故无科学知识者，必不足解决人生问题矣。

虽然，阿氏固文士，而其言教育本旨，则仍主乎智。既主乎智，其不能离科学以言教育明矣。第阿氏之所主张者，科学虽善，不足与于导行审美之事。导行审美之事，唯文学能之，故文学与科学之于教育，乃并行而不可偏废。是言也，科学者流亦认之。赫胥黎之言曰："吾绝不抹煞真正文学于教育上之价值。或以智育之事，无待文学而已完者，误也。有科学而无文学，其弊也偏，与有文学而无科学，其弊正同。货宝虽贵，若积之至反侧其船，则不足偿其害。若以科学教育造成一曲之士，其害有以异乎。"②

于是吾人当研究之两问题焉。第一，科学果无与于导行审美之事乎？第二，导行审美之事果唯文学能之乎？若曰能之，必如何而后可？

欲研究第一问题，当先明科学之定义。余前作《说中国无科学之原因》，曾略为之界说矣。曰"科学者知识而有统系之大名"。更证以贺默（Homer）之评论家伍尔夫（Wolf）之言曰："凡有统系而探其原理之教训，吾皆谓之科学的。"盖科学特性，不外二者：一凡百理解皆基事实，不取虚言玄想以为论证。二凡事皆循因果定律，无无果之因，亦无无因之果。由第一说，则一切自然物理化学之学所由出也。由后之说，则科学方法所由应用于一切人事社会之学，而人生之观念，与社会之组织，且生动摇焉。今夫水，分之则为轻养二气。蜡，燃之则生水与无水炭酸。地球之成，始于星云。人类之祖，原为

---

① 见阿诺尔特《论文学与科学》（Essay on Literature and Science）。

② 见赫胥黎演说《科学与淑身》。

四足曳尾之猨猱。苹果之落，以物体之引力也。气球之升，以两质轻重之相替也。声之行也以浪。电之传也以能（energy）。此皆属于物质界。律以科学定理，所莫能遁者也。乃观科学之影响于社会者则何如？人皆知达尔文物竞天择之说出而人生思想生一大变迁也，而不知达氏之说，乃导源于马尔秀斯（Malthus）之人口论（Essay on Population）。人口论之大旨，谓人口之增，以几何级数，而食物之增，则以算数级数，食之不足供人而不可无有以阻人口增加之率者势也。阻之出天然者，曰饥馑，曰疫疠，曰争夺相杀。文化既进之国民，尝思以人治胜天行，则为之禁早婚，节生育，是曰人为之阻抑。马氏反对戈特温（Godwin）之乐观主义[①]，以为人生究竟，不归极乐，乌托邦理想，终不可达，为之钩稽事实，抽绎证例，以成此不刊之论。盖与亚丹斯密司（Adam Smith）之《原富》（*Wealth of Nation*），各究生计之一方面，而同为生计学不祧之祖也。达氏取其说而光大之，推及庶物，加以无穷之例证，其风靡一世宜也。说者谓马氏之论，文学而非科学耶。吾谓凡文之基于事实而明条理因果之关系者，皆可以科学目之。而社会科学中适用科学律令之最多者，又莫生计学若。今请以一例明之，生计学上有一最奇之现象焉，则每近十年而金融界上生一恐慌是也。生计学者对于此现象之犁然有序，若风之有候也，则相竞为科学上之解释。其最奇者乃谓金融界之恐慌，与日中黑子相关。盖以金融界之恐慌约十年而一现，日中黑子，亦约十年而一现，而二者出现之年，亦先后略同，则安知非知此日中黑子，影响于吾地球上之气候，由此气候之变易，而生年谷之丰歉，年谷歉获，乃为一切制造懋迁不进之原，而恐慌成矣。近有科仑比亚大学生计学教授某者，求恐慌之原于雨旸，为之统计数十年气候之记录，较其雨量之多寡，既得，则欢忻鼓舞以告于众曰：吾得恐慌之真因矣。要之社会人事，原因复杂，执其偏因以释其全体，无有是处。然亦可见科学精神，与因果律令，无在不为学者所应用也。

不宁唯是，科学之研究，有直接影响于社会与个人之行为者，请以伐哀斯曼（Weismann）之论遗传性为证。伐哀斯曼者，德之生物学大家也。其论遗传，主张胚遭论（theory of germ-plasm）。其说以为父母之性质，遭传于其子姓也，唯能传其生前之本有，而不能传其生后之习

得。此说近于达尔文之物种变异论（theory of variation）而与拉马克（Lamarck）① 之说，谓凡得于生后之新性，可传之后裔者，则正相反。要之伐哀斯曼之说，谓天性相传勿替者，虽尚待论定，至其谓习得之性，不能递传，则证据充确，似可无疑。使伐氏之说而果确也，则吾人道德行为之判断。与社会对于个人之义务，皆当由根本上生一大变革。如使教育法律之积效，不足变易劣种而使之良也。如使优劣两种之胖合所得之子姓，其进种之功，不足掩其退种之害也，则吾人对于教育慈善诸事业之态度，当为之一变。吾人方今对于此等问题之判断，出于个人感情者大半，其纯从科学律令为社会将来计者盖鲜矣。

科学教育之关系于社会问题者，既如此，乃观其影响于个人性格者则何如？达尔文谓其友曰："吾无所用于宗教与诗，科学研究与家人爱情，吾生平乐享不竭矣。"达氏天生自然学者，其用心专一，几凝于神，固不可与常人相提并论，实则真有得于科学者，未有于人生观反茫然者也。吾欲举法勒第（Faraday）② 之致书老母，何其款然孺慕，卓娄（Wöhler）③ 之与朋友交，何其蔼然可亲，而人将疑一二例外，不足以概其全，则请试言其理。凡人生而有穷理之性，亦有自觉之良，二者常相联系而不相离。谓致力科学，不足"自知与知世"者，是谓全其一而失其一，谓达其一而牺牲其一也，要之皆与实际相反者也。人方其冥心物质，人生世界之观，固未尝忘，特当其致力于此，其他不得不暂时退听耳。迨其穷理既至，而生人之情，未有不盎然胸中者。于何证之？于各科学之应用于人事证之。方学者之从事研究时，其所知者真理而已，无暇他顾也。及真理既得，而有可以为前民利物之用者，则蹶然起而攫之，不听其废弃于无何有之乡也。而或者谓好利之心驱之则然。然如病菌学者，身入疫疠之乡，与众竖子战，至死而不悔，则何以致之？亦曰研究事物之真理，以竟人生之天职而已。是故文学主情，科学主理。情至而理不足则有之，理至而情失其正，则吾未之见。以如是高尚精神，而谓无与于人生之观，不足当教育本旨，则言者之过也。

复次言科学无与于审美之事者，谓人生而有好美之性，而美感非琐琐物质之间所可得也。吾尝闻人言科学大兴之后，而诗文将有绝种之忧。窃谓不然。美术无他，即自然现象而形容以语言文字图画声音者是

① 拉马克（1744—1829），法之大自然学家，发明生物变种四律，与达尔文齐名。
② 法勒第，电学大家，见本志前期《电学略史》及《科学与工业》篇。
③ 卓娄（1800—1882），德之大化学家，有机化学之鼻祖。

矣。吾人之知自然现象也愈深，则其感于自然现象也亦愈切。濯尔登校长（Jordan）之言曰："吾人所知最简单之生物，较吾合众国之宪法犹为复杂。"汤姆生（Thomson）曰："蚁之为物至微也，而其身体构造之繁复，乃视蒸气机关而有过之。"达尔文之言曰："世间最可惊异之物，莫蚁脑若。"而物理学家之告人曰："轻气一元子之构造，自其性质言之，盖类诸天之星座。其电子之樊然游动于一元子中者，盖八百有余云。"此自天然物体构造之美言之也。自其关系言之，"虱居头而黑，麝食柏而香"，此稽［嵇］叔夜之言也。虫变色以自保，蛇响尾而惊人，此近世博物学家之言也。如使吾人望海若而兴叹，风舞雩而咏歌，绝不因吾知海气之何以成蜃楼，与山腹之何以兴宝藏，而损失山海自然之美也。人能咎牛顿之解释虹霓①为杀诗人之风景，而无如沃慈沃斯（Wordsworth）②之得说法于石头何也。

上节所言，盖谓科学之于美术，友也而非敌。今请更以事实证明之。美术之最重者，孰有如音乐者乎？吾国自来无科学，而音乐一道，乃极荒落，终至灭绝，何也？西方音乐之推极盛，乃在十九世纪，亦以科学方法既兴，于审美制曲之术，乃极其妙故耳。即彼邦文学之盛，又何尝不与科学并驱。英之沙士比亚尚矣。十九世纪之诗人，如英之沃慈沃斯、丹尼生（Tennyson）、本斯（Burns）、拜轮（Byron），德之苟特（Goethe）、海讷（Heine），法之嚣俄（Hugo），皆极一时之盛。而苟特自己乃植物学大家，且于生物学中发明生物机体类似之理，而为言进化者所祖述者也。返观吾国之文学界，乃适与音乐同其比例。科学固未兴，文学亦颓废，间有一二自号善鸣，如明之七子，清之王、宋、施、沈，亦所谓夏虫秋蚓，自适其适，方之他人，著作等身，蔚然成家，何足选也。

以上所陈，但就所不足于科学者言之，以见教育之事，无论自何方面言之，皆不能离科学以从事。若夫智育之事，自科学本域，言教育者当莫能外，无容吾人之重赞一词。今当进论吾之第二问题，即导行审美之事，唯文学能之乎？如曰能之，当如何而后可？

文学者，又统泛之名词也。泛言之，凡事理之笔之于书者皆得谓之文学。故论辨、辞赋、小说、戏曲之属文学也，而历史、哲学、科学记

① 见本杂志本期《说虹》。
② 沃慈沃斯，英十九世纪之大诗人。

载之作亦文学。乃今所言，对科学以为说，则当指其纯乎文章之作，而科学历史之属不与焉。大抵文学之有当于教育宗旨者，不外二端：一文法。文法者，依历久之习惯而著为遣词置字之定律也。及其既成，则不可背。习之者辨其字句之关系，与几何之证形体盖相类。故西方学者皆谓文法属于科学，不属于文学。吾人则谓其为文词字不中律令者，其人心中必无条理。故文法之不可不讲，亦正以其为思理训练上之一事耳。二文意。文意者，人生之意而文字之所达者也。科学能影响人生，变易人生，而不能达人生之意。于此领域中，惟文字为有权。然吾人当知文字之有关于人生者，必自观察实际，抽绎现象而得之，而非钻研故纸，与玩弄词章所能为功。吾国周秦之际，学术蔚然。以言文章，亦称极盛，以是时学者皆注意社会事实也。汉唐以后，文主注释。宋明以后，则注释与记事之文而已。不复参以思想，亦不复稽之事实，故日日以文为教，而文乃每下愈况。思想既窒，方法既绝，学术自无由发达。即文学之本域，所谓以解释人生之本意者，亦几几不可复见。独审美性质，犹未全失耳。乌乎！自唐以来，文人学士，日嚣嚣然以古文辞号于众者，皆于审美一方面致力耳。至所谓"道"与"学"者，彼辈固不知为何物，亦不藉彼辈以传也。是故今日于教育上言文学，亦当灌以新知识，入以新理想，令文学为今人之注释，而不徒为古人之象胥，而后于教育上乃有价值可言。至于一切古书，亦当以此意读之，乃不落欧洲中世纪人徒读希腊、拉丁之故步矣。

　　要之，科学于教育上之重要，不在于物质上之知识，而在其研究事物之方法；尤不在研究事物之方法，而在其所与心能之训练。科学方法者，首分别事类，次乃辨明其关系，以发见其通律。习于是者，其心尝注重事实，执因求果而不为感情所蔽、私见所移。所谓科学的心能者，此之谓也。此等心能，凡从事三数年自然物理科学之研究，能知科学之真精神，而不徒事记忆模仿者，皆能习得之。以此心能求学，而学术乃有进步之望。以此心能处世、而社会乃立稳固之基。此岂不胜于物质知识万万哉！吾甚望言教育者加之意也！

科学精神论[*]
（1916 年 1 月）

　　余曩作《科学与工业》、《科学与教育》，既于科学之效用于实业与智育者，有所论列矣。既其陈效之如此其大且广也，待用之周也，成材之宏也，言学者孰不欲移而措诸亲戚国人父兄昆裔之中，与今世号称文明先进之国并驱争先，岸然自雄；而其事有非甚易者。第一，科学缘附于物质，而物质非即科学。见烛焉，燃而得光，而曰烛即光焉，不可也。其为物质者，可以贩运得之，其非物质者，不可以贩运得之也。第二，科学受成于方法，而方法非即科学。见弋焉，射而得鸟，而曰射即鸟焉，不可也。其在方法者，可以问学得之，其非方法者，不可以问学得之也。于斯二者之外，科学别有发生之泉源。此泉源也，不可学而不可不学。不可学者，以其为学人性理中事，非摹拟仿效所能为功；而不可不学者，舍此而言科学，是拔本而求木之茂，塞源而冀泉之流，不可得之数也。其物唯何，则科学精神是。

　　疑者曰："科学者，取材于天地自然之现象，成科于事实参验之归纳，本无人心感情参与其间，今言科学而首精神何故？"答曰：凡现象事实参验云者，自科学已始之后言之也。吾所谓精神，自科学未始之前言之也。今夫宇宙之间，凡事业之出于人为者，莫不以人志为之先导。科学者，望之似神奇，极之尽造化，而实则生人理性之所蕴积而发越者也。理性者，生人之所同具也。唯其用之也不同，斯其成就也异；唯其所志也异，斯其用之也不同。人唯志于好古敏求，于是乎有考据之学。人唯志于淑身治世，于是乎有义理之学。人唯志于文采风流，于是乎有

　　* 录自《科学》，第 2 卷第 1 期（1916 年 1 月）。后收入《科学通论》时有所修改。——编者注

词章之学。人唯志于干禄荣官，于是乎有制艺之学（今暂谓"制艺"为学）。近二百年来，西方科学盖占彼洲人士聪明睿智之大半矣。而谓彼方人士得之偶然，如拾金于途，莫或乞响而骤臻巨富，其谁信之。故吾人言科学，乃不可不于所谓科学精神者一考之也。

科学精神者何？求真理是已。真理者，绝对名词也。此之为是者，必彼之为非，非如庄子所云"此亦一是非，彼亦一是非"也。世间自有真理，不可非难，如算术上之全大于分，几何上之交矩成方，是其一例。而柏拉图言人性有阐发真理之能，即以教人推证几何形体为之印证①真理之为物，无不在也。科学家之所知者，以事实为基，以试验为稽，以推用为表，以证验为决，而无所容心于已成之教，前人之言。又不特无容心已也，苟已成之教，前人之言，有与吾所见之真理相背者，则虽艰难其身，赴汤蹈火以与之战，至死而不悔，若是者吾谓之科学精神。昔者欧洲中世，教宗驭世，凡宗教家说，人莫得而非难之也。且以教宗势力之盛，凡教之所谓是者，学者亦从而为之说焉。其有毅然不顾，摧神教荒唐之伪言以开人道真理之曙光者，则晚近数十哲人科学精神之所旁薄而郁积也。宗教家言，神造世界，人始亚当。天之生人，以事神也。神造世界，以为人也。而达尔文、沃力斯之徒曰否。人与世界同为天演界中之一物，世界始于星云，人始于猨猱。举为天演大力所陶铸，而非有真神为之主宰也。宗教家言，地体居中，静而不移，日月星辰，各有天使主之，使放光明于大地，而加里雷倭、牛顿之徒曰否。日月星球，皆随引力之律以成运行。凡诸彗孛飞流，丽天樊然者，吾皆有术以测其往来，而善恶之说无所容也。宗教家言，世间末日，转瞬即至，生是间者，但当以救灵魂为务，无庸及他。物质创于上帝，人勿得而推究之，有为之者，是曰测神，其罪不赦。而二培根②之徒曰否。非格物何以致知，吾当精吾归纳之术，极吾试验之能，以阐自然界之閟蕴焉。之数公者，自今日观之，皆具左右一世思想之力，举世皆知尊仰其人矣；而当其倡学之始，宗教斥为背道，社会诋为妖狂。如达尔文人始猨猱之说出，当时论者罪其没上帝生人之神功，而同人类于禽兽。洛纣·培根将试验化学，奥克斯福（Oxford）学生奔走骇汗，以谓恶魔出世，人无所安息。之数公者，幸则百难众艰，卒收最后胜利；不幸乃瘐

---

① 见柏拉图《问答》。
② 二培根指洛纣·培根（Roger Bacon）与弗兰西斯·培根（Francis Bacon）。洛纣·培根，十三世纪人，精物理化学，以背教义得罪。弗兰西斯·培根倡归纳论理学。

死黑狱，身为膏炬。吾人今日望古遥集，馨香俎豆，岂特以其学诣之足
邵〔劭〕哉，其精神固当兴起百世矣。

上言科学精神在求真理，而真理之特征在有多数之事实为之左证。
故言及科学精神，有不可不具之二要素：

（一）崇实　吾所谓"实"者，凡立一说，当根据事实，归纳群象，
而不以称诵陈言，凭虚构造为能。今夫事之是不是，然不然，于何知
之，亦知之事实而已。吾言水可升山，马有五足，固无不可者。不衷诸
事实，人亦安能难我。天演说与创造说，绝相冰炭也。持天演论者，上
搜乎太古之化石，下求于未生之胎卵，中观乎生物之分布，证据毕罗，
辙迹井然。若溯世系者，张图陈谱，而昭穆次序，不可得而紊也。而持
创造说者则反是，荒诞之神话，传闻之遗词，以言证言，终无可为辨论
之具。则谓创造说之不能成立，正以其无实可耳。加里雷倭地动之说，
亦当时所疾视而思扑灭者也。顾以其手制望远镜，发明新事实，其说遂
颠灭不破。其他新学说新思想之能永久成立，发挥光大者，无不赖事实
为之呵护。近人有谓科学之异于他学者，一则为事实之学，一则为言说
之学，此可谓片言居要矣。故真具科学精神者，未有不崇尚事实
者也。[1]

（二）贵确　吾所谓确。凡事当尽其详细底蕴，而不以模棱无畔岸
之言自了是也。弗兰西斯·培根有言，"真理之出于误会者，视出于瞀
乱者为多。"盖"误会"可改，"瞀乱"不可医也。人欲得真确之知识
者，不可无真确之观察。然非其人精明睿虑，好学不倦，即真确之观察
亦无由得。曩余作《建立学界论》，曾引兑维（Sir Humphry Davy）研
究水质之法，以见彼邦学者为学之精。以其足证吾贵确之说，复为征引
如下：

方培根高足弟子兑维氏之研究水质也，当时用否尔塔电池（Voltaic
battery）以分析水，所得于轻养二气之外，其阴极常呈酸性，而阳极常
呈碱性。当时法国学者已倡水中唯含轻、养两元素之说，而以其酸性与
碱性属于外来不纯之物。兑氏以为非实验上之证明，其说不足信也，乃
归而试验之，以动物薄膜，连结两玻璃管，盛水，而置电极于两管中，
迨试验毕，其得酸性与碱性如故也。彼疑其酸性与碱性来自动物薄膜

---

[1]　本文收入《科学通论》时，此处增加文字为："近世学者分知识为正（positive）负
（negative）两种。凡知识之有价值者，皆属于正者也。凡知识之正者，皆根于事实者也。反之，
知识之纯出于理想者则归之负。负知识之价值不得与正者同日而语，固彰彰甚明。"——编者注

也，于是易动物薄膜以洗洁之棉，此时所得者，为少量之硝酸，而碱性物如故也。于是彼知此酸性之物，半来于动物薄膜，而疑此碱性之物来于玻璃也（因玻璃为碱性物质所制），于是代玻璃管以玛瑙杯而试验之，而酸与碱性之发见如故也。彼乃代玛瑙杯以金制小杯而试验之，而酸与碱性之发见仍如故也。至此常人将决定此酸与碱为水中所有之质矣，而兑氏不尔也，乃转而注意所用之水。彼疑前用之蒸溜水、泉水之不净者或得混入之，于是蒸发所用之水而得其滓，加于试验水中，而发见其酸与碱性之增加，与为比例。于是若可决此酸与碱性之物为水中之不洁者矣，而兑氏不尔也。于是复蒸溜其所用之蒸溜水，三四反复，至蒸发至干无滓而止，乃用此水与金杯以行试验，而所得酸与碱性复如故也。至此常人又将失望矣，而兑氏不尔也。彼乃进而试验所得之碱性物，知其为发挥性之安摩尼亚，而非固定质之娑达等，异于前者所得。于是知此娑达等之碱性物，来于玻璃与玛瑙，而发挥性之安摩尼亚与硝酸，必来自空气无疑，以此时与水为缘者，舍空气外无他物也。于是置试验之水于抽气筒中，尽排其空气而试验之，而酸与碱性之微迹仍在也。彼知抽气筒之力不能尽排除筒内之空气也，于是出空气于筒，以轻气换之，而又排出，而又换之，如是数次，至筒中绝无空气痕迹而止。乃通电流，分水质，而酸与碱性乃不复见于两极，至此水含轻、养二元素之说乃定，而兑氏之喜慰亦可知矣。

以上所举，特其一端，水之研究，又非甚难之业，而其反复不厌乃如此。方法自其余事，而贵确之精神乃足尚也。吾人读书不求甚解，属辞比事，多取含混不了之说，自欺欺人，其去于科学精神也远矣。

幸也，谬妄教义，不产神州。偶有迷信，出于无识，得科学廓而清之，如日月一出，爝火自息。学术之兴，其易易乎？第吾返观内顾，觉吾旧有学术，主义上固与科学初无舛午。而学界风气有与科学精神绝对不相容者，不拨而去之，日日言科学譬欲煮沙而为饭耳。吾所谓风气之不利于科学者何也？

（一）重文章而忽实学。承千年文敝之后，士唯以虚言是尚。雕文琢字，著述终篇，便泰然谓"绝业名山事早成"，而无复研究事实考求真理之志。即晚近实验之学，输入中土，读者亦每以文章求之，以是多不为人所喜。夫"言之无文，行而不远"。吾非谓谈科学者，遂可以学术之艰深，文其文字之浅陋，然当时学者之所须求，究在彼不在此。今有某先生者，偶然出其"申夭回溯"之文字，移译数十年前天演说者之论文一二册,而海内学者,已群然以"哲学巨子天演专家"奉之,不知达尔文之发明天演学说,盖其平生研究生物之结果。其他一时作者,如赫胥黎、斯宾塞①莫非生物学专家。近如发明种奇猝现论之突佛利,与主张胚遘论之外斯曼②,皆各有其根据之学理事实,非向故纸中讨生活者也。以故纸雄文而成天演学者之名,则亦适成为中国之天演学者而已。

(二)笃旧说而贱特思。"吾生也有涯,而知也无涯。"生古人后,诚有时宜利用古人所已知者以补岁月之不足。然非苟以盲从而已。初从事科学者,实验室中所行,皆古人作之于前,而学者复之于后。凡若是者,非但服习其术,亦不敢以古人之言为可信而足也。乃观吾国之持论者不然,发端结论,多用陈言。庄生贤者,犹曰"重言十七"。人性怯于独行,称述易于作始,自古然欤!然怀疑不至,真理不出,学术风俗受其成形而不知所改易,则进化或几乎息。呜呼!自王充而外,士之能问孔刺孟者有几人哉。凡上所举,皆无与于科学之事。然以证无科学精神,则辩者不能为之辞。夫科学精神之不存,则无科学又不待言矣。

要之,神州学术,不明鬼神,本无与科学不容之处。而学子暖姝,思想锢蔽,乃为科学前途之大患。吾国学者自将之言曰:"守先待后,舍我其谁。"他国学子自将之言曰:"真理为时间之娇女。"中西学者精神之不同具此矣。精神所至,蔚成风气;风气所趋,强于宗教。吾国言科学者,岂可以神州本无宗教之障害,而遂于精神之事漠然无与于心哉。

---

① 见本杂志第一卷第一期《生物学概论》。
② 见本杂志第一卷第十二期《科学与教育》。

论　学[①]
（1916 年 5 月）

　　昔吾尝怪自西力东渐，东方诸国被其潮流之震荡者，莫不肸响振董，翻然改图，期与时势相会。然因应虽同，而陈效则殊。如挂驲沧海，烟波茫茫，或乘风直驶，竟达仙乡，如日本是已；或彷徨雾中，瞢然莫知方向之所出，如吾国是已。此固由于国情万殊，治理不一，而一能吸取西方学术，一不能吸取西方学术，实其强弱情势所由判之原因。问其所以然，若有为之说者曰：东邻之国，本无所有。舍己从人，其道大易。若我神州古国，自有其相传文明，将欲学人，则必先顾虑其本来所有。庄生有言："寿陵馀子学行于邯郸，未得国能，又失其故行。"此诚不可不虑也。若然者，无异谓吾国之不能吸西方文明而有所发皇，有自己国学之为梗。今欲拔除群障，令放乎盈科之进，其自调和东西学术始乎！

　　夫曰调和云者，必其物质根本上已具不同之点，有时不能不信彼诎此以剂于适。准此为言，则非所论于东西学术。东西学术诚具不同之点，然此不同之点，非根本上之不相容，而为发达上之完否问题。譬诸有机化学中物质，有完足分子者（亦谓饱和分子），其变化也，必以一元素代一元素而后其他之新质生。有非完足分子者（亦谓不饱和分子），其变化也，但取他质加入其内而已，不必变易其元子之数，而新质即崭然出现。是例也，是吾东西学术之较也。明乎此，则以东取西，亦自缮其不备之点而已，而何调和之足云。而失其国能之恐惧，更不足言矣。

　　由吾之说，东西学术本无不相容之处，而笃旧者尝引之以为病，则以其于西方为学之意未能真知，而于学之范围又多所牵混故也。其一视

　　① 　录自《科学》，第 2 卷第 5 期（1916 年 5 月）。——编者注

西方学术之范围太广，凡宗教思想、社会道德、政治制度，皆在其所谓学术范围之内。于是与其旧说相柄凿，或于当时有不容者，皆一切以洪水猛兽目之。其二视西方学术之范围太狭，所谓东方人长于形而上之道，西方人长于形而下之艺，已成昔日策论家陈语。至近日某大师宣言"西本无学，唯工与商"，则并不认为西方有学。其意以为运用脑灵之事，唯吾东方人能之，彼西人皆恃其手足之勤，以成技巧之极耳。夫所谓"道"者，既无界说可凭，亦不知实旨所在。吾国人宗教思想最薄，虑不以道属之宗教。今将言社会制度，如所谓周公以下诸圣人，所以立人伦之极者耶？则吾见他邦有民主者，无君臣之分（此自道德上言之，如吾所天泽之分者。在法治上，则上下之分，虽民主不废也），等位之差，贵贱之别，而其人民之安豫丰乐，虽吾唐虞三代之盛未之能过也。将言其道德，如所谓亲亲尊尊、仁民爱物者耶？则彼邦以自由平等为基础之道德，其博施济众，视吾束缚驰骤枯槁之道德有加矣。抑此二者，非吾所谓学。吾所谓学，盖指庠序之中学子所讲习讨论，与深思之士之所倡义而立说者，区以别之，则有玄质两科。如以玄科兼赅文学，质科兼赅武术，则学之大体具于是矣。玄科高谈名理，推衍道术，虽彼析极于觚理，而不凝滞于物物。此在中夏发育最先，九流百家，在庄生时已悲其往而不返矣。虽分表参稽之数久废，学之者或曼衍而无所极，方之挽近诸哲学，诚不能无跛完精粗之分；然其宗本领域既同，誉之者无所用其自损，毁之者亦不能熟视若无。至于质科之学，则异于是矣。其研究之主体，既不在吾人思想领域之内，遂有疑此科不属于学术范围之内，而为一二牟利计功之贱丈夫，奋其聪明技巧，偶然探索而得之者，此大误也。今欲明吾中西学术根本上无不相同之点，而发达上有完否之说，请举其要点如此：

第一，吾人学以明道，而西方学以求真。吾人所谓道者，虽无界说可凭，而可藉反对之语以得意义之一部分，则道常与功利对举是已。执此以观西方学术，以其沾沾于物质而应用之溥广也，则以其学为不出于功利之途亦宜。不知西方科学，固不全属物质；即其物质一部分，其大共唯在致知，其远旨唯在求真，初非有功利之心而后为学。其工商之业，由此大盛，则其自然之结果，非创学之始所及料也。磁电之理发明于法勒第，而后世电业之利非法氏所知也。有机化学之钥启于阜勒（Wöhler），而后世工业化学之盛，非阜氏所及料也。且如行星丽天，电子成质，其于人之直接利害何在？而彼方学子，观测其运行，探讨其原理，钩深致远，不遑暇逸；此岂急功尚利之念驱之使然者哉？夫亦曰求事务之真理而已。是故，字彼之"真"以"道"，则彼邦物质之学，亦明道之学。且凑乎而真已有次第发见之效，不犹愈于侈言道而终身望道未见者乎。

第二，西人得其为学之术，故其学繁衍滋大，浸积而益宏。吾人失其为学之术，故其学疾萎枯槁，浸衰以至于无。吾所谓术者何？以术语言之，即吾曩所谓归纳的方法，积事实以抽定律是也。以近语言之，即斯宾塞所谓"学事物之意，而不学文字之意"是也。盖自培根创归纳之法，西方为学之本：一趋重于事实。其所谓事实者，乃自观察印证以得之。而不徒取诸故纸陈言。故西方为学之术，其第一步，即在搜集事实。学校中之讲习讨论，穷年累月，究其本意所归，不出乎使学者知所以搜集事实之方，与所以研究事实之法而已。夫搜集事实，有时诚不能藉乎文字。譬如学物理者，欲知已明之公理，学生计者欲悉各事之统计，非搜寻于故纸何由可得。然所求者，仍事物之意，而非文字之意，得鱼而忘筌，非不可也。反是，谓文字之外无知识，后生必不及古人，穷年孜孜，唯以读古人书解释古人之言为事，则所学者文字之意，而非事物之意。吾国古人为学之法，言格物致知矣。今且置"格物欲致良知"之说，而取"即物穷理"之解。然理当穷矣，而穷理之法，未之闻也；知当致矣，而致知之术，未尝言也。要言之，则所格物致良知者，但存其目而无其术。说者谓格致一篇之亡，则有以致之。然此已亡之术，诚有如今之所谓科学方法者耶？周秦间之学术，必有大异乎今之所知者，今吾人所称诵当时大师巨子，墨翟、禽滑厘、庄周、荀卿之辈，陈义则高，辨智则美，然可谓极一时人智之发皇，谓开百世学术之途径则未也。夫一国学术之成，各因其民族材性、国势通塞而殊。其何道为长江大河，终汇于海；何道为绝潢断港，不免涸竭，非倡学者之所得知。其撷长补短，增益所无，以蕲至于光大之域，则后学者所当有事。吾人欲补格致篇之亡，舍西方重归纳、尚事实之学术，固无以也。

以上两端，盖就根本上祛吾人胶己之惑，以明科学之入神州，为知识革命上不可少之事。然吾国学界，尚自有其沉痼废疾，不划去之，新机将无由生。痼疾者何，好文之弊是已。夫徒学文字之意何以不足为学？以其流于空虚，蹈于疏陋，浸文字乃无意义之可言。吾国不但学不如人，即文亦每下愈况，以所重者徒在文字而无实质以副之故也。以愈重文，乃愈略质，文乃愈敝。凡吾国学术之衰，文字之敝之原因具是矣。乃者某建议欲复制艺取士之制，问其理由，则曰今之学校不能得能文之士。不悟为学本旨不在能文，以能文为为学之唯一目的，兹吾国学术所以无望发达也。

本社致留美同学书*
（1916 年 8 月 9 日）

　　同学诸君足下，科学为近世文化之特彩，西方富强之泉源，事实具在，无待缕陈。吾侪负笈异域，将欲取彼有用之学术，救我垂绝之国命，舍图科学之发达，其道末由。顾欲科学之发达，不特赖个人之研精，亦有待于团体之扶翼。试览他国科学发达之历史，莫不以学社之组织为之经纬。盖为学如作工，结社如立肆，肆之不立，而欲工之成事，不可得也。同人窃不自量，欲于宗邦科学前途有所贡献，是以有中国科学社之组织，造端于一九一四年之夏，改组于一九一五年之秋，其宗旨在输入世界新知，并图吾国科学之发达。其事业在发刊杂志，译著书籍，建设图书馆，编订词典。《科学》杂志之发行，迄今将及两载，颇蒙海内外达者称许。书籍、词典、图书馆等事，亦正依次进行。自本社创设以来，海内外同志，翕然响应，不及二年，而社员之在本国及美、欧、东亚各国者，已达一百八十余人，发达之速迥出豫料。众见所同，于斯可徵。虽然，兹事体大，所期甚遥，自非鸠集大群，骈力合德以趋所向之的，其曷有济。是用不辞冒昧，谨书本社原起，现在情形，及现行总章邮呈左右。傥本大贤为国求学之素志，鉴同人以蚊负山之愚忱，惠然肯来，共襄盛业，则岂特本社之幸，其中国学界前途实嘉赖之。临楮无任神驰，通信请交

Mr. Y. R. CHAO

85 Perkins Hall

Cambridge，Mass，U. S. A

中国科学社董事　赵元任　任鸿隽　胡明复　秉志　周仁　同启

民国五年八月九日

---

　　*《科学》，第 2 卷第 10 期（1916 年 8 月 9 日）。录自《中国科学社记事》，署名赵元任、任鸿隽、胡明复、秉志、周仁。——编者注

外国科学社及本社之历史[*]
（1916 年 9 月 3 日）

　　我们中国有一件最光荣的事，我们时常拿来夸口的，就是我们有四千年的历史。但是这四千年的历史中，没有一段学社的历史，却是我们应该抱愧的。诸位听兄弟这话，或者有点不服。以为我们中国历史上，设教讲学的，何代无有。第一就是孔老夫子，设教杏檀，讲学洙泗；当时受教者，贤人七十，弟子三千，此等学会的盛概，就是现今欧美的大学，也有些赶不上。其他同时还有老、庄、杨、墨之流，也是广集学众，号召生徒，流风余韵，历久不衰。到了汉代，政府既设九经博士弟子。其私家讲授，如马融、郑康成之徒，势力反比官学为大。宋时周濂溪、二程、朱晦庵、张横渠、陆象山之伦，各立学派，风靡一世。明代的王阳明，清初的顾习斋、李二曲等大儒，莫不设教讲学。四方闻风而往的，多则几千，少亦数百，比较现在的学会，也就未遑多让。诸君这话何尝不是，但兄弟所讲的学社，与我们历史上的学会，性质有些不同，未便指鹿为马，借来充数。兄弟请先讲我们历史上的学会与现在我们所讲的学社不同之点在什么地方。第一，我们历史上的学会，专讲古书、经史、道德、伦理、正心、修身、齐家、治国、平天下之事。现在我们所讲的学社，专讲实验科学及其应用。一个偏于德育，一个偏于智育，其不同之点一。第二，我们历史上的学会，是由一个大学者、大贤人，因其学问既大，名望也高，大家蜂涌云集的前去请教而成。现在我们所讲的学社，是由多数学问知识相等的专门学者，意欲切磋砥砺，增进知识，推广学术的范围，互相结合而成。一个以人为主，一个以学为主，其不同之点二。现在我们要问我们历史上学会的方法，何以不适于

---

　　* 录自《科学》，第 3 卷第 1 期（1917 年 1 月）。——编者注

现在学社的用处？其最大的原因，就在现在的科学与从前那种空虚的哲学不同。其理由且等兄弟大约言之：第一，科学的境界愈造愈深，其科目也越分越细，一人的聪明材力断断不能博通诸科。而且诸科又非孑然独立、漠不相关的。有人设了一个譬喻，说世界上的知识，譬如一座屋宇，各种科学，譬如起屋筑墙，四方八面，一尺一寸的，增高起来。但是若不合拢，终不成屋宇。一人的力量有限，只好造一方的墙壁，不能四方同时并进。今要墙壁成为屋宇，除非大家合在一处，分途并进，却是共力合作。此现今的科学社，必须合多数人组织而成的理由一。其二，现在的实验科学，不是空口白话可以学得来的。凡百研究，皆须实验。实验必须种种设备。此种器具药品，购买制造，皆非巨款不办。研究学问的人，大半都是穷酸寒畯，那里有力量置办得来。所以要学问进步，不为物质所限制，非有一种公共团体，替研究学问的人供给物质上的设备不可。此现今的科学社不得不合群力以组织的理由二。第一个理由，是科学性质上不得不然。第二个理由，是科学情形上不得不然。西方学术的发达，其学社的功劳为多。其学社之所以发达，则由彼国人士，看明上举两种理由，直捷做去。非但"西方人能群，东方人不能群"两句话，可以尽其底细。照上所说，我们所讲的学社，是我们历史上所未有的了，但诸君不能因为历史上未有的，便为失望。诸君须知历史是人造的。历史这物件，虽不比化学室中的药品，物理室中的机械，是有意造成的，却也如地质上之石层，生物上之种别，为自然进化的陈迹。西方科学的历史，不过二三百年。其科学社的历史，最古的也不过二三百年；我们急起直追，尚未为晚呢。

现在当讲外国科学社的历史。兄弟曾经说过，外国科学社之多，实在指不胜屈。大概凡少有文化的国度，其国民少知科学的重要，皆有科学社以图其国科学之发达。如今要一一讲来，不但兄弟无暇去调察，诸君也无暇来听。兄弟现在且用一个擒贼擒王的手段，把世界上最古而最有名的科学社讲两三个，其余都可以类推了。

世界上最古而最有名的科学社，不消说要推英国的伦敦皇家学会（The Royal Society of London）。伦敦皇家学会成立于1660年，但是此会的胚胎，在早已经萌芽。据魏尔特博士（C. R. Weld）的《皇家学会史》引有沃力斯博士（Dr. Wallis）自记的话甚有趣味。他说："当1645年我居伦敦时候，英国内乱不已，大约都关起门了。我于谈论宗教之外，常爱与彼间之一种学者来往。此种学者，深通自然哲学及人生哲学，但于当时所称的新哲学或实验哲学，尤深嗜笃好。我们相约每星期聚会一次，以讨论这新哲学中的问题，如物理、解剖、形学、天文、航海、磁学、化学、机械等事。当时在会诸人，有 Dr. John Wilkins，Dr. Jonathan Goddard，Dr. George Ent，Dr. Glisson，Dr. Marret，Prof. Samuel Foster，Mr. Haak 等。会地有时在 Dr. Goddard 的寓所，有时在树林街（Wood Street）。……至 1648 至 1649 年间，有的迁居奥克斯福（Oxford），于是我们的团体，分成两段。在伦敦的仍旧聚会，在奥克斯福的，也时常开会，且加了许多新会员，如 Dr. Ward，Dr. Ralph Bathurst，Dr. Petty，Dr. Willis 等。我们这样讲求学问的方法，居然成了风气。"① 上面所引的话，作史的人据为伦敦皇家学会及奥克斯福皇家学会的起原，兄弟想来也是不错。还有化学、物理上鼎鼎有名的鄱伊尔（Boyle），也是皇家学会发起人之一。1646 至 7 年二月间，鄱伊尔写信与人，说"常与无形学校（Invisible College）之础石相往来"。这无形学校，有时又叫哲学学校（Philosophical College），就是指当时聚会的学者小团体了。

兄弟暂且搁下皇家学会的事迹，与诸君一探索此会理论上的根据。诸君晓得凡言近世科学的历史，必推英人培根（Francis Bacon）为鼻祖。因为他注重归纳的方法，主张凡学须从实验入手。这实验两个字，就是近世科学的命根。实在讲来，这创立学会，聚集许多学者以研究各种学问的意思，还是培根发起的。他所作的 New Atlantis 书中，有一段讲他胸中想象的学校，说道：

"我们建设的目的，在求因果的知识，事物的秘奥，以扩充人智的界域，使其无物不到。此种建设所要的预备及器具如下：大而且深的洞，以为冻结，凝固，及保存生物之用。高塔以观天文。大湖蓄咸与淡水以养鱼禽。急流瀑布以发动力。掘成之井，人造之泉，大屋多空地以为试验卫生之室，节制变通其空气之状况，以养病及卫生。花园及旷地蓄养各种禽兽。酿酒室，烘面包室，厨房，药铺，火炉，望远室，听声室以练习表示声音及由声音产出之物。空室，机械室，算术室，等等。其中设职员及职事如下：十二人航行外国以采集新出书籍及试验的器具，是为采光之商（Merchants of light）。三人搜集书中所有之实验，是为求智者（Deprecators）。三人搜集机械上、科学上及实用上之实验，

---

① Welds's *History of the Royal Society*，Vol. I, pp. 31–33.

是为不可思议之人（Mysterymen）。三人从事于新试验，可称为开路先锋，或开矿者。三人搜集上四种人所得之经验而编成表册，使其一目了然，是为编辑人。三人合同视察其同事之人，并视其试验中何者有用于人生知识，何者可用以表明事物的原因，自然的秘奥，以及发见物体之机能及价值，此等人可称为作事人或作德人（Benefactors）。然后于全体职员屡次聚会讨论已得的经验、已集的事实后，由三人出而创拟更深更精的试验，务以深入事物之本性为主，此等人我们可称之为灯（Lamps）。再有三人，实行此创拟之实验，我们称之为接花者（Inoculators）。最后三人，更以试验增进以上的发见以得包罗众理的通律，此等人可称为自然界之解释者。"①

培根这种建设的思想，实在与他的实验哲学相辅而行。他死于1626年，他的 New Atlantis，于次年出版。到皇家学会成立之时，此书已经十版，其为当时学者所推崇，及其影响，可想而知。有了此种理论在当时学者胸中，才有科学，才有皇家学会出现。四年前为英国皇家学会二百五十年周年纪念，此会印了一本书，名叫《皇家学会实录》（Record of The Royal Society），分送各国学校学会。其第一句话便道："皇家学会的建设，盖培根哲学工夫实效之一。"可谓数典知祖、归美得当了。

现在我们言归正传，仍讲皇家学会的历史。兄弟上面已经讲过，当时有一种新哲学家，时常相约聚会，讨论自然哲学及实验的方法。1651年在奥克斯福这一班人，已经起了一个会，名哲学会，其在伦敦的，仍旧在格雷山学校（Gresham College）聚会。到了1659年，英国因克林威尔死后，国内大乱，他们的学会，也就中止。到1660年，查理士第二复位，国内渐归平靖。这一班新哲学家，仍旧开起会来。他们渐渐觉得非有一种正式的组织，不足以维持久远。于是就当时所有会员四十一人，组织一会，大诗人犉力（Abraham Cowley）也在其内。此是1660年冬天的事。但会虽成立，还没有会名。当时英王查尔斯第二也是个好学右文的英主，对于这一班新哲学家的聚会讨论，极表钦仰之意，自命为发起人之一。有时还到会听他们讲演试验。于是当时这班学者，对于查尔斯第二，也极爱戴。这皇家学会的名字，就由此来。至于这学会的注册，于1662年7月15日盖印。现在大家都以1662年为皇家学会的

---

① 见 *History of the Royal Society*，Vol. I，pp. 59–60。

成立日期了。

　　大凡一个学会的重要历史，在其成就的事业，不在其学会的本身。我们且不管皇家学会初立的时候，财用如何困难，会所如何不定，何时由格雷山学校迁到阿沦特尔舍（Arundel House），何时迁到克雷恩院（Crane Court），何时又迁到索牟赛舍（Somerset House），何时迁到现住的勃令顿舍（Burlington House）。单说他们所办的这皇家学会，第一个目的，是用实验的方法，以谋自然哲学（自然哲学是当时常用的话，意思就是现在物理学）的进步。所以此会成立之始，其最重要的事业，就是施行实验。此种实验，或由会员自任，或由会中推几个会员专司其事。于每次常会中对大众施行，以供会员的参考研究。此种实验，乃完全自成一事，不像现在人讲演的时候，以实验为陪衬，助解释的。其实验中之最有名的如鄱伊尔的抽气筒、牛顿的分光试验，皆于科学上大有关系。第二件事，是辅助政府，改良国内学术上的事业。如格林维志（Greenwich）的皇家观象台，从 1710 年起，归此会管理。直到1906 年，这气象台的七个管理员，皆是此会推举出来的。英国的国立物理试验所（National Physical Laboratory），也归皇家学会管理。至于有疑难问题出来时，这皇家学会就是政府的顾问。如房屋、船只的避电法，监狱的通风法，纬度的测量法，定秒时钟摆的长短，比较英、法两国的长度之法，全国地形的测量，属地磁力的测量等等，皆出皇家学会的手。诸如此类，不胜枚举，上面不过随意举以见例罢了。现在英国政府每年给与皇家学会四千金磅，以供研究科学之用。1896 年，英国国会又决议给皇家学会每年一千磅，以供科学书籍出版之用。这可见英国政府对于此会的态度了。第三件事，是搜集各国图书标本。诸君晓得这世界有名的不列颠博物院，到了 1753 年始得成立。在这博物院未成立以前，世界所有的新奇物件，都送到皇家学会去。不但如此，此会有时也派人在国中各处搜集自然历史上的标本。不到几十年，这标本的搜集也就可观。在当时伦敦城中，可算独一无二的了。到了 1781 年，皇家学会迁往索牟赛舍的时候，除了许多器具于历史上有关系，仍保存于学会外，其余所有的珍藏，都送与不列颠博物院了。第四件事，是出版物。皇家学会所出的期刊有两种。一种名 Philosophical Transaction，于 1664 至 1665 年 3 月出版，起初是各书记编辑。1750 年之后，另有一编辑部经理其事。到了 1887 年，这 Philosophical Transaction 又分为A、B 两种。A 种专载算学、物理的著作。B 种专载生物学上的著作。

再有一种名 The Proceedings of Royal Society，这种不过是 Philosophical Transaction 的选录，每年约出三册。这两种期刊出世以来，不知多少新学说，曾在其中发表。世界上的科学期刊，要算无出其右。近年皇家学会，更逐年刊行世界各国科学著作的目录，更可谓体大用宏的著作了。

上面所说的四件事，皆是显而易见的。至于这个学会对于英国，对于世界的贡献，已经是有目共见，用不着兄弟再为赞美。但有一件，兄弟要请大家注意。就是英国在十七世纪的时候，虽然有奥克斯福、肯孛列基几个大学，当时学者的头脑，也极顽固。他们所讲求的，不是希腊、拉丁，就是神道哲学，从不肯留心自然哲学。所以虽有培根这个大人物出来，创立新学派，注意实验哲学，总没人肯去实行。这一班创立皇家学会的新学家，看见当时的学者守旧太甚，无可如何，才出来创立这个“无形的学校”。英国的科学，从此下根，从此发芽，从此长成枝叶扶疏的大树。诸君试看看英国在早的大发明家，如鄱伊尔、兑维、法勒第、达尔文都不是学校的教授，但都是皇家学会的会员。可见要是没有皇家学会，英国科学的发达，不知要迟许久呢。

皇家学会的组织，有可供参考的，也不可不略讲一二。此会的管理团体，有议事会员（Council）共二十一人，每年改选十人。会长、书记、会计，皆由此会选出。副会长则由会长推任。书记共有三个，两个管开会纪录等事，一个管外国通信的事。另有一个副书记，系佣雇的，会员不得充任。其他各事，各有特别委员。其会员定额，本国每年举十五人，外国五十人。因为外国的科学家，合而计之，总比英国一国多，这也可见学会的大同主义了。至会员选举的方法，须有六个会员介绍，得议事会之承认，方得为候选会员。候选会员之通过，则由全体投票表决。又会员入会费为英金十磅，常年会〈费〉四磅。兄弟讲到此点，是为诸君有皇家学会会员希望的，早早预备这一项巨款，免得临时周章。

诸君！兄弟讲皇家学会费的时间已经不少。不过诸君不要以为皇家学会是英国独一无二的科学社。英国科学社中，后起之秀尚有皇家学社（Royal Institution），为汤柏生（Benjamin Thompson）所发起，成立于 1799 年 2 月。此社的宗旨，在提倡工业会进步及新发明的应用。代维、法勒第皆是此社中有名人物。后来与皇家学会联络起来，有人称他为皇家学会的实修场。照此看来，可见两个团体的关系性质了。又有不列颠科学促进会（British Association for the Advancement of Science），成立于 1830 年。这科学促进会的宗旨，在调察当时各科学的情形，以成有统系的科学研究。有特别问题出时，此社可组织一个委员会，合各科学家研究之。这两个学会，皆足补皇家学会之不及，于英国科学的进步，大有关系。

法国的科学社（Académin des Science）成立于 1666 年，比英国皇家学会约迟四年。其未成立以前的历史，也与英国皇家学会相似。当时的一般新哲学家，常常聚会讨论哲学问题，有名的人，如笛卡尔、伽散地（Cassendle）、巴斯加尔（Pascal）、霍勃斯（Hobbes），皆在其内。后来各尔培耳（Colbert）想出一个正式的组织。到了 1666 年 12 月，乃在法国皇室图书馆开第一次会。当时法皇路易十四极赞成此举，凡在科学社的社员，皆给与薪俸，又有特别款项，为此社社员试验用费。到 1699 年，复行组织，全社成员定为二十五人。十个是名誉社员，其他十五个是受俸的社员。分形学、天文、算术、解剖、化学五股，每股三人。其正副社长，皆由法皇钦派。书记、会计则由受俸的社员中选出。照此看来，当时法国的科学社，竟是一个贵胄学堂。所以当时的人心，极为不平。到了 1793 年，法国大革命之后，平民得志，就把这科学社封闭起来。当时有名的社员，如拉瓦谢①（Lavoisier）等一班人，都送上了断头台。但法国的科学，却是由这个科学社制造出来的。有人说："要详细讲这社的历史就同作一部法国科学史一样。"我们现在但想法国有名的科学家，如拉辛拉斯（Laplace）、布丰（Buffon）、拉格朗士（Lagrance）、达朗倍儿（D'Alembert）、拉瓦谢、叙秀（Jussieu），都是此社的社员，也可见一斑了。现在法国的科学社，是 1816 年重新组织的。市民政府解散老科学社之后，于 1795 年，另组织一个国家学社，包括各种学会在内。这科学社就是国家学社的一部。其后法国有名的科学家，如嘉诺（Carnot）、弗赖奈尔（Fresnel）、安培耳（Ampere）、阿喇戈（Arag）、比约（Biot）、盖吕撒克（Gay Lussac）、底那耳（Thenard）、居维叶（Cuvier）、芍弗喇（Geoffroy）、圣的来耳（St. Hiliares），皆是此社的社员。

德国最大的学社，要算柏林科学社（Akademie der Wissenschaften zu Berlin）。此社创设于 1700 年，系普王弗赖特列克第一（Friederich I）用大哲学家莱聂兹（Leibnitz）的计划建设的。到了弗赖特列克第

---

① 参观《科学》第 2 卷第 3 期《拉瓦谢传》。

二，又照法国的组织法，加以改造。现在的组织，乃系 1812 年所定。其中分为两种四门，即物理、算术、哲学、历史是也。诸君请注意德文 Wissenschaft 之意思，包括有哲学、历史在内，其范围比英文的 Science 较大。德国的大学最多，发达也最早，所以其国学会的重要，比不上英、法两国。至于德国学会的事业，有点分功的意思行乎其间。譬如茫汉科学社（Akademie des Wissenschaften zu Maunheis）专研究气象学，蒙欣科学社（Akademie des Wissenschaften zu München）专研究国民教育及自然历史，皇家科学社（Königliche Akadimie des Wissenschaften）专研究应用科学皆是。

美国的科学社，算菲拉待尔费求进有用知识哲学会（American Philosophical Society held at Philadelphia for Promoting Useful Knowledge）为最古。这学社为弗兰克林所发起。弗氏于 1743 年著了一篇小小文章，名《增进美洲殖民者有用知识之提议》。这篇文章一出，大家立刻热心赞成，就在这年设立了一个会，举弗兰克林做书记。到了 1769 年，又与弗兰克林创设的菲拉待尔费求进有用知识会合并，所以有上面这长而难读的会名。这会范围甚广，其所研究的，专以科学为主。其次波斯顿的美国文艺科学社（American Academy of Arts and Science）亦甚古，成立于 1780 年。至于美国的全国科学社（National Academy of Sciences），系 1863 年注册。此社与政府略有关系，其组织亦甚完备。中分六股，即算学天文股、物理工程股、化学股、地质古物学股、生物股、人种学股。其社中出书，亦由政府印行之。又有菲拉待尔费的自然科学社（Academy of Natural Sciences of Philadelphia），成立于 1812 年。美国科学促进会（Academy of Science），设立于 1874 年。各会皆刊书出报，各有所长，于科学的发达，贡献不少。

兄弟所讲的各国科学社历史，疏略已极。因为世界上有科学社的国，不只上说的几个。几国之中，所有的科学社，也不只上举几个。但是时间有限，兄弟要节省一点，为我们中国科学社的地步。我们的中国科学社，发起不过三年，正式成立不过一年，比起世界上的大科学社来，真是"培塿之于泰山，行潦之于河海"了。但是古语说的好："譬如行远必自迩，譬如登高必自卑。"我们这社二三年的历史，安知不是以后二三百年光荣历史的发端。今天讲讲本社的历史，或者也不是无谓的哓舌。

我们的中国科学社，发起在 1914 年的夏间。当时的康奈尔的同学，大家无事闲谈，想到以中国之大，竟无一个专讲学术的期刊，实觉可愧。又想到我们在外留学的，尤以学科学的为多。别的事做不到，若做几篇文章，讲讲科学，或者还是可能的事。于是这年六月初十日，大考刚完，我们就约了十来个人，商议此事。说也奇怪，当晚到会的，皆非常热心，立刻写了一个原起，拟了一个科学的简章，为凑集资本，发行期刊的预备。当时因见中国发行的期刊，大半有始无终，所以我们决议，把这事当作一件生意做出。出银十元的，算作一个股东。有许多股东在后监督，自然不会半途而废了。不久也居然集到二三十股，于是一面草定章程，组织社务，一面组织编辑部，发行期刊。诸君记得1914年夏间，就是欧洲大战争开始的时候。当时我们派回国的总经理黄伯芹君，看见时事不好，几乎要停办。还是在美的社员热心，决意坚持到底，我们的《科学》的第一期，才得于1915年正月出版。诸君晓得我们科学社的宗旨，是要振兴科学，提倡实业，仅仅一个期刊，要想达到这宗旨，岂不是梦想。后来社员中觉得此事要紧的，也日多一日。就有邹应菼君，正式提议改组本社为学社。即由董事会发信问全体股东的意见，得一致赞成。再于1915年六月，由董事会派胡明复君、邹秉文君及兄弟三人，为新社总章起草员。此章程于1915年十月由社员全体通过。从此中国科学社遂告正式成立。照现在所引的章程，本社社内的组织，有一个分股委员会。这分股的意思，是将全体社员，略照所学的科目，分配各股，以便有问题出来时，大家研究。现在分有农林、生物、化学、机械工程、电机工程、土木工程、采矿冶金、物理数学，及普通九股。分股委员会的章程，于今年通过。现在各分股长正在从事分股的组织。其他各部，有期刊编辑部。此部自本社未改组以来，已经有了。现在本社所出的《科学》期刊，都是此部的出品。其次有书籍译著部。此部组织的目的，因见国内所用的教科书，大半浅陋不堪，意欲调查现在国内所需的书籍，就本社同人所知以为最合适的善本，或编或译，以供学界之用。又欲编定各科辞典，以为编译之基础。此部已经成立，现方进行编译各事。三、图书部。设立此部的意思，是要收集图书以为将来建设图书馆的预备。诸君现在美国，各校皆有狠大的图书馆，甚觉方便。后日一入国门，除了自己所带几部书外，要翻阅参考书，可就难了。本社创设一个图书馆，确实当务之急。现在收集图书的章程，及流通书籍的办法，已经在《科学》第二卷第八期上发表，请诸君留心察阅，可行就行，不可行，还可修改。其四、经理部。现在专经经理发行期刊的事宜，以后译著书籍出版时，也是此部的事。此部与期刊部同时成立，也是本社最老的干部。尚有一个最重要的部分，是董事会。本社的新董事，选举须时。从前的董事，是由旧社来的，勉强支持，实在无事迹可言。诸君若必要问个所以然，兄弟只得求各部职员恕恕，说一句话。凡各部的进行，董事会皆与有力焉。现在本社的社友，至八月底止，已有一百八十二人。不但国内及美国，就是英、德、法、日本等国，皆有本社的社员。现在外面已渐渐明白本社的意思，也有自求入社的。期刊的销路，也逐渐推广。诸君！这就是本社的略史。本社方在草创之际，自然没有非常的事迹可言。但本社这两三年的历史，虽无特别光彩，总可算前进未已，是我们所可自信的。

诸君已经听过世界上的几个科学社及本社的历史了。现在我们且比较彼此同异的地方，以实行他山攻错的主义。现单就英国皇家学会而观，兄弟所最喜的，是分股期刊编辑等事，皆是彼此所同。我们组织本社的时候，并未参考皇家学会的章程，也可谓"闭门造车，出门合辙"了。但有一件，为他国科学社所注重，进而言之，为他国科学社精神所在，而我们中国科学社所尚未议及的，就是自己设立实验室以研究未经开辟的高深学问。诸君或者说他们的科学社发起的时候，大学尚未发达，所以学社不能不出于自行研究之一途。若在今日，学校既已发达，到处都有实习室，本社何必急急于此呢？不知目下的中国，也与十六世纪的欧洲差不多。对于近世的新哲学，尚在莫名其妙的境界。高等以上的学校，可算名副其实的，真有几个？若专靠这几个不中不西的学校，不从他方面开一个直捷有力的门径，想要科学发达，恐怕是俟河之清了。诸君或者又说，学会的组织有两种：一种是专为自己研究学问的，一种是为开通民智的。我们的学会，若是专为开通民智起见，这自己研究学问的事，可以不必问及。这也不然。大凡一个组织，必须有体有用，然后其组织不是无根的木，无源的水，可以继续发达。外国的学社，但有以谋科学的进步为宗旨的（如英国科学促进会、美国科学促进会皆是），却没有但以开通民智为宗旨的。因为能谋科学的进步，这开通民智的结果，是自然而然的了。科学的进步，不是做几篇文章，说几句空话，可以求来，是要在实习场中做苦工做出。

诸君若以兄弟这话为不大错，兄弟倒要请诸君做一个短梦，看一看中国科学社未来的会所。这会所盖在中国一个山水幽胜、交通便利的地方。外观虽不甚华丽，里面却宏敞深富，恐怕比现在美国麻省工业学校新建的校舍不相上下。其中有图书馆，有博物馆。其余则分门别科，设了几十个实验室。请了许多本社最有学问的社员，照培根的方法，在实验室研究世界上科学家未经解决的问题。本社所出的期刊书籍，不但为学校的参考书，且为各种科学研究的根据。由现在的中国科学社，到我们想象中的科学社，须经几多岁月，全看我们社员的热力，与社会效公心了。

西方大学杂观[*]
（1916 年 9 月）

大学之起原

觇国者不作皮毛肤浅之论，而为探本穷源之言，于西方文化之臻进，则称美其学术之功矣。虽然，自中世以降，人智大进，学术繁兴，昔者穷居讲学以一人乐育天下英才之风，既非所论于今日。盖学术歧，则虽上智不能以兼众长，而新理盛，进步速，私家棉力，尤不足具备所必须以尽穷理之用，于是大学之兴尚焉。西方大学之始，其远者盖在十二世纪之初，而仍导源于私家讲习。如巴黎大学原于响无颇（Willian of Champeaux）之讲名学，而英之奥克斯福（Oxford）、肯柏列基（Cambridge）亦具相类之历史。西方称大学者在英语曰 University，德语曰 Universität，而皆源于拉丁之 Universtos。在十二世纪时，以称学校内之一群人有授学位之权者耳。其后学校组织愈完，规模愈备，乃为学校之专称。其义为大、为通，盖言无所不备矣。吾之言此，非徒以见大学组织之变迁，又以见设科不完者，盖不得为大学，顾名思义，已彰明较著矣。

大学与分校（College）异。分校为教授一科或数科之处，大学则必萃人类所有知识以设教。是故其教为高等以上之教育，而其科目不出一科或数科者，则皆谓之分校。其分校所授关于某项执业如工、商、医、律者，则谓之专校。必合各分校与专校而总汇之，乃得谓之大学。故就其目的言之，大学主自由研究，分校主浅近练习。自其组织上言之，分校为大学之一部，大学为分校之全体。分校与大学，盖一而二，

---

* 录自《留美学生季报》，第 3 卷第 3 号（1916 年 9 月）。——编者注

二而一。吾人言大学,乃不能不并分校言之矣。[①] 大学不但为分校之总汇而已,实则今世较古之大学,多由分校逐渐发达而来。其近世国家或私人建设之大学先立一鹄以赴之者,则不在此例。今欲寻其发达之迹,不可不先知其根本上之原因,约言之,有两端:

一、知识上之关系。大学者,知识之府也。对于既往,大学为其承受之地。对于现在,大学为其储蓄之所。对于将来,大学为其发生之机。国无大学者,其知识必无由进,而文明之运,乃等之不可知之数。虽然,大学者,又知识之产物也。今夫学术歧出,异流而同源。譬如一本之树,枝叶扶疏,方向各异,而其根则一。众学之间,不能无彼此关系,亦犹是也。一物质也,研其性质之现象,则为物理,究其质素之变化,则为化学。同一科学也,自其应用言之,则为执业之学,自其精理言之,则为穷理之学。自科学发达,机构繁兴,个人与社会之关系,既日趋复杂,则文学哲理,亦不能不因之而生变动。是故设学之意,不欲完全人生知识则已。若求其全,则由甲而及乙,因彼而达此。自非网罗百派,纲纪群流,亦何以尽设学之本志。故世界大学创设之始,造端不必甚宏,但使不以故步自封,不为外力所阻,皆能浸长滋大,臻于美备之域。盖学术之进化,必循此途出也。

二、财政上之关系。凡物之应用同者,合之则费省而效巨,分之则费奢而效小。此生计学上之定理也,此理于大学之组织亦呈其效。今假有一大学,合九分校成之,使此九分校者,各自为政,不相为谋,则一校之中,必具其校中应有之科目,譬如初等物理、化学,此每校所必须者也。今使九校各设此科,其所费为不赀矣。若合此九校为一大学,但设此等科目一,而九校学生皆可同受其教,一科之费与九科之费,其悬绝不待计矣。不特此也,九校如设一同样科目,其教材之购备,教授之聘致,欲悉如其分,盖甚难事。但设一科,则设备择人,易得上驷,而学者之获益,必较过于九校各设一科者。其他各通共之科,皆可作如是观,此生计学上所谓"大事业之内益"者是也。故谓大学之趋于完备,斯力实左右之,或非妄耳。[②]

---

① 此分校为大学之一部分,与东方所谓高等学校者不同。如日本与我国之有普通高等,盖预备学校之列,不得厕入大学。至东方之分科大学,正与西方分校相等,唯西方大学之意,则有进于此者。至于分科大学之名词,吾友胡适作《非留学篇》已辨之矣。

② 有时以时地关系,某处仅宜一分校学校,或专门学校,而不必求完全之大学,此例外也。唯闻国内通都大邑,每每各种专门高等林立,而无人图联合之使成一大学,以收此知识上财政上之便利,兹作者所不解耳。

西方大学之发达，未有盛于今日者也。一大学中学生之数，多者盈万，少亦数千。教者之数，多者七八百，少亦二三百。设科之数，多者四五百，一分校之中多者亦一二百。所谓学海千寻，蓺圃百顷。学者将何以遂探汲之功？教者将何以尽导引之责？盖尝审思而详察之，而知其选科制（elective system）之善也。

选科制

选科制者，校中备设各种学科，而无一定课程，学者得自由选择其所好之科目而学之之谓也。吾人在东方曾入高等以上之学校者，初入西方大学，其觉为最自由亦最困难者，莫如选择科目一事。东方高等以上之学校，科目有定，课程有定，吾人既入校，则按部就班，循序渐进，不问何科当取，何科当舍也。入西方大学者不然（其入专门分校者不在此例）。入校之后，但有一泛漠之目的。若曰吾将习文学乎？政治乎？科学乎？至于专攻之门与寻致之途，一切出于学者之自择。使吾言仅此，人且疑选科制者，乃一不程序之杂货店，胪列各品以待顾客。货物虽多，如顾者之目迷五色何？故欲行选科制，必其以下三者：

（一）学生虽无一定科目而有一定量之工课。如美大学定制，学生非得一百数十时间工课（unit）者不得卒业。

（二）此一定量工课中，必有一部分属于一门。如所定工课为一百二十时间，必有六十时间工课属于一门。

（三）各科皆有教者为学生顾问（adviser）。学生于择科时，得谘询之以定选择方针。

具此数者以行选科制，其利不可胜道，今约举之。

一、学者得自由发展其材能以达最高之域。大凡学校设科，其有一定课程者，皆以中材为标准。故其课程不求独精深造，难能可贵，而期于损高益下以跻于平。此不独造就之人有千篇一律之讥，而高材者乃不得不委曲迁就，掷光阴于虚牝，尤非计之得者。选科制度不然，高材之士既不为一定课程所束缚，得发挥其天纵之能，以登峰造极。中人以下，亦得就其性之所近勉强学问，日进有功，不至如策驽骀以登太行，有颠踬不前之虑。其于材性之发舒，精力之节省，两有得焉。其利一。

二、学者得均受各科教育以成全才。有一定课程者，既欲求备于一门之中，即不能旁涉他门之藩。此不独专门科目为然，即文玄诸科亦不免是弊。是故习文学者或不暇问津于自然科学，而业专门者，其研精囿一方曲，亦无暇涵养文学趣味，此非教育之本意也。选科制不然。其未在执业专门者，其时间甚裕，其可选之材甚广，固可治学赅览，尽博文圣通之能事。即在执业专门者，亦得以余力闲暇，作课外之旁修，而完自淑之义务。盖在选科制度下，一科之中深浅咸备，有志学者，求无不得。若行一定课程，则此疆此界必无融会贯通之妙，而完全教育何从得之？选科制不然。其利二。

三、便学者时间之利用。今使有二人于此，一人能居大学七年，一人仅能四年。若在有一定课程之学校，其七年者固可益进深造，而四年者不能不以浅尝自足。若在选科制下，则殊有法以济其穷。盖七年者前数年可多习普通科学，而以后数年致力专门之业。其四年者则入专门之期可较早，以四年之大半专究一科，虽未名家，亦非空虚无据者矣。此学者时间利用之便。其利三。

四、增学者对己之责任心。凡入高等以上学校之青年，不敢遂谓其有一成不易之见，而志趣则已有定矣。如入工业学校者，其志在工师。入医学者，其志在药石。入普通分校者，其志在科学家、教育家、文学家，不待言矣。然其校课程有定者，其学者即有选择心而无责任心，随班旅进，亦随班卒业。成才与否，非己所得知，曰吾课程既铸我如是矣。若在选科制度下，所习科程既由一己自由意思主之，学之无成，亦唯一己是尤，无他人为之代负其咎。吾知真正求学之士，于未离学校之前，必有踌躇满志者矣。此对己之责任心，固成材不可少之要素，而选科制足增之。其利四。

五、观摩之广。朋侪观摩，常为学校教育之一部分。然课程有定，则同级之生，不过数十人或数人，相随终始，交际之未广，收益之何从。若在选科制度下，各科学生，变动不居，故一班之中，各级之人与各科之人具备，谈言微中，足以广益。其利五。

六、教育之竞争。有选科制之校，其教科之良否，不以其课程为断，而以其科目为断。故其校某科而良，则学者云集。而不良者，讲室之门可罗雀矣。良楷易彰，教者益奋，而教育乃以竞争而臻发达。其利六。

七、管理上之便易。今以一大学就学者之多也，分科之繁也。若令为一定科程，则某科在一学期中有人满之患者，在第二学期中必有人少之苦。若行选科制，则前后推移，行之裕如。又各校共通之科，可以合而授之，如篇首所述，亦管理上之一便。其利七。

选科制之利，其显而易见者既有如上所举，更仆数之，将不止是。然此制虽善，行之亦有难者。

一、选科制既以各科为单位，一科中必由至浅明至最深之课目无不备，使学者有求无不得之便，且能为有统序之研究。此须人才与财力，非易致也。

二、选科制为大学发达自然之结果，非教者、学者皆臻众盛，不能强效。

三、学者必程度既高，有自觉之智力，研几之决心，行之乃有益。不然，鲜不为取巧梯荣者利矣。

此三难者，皆教育幼稚时固有现象，及其既达，必经此制。此制未行，终非教育之盛，而未足尽作人之道。故乐为言教育者敷陈，勉而求之，虽不中不远矣。

教育精神

西方大学之教育精神，一言以蔽之曰：重独造、尚实验而已。独造者，温故知新，独立研几，不以前人所已至者为足，而思发明新理新事以增益之。其硕师巨子，穷年累月，孜孜于工场，兀兀于书室者，凡以此耳。此精神不独于高深研究见之，乃至平常课室之中，亦此精神所贯注。取譬于近，则如教科书之用，在东方尝由教者先讲释其义，学者乃退而读书。在西方则学者先读其未授之书，乃进而听教者之讲解。一则依赖在人，一则绅绎在己，其用心为不侔矣。实验者理必征实，语不涉虚，其在物质理化，所谓试验科学者，无论矣。乃至心理之微渺，教育之繁赜，亦以试验定其确否。而研究政治，攻治文史，亦必统计事实，综核理据，犹是实验精神之贯注耳。若乃科学本域以内，其注重实验，尤非东方所及。作者习普通化学者数矣，初于吾国，继于日本，继于美，唯美有实验。吾国姑弗具论，日本专科化学有实验[①]，而普通化学无之。彼盖以为是浅近之事实，可于书籍中求之，可于想象中求之，然去科学精神也远矣。以上所举，特其一端，而其事又甚浅近。然学者高远之精神，无不由浅近者养成之，要亦未可忽视耳。

---

① 学生自己实验，非教者讲坛上实验之谓也。

吾国学术思想之未来[*]
(1916 年 12 月)

　　一新时代之将至，必以思想变迁为之先导。人亦有言，思想者事实之母。欧洲十五世纪为文化复兴时代，十六、十七世纪为宗教革命时代，十八世纪为哲学勃盛时代，十九世纪为科学当阳时代。当其时之未至，人心思想固已沉困积郁突决于常轨之外而求所以宣泄。有一二大师哲人者起，以新说为之倡，则人心靡然从之，风气变而新时代成。昔者曾涤生作《原才》曰："风俗所趋，势之所归，虽有大力，莫之能逆。"夫平常风俗之变迁既如此，矧夫学问思想之事，有方术以纬其派衍，有圭极以经其汇归；其必有鰓理脉络可寻，而非汜漫无序，偶然出现于是，固甚明也。

　　今夫思想之为物，其变幻若蜃气云雾而不可方物，其幽眇若人髭鱼网而不可析理；人之用思想，则不出乎两途。有用于主观者，以一人之心知情感为主，而外物之条理不与焉。有用于物观者，以外物之条理为主，而一己之心知情感不与焉。属于前者，为人生之观念，为性理之启瀹。属于后者，为物性之阐辟，为知识之泉源。要言之，属于前者为文学之事，属于后者为科学之事。其介于两者之间，以谋物我之调和，求事物之真一者，则哲学之事也。是故人生思想之大剂约之，可别为三：文学也，哲学也，科学也。以此论衡，而大共可得而言。

　　虽然，思想者人而自异。虽限以方域，断以时期，其繁赜不可规画犹自若。然以材性、地齐、政教、习尚之不同，其思想之发越，用心之结晶，常不能无所偏。其偏也，常与人以共见。昔者桐城姚氏之论文，谓"有毗于阳与刚之美者，有毗于阴与柔之美者"。一文字中已有是阴

＊ 录自《科学》，第 2 卷第 12 期（1916 年 12 月）。——编者注

阳刚柔之异矣。矧在文学，六朝之趋骈丽，唐宋之尊古文，文学上又不无变迁之可言矣。矧为人心汇归之学术，特是等变迁，皆囿于一方域之中，如生物学上异类偶现，种源自同，不足生非常之结果。欲得非常之结果，必其变迁在根本之殊，而不在枝叶之异。必自所无以进于有，自其所同以进于殊。自吾上列思想之三大剂言，则必由文学以入科学乎，抑由科学以入文学乎？而介乎其间之哲学，盖可无论矣。

吾国思想之历史，属于何者，此问题可不待再思而答曰：文学的也。神州学术，于晚周号称发达。然九流皆出王官，则亦历史的滥觞也。诸子古书，间有陈述器数物理者，虑多取之方策，非参稽事实循序剖析而得之。则与希腊安纳息曼特（Anaximander）之说大地生成，地摩克利挞（Democritus）之论原子，虽有合于科学家言，而未足尽科学之意。秦汉以后，人守一经，发言论事，必以古义为依归，则历史的文学，于斯为盛。魏晋之间，清谈转盛，其思想所托，率以一人之情感为主，而客观格物之意少。其文学则渐趋骈丽，乃至重文词而贱思想。唐以后文学返古，思想则不出乎历史的范围。宋世则有理学，别开生面，然其讲学之旨，主静存诚，杂糅禅宗。所扬攉者心理之精微，其事盖等于太空之鸟道。虽于哲学上不无一席位置，于物理之推阐，犹是千里万里也。自元以后，异族迭主，民坠涂炭，救死不暇，其思想之无进步，又不待言。综观神州四千年思想之历史，盖文学的而非科学的。一说之成，一学之立，构之于心，而未尝征之于物；任主观之观察，而未尝从客观之分析；尽人事之繁变，而未暇究物理之纷纭。取材既简，为用不宏，则数千年来停顿幽沉而无一线曙光之发见，又何怪乎！易曰："穷则变，变则通。"吾中国社会制度，既经变更，且日在变更之中矣。其思想之变更，自有不可避之势。质言之，吾国社会制度，既经根本上之革命矣，而学术思想之革命，将何出乎？此今日最有趣味而最重要之问题也。

诗云："他山之石，可以攻玉。"当吾人讨论此问题之前，且略观欧洲学术思想变迁之历史。欧洲文明，导源希腊。希腊全盛时，思想发皇，如安纳息曼特、赫喇克来挞（Heraclitus）、恩贝斗克里（Empedocles）言进化之理，地摩克利挞倡原子之说，皆为近世言科学者所宗。至阿里斯多德乃熔自然科学、玄学为一冶，卓然为后世宗师。中间经黑暗时代，至十五世纪文学复古，十六世纪宗教改良，而后新思想渐出。1543 年柯波尼克（Copernicus）之"天体生成论"（The Revolution of Celestial Bodies）出为地动说之鼻祖，亦实宗教家言天之大彗。1616年哈维（Harvey）发明血液循环之理，1620 年加里雷倭（Galileo）与恺柏勒（Kepler）更求物体运动之理，以明天体星系之组织。凡此皆足破当时宗教迷信之说，而为实验哲学不祧之祖。同年弗兰息斯·培根之"Novum Organon"出世，标归纳之法为为学圭臬，举当时凭心穷理之术廓而清之，而以官感为知识之媒，进化为物质之例。其后霍孛斯（Hobbes）更大倡物质主义（materialism），主张人之思想不能离物质而独立。其哲学要旨，在明现象之本源。彼尝自言其用思也，盖"本其生人天赋之理性，往来上下于群生之中，而探其秩序与因果"。是盖近世自然科学之定义矣。同时在法则有伽散地（Gassendi），重张爱辟鸠喇（Epicurus）之无灵魂说。而拜尔（Pierre Bayle）亦攻击笛卡儿之二元说，不认神之存在。经此破坏的物质论之后，而洛克（Locke）之建设的经验论出焉。其人生识解论（Essay Concerning Human Understanding），由哲学上证明人生观念由官感生，而培根之实验主义，乃得完全成立，领思想中一方域矣。

培根之哲学方法，诚足变易欧洲千余年之旧思想而制造一新学术。然其时科学方法器械，皆未臻完美。即培根之思想，亦终毗于哲学，去科学尚远。凡培根所不及，得牛顿而后条理备，根柢固。其 *Principia* 一书，文理密察，审思明辨，盖与阿里斯多德、佑克立（Euclid）之书，同为千古研几之楷模矣。其首利用牛顿氏之学术以转移当时思想者，厥为法兰西人。牛顿宇宙构造之大意，入于福禄特尔（Voltaire）之手，遂为推倒当时迷信之利器，而拉字拉斯（Laplace）之 Mécanique céleste（天体力学），及 Systéme du monde（世界统系论），乃尽探牛顿之隐赜。是时法人学术，趋于数理实验之一途。算术理化之发明，烂然为世界冠，盖尊奉培根、牛顿二氏之结果也。

法人之科学思想，不但为本国学术之渊源，浸假且影响于他国。是时日耳曼群邦中，哲家辈出，如康德（Kant）之明理性（reason），菲喜脱（Fichte）之造"科学原理"（Wissenschaftslehrel）、黑格尔（Hegel）之述"现象原理"（Phenomenology），皆外取物象之纷纭，内推意识之发现，以期物我之调和。然菲、黑二氏皆畸重于所谓志向（ideal）者，为一切知识之本。流风所扇，遂有所谓自然哲学（Naturphilosophie）出焉。彼视自然界之现象，为天心之所发见，亦犹人之思想语言，为人心之所发见也。于此盖有缒虚索隐，沦于无底之惧，而法之数理质化之学入而拯之。于是十九世纪特产之科学，乃浸淫固植于欧洲大陆矣。综观西方学术界之变迁，始之以旧学陈言之不满人意，继之以先知大哲之开辟新径，植人智于膏腴之区，而不以修旧起废为已足。乃其望道有见，则又竭全力以赴之，而不听玄言眇论，玩愒岁月。其结果则物观之学，既已日新月异，跻乎美盛之域；主观之学，今日所研究之问题，犹是二千年前研究之问题，曩令去此物观之学，则今日之西方，有以异于二千年前之西方乎？是未可知矣。

今试返观吾国思想之趋势，第一当问吾国承学之士于旧有之学术，遂已满足乎？吾必应之曰"否"。如其"然"也，吾人何不以钻研故纸为已足，而必汲汲于所谓新学术、新知识也。第二当问吾承学之士，值此道丧学敝之余，将遂坐视其僿野退化，与榛狉未开之族同伍乎？抑尚有振起学术中兴文化之决心也。吾观于当今学子之皇皇焉以教育为务，无学为忧，而知吾人向学之心，盖隐然若灯之在帷矣。第三当问欲救旧时学术之弊，其道何从？欲得此问题之答解，则当知吾国旧时学术之弊何在。吾既言之矣，吾国之学术思想，偏于文学的。所谓文学者，非仅策论词章之伦而已。凡学之专尚主观与理想者，皆此之类也。是故经师大儒之所训诂，文人墨士之所发舒，非他人之陈言，则一己之情感而已。人之知识，不源于外物，不径于官感者，其知识不可谓真确。无真确之知识而欲得完美之学术，固不可得之数矣。是故循物极则反之例，推有开必先之言，思想之变迁，既有然矣。其变也，必归于科学。请得而毕其说。

第一，科学为正确知识之源，而正确知识之获得，固教育之第一目的也。哲学家之谈知识，谓有得于推理（rationalism）者，如算术、几何之定理，曰凡定圆之半径皆相等，曰切线惟交于一点是也。有得于实验（empiricism）者，如水热至百度则沸，冷至零度则冰，其冰其沸，无名学上必然之结果。吾人之得此知识，则有待于实验，康德所谓物之与心绝对无与者不能据推理以得之是也。故欲得心外之物之知识，舍培根之归纳论理法，推理与实验并用，其道末由。上举算术、几何以为推理之证，其事犹有数迹可寻，介在玄著之间。又进于心知理性之微眇，则辩论虽极于豪芒，是非终难于谠正。即算术、几何，不附着于物象，亦无所恢弘其能事。是故不借径于实验，其所得之知识，非偏而不全，即茫而不析，则何以充人性之灵，而尽为学之能。今之科学，固不能废推理，而大要本之实验。有实验而后有正确知识，有正确知识而后有真正学术，此固为学之正鹄也。而当吾国文敝之后，尤眩瞑之药，不可一日无者也。

第二，今之科学，不当但作物质主义观而已。其发达既久，影响于人生者亦不可胜数，不举以为为学之鹄，则不足尽人之性。今且勿论舟车海陆之便利，沟华离国洲而通之。地球天然之形势，既已一往而不返矣。即吾人社会之组织，人生之观念，亦岂二三百年前所可同日而语。今试问吾人何以不持黄、虞、三代无为而治之义，而急急谋进之不暇？曰：由科学进化之说，知返古之不可能也。又试问吾人何以不信郊天祇地之虚文，而奉彼旒冕者以天赋作君之权？曰：科学天文之理明，知迷信之言不足凭也。至于平居养生之事，风俗习尚之节，因科学之发明而生变动者，又不知凡几。生斯世也，非洽然于科学之性质与成就，而与其精神为徒，则吾人之生且不能与时境相谐和，终不免于信理之人而已，何学者之足云。

说者曰：科学者，物质之学也。今日吾国士夫孜孜以利，不恤其他，物质主义之昌明有日矣；有心世道者，方当以道德之心压胜之，奈何为之推波助澜乎。曰：谓科学为物质之学者，对心灵之学而言，盖谓其不离于物质，犹吾所谓实验，非物质功利之谓也。且物质亦何足诟病。科学以穷理，而晚近物质文明，则科学自然之结果，非科学最初之目的也。至物质发达过甚，使人沉湎于功利而忘道谊，其弊当自他方面救之，不当因噎废食也。若夫吾国今日，但见功利上之物质主义，而未见学问上之物质主义，其结果则功利上之物质主义，亦远哉遥遥而不可几。或人之忧，亦杞人之类耳。

实业学生与实业[*]
（1917 年 4 月）

民国既重建，农商部为振兴全国实业计也，全国工商界代表集北京，会议进行事宜。教育总长范先生招而饯之，为演说教育与实业之关系。举近来国内所有实业学生之数云："中国学生之肄习实业者，为留学外国学生、国内实业专门学生，及甲乙种实业学校学生。据最近调察，留学外国毕业学生报部有案者，共八百六十一人。全国实业专门学校共十九所，得毕业生千零九十七人。甲种实业学校共九十八所，得毕业生三千四百七人。乙种实业学校共一百八十八所，得毕业生二千五百五十四人……"范总长司全国教育枢机，其所举数目，自可据以为征，凡吾国所已得之实业人才，固已六千三百五十六人。此数较之他实业教育发达之国，诚不可谓多，以吾国幅员人口分配之，尤有太仓一粟大海一滴之感。虽然，人才之在当时，其数纵如太仓之微粒，其效应似囊中之颖锥，脱然有以自见。今置六千三百余之实业人才于实业界中，而实业之现象未尝闻其加良，实业之数目未尝闻其增多，国货之不振如故，外货之流行如故，游民之众多如故，穷乏之呻吟如故，则所谓实业人才之效竟安在也。岂所谓才者皆不才耶？抑尚有他故使之不得不然者耶？此留心实业者所当研究之问题也。

今夫一国实业之发达，其有待于社会境遇政治利病之相剂，而与之为进退。夫何待言，略举之，如资本之难易，佣值之贵贱，运输之便阻，税率之高下，皆能直接影响于实业。然此非吾文所欲涉及，兹所论者，专在实业人才问题。即云设他项情形皆同，将由何术乃能收实业人才之效是也。国内毕业之实业学生，其成才程度如何，其不得效用之故

* 录自《科学》，第 3 卷第 4 期（1917 年 4 月）。——编者注

安在，吾侪远居异域，且勿妄肆评骘。兹所欲论者，乃外国毕业之实业学生也。

外国毕业之实业学生，虽其造诣不同，然使其人曾在高等以上之专门学校毕业，必皆有一得之长，一技之能，如范总长所谓"学成致用"者，此固吾人所能共信者也。顾其归国之后则何如？留学界无调察，无统计，其实际详悉之状况，末由具知。然以他种团体及私人消息核之，亦不难得其大概。据作者所知自 1913 至 1915 三年间，吾国学生毕业于美国康奈尔大学机械工程、土木工程两科者，凡十一人。其归国后得相当职业者五人，教书者四人，未悉者一人，未归者一人。下表为美国麻省工业学校中国学生近十年内毕业者之大概，该校毕业生社友周铭君所作以见示者也。

科目	得相当职业者	教书者	无业者	未详	未归
土木	0	3	2	0	0
机械	4	1	0	0	3
矿	2	1	2	0	1
化工	2	3	0	0	2
电机	0	3	0	2	0
军舰	0	0	0	0	0
商舰	2	2	0	0	0
飞机	0	0	0	0	4
总计	10①	13	4	2	10

上举两例，虽不可谓概括，然举一反三，其他盖可类推。要而言之，则实业学生毕业归国之后，真从事于实业者，不过全数之半。即从事实业矣，亦不过受庸于已成之实业，如铁路、铁厂、机器厂等，其能自创一实业，为国家开生利之源者，盖渺乎未之闻也。夫有实业人才而无实业以用之，有才亦等于无才。吾人于是慷慨发愤曰：社会不能用实业人才，实业人才何不用社会。易词言之，吾国学实业者，不能如他国实业之多幸。朝毕学业，夕入工场，一人之生活在是，社会之利赖亦在是。吾国实业未兴，既无已成之工厂，足为吾实业学生坐享成功发挥所能之地，则惟有自创其业而自用其能耳。此吾社会不能用实业人才，实业人才当用社会之说也。虽然，实业人才欲用社会，又不可无资本佣值等讨论。今以非本论范围，姑舍是。吾所欲重言申明者，由今之道，无

---

① 此项中含官者二人。

变今之术，欲留学外国之实业学生，效用于所得于社会，虽曰能之，其数亦千百中之一二耳。其故为何，请于下方详之。

今夫一实业之创兴，非如掘窖藏者锄地得块，一朝而富拥巨万也。又非树黍稷者，随地播种，以待其有获而已。其利盖积于锱铢，而效必规乎久远。凡创一实业，志在生利，苟为无利，不如其已。欲其获利之可期，则于创办之先，必有至详尽之调察与筹画。如原料之取给便乎，须价廉乎，工资贱乎，运输利乎，销途广乎，工厂开办之费省乎，何法最宜，何种器具最便，出货之额如何，营业期间之长短如何，得利之大小远近如何。凡此种种，各以实业之种类而异，各以其营业地之情形而异，非亲历其地，详稽审察，末由得知。然此乃办实业者必当先具之知识，为实业成功必须之条件，实际上之制造方法，特其一小部分耳。是诸条件也，方留学外国时，固末由知；以其不知，则于问学，亦及于其普通知识而止。若是者，置诸他实业已成发达之国，入成效已著之厂，为之司一机，执一业可耳；一入国门，茫茫大地，何处可为用武之所，则何怪实业学生不教英文、数理，即家居游闲，负手无所事事耶。是故留学实业所最苦者，乃在学已有成，可进研一实际有用之问题时，而不知其问题之为何。或则私意测度，妄择一问题研究之，而既无实际调察以为之依据，归去时或为时势所制，所学终归无用。实业不发达之原因虽多，此实业人才之未得实际应用，必为大原因之一；其未得实际应用者，乃在求学时无实际问题以供其研究。此盖势所必至而亦理有固然者也。

乃反观国内资本家实业家之状态则何如？自晚近以来，工商战争日益剧烈，吾国败绩披靡之势，亦日以暴露，于是有心者皆欲起而利用彼法，创兴所谓新实业者，以御人而自救。无如所谓新实业者，方法既殊，组织亦异，自非身入他国，受其学校之陶铸，睹其经营之大概者，无由真知灼解，踌躇满志。于是即有振兴实业之心，具振兴实业之力，而彷徨迷离，莫知所适。欲就问于外国留学者，而学界与商界素乏联络，亦隔离无以自达。于是既兴之实业，唯有长守旧法，不事改良；未兴之实业，莫为之创，亦终古无由发生。此非作者想当然之言，盖据近来与国内二三有志实业者之通询，而察其实情之如是也，是亦实业不发达之一原因也。

合两方面观之，留学外国者，有研究实业之机会，而苦无研究之材料。国内实业家有供给材料之能，而苦无研究之人。两方面本互相为用，唯其不能，乃至两败俱伤，而实业遂归无望。问何以不能互相为用，则以两者之间，少一介绍机关而已。今使有一机关于此，资本家之欲兴实业者，得发表其所欲办之实业，与其所据以创办之条件，而求能者之设计焉，吾知实业学生之从事研究者，必就所喜而为之，而办实业者不患无专门之人矣。实业学生之欲研究一特别问题者，可由此机关以得国内实业家之调察，则不患无研究之材料矣。此机关不但为言论上之通邮，且为事实上之接近。吾知一转逯间，而实业学生之用见，实业振兴之效亦著矣。使吾数年间对于留学生之观察而不吾欺也。吾甚望国内识者之重思鄙言，而于此介绍机关加之意也。

吾国送留学生之效远不如日本，说者皆谓日本所送学生，多系曾在本国大学毕业者，到外国时，程度少高，故所得亦较多。其实亦不尽善。若但以程度论，吾国学生在外多留数年，何渠不若。实则彼留学期限多为三年，我常有至六七年者，截长补短，亦正相抵。然日本留学生收效独多者，正以彼出外留学时，皆具有一定之目的，对于欲研究之问题，先已知其大要，到外国后专研究此事，归国即举措之耳。我则无目的，无材料。在外国时，任择所好而研究之，归后所研究者得用与否，全听之不可知之数。盖一则先有题目而后求答解，故得答即可收用；一则未有题目而豫作答解，至答解不对题时，乃全功尽废。其故若甚小，而成败之数判焉，留心实业之君子不可不深长思也。

实业教育观[*]
（1917 年 6 月）

　　实业教育者，晚近社会之特产物。轻之者诋为"面包教育"，而重之者以为国之强弱，民之丰瘠，胥于是赖者也。今为之平亭其毁誉。所谓"面包教育"者，容或有然，然非所以为诟病。至若国富财阜之盛，家给人足之效，虽可驯至，亦未易言矣。作《实业教育观》，以待当世之讨论。

一、实业教育于教育上之位置

　　教育之目的，自个人言之，在造成其行事之权能，而跻于独立自由之境地；自群体言之，在增进其幸福之品量，而助其稳健的发达。其达此之术，不外二说：

　　（一）人性各有所近，其智慧之发达，亦旁溥四出不可方囿。故能备最多数之途术，使人性之各面，皆得所宣泄而臻于完善之域者，是为良教育制，反是则否。

　　（二）学者不但博闻洽识、多才擅艺而已，必得有其专门之长，足以自立而涉世。能造究此才者为良教育制，反是则否。

　　由第一说，则普通教育所由起，由第二说，则专门教育所由兴。实业教育占专门教育之重要部分，故实业教育于教育上之位置亦从可知矣。虽然，考东西教育之历史，其先列在学官建为教坛者，无过经典文字谈理论道之流。实业之得阑入学程，为言教育者所注意，特近数十年间事耳。此其理由甚多，约略言之。

---

　　* 录自《科学》，第 3 卷第 6 期（1917 年 6 月）。——编者注

（一）自科学发达，新制迭出，工业革命之大力，既扫荡全世而一新其面目，国于其间者，社会组织遂不能不因之变更，而以实业为之中坚。一国中非有若干实业家为之硅石，则其社会必不稳固，而时时有倾危之虞。西方并世诸强国，政治日趋于平民的，而其势乃若建屋于磐石之上，坚固不拔，无忧倾侧，说者以为中流社会之势力有以致之。夫中流社会非他，即实业家之自立谋生，为社会健全分子而不为之蠹蠹者是矣。若乃处列强并立之际，御侮图存，尤非由农业国民进而为制造的国民，不能有济。平时商战之烈，战时军须之供，自非实业发达，臻于人己相当之境，则不待交绥而胜负已定矣。然则为社会发达计，势不得不注重实业教育矣。

（二）实业之位置既高，其组织与制造之术，亦日趋于繁衍而奥邃。前世师徒相授，箕裘相绍之制，既不足以副新时势之需求。将因仍旧贯，循之不改，艺术梏窳，社会枯瘠，殆其恶果之无可避者。欲救此弊，则唯有注重实业教育，养成各级人才，以专才事专业，事既举矣，而进步始可得言。

（三）社会愈进，生计愈高，则人之待于物产者亦日宏多。然物产之价值，非定于天然，而人力足以增进之。例如蒸煤而得之油膏，污秽臭恶，毫无价值之可言。自德人以化学之力制成鲜明艳丽之色料，则数千百万之价值出于其中矣。物产之数量，又非限于天然，而人力足以加益之。例如年获十石之硗地，加以肥料灌溉，则年可收二十石矣。凡若此类，未可悉数。吾因思夫"生活程度日高"之言，在言生计者，以为文明程度日进之表征，而吾国人则憔悴此数字之下，展转呻吟，以莩死于沟壑者，何可胜道。此无他，亚丹斯密司有言："富生于劳力。"他人以其劳力造成有价值之物产，故但觉物质增美之可乐，而不觉钱价低落之可苦。我则承他人物价升腾钱价低落之后，劳力未用，富力未兴，所入未有增加，而所出必相倍蓰，夫是以有转死沟壑之虞也。推此言之，则贩运洋货，为他人执转输之役，与钱肆经纪，于出纳往返之间，得中赢以自饱，而无所增益于其物产之价值与数量者，皆非生利之要途也。虽然，吾之言此，非专论生计学，但以见制造实业之不可忽，而为言教育者所当有事，则其言如是而止。

二、实业教育之意义及范围

由上诸理由观之，实业之意义从可知矣。实业教育，在赋学者以相当之职业，而非即职业教育。何则职业教育，实含有律师、医士（西方教士亦职业之一）者流在内，而此等职业非实业也。实业教育又不仅谓职工教育。职工教育专以训练实业上佣作之人，或是等工人之补习科，而实业教育实兼造成实业上之高等人才，司纵发指示之役，及具开创建设之能者而并包之也。是故吾之所谓实业教育者，举其类，则有如：（一）专门教育，凡高等以上之实业教育皆属之。（二）商业教育，上至专门商业下至行市之生徒皆属之。（三）农业教育，凡耕种牧畜树艺之类属之。（四）工业教育，凡制造工作及管理机器之类属之。（五）室家教育，凡裁翦缝衽，调制及保存食物之职，不在家庭厨舍之内，而自成一业者属之。① 自其程度别之，则有如大学内之实业专科，实业专门学校，中等实业学校（即吾国现行学制之甲种实业学校），初等实业学校（即乙种实业学校），补习学校皆在其内。名目繁多，称谓不齐，欲知其官能，不可不先明其界限。

三、实业学校之分类及统系

实业学校之种类，由最低之初等以至最高之专科，大别之可列为七。今将以次说明之。

（一）最初实业教育，一曰职业前之实业教育（Prevocational industrial education），于初等实业之第七八年行之（当吾国高等小学之第二三年）。其目的在发展学生对于职业之趣味，使不悦书之儿童，得以工作之趣味，不至苦学校而生厌弃，而他日择业之顷，亦不至茫然无所适从。然非遂以是尽其职业教育之责也，故在此种教育期内，平常应修之课仍不废。

（二）初等实业教育，一曰介立实业学校（Intermediate or Separate industrial school）。此种学校之实业教育，与第一类大致相同，特其根本上有不同之点在，即此种学校，非以预备其生徒进入中学校，而以职业教育为其归宿所在是也。其程度在小学与中学之间，其学程大概四年。凡届十四岁之学生，无求学之希望，而有衣食之驱迫者，多入之。学程虽为四年，亦有更加缩短者。学课则普通科目较最初职业教育少，而实业上有用之科目较多。此种学校，在教育未新、进步迟缓之社会，

---

① 此美国言教育者之分类法也，其在法国，则加以航业而六。

尤不可少，盖非是实业之效率无由增进也。

（三）中等实业教育。此种学校为中学之别派旁支，其异于普通中学者，在于多授专门实用之学科，学生毕业后，即有一技之能可为人用而自赡。其不异于普通中学者，凡入此种学校之学生，皆须小学毕业，且使在此毕业后，欲进较高实业学校，仍有相当之预备，不至以程度不及见弃。故此等学校之课程多为四年，其第一、二年多与普通中学同，其第三、四年则属于专门与实习者为多，而科学大意与实业方法亦多及之，非初等实业所得望也。

（四）职业学校（Trade school）。初等、中等实业教育，虽号以实业，而未尝专授一种职业，有之其唯职业学校乎。是种学校，虽常合众业于一校，然其教授某业也，则全神注之，不及其他。其收学生也，但问其年龄多为十六岁以上而不及其从前之学历。入此校者，大率先有一定主见，欲从事于某科，量而后入，非入而后量也。其学校之教法，大率以有裨于实用，造就特种之技手为归。此学校上不衔高等实业之尾，下不承初等实业之流，孑然独立，自成壁垒于实业上有重要关系，于学制上则旁拇枝指之类而已。

（五）半工学校（Part-time co-operation plan）。此种学校之特点，在与工厂相互为用，为青年学生无资以终所学，不能不作工自给者而设。学者作工求学之时间，大约相等。如此星期作工，下星期在学，再下星期复作工，如是递换此法不独使贫寒子弟，得借工作之资以终所学，其作工经验，又足以为求学之辅助，所谓一举而两得者也。其学课程度，大概与初等实〈业〉相等。其行之以公立学校为便。有时且不能不待地方有司之劝导与监督，否则务近利而忘远图，固无识细民之常也。

（六）续习学校（Continuation school）。此种学校亦取工读并行，学校与工厂互赖主义。惟其所用于学校之时间，不如其在工厂之多，大率每星期由四小时至八小时。其学课或继续普通教育，或教授某项专门，各随其学者所择。德国此种学校为最发达，其中盖含有（甲）商业夜学校，（乙）实用专业学校，（丙）商货学校，（丁）盲聋学校之四种。[1] 其国家立法，凡年在十四至十六之工人，当入此等学校受学，虽在工作时间内，顾主毋得减少其佣资，凡所以为增进工人之知识谋者

---

[1]　参观本志第二卷第四期李垕身著《职工教育》。

至矣。

（七）高等专门学校。凡上所举诸种学校，皆以造就实业中之工人为目的。虽然，工人者士卒而已，不可无人以指挥而统帅之，此种指挥统帅之人才，即商业上之经理，制造建筑业上之工师，而高等专门学校所造就者也。高等专门之组织及官能似较他种实业教育为易晓，无所庸其赘述。唯其重要之点，有须重言申明者，高等专门教育，不但教授其法之已著、业之已成者，且于未经发明之事理，未经施设之事业，奖励而研究之，以谋实业之进步是也。近世以来，实业发达之国，不但高等专门学校遍于境内，其专门学校，且成大学之一部分，若非是则无以为完全教育者，此可以观其重要矣。

四、实业教育之要点

实业学校之大概，既有如上所述矣，实业教育，复有其特殊之性质，以普通教育之制驭实业教育，无当也。实业教育之要点维何？

（一）实业教育，高等者必兼虚、实、狭、阔四义。何谓虚？谓物理、化学、算术、图画诸科学，凡为制造工业所基者，其要义理论不可不习也。何谓实？工场经验，为必要不可缺之须求，非是无论其理论学科如何美备，不得为实业教育。何谓狭？学者当专习一门，以求至乎其极，凡其藩内之事，无不豁然贯通。何谓阔？学者于一实业，不但既其内蕴，又当通其外缘，期能随处取材以增进实业之效率。若是诸义，诚非一蹴可跻，而以高等实业教育揭橥者，不可不勉。

（二）中等者须与其地方情形相协适，而无冠履入越之讥。中等以下之实业教育，其目的不在得实业界之头脑，而在得心知其意之工人。虽实业界大人物，有时或出其中，特例外而已。夫以作工自给之人，所思惟在糊口，令所学者于乡里邻境之间，无所用之，则亦何贵所学。欲其徙而之他，以就升斗之资，大非人情所愿。况交通未利，统计未全之社会，职工自由分配之说，尚有不能行者耶。故于此节第一要义，曰：中等以下之实业学校，苟非与其他之情境相应，与无学等。更进而言之，设其地实业尚未萌芽，虽谓无设立此等学校之必要，亦无不可也。

（三）实业学校之组织，当依其目的以定学科之范围，设备之繁简，铺张门面与因陋就简，皆非事之善也。譬如中等以下之实业教育，苟专为造就某项实业工人而设者，则当于某项实业之实际多事讲授，而关系较远之化学物理，可加芟削。反是，于研究某项专门之实业，不可不于实验室之设备务求完善，不然，欲向各种教育中得所期之结果难矣。英人汤姆生尝举伦敦工业学校之全校，不及柏林化学试验室之大，德国沮力希（Zürick）大学之物理试验室，其占地与费用，皆视英芬斯堡（Finsburg）工业学校二倍之，以是为英工业教育缺点之证，其言可玩味也。

（四）实业学校之教师，当取老于实业之人。此理甚明，然行之非易，一以适当之人不易得，一以即有其人亦未易罗致也。

五、我国之实业教育问题

我国实业教育，方如句萌之未苗达，其实际如何，姑无具论。顾自民国元二年间教育部所发表之学制观之，其高者，大学之中，有农工商各科。其次有国立私立之专门学校，此皆直辖于教育部者也。其次有各省之甲种实业学校，与中学校程度等。其次有各县之乙种实业学校，与高等小学校程度等。甲、乙两种实业学校中，又可附设补习学校，览其大概，亦可谓应有尽有者矣。学校区域之分配，与其统系之规定，虽不无可议，然非本论所及。吾人所欲讨论者，今之教育家，目睹吾国四民失业，生计萧索之象，莫不思藉实业教育之力以拯起而衽席之。于是精神眼光，渐有注重于中等、初等实业教育之势。一若初等、中等实业教育普及，而国中遂可无游民者，此则势有未必然，不可不辨者也。何则？初、中等实业教育，所授皆甚粗浅，得此等教育者，但能谓之上等工人，自食其力而止，固未有独立创设实业之力也。若是者，在实业已甚发达之国，此等教育，于社会上足以增工业之效率，于个人足以遂其自给之生计，教育之目的，诚无过于此者。若社会上本无此等实业，则此等学生，亦不免有才大难为用之叹耳。是故实业教育之政策，当与普通教育异其趣。普通教育之政策，其知识程度愈低之社会，其高等教育之普及为尤急。盖其效果即教育，有一分教育，即有一分效果。实业教育不然，其实业发达愈浅之社会，其高等教育为尤急。盖其教育之效果，乃在应用，苟为无用，与不教同。准是以谈，实业教育之目的有二：设其社会上实业已具，则当以进益改良之为目的，此高等与中次等实业教育所共有事者也。若其社会实业未兴，则当以创设之为目的，此则高等实业教育所专有事，而中次等实业教育，须待高等实业教育而后行。此吾所以环顾国内实业现象，而欲言教育者于高等实业教育加之意也。

至中等以下之实业教育，必须与其地之情形相协，吾上言实业教育之要义已略及之。准是以谈，吾国农业素号发达，黍麦之种艺，桑麻之树植，鱼盐之取给，凡皆树有实业之基础，则甲乙种农业学校，无在不有设置之必要。商业虽有大小之殊，而未尝无据以施授教育之处。大都巨埠，是等商业学校，亦必有其切近易获之效。惟利用机器之制造工业，吾国最为缺乏，如授于中等实业学校之浅近机械学制图学等，虽有时亦足以为发明改良之助，然自非奇才异能之才，鲜不等于播种石田耳。由是言之，同一中初等教育也，在某种实业居其重要者，在某种实业即又不尔，是不可不分别观者也。

不特此也，凡实业教育，固以切于实用为贵。中等以下之实业学生，将藉朝夕之孳孳，以谋平生之温饱，尤无取乎精理与妙论，所谓玉杯无当，虽宝非贵也。实用教育从何得之？必其教者身亲其业，历有年所，其经验所得，足以任弓冶之传。学者本其所得以从事，乃有轻车熟路之快，而无虞其扞格，吾非谓凡实业学校之科目，均须以老于工场之人授之，而学校出身之教育家，遂无所容喙于其间。然学校之组织，课程之排比，教师之选择，必以实用为的，此当念兹在兹，不可须臾离者也。吾国目前情形，于此又有甚难者。新工业未兴，旧工业复大半在应改良淘汰之列，即有经验，不足以供学者师资甚明，则无怪乎各种实业学校之教师，但取高级学校之毕业生，或同级学校毕业之有研究者①，而未尝以实业上之经验，为简择教员之格。率是以行，是学校中人终身不出学校，未尝与实业相接触，而欲其造成之学生与实业，不如方柄之纳于圆凿，不亦难乎。夫欲以实业经验熔合于学校教育之中，新者将何以作兴，旧者将何以节取，此诚言实业教育者所不可不审思明辨者矣。

吾言实业教育，主张注重高等，非谓中等以下便在无足轻重之列。唯以高等实业教育发达，而后实业乃能发达，实业发达，而后中初等实业可得而言。事有先后，取径当如是耳。抑高等实业教育，尚非振兴实业之唯一要素，而学者之决心，与实业家之远见，亦为成事

---

① 见民国二年教育部公布之实业学校规程令。

不可少之机。国内之实业学生，方其从事向学，果有以振兴实业之决心与否，吾不敢知。至外国毕业之实业学生，其结果亦殊不能如吾人之所期。吾前者作《实业学生与实业》①，于实业学生归国之后，从事新实业者之少，而闲居无事，或藉作官教书以自给者，占其多数，为之究其原因，有所敷陈。此固由于忧患频仍，民无所得安息，沉霾幽郁之气弥漫社会，乐生之意消，而企业之清薄，有以致之。然实业家既惩于目前之危，因仍苟安矣；学者亦不以创兴实业自力，甚或身寄实业教育，而心营他途，如最近吴稚晖先生所谓"以筌求鱼，得鱼遂忘其筌，借以取得资格，并非借以助其功能"②，循是为之，实业教育，又有以异于科举射策之为乎。而欲以收国富财阜之盛，家给人足之效，难矣哉！

附　言

本篇脱稿后，得《中华职业教育社社务丛刊》，观其宣言、章程、办事方针等件，窃幸国内留心是事者已不乏人，至足欣庆其宣言书，剔斥吾国职业教育之病，以为在"拘统系而忽供求，重理论而轻实习，其学生贫于能力而富于欲望"，皆与本篇所致虑者，有互相印证之处。更有奇者，民国二年发布之《实业学校规程令》，凡所谓农业、商业、工业、商船学校，皆分甲乙两种。农商工各业姑弗具论，商船学校，亦有乙种之规定，与十二龄幼子言商船运用、航海术、海上气象学、机关术、机械制图等，欲其同时运用于船舶驾驶，岂非见卵而求时夜，不亦太早计矣乎。是一该会所谓拘统系而忽供求之一端也。

该会所拟办事方针，首在从事调察，可谓片言居要。以职业教育事属创举，不先以调察，固无可为下手之方也。吾文就实业教育全体立论，故欲注重高等教育，以谋社会事业之发达。若专就中、初等职业教育言，则凡社会上资生之具，何一不可为教授之资。盖职业无小，皆有待于学，学焉，皆可用以资生。唯作者所希望，其调察所及，当于日常生活事项，如土木、建筑、纺织、陶冶等事特别注意。常见国内城市有

---

① 见本志本年第四期。
② 见《东方杂志》第十四卷第二号吴稚晖著《学问标准宜迁高其级度说》。

设劝工场者矣。其制造不外木盒信笺，其技艺无过雕琢刻画，制品充积，无人过问，乃欲其作业之人，借以谋生，安可得乎。乌乎！国事蜩螗，政府日在风雨飘摇之中，何暇顾及社会事业。实业教育等问题唯有待社会间人自解决之。吾祝该社事业之发达，吾尤望他方之人闻风兴起也。

新文学问题之讨论[*]
（1918 年 6 月 8 日）

适之足下：读《新青年》第四号中足下之《建设的文学革命论》，大为赞成。记去年曾向足下说过，改良文字非空言可以收效，必须有几种文学上的产品，与世人看看。果然有了真正价值，怕他们不望风景从么？但是创造的文学，一时做不来，自然以翻译西方文学上的产品为第一步。此层屡向此邦学文学诸人提及，无奈他们皆忙自己的功课，不肯去做。足下现在既发大愿，要就几年之内，译几百部文学书，那就越发好了。

读《新青年》广告，知《易卜生号》专载 *A Doll's House* 一剧。此剧就意思言，固足以代表易卜生的"个人主义"，与针砭西方社会的恶习。就构造言，尚嫌其太紧凑了一点。足下若曾看过此剧，便知其各节紧连而下，把个主人翁 Nora 忙得要死，观者也屏气不息。

昨日经农把致足下的书与我看了再行发出。我看了过后，觉得也有几句话要向足下说说。足下说："白话可做活文字，也可做死文字，文话只能做死文字，不能做活文字。"此层经农已举左丘明的《春秋传》、太史公的《史记》来辩难了。我想，要替文话觅辩护人，可借重的尚不止左、史两位。即以诗论，足下说："《木兰行》、《孔雀东南飞》，杜工部的《兵车行》、《石壕村》，以及陶渊明、白居易的诗是好诗，因为他们是用白话做的，或近于白话的。"今姑勿论上举各篇各作者不必尽是白话。就有唐一代而言，足下要承认白香山是诗人，大约也不能不承认杜工部是诗人。要承认杜工部的《兵车行》、《石壕村》是好诗，大约也是不能不承认《诸将怀古》、《闻官军收河南河北》……等是好诗。但此

---

　　* 录自《新青年》，第 5 卷第 2 号（1918 年 8 月）。——编者注

等诗不但是文语，而且是律体。可见用白话可做好诗，文话又何尝不可做好诗呢？不过要看其人生来有几分"诗心"没有罢了。再讲韩昌黎的《南山》诗，足下说他是死文字。比起《木兰行》、《石壕村》等来，《南山》诗自然是死的，但是我想"南山"这个题原在形容景物，与他种述事言情的诗不同。《南山诗》共用五十二个"或若"，把南山的形状刻画尽致。在文学上自算一种能品。用要白话去做，未见做得出。岂可因其不是白话，反轻看他呢？以上各种说法，并非与白话作仇敌，也非与文话作忠臣，不过据我一个人的鄙见，以为现在讲改良文学：第一，当在实质上用工夫；第二，只要有完全驱使文字的能力，能用工具而不为工具所用，就好了。白话不白话，倒是不关紧要的。

经农又说，《新青年》上的白话诗，除了足下做的是"有声有韵有情"（记不清楚了，想是如此说的），他不敢妄加反对外，其余的便有些念不下去了。我想这个又是诗体问题。久已要向足下讲讲。现在趁此机会，略说几句，一并请足下指教。今人倡新体的，动以"自然"二字为护身符。殊不知"自然"也要有点研究。不然，我以为自然的，人家不以为自然，又将奈何？足下记得尊友威廉女士的新画"Two Rhythms"，足下看了，也是"莫名其妙"。再差一点，对于此种新美术，素乏信仰的，就少不得要皱眉了。但是画画的人，岂不以其画为自然得很吗？所以我说"自然"二字也要加以研究，才有一个公共的理解。大凡有生之物，凡百活动，不能一往不返，必有一个循环张弛的作用。譬如人体血液之循环，呼吸之往复，动作寝息之相间，皆是着一个公理的现象。文中之有诗，诗中之有声有韵，音乐中之有调和（harmony），也不过是此现象的结果罢了。因为吾人生理上既具有此种天性，一与相违，便觉得不自在。近来心理学家用机器试验古人的好诗好文，其字音的长短轻重，皆有一定的次序与限度。我想此种研究，于诗的 Meter（平仄？）、句法的构造，都有关系。吾国诗体由三百篇的四言（James Lezze 说中国有二言诗，固附会得可笑。三言诗汉《郊礼歌》等有之，但不足为重），变成汉魏的五言；又由汉魏的五言，变为唐人的七言。大约系因古人言语短简急促，后人言语纡徐迟缓的原故（文体的变迁亦然）。但是诗到了七言，就句法构造上言，便有不能再长之势。再长就非断不可了。且七言诗句，大概前四字可作一顿，后三字又自成一段。韩昌黎有时费全身的气力，于七言中别开生面，但只可于长诗中偶杂一二句。若句句是"点窜《尧典》、《舜典》字，涂改《清庙》、《生民》诗"的句法（因韩诗已不记得，故引李诗为例），也就不能读了。七言既成了诗句的最长极限，所以宋元的词曲起而代之。长短句搀杂互用倒可免通体长句，或通体短句的不便处。但是他们的音调平仄，也越发讲究。我以为此种律例，现在看来，自然是可厌。但是创造新体的人，却不能不讲究。就是以后做诗的人，也不可不遵循一点。实在讲起来，古人留下来的诗体，竟可说是"自然"的代表。甚么缘故？因为古人作诗的时候，也是想发挥其"自然"的动念，断没有先作一个形式来束缚自己的。现在存留下的更是经了几千百年无数人的试验，以为可用。所以我要说，现在各种诗体，说他们不完备不新鲜，则可，说他们不自然，却未必然。我再要说，若是现在讲改良文学的人，专以创造几种新体为无上的天职，我把此种人比各科学上的一种人专以发明新器具、新方法为事，也只得恭敬他，再没多话说。若是要创造文学的产品，我倒有一句话奉劝：公等做新体时，一面要诗意好，一面还要诗调好，一人的精神分作两用，恐怕有顾此失彼之虑。若用旧体旧调，便可把全副精神用在诗意一方面，岂不于创造一方面更有希望呢？这个主张，足下以为何如？瞎三不着四的讨论，发了一阵，纸已写的不少了，还有钱玄同先生的废灭文大问题不曾讲到。若是用文话，断不会有如许啰嗦。这也是白话的一种坏处。

经农对于废灭汉文的问题，已经说"心中万分难受"了。我想钱先生要废汉文的意思，不是仅为汉文不好，是因汉文所载的东西不好，所以要把他拉杂摧烧了，廓而清之。我想这却不是根本的办法。吾国的历史、文字、思想，无论如何昏乱，总是这一种不长进的民族造成功了留下来的。此种昏乱种子，不但存在文字历史上，且存在现在及将来子孙的心脑中。所以我敢大胆宣言，若要中国好，除非【人】中国人种先行灭绝！可惜主张废汉文汉语的，虽然走于极端，尚是未达一闻呢！

此层且按下不讲，尚有一个实际问题：《新青年》一面讲改良文学，一面讲废灭汉文，是否自相矛盾？既要废灭不用，又用力去改良不用的物件。我们四川人有句俗话说："你要没有事做，不如洗煤炭去罢。"

钱先生的废灭汉文一篇大文，原来有点 Sentimental。我讲到此处，也有点 Sentimental 起来。恕罪恕罪。

任鸿隽白。六月八日

致胡适函[*]
(1918 年 6 月 24 日)

适之老兄：

　　四月十二日的一封众信与五月廿一的一封独信于今日同时接到。前信不知何故稽迟，希奇希奇。承嘱归国后径来尊寓下榻，盛意感甚。隽现虽尚逗留此邦，而归国之心则已如离弦之弩，不可复挽。所以尚迟迟未行者，徒欲待八月底间科学年会耳。归国后计划不知曾向兄说过否？现在既承邀北来，不可不再说一遍，想不以为烦也。隽归国后第一着，就是一年以内不做事，而以此一年光阴东瞧西望，调察各方面情形，有何事最可做，再做某事。近来闻见所及，知留学归国者多无事可做，其毫无实际，徒藉留学生头衔博衣食者无论矣，亦有专门人才，学问过人（如陈茂康、傅有周等），归国后或赋闲居，或返美国教书，似乎吾国费时伤财好容易造就的几个人才，其结果不委之沟壑，即驱诸邻国，而国内放着无数事业，反无人去办，吾实痛之。好在自己一个自由之身，仰事俯畜的底一点也没有，不比他人一入国门便以饭碗问题为第一要务。所以，我立意要以一年作调察，三四年作预备，五年之内或教育或实业，办出一件新事业。不要说造就人才，就是对于已造就的人才有相当的位置把给他，已经为益不浅了。此种说法固然是曾子固所谓"誓心则然，非敢为能"，但是不经试验过，又安知其不能呢。有了这个意思，所以教书的事不敢应承，所以想多作几天工。赚几个钱，作一年以内的"盘缠"，所以又想早点归国。现已决定至本月底止辞去法国试验室的工事。往 New Hampshire 山中，一面休息，一面预备归国后的事体。待科学年会过后，便向太平洋出发。归国后自然先须归家一视。彼时若扬

---

　　[*] 录自《胡适来往书信选》，北京，中华书局，1979。——编者注

子江路可行固佳，否则拟由广东、云南间道归川，顺便得视察西南情势。归川以前当顺路往南京、南通、无锡等处看看朋友，如有暇时，或竟来北京拜识文学界之新人物，并与足下、子民先生一罄别来积愫。彼时或尚有星期讲说，竟可向三四百的男女（但恐未必有三四百耳，一笑）发挥近世的科学。但是北京大学教书的事却是不敢冒昧承认的。

《新青年》四期皆已看见。《归国杂感》若将最末一段删去，可算佳文。吾前向衡哲言之，彼极以为然。《建设的文学革命论》，吾无间然。我的诗体变迁论，回想无甚新意，所以不高兴写出。前书已略及之，乞见教也。

四月廿五夜诗，真有大半与鄙作月诗同意，唯吾月诗中无王充、仲长统、Aristotle［亚里斯多德］、Spencer［斯宾塞］等耳。兄新婚感别乃有此作，无怪吾前日之作几起误解也。

前日经农作一纪梦诗，中有三句乃与吾之"寄家书"中语一字不差。且写信与我言，其诗意似偷杜工部的《垂老别》。我告经农"君诗意未必偷杜诗语，却偷了近人的几句，不信请阅本年季报"。经农翻了出来，果然不错，相与大笑。

李孟博的《实习记》出报后，我即致书称赞其有小说才，可见吾人赏心相同。余不尽，即问起居。

鸿隽　六月廿四夜

教会教育与留学生 *
（1918 年 6 月）

  教会教育（Missionary Education）者，西方教会学校所施之教育之谓也。吾国之有教会学校旧矣，社会视之，如秦人视越人之肥瘠，于其教育之成效，影响之善恶，漠然未尝措意。自吾人负笈他邦，与彼都人士相晋接，聆其言论，读其著述，并观其教会学校在吾国所呈之效果。然后知夫教会教育者，与吾国前途如一发之与全身，相牵连而不可离。是乌可忽而不论也。

  推吾国言教育者，自来不注意教会教育之故，岂不曰彼之所谓教育，非吾所谓教育也。彼以教育为宗教之前驱，宗教为教育之原动。其施教也，在增其信教者之数而已，在养成传教者之人而已。方今共和之世，信教自由，吾无所用其与之争。而吾无告之民，与失教之子，得教会学校为之收集而作育焉，足以补吾地方行政社会组织之不及，是固吾人所宜感激而惭谢者也。则但听其自然，或且为之助长，庸何伤。或者以宗教与教育相合不分，为教会教育之诟病，余又不以为然。夫宗教之形式虽各不同，而其对于社会之目的则一。曰：教人为善而已。其宗教之尤能长久昌大者，必其达此目的尤至者也。是故西方言"信教者"，与吾人言"读书子"相等。读书子不尽是善人，而善人多出读书子之中。信教者不尽是善人，而善人多出信教者之中。故使教会教育而真能养成信教者，且仅以养成宗教上之人才为圭臬，是不失为缮性修德之一途。吾人又当感激惭谢，以为足补吾自己教育之不及。固不必效韩退之之辟佛，以其非周公孔子之道，而遂非难之也。

  然而问题不止此。今观彼邦教会中人之言曰，"教会教育者，西方

---

  * 录自《留美学生季报》，第 5 卷第 2 号（1918 年 6 月）。——编者注

文明之津梁，而东方人之曙光也。无教会教育，则东方长为野蛮之国矣"，则为之旁徵曲引。以为某国某国之有教育统系，教会教育启之也。某国某国之有名人物，教会教育产之也。综而言之，彼谈教会教育者，固不以其教育为仅足养成宗教上之人才而止，而以为其国国性之变革，文化之更新，与政治社会之进退，胥将由其手以出者也。若然者，吾人乃不能不究其利害而详论之。

今欲悉教会教育现在所居之地位，不可不略道其进化之迹。吾国之有教会"大学"，当以某校为最早。作者近于美国"亚细亚"杂志 Asia，March，1918。见某君述其历史云："当三十年前，此校初设时，特一寄食之小校耳。彼时无所得学生而教之，则沿街捉苦力之子弟，置之教室。彼等不特无学费，且下至脚上之鞋，亦学校为之具备。其后通商渐繁，上海商人始稍稍令其子弟就学英文以为应肆之用，而学校亦因以取费，始由寄食小校渐变为自立学校。今则学生四五百人，为教会'大学'之最古而最大者。卒业生中现为外国公使者三人，至足荣也。"吾之引此，以见教会学校，初固仅为造就教会中之用人而设。（在印度之教会学校，为其政府造供驱使之人。在中国之教会学校，为其教会造供驱使之人，此彼邦人之公言也。）而时会所趋，学洋文者，渐为世重。于是向者奔走驱使之材，遂不少飞黄腾达，而印累累，而绶若若，为中国所仰望托命之人。此固教会教育家所不及料。而教会教育与中国前途，遂不无关系之可言。

吾言至此，意固不仅在过去之陈迹而已。将来之关系，尤吾人所乐讨论。夫将来关系之最大者，孰有如留学生者乎。迩日留学之重点，已渐趋于美国。欧洲以战事方殷，求学者裹足。往日本者不须英文，与教会教育无关。则且就美国学生论。美国学生虽有赔款省费及自费之别，舍自费不论外，其赔款与省费之学生，多以长英文英语获选，斯二者固教会教育所擅场者也。于是留美学生中，由教会学校出者，无虑占其半数。（现在学生之来历，以无统计，无由得知。据民国六年清华学校刊行之游美同学录，归国学生三百八十六人中，由教会学校出身者一百七十四人，则占全数百分之四十五矣。）此辈学生之优秀杰出者诚不乏人。第扬摧大概以言之，亦有其瑕瑜不掩之点。望之而可识，察之而可见。旁观者苟非愚盲，未有不惊教会教育之力，有以成此也。谬自附于他山之谊，谨以平昔观察所及者，为国中教育家陈之，倪亦达者之所许乎。

教会学生之优点。

一、束身自好。教会教育与宗教并行，教义多以惩情窒欲为重。故真有得于教会教育者，多能束身自好，博弈饮酒声色般乐之累，庶几免矣。

二、勤勉有为。宗教以牺牲为义，而东来之教士，又以救人揭橥者也，其学生亦相感而化，于平常所谓公益之事，类能奋发有为，相勉不懈。

是二者教会学生之优点也。至其缺点，亦颇不乏，心所谓危不敢不言。

一、无正确的常识。常识者，常人应有之知识也。其得之也不必由于学校之教授，而出于社会之浸濡与自己之观察。教会学生，生于某种社会之中，教于外国教师之手，于中国之历史现情，如面墙而窥宫室之好，则对于本国常识之缺乏，诚势之所必至者也。故有问以中国三教之名而不能举，谓韩昌黎上表汉武帝以辟佛者。

二、无独立的见解。教会学生既多不读本国之书，习本国之事，则唯以他人之言论为言论，他人之见解为见解。教士曰："中国人之崇拜祖先，为宗法社会之余习，当革之。"教会学生亦曰："中国人之崇拜祖先，为宗法社会之余习，当革之。"而未尝于社会之组织与道德之根本观念加以思察也。教士曰："中国文字象形直行，不便于诵习，宜以罗马字拼音法易之。"教会学生亦曰："中国文字象形直行，不便诵习，宜以罗马字拼音法易之。"不问其事之果能行否，与行之果有利与否也。凡若此类，不一而足。略举二例，以见此辈人云亦云之情状。甚者、凡外国之事物，皆加以崇拜。本国之事物，皆加以鄙弃。失是非之心，昧取舍之宜。其影响于他日之接事制行，非细故也。

三、无高远的思想。夫常识之缺乏，与见解之因人，既如此矣，则其思想之庸下，无宁谓为自然之结果。是故其行事也，上焉者，则倥偬于劝道说教及青年会务之中；次焉者，往来于一二教士牧师之门，夸言以相号召。偶然得彼邦善士信徒之一顾，而即洋洋然自足。至于中国今日所处之地位如何，所急须解决之问题为何，何者当兴，何者当革，此种问题，或竟漠然若无相关。作者曩于某所闻某君言志，其朝夕所祈向，乃在中国人自建之教堂。又某日与某君行过一教会学校之门，某喟然曰："美哉奂乎，安得吾国亦见此校。"吾应之曰："使吾国人而有财以兴事业，当先其百倍重要者，不作此无益之举也。"

四、无相当的学业。以教会学生之知识、之见解、之思想，使其于留学之际，从事于科学之研究，或工商医农之职业，其教育上之缺点，或不至于发政而害事，而其实际又有适相反者。教会教育，既以造就教会中任使之材为务，故偏重语言，而数理科学，非所措意。于是由教会学校毕业留学外国者，亦趋骛于政治文哲诸科，而科学工程之学，则望望然去之。何则其预习使之然也。兹就游美同学录中出身教会学校者大略计之：习医者十二人，习农工理数者六十七人，习政治、法律经济教育文哲诸科者共八十二人。可见吾兹所言，不独理论上有然，事实上亦有然也。以是等学生之知识之见解之思想，使之从事政治法律经济教育诸务，而望社会事业之由以改善，是石开花、马生角之类耳。

以上所举美恶两端，皆不敢谓其已尽。然自其已列者言之，作者自信为公平之观察，而非有偏私成见存乎其间。夫斯世本无全人，教会学生之优缺点互见，亦何足讳。今所欲论者，其优点之所有余，果足以偿缺点之所不足而无憾耶。此则有所不然。夫束身自好者，常人之庸德，不足翘以为异，勤勉有为，亦视其所为者为何，而所为者又视其知识见解思想而异。则此四字，不能为终竟之美德，明矣。今使教会学生而仅为一乡一邑之士，不识不知之氓，具此两德，亦可以自致于良善之域。而无如今则负笈他洲，为国中选拔之秀，侈然有未来领袖之称号矣，又不特有此称号而已。实则未来中国之命运，虽谓操之今日留学生之手，亦不为过。而此留学生之大半，唯是尾琐诡随，玩愒岁时，蔽一发而不见邱山，舍梧槚而养其樲棘，以之负新中国之重任，其不终以失望者几希。此吾兴思及此，所为掷笔彷徨绕屋急走者也。

然则此教会学生之咎欤，曰："何为其然也，罪在教会教育，吾前既言之矣。教会教育之目的在为宗教养成信徒，而非为国家养成国民。故其教育之所重者，在其国之文字与教义，而我国之历史、政治、语言、文字及凡为国民教育所应有事者无与焉。吾固不谓彼号称大学之课程中，遂无中国文字与历史等科也，藉曰有之，亦不过以备数目饰观听而已。其精神所注重，固在彼不在此。不宁惟是，彼于吾国之历史、政俗、文学制度，多以外国人之眼光解释之，无异乎隔靴搔痒，雾里看花。而学者则奉此隔靴搔痒雾里看花之知识，以为己国一切变迁兴革之真谛，此吾上举教会学生之诸缺点所由来。复次，教会教育以推广教义为重，而不以造就学者为能。故其为教也，率肤浅灭裂，未尝有沉潜高明之风。其学者则苟有所得以为衣食自奉之计，稍进者则骛外矜夸，哗世取宠，绝未闻有委身事学，孜孜不懈，期于学术界有所建树者。此于东方为己之学，西方求真之教，胥无当也。使教会教育而循是进行，不加改革，吾恐所产之人才愈多，中国之受病愈甚。彼方言教会教育者，方自矜其济众之能与博施之功也。天下可悲之事，孰有过于此者耶。

然则救之之方将奈何，诗曰："螟蛉有子，蜾蠃负之。"吾惟有子弟不能自教，而后他人得进而代教之。他人之教我子弟，其不惟如吾意所欲出，固事理之必至，吾不以之自尤而以尤人，过矣。救之之法。既不能使教会学校闭门辍业，复不能以政府之力干涉其课程，则惟有自建近世完美之学校，以与教会学校竞，使青年学子欲求世界之新知，成天下之矗矗者，有所趋向以遂其壮志，则孰甘舍其高美自主之学校，而受彼呼尔蹴尔之教育。庶几教会教育之流弊，得消除于无形矣。按自来留美学生多出于教会学校，非教会教育之特长于预备留学，实以吾国人自办之学校，其课目程度足能与于留学之选者为数过少故耳。（中国自办之学校，不过南洋公学、北洋大学、唐山路矿等三数学校，有学生出洋。教会学校则多至十余。）今教会学校之数，日有增加。（美国各教会联合会所设之学校，号称大学者，为数凡六。曰：北京之汇文、上海之圣约翰、苏州之东吴、南京之金陵、武昌之文华，以及成都之某校。其属于他教会之大学及高等学校，为数未详。）而吾国新建之学校（除上举南洋诸校不计外），以世界新知及国民根本为教育方针者，尚渺乎未闻。惟清华学校，专为预备留学而设，宜若可夺教会教育之席。而树国家桢干人才之本者，顾自其实际言之，现在留学界之教会学生，十九皆属清华学费。是清华与教会学校，几有一而二、二而一之观。是真吾国百年之忧，而司教育者不可不负其责也。

吾言至此，乃得一极切近之问题，即预备留学时所应注重之点是也。自普通之见言之，预备留学，首应注重外国语言文字；次则各种根本科学，是则然矣。不知语言文字，不过求学之一器具。能用此器具之人，未必即能求学之人。况留学外国以后，日与外人为伍，语言文字之不足者，补之亦非难事，则此不能为偏重之点甚明。根本科学亦然，程度愈高者，入外国学校时，进步当愈速。即程度较低者，亦未尝不可循序渐进，但须时久暂殊耳。惟本国之学问修养，素来缺乏者，常识之未充，思想之未浚，在外国时，既乏培养充补之机，归国以后，复有时过后学之苦。虽成专门人才，已非完全教育，况由此以生之恶果，尚有不可究诘者耶。是故预备留学之时，于本国学问，尤当注重。言之似近诡谲，按之实具真理。若乃选派留学之际，司铨衡者意所轻重，尤足影响留学之结果，使任教育司铨衡者于取舍之际执一念曰，"吾之取人，首重外国语文，其他学科无容心焉"，则教会学生之获选众矣。反是令外国语文与其他科学同其轻重，其所得之人，必略近通才。苟非有私于教会，有仇于己国，必不以彼易此。

抑又闻之，教育之收效，不仅在学科之教授，而尤在学风之涵染。盖科学者，知识之事。学风者，精神之事。有美善之学科，济以高尚之学风，而后完才乃出。曩日讲学之风，今已渺矣。然一校必有其校之特彩，犹是不可驳之事实。彼教会学生之有其优点缺点，亦其学风之表见而已。是故为补救今后之留学界计，虽完备尽美之学校，不能弹指涌现，但今国中主持高等教育及预备留学之教育家，恍然于方今学界之危状，而发挥其高思远识，笃学至行，为后进倡，使声气所及，蔚为学风，有以收潜移默化之效，而植进德修业之基，是亦吾让人之所馨香祷祝者也。

发明与研究*
(1918 年 9 月)

　　人类之所以进化，由僿野而文明者，其必由于发明乎。荒古无史以前，人禽蜕化之迹，宵矣，不可稽矣；然而富媪［缊］之所蕴藏，石史之所昭示，莫不有其发明之事。盖自灵明发舒，知器具之为用，而人类遂首出于庶物。继兹以往，由石器而铜铁，易皮革以冠裳。巢穴也为之宫室以安之，险阻也为之舟车以通之。鲜食而代以树蓺，结绳而易以书契，极至养生送死由俗交易之事，莫不大备，灿然为近世之社会。若是乎人无论其文明程度若何，盖无日不在进化之中。其无日不在进化之中，以其无日不有发明之事。所谓进化程度之深浅，特此发明多寡之表征而已。发明绝，则进化或几乎息，而失所以为人之具矣。然则发明之为重，不于此可见耶？

　　上古发明之所由起，解之者不出二途。其一，谓草昧之世，浑浑噩噩，有天纵之圣者出，神明独运，左执造化之橐籥，右开浑沌之窍奥，而正德利用厚生之事，于是出焉。《易·系辞》言庖牺、神农、黄帝、尧舜之王天下，而推本其观象画卦，作结绳而为网罟，斩木为耜，揉木为耒，舟楫、弧矢、衣服、宫室，重门击柝之制作，所谓"天相下民，作之君，作之师"者。盖以备物制器以为民用，固首出庶物之圣人所有事，而非凡民所得几焉。此一说也。其二，则以为大凡发明之事，皆得之偶然。创作者特利用当前之经验，以开后此之利便，如甄克思作政治小史①，谓原人之识树蓺，乃由前岁遗种于地，发荣滋长，结实可食，有以成其播种待获之观念。而兰姆（Lamb）亦言，中国人唯知食生狙，

厥后有豢狙者，家毁于火，群狙歼焉。其子偶探烬余，因识烧狙味。他日欲食狙，则筑室聚狙而焚之。此虽寓言，足以代表偶然发见说之大意矣，由第一说，发明之事不可视以为易。由第二说，发明之事不可狃以为常。则发明之寥寥，与人类进化之迟迟，无足怪也。

沃力斯（A. R. Wallace）作《奇异世纪》（*The Wonderful Century*），尝历数十九世纪中发明之最要者，约得十二。曰铁道也，汽船也，电信也，电话也，自来火柴也，煤气灯也，电灯也，照象也，留声机也，伦得根射线也，光系分析术也，麻醉药也，防腐剂。十九世纪以前得重要之发明凡五，曰望远镜也，印字机也，指南针也，亚剌伯数字也，拼音字也，加以挽近发明之蒸汽机与气压计而七。沃氏于十九世纪则多所予，于前世纪则多所夺，意存乎轩轾，而蔽中乎权量取舍虑未协也。盖语发明之轻重，不当专取其事之新奇。如文字印机之效用，岂自来火、煤气灯照类所可同日而语耶。然近百年间之所发明，远跨乎有史以来数千年而上之，则固事实之不可掩者，虽欲为前人曲护而无如何者也。（如前人所用色料，无过十数，近自人造色料发明，乃达数千百矣。）若然者，非今人之智突过前人，亦非今人承天眷佑，所遇之幸运独夥。盖有其发明之术焉。发明之术者何？曰研究是矣。执环枢以临无穷，而后造物秘藏之奥欲遁而不得也。

人类幸福之增进，必有待于三类人之力。三类者何？一曰真理之发见者，研究天然界之现象。二曰真理之传播者，普及知识于畴众。三曰真理之应用者，发明制造之新法以供人生之需求。是三者，其有造于人类之幸福同，而取程各殊。有第一类人以为之前，而后第二、三类人有所据以立事。譬之开创草昧，第一类人为新地之发见者，第二、三类人则荜路蓝缕以启山林，为子孙生聚之地。故研究之性质，大别之又可为二。一曰科学之研究，其目的在启辟天然之秘奥。一曰工艺之研究，其目的在驾驭天然以收物质上之便利。细别之，属第一类者，可称之为发见（discovery）。属第二类者，可称之为发明（invention）。发见与发明为用不同，其有待于研究又同也。

今人习闻牛顿见苹果坠地而悟重力之理，瓦特见蒸气动壶盖而发明汽机故事，以为发明之事，皆得之偶然，而无所用其苦思力索，此大误也。此念不去，研究之功不至，则发明乃终无望。吾不谓发明之事，遂无得之偶然者，特所谓偶然者，亦一时惊异之云尔。苟今其前后观之，虽偶然而非偶然。何则，非孜孜兀兀好学不倦之士，断不克遇此种偶然之事，即遇之亦将熟视无睹。且偶然之发见，不过如抽丝得绪，求雏得卵，为一种隐微之表示而已。将循之以有成，仍有待于讲求。闻者疑吾言乎？吾请举发明之出于偶然数事以明之。

其一，征之电信之发明。电信者，藉电力与磁之作用，而成记号以通意息。当千八百十九年，厄斯台特（Oersted）方教授于科奔亥根大学（University of Copenhagen）。一日于讲室中以铜线导电，线下有磁针，忽自转动，由是知电流于磁针有影响。安培耳（Ampere）继之，精究其蕴，遂悟用电力与磁石可传消息于远方。至千八百三十三年，德学者篙斯（Gaus）与维勃（Weber）乃于戈丁恩（Gottingen）短距离间，行电信之实验。故今日横绕地球二百五十周之电线，皆厄斯台特偶然之发见启之也。

其二，征之胶状炸药之发明。胶状炸药者，用可溶棉和以硝基甘油（Nitroglycerine），方今最有力之炸药也。硝基甘油，为炸药中之要品。顾其物为液体，不便取携。曩日造炸药者，常以轻石粉和之，俾成固质。然轻石粉为非燃质，大足减杀爆发力。瑞典化学家那培尔（Nobel）欲有以易之久矣。一日伤指，因以溶棉敷伤处，既视瓶中犹有余沥，乃注之硝基甘油瓶中，硝基甘油得溶棉即凝成膏。于是那培尔大惊，以为此问题之答解在是矣。盖溶棉即无烟火药之溶于酒精以色合剂者。与硝基甘油合，不唯无损其爆发力，且足增之，而又能达变流为凝之目的。那培尔益加研究，遂成胶状炸药之发明。溯其原因亦得之偶然而已。

其三，征之煤气灯罩之发明。燃煤气于空气之中其焰不明，不适于暗室之烛。故当煤气灯罩未发明以前，煤气灯几有被逐于电灯之势。发明以后，煤气工业乃复与电灯竞雄于市矣。大凡焰之有光，以有固体质点在焰中热至白热故，此习化学者所习知也。煤气灯罩之构造，即在以稀金属钍 Th 与锶 Ce 之硝酸盐溶液，浸之棉网中而烧之，以得此稀金属之养化物，为煤气焰中之发光体而已。当威斯拔赫（Welsbach）在化学大师黎别希（Liebig）试验室中研究稀金属也，一日以钍与锶之盐类溶液浸棉布，纳之焰中，乃大发奇光。且棉质焚去而钍质不毁，其光因得永久。于是进研何质能发光最强，何术能保持烬余使历久远，此即现今通用煤气灯罩之起源，而亦得之偶然者也。

吾于千百发明中，而独举是三者，以其物为吾人所习见，且甚为重于工业界故也。抑是三者之发见，虽若出于偶然乎。吾人所不可不知者：（一）厄斯台特、那培尔、威斯拔赫之三君者，皆硕学耆宿，精研不倦。当其发明未至以前，耗送于试验室中之光阴，已不知几何。于千百试验中而得一二意外之结果，与其谓之天幸，吾宁归之人力。（二）由发明以至成功，其所经之程途又几何。有厄斯台特之发见，而无安培耳、篙斯、维勃之研究，则电信无由成。有那培尔、威斯拔赫之发见而无后此之研究，则胶状炸药与煤气灯罩仍不过学者之梦想。由后之成功，以观前之发明，譬犹豫章种子，虽具参天之势，而不得所培养灌溉，则句萌无由达，而枝叶更无论矣。是故发见有偶然，而发明无偶然，即此偶然者，乃亦勤苦之结果，吾人言发明而不先言研究，岂得谓之知本者耶？

发明之出于偶然者，既有如是矣。其不出于偶然者则何如？科学之最大职任，在据已知之事实，以测未来之结果，然则应用科学之知识，以达所蕲向之目的，乃真发明家所有事，而侧身科学之林者所不可不勉者也。发明之属于兹类者，其事至夥，细数之不能终其物。略而言之，则有如兑维（Davy）之发明全安灯，先研究矿穴中气体着火之性质，而后据铜丝传热之理，以成安全灯之制。造舟以铁，铁足以影响磁石，而舟中指南针失其用，则有乔治（Sir George）与恺尔文（Lord Kelvin）算明磁力相消之理，以得机械的纠正之术而大海乃非迷途。且夫言发明于近世，其足以激发吾人之神志者，孰有如固定空中硝素之法也耶？方一八九九年，克络克斯（Sir William Crookes）发表其食麦问题之论也，历指五十年后世界人口之增加与所须于食麦之量，而惴惴然于智利硝石之垂尽。智利硝石者，种麦必须之肥料也。硝石乏则肥料缺而食麦之出产减。以减缩之麦产，供方增之人口，欲人类之免于饿莩难矣。克络克斯于是为之言曰，发明固定空中硝素之法，以拯世界人类于饿莩，此当今化学家所有事也。[①] 克氏此说出，大惊当世学者，其热心者乃从事于固定硝素之研究。今则发明辈出，固定硝素之事，已成工业上之成事。欧洲交战各国，且赖以给军事制造之供矣。凡若此类，皆先具其意，乃进而求达此之术。此术无他，即由科学律例，据已知之事实，而定解决实际问题之法是矣。虽繁难之业，或非一蹴所几，然凡事皆由渐次积累而成，发明何独不然。一年所不能成者，以十年二十年乃至百年之时间为之。一人所不能成者，以十人百人乃千万人为之。泰山之溜穿石，以其日滴不已也。淤流之土成邱，以其日增不止也。启之辟

---

① 参观本杂志第三卷第六期都作《空气中硝素之固定法》。

之，其术弥广，钻之剔之，其蕴弥彰，发宏光大，日进无僵，物用攸赖，世运文明，其斯为研究之功，而发明之赐乎。

夫发明有待于研究，而研究又有待于历久之积力，然则研究将由何术以继续不辍耶？曰：是有组织之法在。研究之方法，非本篇所欲及也，研究之组织，可得而略言之。外国学术研究之组织，概别之可为四类。一曰学校之研究科，二曰政府建立之局所，三曰私家建设之研究所，四曰制造家之试验场。兹请依次道其大概，而各举一二例以明之如下：

一、大学及专门学校之研究科。学校者，学术之府，而知识之源，研究之行于学校久矣。顾其成效之著否，亦视其组织之当否而异。凡学校中之研究，可分为二类。

（1）纯粹的科学研究。其行之也以。

（a）教师。教师者，专门名家，于其本科固已坚高毕达，而钻研之能又尝为人所共见者也。故研究之业，是其专职。现今最进步之大学，其名教师多不复多任讲授之事，而致其全力于某问题之研究，或为他学者研究之导师。盖用其所长以为他人所不能为之事，自学问经济上言之，固应如是也。

（b）毕业高材生。此辈大多聪明才俊之士，于毕业后复求深造，立于某教师指导之下，而研究某业，于学术上之贡献最为有望。方今有名大学，皆于此等学生有特别助资之例，使此等有望之才，不至以无资辍业，所谓饩友费（fellowship）者是也。助资之法，有由公家年出经费者，有由私家捐款若干存校中用其利子者。捐款之人，并得指定此项助费，专为研究某项人才之用，他项无得越取。一举其例，美国哈佛大学文艺一院，得饩友费凡三十九，支费凡二十三万余金。以类分之，科学三，政治四，教育一，音乐一，古学三，文学三，其余无所专属凡二十四。此特其一院耳，其他各院莫不有之，其他著名之各校又莫不有之，则彼邦奖学之盛可以见矣。赫胥黎有言："无论何国，苟能费十万巨金，发见一法勒第，置之高明之地位，使尽其所长，则所获必且倍蓰。"谅哉言乎。

（2）工业上之研究，其行之也，或以教师，或以学生，与上无异。唯其研究之问题，或出于学者之本意，或出于实业家之嘱托，故其教师或同时为实业家之雇庸，学生或受特别助费。此种办法，在实业界程度已高，知学术研究于增进实业之效率为必要时，固屡见不一见者也（参观下节私家建设之研究所）。

二、政府建设之局所。近代社会进化，山林虞泽兵农工商之事，莫不各有其专门之奥义。政府欲为之增进事业，整齐法制，则不得不有特设之局所，以从事科学的研究。此等局所，于美国为最盛。盖其国家闲暇，财力充裕，而中央政府又能脱然于地方行政之烦苛。其中央各部之某某，与其谓之行政机关，无宁谓之科学研究所之为确切。略举其例，如农林部分科凡十七：曰部长事务科，曰畜产科，曰林政科，曰林产科，曰化学科，曰土壤科，曰生物调督科，曰度支科，曰出版科，曰收获概算科，曰图书科，曰气候科，曰州交科，曰家计科，曰道路及乡野工程科，曰市场及乡市组织科。全部事业大别之可分为三：曰日常科学事业，曰特别研究，曰教育事业。凡农业上改良之事，莫不验之于实习场，而后布之于大众，盖官署也而不啻全国农夫之师资矣。此部 1915 年之用费，凡 26 650 000 美金，用人一万五千，其从事科学研究者约二千云。

次言其标准局（Bureau of Standard）。标准局之职志，

（1）保管各标准度量，并以科学的研究保持其常值。

（2）比较各州各市所制之度量而正其差谬，凡用于商工业及学术上者皆及之。

（3）制定新标准以应科学与工业进步之需。

（4）定量物之器以为制造者法，使校正其出品，并使用物者本之以为较量。

（5）关于标准问题之专门研究。

（6）测定物质之物理的常值及常性。

局中分科凡七：一衡量，二热及热量，三电力，四化学，五建筑物料，六工程研究，七冶金。用人凡四百，其中约四之三皆科学专家。其常年用费约 625 000 元，其建筑费 1 000 000 元，设备费 425 000 元也。此局之效果，一足以助工业之进行，二足以辅学校之讲求，三可以为公私机关之顾问，皆于学术发达有益者也。

以中央政府之机关而从事于学术之研究者，尚有如矿务局（Bureau of Mines），公共卫生局（Public Health Service），本篇限于篇幅，不及备详。其非行政机关而为公家事业者，则有斯密生学社（Smithsonian Institution）。此社以英人斯密生（James Smithson）之遗产为之基，而美国国家拨公帑助之以供其建设。其社之目的有二：

（1）增进知识。其行之之术亦有二：

（a）置重奖以励新理之研究。

（b）划进款之一部以供研究之用。

（2）普及知识。其行之之法为刊布书报。其出版物凡三类：

（a）年报，以表科学之进步。

（b）专报，以发表专门著作。

（c）杂报，荟萃各重要科学上之著作，探险家之报告与其他重要书目而刊布之。

此社事业所及，又不仅学室之研究，与文字之传布已也。方今美都华盛顿所有之公益事业，学术机关，如博物院、美术馆、动物园、气象台、飞机试验场等，莫不以此社为之母，而此社于气象与飞机事业之开创，厥绩尤伟。

三、私家建设之研究所。研究所之由于私家建设者，如英之皇家学社，尚矣。求之于美，亦复指不胜屈，今举其一二以代表之。

1. 卡内祁研究所（Carnegie Institute）。此所为美国钢铁大王卡内祁所创建。其捐款凡美金二千二百万，年可生息一百十万。此社之目的，就其注册所言者曰，将以奖励研究与发明，以谋人群之进步。其达此目的之术有三：（一）所内自立之研究，以行研究之远大者；（二）所外研究之资助，以行研究之简易者；（三）出版事业，以发表（一）、（二）所得之结果，并刊行不经见之书籍。全所组织，可略分为四部：（一）管理部，（二）出版部，（三）研究部，（四）所外研究部。其研究部内容，博大繁赜，部中分股凡十一：

（1）实验生物股，成于 1903。

（2）植物研究股，成于 1905。

（3）胎形学股，成于 1914。

（4）海中生物股，成于 1903。

（5）营养试验室，始于 1903。在波斯顿之试验室，成于 1908。呼吸热量计，即此试验室有名器具也。

（6）地上磁力股，成于 1904。1909 年无磁舟名卡列基者成，而海上磁性之测验始与陆地无关。

（7）地质试验室，成于 1904。1907 年特别试室成，备诸化学物理器具以研究矿质。且令矿质在高温高压下与地球初成之状相等，以验地壳生成之情况。

（8）赤道天文股，以测南半球星象。

（9）威尔逊太阳观象台。

（10）生计社会学股。

（11）历史研究股，搜索历史秘传，旁及各国宝书与目录刊布之，以为史家研究之助。

以上皆所内之研究也。所外之研究，则有所谓所外研究员之设，于所欲研究之事，择他处之能者使之从事。其人数或独任一人，或同数人共任一事。年资若干，有时竟与学校之延聘教授无异，其年限亦无一定。

卡列基研究所之财政，以董事二十人主之，三分董事之数，一由法团中人出之，一为工商业中人，一为科学家。董事年会一次，以定进行之计划，及财政预算。平时所内事务，以管理部主之。管理部之组织，以所长、部长、书记，及其外五人。董事会议时，由所长报告其意见，以定进行之方针焉。

2. 梅伦工业研究所（Mellon Institute of Industrial Research）。是所为辟次堡大学之一部，亦私立研究所之一，而其用意及组织为尤善。其目的有二：（一）研究工业上未解决之问题；（二）养成研究之人才。其组织之特点，在所谓工业饩友制（iudustrial fellowship system）。何谓工业饩友制？今使有人于此，于某种工业问题，须待研究，乃出金若干于是所，以为饩食一人或数人之资。此研究所则用其资，为择相当之人以研究其问题。其研究所须，由所供之，研究所得之结果，则归诸出资者。

所中之饩友凡两种：一为单，一为众。单者一人作一事，自对于研究所负责任。众者数人合作一事，其首者对于研究所负责任。其行事次第：一问题至研究所，主者则择一曾在毕业院才能昭著之人，使任其事。其人既受任，则往出资者之工场，宽以时日，以察其问题之要点。且使与工场情形相悉熟，新法成时，不至有扞格之患。既乃返所，遍搜书报，观前人于此问题有所研究否。既尽搜讨之功，乃自出研究之术，于试验室中行之，以所得结果上之研究所长。如所长以所得有商业之价值，乃于附近设一小工场，以试验其法果足用于制造业否。如历试之而皆有效，出资者乃进而设立工场，以新法从事，而一新制造业出焉矣。此制于各方面皆有利，略举之。

（一）属于出资者，（a）得研究所器备图书之便，以小资而收巨效；

（b）得所中教师之指导，而收专门人才之用。

（二）属于研究者，（a）得以科学方法研究工业问题；（b）研究之后即见实行；（c）青年寒畯，得因实际之研究而自成实业家。

（三）属于学校者，得多数专门人才聚于一堂而研究各种问题，求精之学风，不期而蔚然。

（四）属于有众者，研究所得之结果，以特别规定，得公布之永为公共产业。

据去年澳洲政府调察报告[1]此制施行以来，不过五年，制造家之以问题来求解决者凡四十七，置饩友凡一百有五，出资共三十六万元，而所中所费亦十七万五千元。问题之得圆满解决者，凡百分之七十。所发明之新法，用于制造上者，不下二十云。

四、制造家之试验场。以近世进步之速，竞争之烈，业制造者，势不能故步自封，而必时时以改良为务。欲图改良，则研究其首务矣。各国大制造家，皆自设研究所而延有名专家主其事。德之（Badish Soda Fablik）公司，以制造人造靛著名于世，乃得之二十年之研究。近又以发明固定硝素及合成安摩尼亚法为学界所称道，吾前作他论已道及之矣。[2] 美国大工厂之设有试验场者凡五十家[3]，其最著者，如 The General Electric Co.，the Eastman Kodak Co.，the H. K. Mulford Co.，the Dupont Powder Co.，the Edison Co.，the Westhouse Electric Co.，the Pennsylvania Railway Co.，the Vacuum Oil Co.，the American Rolling Mills，the National Cash Register Co. 等。

凡制造家之设试验场，其目的不出下列三者：（一）以分析法定所用物质之成分，因得操纵制造之方法。（二）以工业的试验，求改良制造方法与出产，并减少制造之成本。（三）研究科学上根本问题之与工业有关者，盖工业之进步，必有待于科学知识之发达也。今举一二以见例。

1. The Eastman Kodak Co. 以造照象器具著名者也。其研究所约分两部：一为制造部，以行制造新器之试验。一为科学部，则专由学理

---

① Memorandum on the Organization of Scientific Research Institutions in U. S. A. by Australia，Science and Industry Commonwealth Advisory Council，1914-15-16. 本篇多据引之。

② 参观本杂志第三卷第六期。

③ Memorandum on the Organization of Scientific Research Institutions in U. S. A. by Australia，Science and Industry Commonwealth Advisory Council，1914-15-16. 本篇多据引之。

上研究用于制造上之物质。其科学部又分溷液化学、无机化学、有机化学、物理、原色照象、分光镜等科。其所得结果，多由各科学杂志公世，于制造学术两有裨也。

2. The General Electric Co. 以制造电力机械著于世。自 1901 年，即组织化学物理试验研究所，迄今设备之费，逾五十万元，而常年经费亦二十余万元。所中从事研究者约二百人。试验室散在各地，分分析化学、物理试验、分光镜试验、电灯试验、伦得根射线应用、绝缘质试验、炭素刷及他合金与稀金属钨硼铜等元质之试验等。试验室之职务，有为

（a）纯粹科学上之研究无一定目的者。

（b）改良制造方法及所用物质者。

（c）发见特须之物品为者。

（d）用研究室所得之结果以制造商品者。

此其大较也。此公司之新发明，得于纯粹科学之研究者为多。如近今行用之电灯线，中实以硝气，非如从前之真香，乃研究细线失热定律与钨质蒸发之结果。电灯线之用金属线以代炭线，又为真香炉中高热研究之结果。又伦得根射线管之制造，此公司亦多所发明。其佣为研究者，大概大学专门学校之毕业生，一二化学、物理学界中之宗匠硕师，亦居其中。如是公司者，岂得但以制造家目之哉。盖技也，而进于道矣。

以上所征引，特为每类见其例，而已累牍连篇，更仆未尽，则他国科学研究之盛，亦大可见。其发明之众，进步之速，又不得委为天之降才尔殊明矣。吾国近年以来，震惊于他人学问文物之盛，欲急起而直追之久矣。顾于研究之事业，与研究之组织，乃未尝少少加意。兴学已历十年，而国中无一名实相副之大学。政变多于蜩螗，而国家无纳民轨物之远献。学子昧昧于目前，而未尝有振起新学之决心。商家断断于近利，而未尝有创制改作之远志。茫茫禹甸，唯是平芜榛莽，以供梏瘝民族之偷生苟息而已，所谓文明之花者，究何由以产出乎？当吾《科学》之初出也，不佞尝为之言曰："临渊羡鱼，不如退而结网；过屠门而大嚼，不如退而割烹。"今作此篇，亦欲为羡鱼者授之以网，过屠门者进之以肉而已。世有进而结之割之者乎？成规具在，其则不远，藉攻玉于他山，成美裘于众腋，作者之幸，当无过于此者矣。

发明与研究（二）[*]
（1918 年 10 月）

曩吾作《发明与研究》，意在告人发明非幸获之事，而欲求发明者注意于研究，因举美国关于研究事业之组织，以为有心学术者取法。虽然，研究事业之组织，研究之所托以行，而非研究之所以为研究也。凡孳息地球之上，号称文明之民族，各有其学术，即莫不各有其研究之方法。而考厥历史，其发明之数，或相倍蓰，或相什伯，或相千万焉；或者其研究之术不同，故其结果亦异耶？不佞曩言研究而未及乎研究之术，甚虑贻买椟还珠之诮，因不揣谫陋，而有此篇之作。

今欲言发明与研究，请先下研究及发明之定义。

发明者，由其所已知及其所不知，由所已能及其所不能之谓也。知与能范围甚广，则孺子舍乳而就食，亦足以为发明也乎？曰：不然。吾所谓知不知，能不能，就人类智能之全量言之也。于人类智能之全量有所增益者，始得谓之发明。据此为准，得可以为发明之表征七事如后。

（一）由觉察而得新观念。

（二）由观察而得新事实。

（三）比较两事实而得其同异之点。

（四）比较两论点辨其同异，而得一新理。

（五）分析一复杂之观念，得其较新而简者。

（六）联合二个以上之观念而得一新观念。

（七）应用已有之知识，变不可能者以为能。

七者各以例明之。如牛顿之发明重力定律，达尔文之发明天演学说，此由觉察而得新观念者也。坠物无不向地，生汇莫不演进，事实日

＊ 录自《科学》，第 4 卷第 2 期（1918 年 10 月）。——编者注

在吾人之目前，而吾人莫悟其意。牛顿、达尔文二氏之发明，非事实也，特事实之意而已。若是者吾人谓之新观念，科学上发明之最简而范围最广者，此类是矣。（二）由观察而得新事实。科学上之发明多属此类。最著者莫如知疫疠之生于微菌，谂彗星之具有轨道，一藉显微镜之力，一藉望远镜之力，皆足为"观察"二字之定解，全部质科学皆由此类发明出者也。（三）比较两事实而得其同异之点。如雷立（Rayleigh）比较空气中硝素之比重，与用化学法所得硝素之比重，而见其差异。兰姆右（Ramsay）因之遂发明空气中之氩、氦等质。最近哈佛教授列敕迟（Richards）发见铅之由辐射体（Th）变成者，其原子量常较平常之铅为重。此特由比较而见其异点，尚未及其他新发明，然即此比较之结果，欲不谓之发明，已不可得矣。（四）比较两论点辨其同异而得一新理，如曰物质之极点为不可分之微粒，或为不可断之丝缕，此两说也。得其同异之点焉，曰：如为微粒，则有羼和互入之能。如为丝缕，则将纠绕纷纭，分之不易合，合之不易分，而自物质之常性言之，殊不如是，故学者宁取微粒说，而原子之说由此出焉。（五）分析一复杂之观念，得较新而简者。如火之熊熊，为热为光，吾人对于火之观念，一复杂之观念也。顾分析之，则火者无过物质剧烈化合之一现象。其热即化合力之表现于外者也，其光则热力之及于他物而使之然者也。然则化合现象之观念，不视火及光热之观念简而易知乎。又如取水以吸筒，拴动而水升，常人曰：此吸力也，吸力之观念，犹是复杂。分析之，则因筒拴上升而筒成真空，于是有真空之观念。水受筒外空气之压而上升，于是有空气压力之观念。分析愈密，则观念愈明，科学之基础，其在是乎。（六）联合二个以上之观念而得一新观念。最显著者莫如化学上之气体定律，所谓压力与容积之相乘积，与绝对温度成比例（$pv=RT$）者，乃合鄱伊尔（Boyle）、盖吕撒克（Gay Lussac）二律而成。又加物理上热之正确观念，乃得于能力不减及能力可互变其形，二观念既明之后，皆此类也。（七）应用已有之知识变不可能者以为能，则晚近工业上之发明，胥属此类。入彼邦大市之图书馆，披览其发明注册者之夥赜，未有不舌挢目瞪，叹其人竞求进步之烈而富强之效有以也。虽工业上之发明，多待科学上之发明而后成，谈者若有不屑之意。然无此种发明，恐今人所能之事出于古人者亦几希矣，故以殿焉。

上来所说发明之表征凡七，复按七事之中，所可认为发明之根柢者有二，即（一）与（二）所谓有觉察而得新观念，由观察而得新事实者是也。以下各条，就其为术言之，则进而愈繁。就其取材言之，则仍不外乎观念与事实二者而已。根据此说而吾研究之定义可得而言。

研究者，用特殊之知识，与相当之法则，实行其独创且合于名学之理想，以求启未辟之奥之谓也。研究之表征，亦有二事如下：

（一）研究必用观察与试验，其结果必有新事实之搜集。

（二）研究必于搜集之事实与观察所得之现象，加以考验，使归于一定之形式，而成为新知识。

由此观之，研究与发明，于次则有首末之殊，于律则有因果之别，而实具有一不易之鹄，作始之点焉，则所谓新事实是也。当其向此鹄而行，则谓之研究，及其既达此鹄，则谓之发明。（观念虽与事实并重，然非先有事实以为根据，其观念即为悬拟虚想而无科学价值。）故研究之第一步，莫要于搜集事实矣，而搜集事实之术将何出乎？

今夫事实云者，谓其事诚有迹象可寻，而非意想中之悬拟推想，如烟云蜃气之不可复按者也。其诚有之事实，与意想之悬拟所由异，则一必经乎视听嗅味触之五觉，一则不经五觉之官知，而但纵心灵之鼓动是矣。（虽科学上定律之发明，如原子说、分子说等，盖未尝经官感之实验。然此说之成，乃研究所得之结果，非以是为研究也。矧原子、分子等说，自严格言之，犹是假设。近世学术愈进，则原子之存在有能证之者矣。）譬如吾言日中有氦（He），此非悬想之言也。以分光仪当日而取其图，则氦之橙黄线在焉，视官可得而察也。今如又言日中有人，则纯为虚拟。吾诘以迹象，而其说立穷。凡事实与虚想之分具此矣。是故研究之事，经纬百端，极其作用不过两事。

一曰观察。观察不限于目前之应用而已，凡耳之所听，鼻之所嗅，舌之所味，四肢之所接触，肌体之所感受，外物之形态性质，运动变化，足以起吾人之感觉者，皆观察所有事也。或者将疑人有目孰不欲视，有耳孰不欲听，有鼻舌四肢孰不欲嗅味触受，而何以观察独为研究之事？吾不欲作已甚之言，谓世固有具目而盲，具耳而聋，有心知百骸而不知用者。唯用之也，有其故而后不纷，有其术而后不妄。不纷则有条贯，不妄则可征信。有条贯，可征信而后可成有用之知识。凡观察之有当于研究者准乎此。反是，与研究无与者，并不得谓之观察也。

二曰试验。试验与观察，非二物也。当行试验时，手营目注，何一而非观察，无观察是无试验也。而必别试验于观察，亦自有说。盖观察多就自然现象言，而试验则以人力变更其缘境而观其结果。观察不足尽研究之能事，其故凡三：（一）观察只及于自然现象，因之所得之事实亦至有限，而非先得多数事实，不能得正确之结论。（二）观察但及于已然之现象，不能分析组成此现象之各因子（factor），而权其轻重之次。（三）观察但及已然之现象，可以得事实，而不足以证理想。易言之，适于归纳之论理，而不适于演绎之论理是也。用试验，则三病皆除。其除第一病奈何？曰：试验者为之在人。试验之数无穷，而吾所得之事实亦无穷。悬死蛙焉，接以刃而股动，因以他金属试之，不俟偶然之再遇也。其除第二病奈何？曰：试验之情形，变之以意，而不泥乎一方，则构成此现象之因子可定。有气体焉，在某温度以上，无论压力大至何许，不可液化，故欲压气成液，温度之因子为尤要矣。而所谓“临界温度”（critical temperature）者，大半甚低，非由特别试验，何从得之。其除第三病奈何？吾心中有一理想，以为可以实现，而欲其实现，必先得理想中之境缘。若是者求之于天然或难遘，求之于试验室则易为功。空气可以制硝，行之于天然界，已不知其几千万年。而得之于试验室，不过晚近十数年间事。则以硝养存在必要之境缘，至近十余年前而始发明，得依之以为试验故耳。观于以上三者，则研究之不能一日离试验，彰彰明甚。无惑乎今之从事研究者，其全神所注，未有出乎试验之途者也。

或者曰：试验既与观察相联系而不可分析，然则言试验以包观察不可乎？曰：不然。发明之中，亦有不须乎试验者。如地质上古物之发明，发掘富缊，缒幽凿险，尽观察之能事而止耳。亦有并不须观察者，如算术上定理之证明，伸纸握椠，布画量度，尽心能之能事而止耳。然此特占学术之一小区域，未可据为典常。或者又曰：观察与试验即有所得，未必遂足厕发明之林，然则研究之事，岂遂以观察与试验止乎。曰：何为其然也。观察与试验为研究之第一步，吾故重言以申明之。事实既陈，材料既备，乃可进施研究之术。将类别之以观其同，或比较之以著其异。将分析之以窥其微，抑综合之以会其归。要之一说之成，当不戾于名学之理，不反于科学之律，而又可以复按旁证，颠扑不破，如是之谓研究有成，而其用术固不可以一例拘矣。

以上所举研究之要点，自纯粹为学术真理者言之也。至求工业上之发明，则研究之术有以异乎？曰：奚其异。工业上之发明，既以应用科学知识为根柢，研究之法，自不能与科学异其步趋。特科学家与工业家所对之问题既殊，故其注目之点亦有不同耳。一物质之变化，行之于玻璃杯、煤气灯之下者，移而置之工场、石池、汽锅之间，而未必能指挥如意。盖即此物量多少、器具大小之差，而境缘之殊异以生。试验室中之可能是一事，工场中之可能又是一事。移试验室中之可能，以为工场中之可能，工业上之发明大半在是矣。信如斯也，工业上之发明，亦岂能于观察与试验之外别有途术。盖吾言试验，固以变更当前境缘以求所欲之结果为其特长。变更其境缘使合于工场之情况，所得即工业上之发明。德人以色料工业冠绝世界，而不虑为人所夺，非特以其学理之密，亦以其制法之精耳。然则工业上之发明，亦乌可不唯日孜孜而能望其有获耶？

若夫研究之不属于工业，而直接为工业为所托命者，其例至繁，不可枚举。昔者法兰西之蚕患黑点病（pebrine），丝业大受损，不得已请巴斯多耳（Pasteur）研究其病源。巴氏于养蚕术向无经验，顾其精锐之眼光则有以察蚕身小黑点为其病根所在。于是自取蚕养之，察其生长卵化，知其病由遗传，非尽去病卵，其害无由绝。于是发明以水验卵之法，病者毁之，无病者存之，蚕病去而法之丝业乃复振矣。自克洛克斯（Crooks）发表食麦问题论，深思远虑者，共惕然于肥料之将绝，而人食之不可保。然化学上气压与化合平衡之关系未发明以前，固定空气中硝素犹是不可得之数。今则有化学上之发明以为之前，而固定硝素遂成当世一大工业，且为战时诸国争存之所托命，是又可见研究之必要，而发明之不可已也。

吾言发明而归重于物理上之发明，以其直接为科学之所寄也。言研究而归重于观察与试验，以其为学术之所始也。入学薮之圃，观讲习之林，老师宿匠蛰居一室，图史满前，奇器绕右，水奔火腾，穷年矻矻，疑若神秘玄奥不可究诘。诚能升其堂，入其室，则知一器一物，一举一动，莫不有其意义。彼盖既尽人间故纸中之旧知，而持此观察与试验之橐钥，与自然界争未发之奥蕴故耳。有天赋之能，杰出之材，其由颛蒙以进于创作之彦，程途所历，犹可以想象得之。假设其人初入高等大学，尽数年之力，通各科之要义而习其方术，是为博涉时代。次则独取一科，专究其蕴，于崖涯无所不极，是为专攻时代。次则积力既久，渐见他人所钻研者，罅漏尚多，有待弥缝，于是根已往之知识，出独创之新裁，以为研究之张本，是为预备时代。次则其所谓独创之新裁，未必果有当于研究之目的，而能得所期之结果也，于是就其道之老师硕匠而就正焉。或处老师硕匠指挥之下而行其实验，有谬误而为之匡正，有不及而为之补益，是为试行时代。行之既久，用思之道愈密，实验之术愈精，谬误粗疏等弊举无由侵其所事。于是自信之念亦油然生，而独立研究之材于是成矣。吾不谓承学之士，人人能臻此境，吾尤不谓欲逮此境者，人人必经此数阶级。特陈行远自迩之序，定中人与能之途，大体所归，当如是耳。夫为学之术，莫要于发展学者之本能，与以相当之训练，使遇新问题出，得用正确之方法以行独立之研究。若是者，岂独科学为然哉，岂独发明为然哉，凡欲昌明神州之学术，而致之于可久可大之域，举不可不以此为帜志矣。

曩读格雷戈列（R. A. Gregory）《发见》一书，引汤姆生教授（Thomson）之言曰：　"There are three voices of Nature. She joins hands with us and says Struggle, Endeavor. She comes close to us, we can hear heart beating, she says Wonder, Enjoy, Revere. She whispers secrets to us, we cannot always catch her words, she says Search, Inquire. These, then, are the three voices of Nature, appealing to Hands, and Heart, and Head, to the trinity of our Being." 爱其文有诗意，作"三声"以译之，请诵之以终吾篇。其辞曰：

> 谁能听无形，有声常在耳。
> 造物意良殷，所语非一指。
> 首言汝善竞，不竞乃邻死。
> 携手向战场，克敌力是视。
> 惺惺复惺惺，彷佛声可聆。
> 岂唯声可聆，如闻心忡怔。
> 大块多奇伟，不乐复何营。
> 亦有细语声，隐微难尽解。
> 但道穷探索，真理如烟海。
> 人身有三灵，曰手、心、脑髓。
> 汝不听无形，何以异鹿豕。

致蔡元培函[*]
（1918 年 11 月 7 日）

子民先生左右。前月二十六日由美抵沪，读先生致胡明复书，知北京大学编译处月助《科学》印刷费二百元，极感公谊。所示交换条件三件，科学社同人认为彼此交益，举无异议。关于调查书籍事务，已由鸿隽缄达在美分股委员会长陆君费执，嘱将从前已经着手调查之书籍名目重加厘定，未全者补之，不足者增之。期尽本年新出书籍为止，于半年以内汇齐寄交北京大学，以凭择购。至购书一事，本社去年曾与美国各书店交涉，援优待学界例，对于本社购书，特别减价已得允许者计十余家。北京大学购书，如在本社特约之书店内者，当然能享此种权利。其他详细办法，容后具陈。

抑鸿隽尚有请者，此次大学编译处与科学社之助金，及其交换条件可否于《科学》杂志发表，敬祈示知。又本社现拟筹集基本金三万元，为设立事务所、图书室及维持杂志等用，拟请先生及范静生、胡敦复二先生为基金监察员，以取信于社会。先生当不推拒。募捐时，尤拟借重大力为之提倡，庶几登高一呼，应者必众。

以先生吾党之望，遂不免有无厌之求，不胜惶悚待命之至。前闻适之传先生意嘱其来京。鸿隽亦违教之日久矣，心怀百端，颇欲就正于左右，俟各事料理就绪，即行束装就道，聊罄契阔，非敢有他冀也。（下略）

---

* 录自《北京大学日刊》1918 年 11 月 7 日第三版"通信"栏，原题为"科学社社长任君鸿隽致校长函"。——编者注

尽物利论[*]
（1919 年 1 月）

　　昔者李悝为魏文侯作"尽地力"之教，谓地方百里，治田勤惰之增损，岁为粟凡百八十万石。晁错言贵粟，亦以地有余利，民有余力，为冻馁之本。凡吾先哲所心萦目注以为裕国富民之计者，大率及于尽地之利而止。盖神州自古以农立国，策国是者，必探本源，无足怪也。及至凿山煮海之术兴，金石之用，鱼盐之饶，以利天下，则又以货弃于地，为谋国者之大病。顾其心萦目注，犹仅及地中之宝藏，而未至乎物质之利用也。夫天然物产，布在坤舆，人各就其力之所能至，取携之以为己用。其取之精而用之宏者，必其人文化知识之较高，而知所以战胜天然者也。其取之简而之俭者，必其人文化知识之未进，而为天然界之困难所限制者也。是故知所以尽地利者，其社会程度，已视弃货于地而束手仰屋迫饥寒以死者为胜。虽然，彼于物产之量有增，而于物产之为用则未尝有增也。有物焉，其可为用之质十，吾乃用其一而弃其九，其于社会人类之损失莫大焉，非智者所宜出也，作《尽物利论》。

　　今欲言物利，请先明价（price）与值（value）之分。价者，物品交易时以钱量之数，值则物品之真利，足以满人生之欲望者也。物品之价，不必以其利用之大小而异。如空气之于人，不得则死，而人无出代价以购之者，以其所在皆是也。然使分析空气使成氧、氮二素，空气遂为商业上之市品，由无价变为有价。言生计者，以为此价之所由出，特劳力之代价，斯言固也。然使用劳力以成之物产，无所与于人生之欲望，谁复肯出代价以求之。易词言之，劳力诚物价之元素，而非物值之元素。使其物本无可利用之处，或加以劳力而其无所可用之质不变，则

劳力不能变无价为有价。此理之常，非待深思锐察而后得者也。而吾之言此，欲以明欲尽物利者，道在化无用为有用，而不徒在增物之量。

闻者疑吾言乎？请举一有具体的例喻。今夫炭，天下至易得而至常之物也。其价格以品质之美恶，产额之多寡，运输之便否，需求之缓急，与四周之种种境缘而异。兹为讨论便利计，假定每吨值银十元。此十元者，炭之价也，有矿主于此艳其高价，欲逐倍蓰之利，则为之购备开挖新机，讲运输之利，于是昔之日出百吨者，或至日出千吨。此矿主之收入，诚有加矣，而炭价殊不以是增，或反以供过于求之故而低减焉。此固势理之所必至也。故吾以徒增物量，为非所以尽物利之道。

试返观炭之为用则何如？平常所须于炭者，在燃之以得热。凡炭燃时所生之热，又以其质而异，不可以一概论也。今取其大较言之，设炭一磅所发之热为 15 000 B. T. U.（译为英热量）。[①] 此 "英热量" 之意义云何，谓其热之量足以热一磅之水，使其温度在华氏四十度之间，增进一度也。换言之，如燃炭一磅，能烧水 15 000 磅，使其温度由华氏 39.1 增至 49.1 度。或用水之量较少，则其所增之温度亦相比而高。使吾用炭之法，仅限于燃之发热而止也，则炭之为利亦仅及于能热物而止，而炭之价值仅以其热之多寡定之。曰每磅炭价若干，即无异谓每热量值钱若干也。

今夫煤之燃也，产生之物，固非独热而已。随热以生者，则有熏手可黑之烟气焉，则有触鼻欲呕之油膏焉。既燃之后，则有吹嘘不起之死灰焉。用炭者恶其燃，则先为之锻炼，去其烟烬、油膏而后用之，是谓之焦煤（coke）。近世炼铁之术，多用焦煤，于是焦煤之制造尤盛。顾自热量上计之，焦煤一磅所发之热量，约在 14 000 至 14 500 B. T. U. 之间，是其量较生煤为减；而每磅生煤所得焦煤不过百分之五六十，故舍焦煤制铁上之用途不论外，徒制焦煤而用之，亦未为计之得者也。

今试再进一步。设此焦煤之事，行之于特制之炉内，而为之收集其烟气、油膏。若是者，工业上谓之分解蒸溜（distructive distillation）。彼熏手可黑之烟烬，与触鼻欲呕之油膏，听其自然，则为无用而可厌之物；若收集之而加以制造，其利亦有不可胜言者。盖随燃以生之烟气非他，即今日文明都市所用之煤气，与其他宝贵之物质，如氨（NH_3）、氰（CN）等是也。油膏非他，即今之煤膏（coal tar），而人造色料、猛

---

① B. T. U. 者，British Thermal Unit 之省写，即英通用之热量单位也。

烈炸药及他有用药物之原料也。今就炭一吨分解蒸馏后所得重要物品列表如下：

生煤一吨
- 煤气 12 000 立方英寸
- 氨液（ammonia liquor）可制硫酸氨约 25 磅
- 煤膏 120 磅
  - 盘整（beazene）10 至 20 磅
  - 陶卤（tolueue）约三磅
  - 载林（xyleue）约一磅半
  - 石炭酸（phenol）约半磅
  - 那扶沙林（naphthalene）3 至 8 磅
  - 安石那醒（anthraeno）约四分之一磅
  - 沥青（pitch）约 80 磅
- 焦煤 1 200 至 1 500 磅

上表所列各物质之利用，可得而略言之。

煤气。煤气之成分，因炭质与蒸溜法而异，因之其用途亦不同。大约用低温蒸溜者，其煤气之发光力（illuminating power）较大，适于灯火之用；而所得煤膏之价值则低，以其所含有用之物质如盘整等者甚少也。反之，用高温蒸溜者，其所得煤膏甚富于盘整等物，而煤气不适于灯火之用，以其所含发光质甚少也。第此种煤气，仍富于发热力，每立方英尺约可得 500 B. T. U. 用以蒸汽机之汽锅，亦足补烧炭之所失也。

氨液。氨液为氨气之在煤气中者溶解于水而成。由此可制硫酸氨$(NH_4)SO_4$。硫酸氨者，土壤之肥料，而农业丰获所不可少之物也。自近时智利硝矿有尽之说起，远虑者流，于收集炭中之氮素，尤三致意。盖氮素之在炭中，约占其全量百分之二。此百分之二中，约百分之十五可令成氨气而收取之。其量视之若甚微，而以用炭之量之巨计之，有补于田家之生产力非细也。

煤膏。煤膏为多数物质之混合体，分之则有如上表所列之数种。之数物者，除沥青外，皆为制造色料、炸药及医药之原料。就色料言，凡今世界所用之染料，以人造者占其大半，而皆出煤膏，故又有煤膏色料之称。其孳产之次第及物品之关系，略如下表。

煤膏→10 原料→300 间产→900 色料→5 000 色彩

自炸药言，凡今世工业上、军事上所用之猛烈炸药，无不以盘整、陶卤、载林、石炭酸四者为之原料。英自开战后，即由议院立法，凡买卖煤膏，须经政府之特许。德人造色料及军火制造为当今各国冠。其内用煤，无不先取其膏者，能尽物之用，亦其富强之一端也。

焦煤。焦煤除制铁用外，以供燃烧，亦复与生煤无异，但热量略减耳。然其热量虽略减，而与焦煤同时所得之他物，固足以偿所失而有余。又有谓取膏后之焦煤，不适于制炭之用者，盖心理作用之言，不足信也。

若是乎，同一煤也，吾用之仅以取一定量之热者，他人用之，则于热量外，有若干磅之肥料，若干磅之色料原料，炸药原料，医药原料出其中。孰为善殖，孰为弃利，孰获丰给，孰病告窭，不待智者而后辨矣。夫化无用为有用，变废弃之物为有价值，其事固非可坐而致，而必经过制造之一阶级，何待言者？顾此制造之一阶级，昔所视为榛莽者，已经他人之启辟，蔚成康庄，众人可由。所须者，企业之达材与专门之技师耳。夫以世界绝无之点金术，病狂作梦者，尚寐寐反侧以求之，而于正当尽物利之道，成规当前，反放之而不知求，是诚出病狂作梦者之不若矣。

不宁唯是。染色为文明社会所不废，炸药亦工业与军事所必须。而是二者之原料胥出于煤膏，故煤膏工业，实于国家生存有至大关系。吾国用炭之量，素乏确实统计。据外人所推测[1]，每年出产约千三百万吨。此后工业渐盛，用炭之量又将日增。复观上表，凡诸有用物质之量，亦且与之俱增，安可听其日消月亡，风流云散，而不为人类生活增其丝毫福利耶？夫取于物以为利，与取诸人以为利，其利之公私广狭，不可同日而语。是真吾侪正谊不计利之民所宜共勉者也。

---

[1]　China Year Book，1916。

何为科学家[*]
（1919 年 3 月）

这篇文字，是我才由美国回来的时候，在上海寰球学生会的演说。当时曾经上海各日报记载过，但是记得不完备，我久想把他另写出来。后来《新青年》记者来要文章，一时无以应命；因趁此机会，把这个题目写出来，同大家商量。

我同了几位朋友，从美国回到上海的第二天，就看见了几家报纸，在本埠新闻栏中，大书特书的道，"科学家回沪"。我看了这个题目，就非常的惶惑起来。你道为什么原故呢？因为我离中国久了，不晓得我们国人的思想学问，造到了甚么程度。这"科学家"三个字，若是认真说起来，我是不敢当的；若是照旁的意思讲起来，我是不愿意承受的，所以我今天倒得同大家讲讲。

我所说的旁的意思，大约有三种。一种是说科学这东西，是一种玩把戏，变戏法，无中可以生有，不可能的变为可能，讲起来是五花入门，但是于我们生活上面，是没有关系的。有的说，你们天天讲空气是生活上一刻不可少的，为什么我没看见什么空气，也活了这么大年纪呢？有的说，用了机械，就会起机心；我们还是抱瓮灌园，何必去用桔槔呢？有的说，用化学精制过的盐和糖，倒没有那未经精制的咸甜得有味。有的说"不干不净，吃了不生毛病"，何必讲求什么给水工程，考验水中的微生物呢？总而言之，这种见解，看得科学既是神秘莫测，又是了无实用，所以他们也就用了一个"敬鬼神而远之"的态度；拿来当把戏看还可以，要当一件正经事体去做，就怕有点不稳当。这种人心中的科学，既是如此；他们心中的科学家，也就和上海新世界的卓柏

---

* 录自《新青年》，第 6 卷第 3 号（1919 年 3 月）。——编者注

林，北京新世界的左天胜差不多。这种科学家，我们自然是没有本领敢冒充的。

第二种是说科学这个东西，是一个文章上的特别题目，没有什么实际作用。这话说来也有来历。诸君年长一点的，大约还记得科举时代，我们全国的读书人，一天埋头用功的，就是那"代圣贤立言"的八股。那时候我们所用的书，自然是那《四书味根录》、《五经备旨》等等了。过了几年，八股废了，改为考试策论经义。于是我们所用的书，除了四书五经之外，再添上几部《通鉴辑览》、《三通考辑要》和《西学大成》、《时务通考》等。那能使用《西学大成》、《时务通考》中间的事实或字句的，不是叫做讲实学、通时务吗？那《西学大成》、《时务通考》里面，不是也讲得有重学、力学以及声、光、电、化种种学问吗？现在科学家所讲的，还是重学、力学以及声、光、电、化这等玩意——只少了四书五经、《通鉴》、《三通》等书。所以他们想想，二五还是一十，你们讲科学的，就和从前讲实学的是一样，不过做起文章来，拿那化学、物理中的名词公式，去代那子曰、诗云、张良、韩信等字眼罢了。这种人的意思，是把科学家仍旧当成一种文章家，只会抄后改袭，就不会发明；只会拿笔，就不会拿试验管。这是他们由历史传下来的一种误会，我们自然也是不能承认的。

第三种是说科学这个东西，就是物质主义，就是功利主义。所以要讲究兴实业的，不可不讲求科学。你看现在的大实业，如轮船、铁路、电车、电灯、电报、电话、机械制造、化学工业，那一样不靠科学呢？要讲究强兵的，也不可不讲求科学，你看军事上用的大炮、毒气、潜水艇、飞行机，那一样不是科学发明的？但是这物质主义、功利主义太发达了，也有点不好。如像我们乘用的代步，到了摩托车，可比人力车快上十倍，好上十倍了。但是，"这摩托车不过供给那些总长督军们出来，在大街上耀武扬威，横冲直撞罢了，真正能够享受他们的好处的，有几个呢？所以这物质的进步，到了现在，简直要停止一停止才是"。再说，"那科学的发达，和那武器的完备，如现在的德国，可谓登峰造极了；但是终不免于一败。所以那功利主义，也不可过于发达。现在德国的失败，就是科学要倒霉的朕兆"。照这种人的意思，科学既是物质功利主义，那科学家也不过是一种贪财好利，争权徇名的人物。这种见解的错处，是由于但看见科学的末流，不曾看见科学的根源；但看见科学的应用，不曾看见科学的本体。他们看见的科学既错了，自然他们意想的科学家，也是没有不错的。

现在我们要晓科学家是个甚么人物，须先晓得科学是个什么东西。

第一，我们要晓得科学是学问，不是一种艺术。这学、术两个字，今人拿来混用，其实是有分别的。古人云，"不学无术"，可见学是根本，术是学的应用。我们中国人，听惯了那"形而上"、"形而下"的话头，只说外国人晓得的，都是一点艺术。我们虽然形下的艺术赶不上他们，这形而上的学问是我们独有的，未尝不可抗衡西方，毫无愧色。我现在要大家看清楚的，就是我们所谓形下的艺术，都是科学的应用，并非科学的本体。科学的本体，还是和那形上的学同出一源的。这个话我不详细解释解释，诸君大约还有一点不大明白。诸君晓得哲学上有个大问题，就是我们人类的知识，是从什么地方得来的。对于这个问题，各哲学家的见解不同，所以他们的学派，就指不胜屈了。其中有两派绝对不相容的，一个是理性派。这派人说，我们的知识，全是由心中的推理力得来，譬如那算术和几何，都是由心里生出来的条理，但是他们的公理定例，皆是正确切实，可以说是亘古不变的。至于靠耳目五官来求知识，那就有些靠不住了。例如我们看见的电影，居然是人物风景，活动如生，其实还是一张一张的像片在那里递换。又如在山前放一个炮仗，我们就听得一阵雷声，其实还是那个炮仗的回响。所以要靠耳目五官去求真知识，就每每被他们骗了。还有一个是实验派。这派人的主张说天地间有两种学问：一种是推理得出的，一种是推理不出的。譬如上面所说算术和几何，是推理得出的。设如我们要晓得水热到了一百度，是个什么情形；冷到了零度，又是个什么情形，那就凭你什么天纵之圣，也推理不出来了。要得这种知识，只有一个法子：就是把水拿来实实在在的热到一百度，或冷到零度，举眼一看，就立见分晓。所以这实验派的人的主张，要讲求自然界的道理，非从实验入手不行。这种从实验入手的办法，就是科学起点。（算学几何也是科学的一部分，但是若无实验学派，断无现今的科学。）我现在讲的是科学，却把哲学的派别叙了一大篇，意思是要大家晓得这理性派的主张，就成了现今的玄学，或形上学（玄学也是哲学的一部分）。实验派的主张，就成了现今的科学。他们两个正如两兄弟，虽然形象不同，却是同出一父。现在硬要把大哥叫做"形而上的"，把小弟叫做"形而下的"，意存轻重，显生分别，在一家里，就要起阋墙之争，在学术上，就不免偏枯之虑。所以我要大家注意这一点，不要把科学看得太轻太易了。

第二，我们要晓得科学的本质，是事实不是文字。这个话看似平常，实在非常重要。有人说，近世文明的特点，就是这事实之学，战胜文字之学。据我看来，我们东方的文化，所以不及西方的所在，也是因为一个在文字上做工夫，一个在事实上做工夫的原故。诸君想想，我们旧时的学者，从少至老，那一天不是在故纸堆中讨生活呢？小的时候，读那四书、五经、子史古文等书不消说了，就是到了那学有心得、闭户著书的时候，也不过把古人的书来重新解释一遍，或把古人的解释来重新解释一遍；倒过去一桶水，倒过来一桶水，倒过去倒过来，终是那一桶水，何尝有一点新物质加进去呢？既没有新物质加进去，请问这学术的进步从何处得来？这科学所研究的，既是自然界的现象，他们就有两个大前提。第一，他们以为自然界的现象，是无穷的，天地间的真理也是无穷的。所以只管拼命的向前去钻研，发明那未发明的事实与秘藏。第二，他们所注意的是未发明的事实，自然不仅仅读古人书，知道古人的发明，便以为满足。所以他们的工夫，都由研究文字，移到研究事实上去了。唯其要研究事实，所以科学家要讲究观察和实验，要成年累月的，在那天文台上、农田里边、轰声震耳的机械工场和那奇臭扑鼻的化学试验室里面做工夫。那惊天动地，使现今的世界，非复三百年前的世界的各样大发明，也是由研究事实这几个字生出来的。就是我们现在办学校的，也得设几个试验室，买点物理化学的仪器，才算得一个近世的学校。要是专靠文字，就可以算科学，我们只要买几本书就够了，又何必费许多事呢？

讲了这两层，我们可以晓得科学大概是个什么东西了。晓得科学是个什么东西，我们可以晓得科学家是个什么人物。照上面的话讲起来，我们可以说，科学家是个讲事实学问，以发明未知之理为目的的人。有了这个定义，那前面所说的三种误会，可以不烦言而解了。但是对于第三种说科学就是实业的，我还有几句话说。科学与实业，虽然不是一物，却实在有相倚的关系。如像法勒第发明电磁关系的道理，爱迭生就用电来点灯；瓦特完成蒸汽机关，史荻芬生就用来作火车头。我们现在承认法勒第、瓦特是科学家，也一样承认爱迭生、史荻芬生是科学家。但是没有法勒第、瓦特两个科学家，能有爱迭生、史荻芬生这两个科学家与否，还是一个问题。而且要是人人都从应用上去着想，科学就不会有发达的希望，所以我们不要买椟还珠，因为崇拜实业，就把科学家搁在脑后了。

现在大家可以明白科学家是个甚么样的人物了。但是这科学家如何养成的？这个问题也狠重要，不可不向大家说说。我们晓得学文学的，未做文章以前，须要先学文字和文法，因为文字和文法，是表示思想的一种器具。学科学的亦何莫不然。他们还未研究科学以前，就要先学观察、试验，和那记录、计算判论的种种方法，因为这几种方法，也是研究科学的器具。又因现今各科科学，造诣愈加高深，分科愈加细密；一个初入门的学生，要走到那登峰造极的地方，却已不大容易。除非有特别教授，照美国大学的办法，要造成一个科学家，至少也得十来年。等我把这十年分配的大概，说来大家听听。才进大学的两三年，所学者无非是刚才所说的研究科学的器具，和关于某科的普通学理。至第四年、第五年，可以择定一科，专门研究，尽到前人所已到的境界，并当尽阅他人关于某科已发表的著作。（大概在杂志里面。）如由研究的结果，知道某科中间尚有未解决的问题，或未尽发的底蕴，就可以同自己的先生商量，用第六、第七两年，想一个解决的方法来研究他。如其这层工夫成了功，在美国大学就可以得博士学位了。但是得了博士的，未必就是科学家。如其人立意做一个学者，他大约仍旧在大学里做一个助学，一面仍然研究他的学问。等他随后的结果，果然是发前人所未发，于世界人类的知识上有了的确的贡献，我们方可把这科学家的徽号奉送与他。这最后一层，因为是独立研究，狠难定其所须的日月，我们暂且说一个三年五年，也不过举其最短限罢了。这样的科学家，虽然不就是牛顿、法勒第、兑维、阜娄、达尔文、沃力斯，也有做牛顿、法勒第、兑维、阜娄、达尔文、沃力斯的希望。这样的科学家，我们虽然不敢当，却是不敢不勉的。

说 "合理的" 意思[*]
（1919 年 9 月）

"合理的" 三个字，是现今新发明的形容词，我们看书阅报和有点学问的人讲话的时候，常常遇见的。因为他的字面，没有什么新奇出色的地方，所以注意的人狠少。但是他的意思，却狠重要，要是大家果然明白了他的真意，处处去求一个 "合理的"，也就是思想的进步了。

和 "合理的" 相当的英文，是 rational 一个字。这 "合理的" 三个字，是否英文 rational 的确译，我们暂且不管，不过使用起来，总是和英文的 rational 同意的。英文的 rational，是从 reason（理性）这个字孽乳出来的，意思是说凡是经过人生的 "理性" 考验一番，见为合宜的，都可称为 "合理的"。所以 "合理的" 的 "理" 字，简直可以作 "理性" 的 "理" 字解。我们中国人说："人为万物之灵。" 外国人说："人是有理性的动物。" 这 "理性" 既是人类异于禽兽的所在，我们就把来作一个鉴别好恶的标准，想来也没有什么不可以的。

但是理性又是个什么东西？就哲学方面说，那理性派的人，简直把理性当作一切世间知识的根源。他们既不认神的存在，又不认官感可以得一切事物的真象，所以他们主张，凡经过理性推理出来的，方才合乎真理。这种理性的说法，对与不对，是哲学上的问题，我们可以不管。就是他们的意思，也似乎精微奥渺一点，平常 "合理的" 三个字的意思，当然不是说 "合" 的这个理。就心理学一方面说，推理就是反感（reflection）和判断（judgment）的一种连续作用。这反感和判断，都含有前识在内，所以推理结果的善恶，也就不能一定。譬如孟子说："孩提之童，无不知爱其亲也；及其长也，无不知敬其兄也。" 这爱亲敬

---

[*] 录自《科学》，第 5 卷第 1 期（1919 年 12 月）。——编者注

长的观念，孟子说是良知，其实还是推理的结果。有人驳孟子的话，说"孩提之童，所以爱其亲者，爱其乳也"。我们就不说爱亲的观念，是由爱乳生出；但是孩提之童，知道爱亲的时候，必定先有一个和我最亲的人的反感，加上种种原因，生出一个可爱的判断。总而言之，这爱亲敬长的观念，决不是单简的。既然不是单简的，我们竟可以说是推理的结果，不过这种推理的结果，是归于善的一方面罢了。也有推理的结果，是归于恶的方面的。如庄子述盗跖的话说："妄意室中之藏，圣也。人先，勇也。出后，义也。知可否，知也。分均，仁也。"这种圣、勇、义、知、仁的美行，那一件不是由推理得来的？不过这些美行，在盗跖手中，都变了恶德，所以单就推理，来决定行为思想的合不合，也是靠不住的。

推理的结果，虽然不能拿来作善恶的判断，但是推理这个机能，到底是人类特有的。有了这个机能，造出来的东西，是好是坏，那全看他所用的原料，和运用的方法罢了。所以我说"合理的"未必就是合于推理的意思。"合理的"意思，是说合于推理所得的一定方式。换一句话说，"合理的"并不是合于推理的主观观念，乃是合于推理的客观的结果。这客观的结果，又是个甚么东西呢？

客观的结果，为推理所寻求，最重要而且有价值的，只有一件，就是天地间事物的关系。或这件事有时为那件事的原因，那件事有时为这件事的结果，我们也可以说是原因和结果的关系。明白事物的关系，何以就是"合理的"？等我举几个例来讲一讲。比如现在东北几省在闹疲症。一般的人，不去从清洁卫生和防止传染的方法讲求，却成日的拜佛求神，打醮驱鬼，要想防止疲症的流行。这个事情，我叫他不合理。又如信风水的，把他家祖先的骸骨，当作小菜种子一样，想找一块好土栽下，以求后嗣的发达，这个事情，我们也说是不合理。又如信风水的人，有一天去找一个瞎人，摸一摸他的骨头，说道你这块骨头生得好，将来可望做总统，那块骨头差一点，后日只有督军、省长的希望。这个事情，我们也说他是不合理的。我们说这些不合理，有甚么理由？要说他是迷信吗？这个话不足以服迷信的人。因为我们说他是迷信，他们却有许多理由，许多不正确的理由。若是我们拿事物关系的话来说，他们可就无言可答了。

世间上有一个普通的定理，无论什么人都得承认的，就是凡事皆有一个历史的关系，断不是突如其来的。既承认了这种关系，我们就可以考验前举诸例的合理不合理所在了。痨症是由霉菌发生的，和鬼神的关系在那里？祖宗的骸骨，又不会生根发芽，怎么会和后嗣的荣枯有关？你身上的骨头大一点，小一点，除了于你身体的重量略有关系之外，和你后日的行事还有什么影响？总而言之，这几件事情的结果，和那根据的原因，是没有关系的。既是没有关系，我们就叫他不合理。

我们再掉转来，举几个正面的例，这 "合理的" 就是明白关系的意思，越容易领会了。比如作农夫的，要想他种植的繁盛，五谷的丰收，他们第一要晓得植物所须的养料是些什么物质。第二要考察他的田地土壤，所含的是些什么物质，所缺的又是些什么物质。第三方才决定种何种谷类，须加何种肥料。这种办法，我们叫他做合理的农业。为什么呢？因为我们明明的晓得，这下在土中的肥料，经过空中的养化或土中的微菌作用，就变成一种可溶性的盐类。这种物质溶在水中，被植物吸收，加以他的生理作用，就渐渐变成枝叶果实了。我们明白了这种关系，才去用那个方法，故所以叫做 "合理的"。又如讲教育的，他们先研究了儿童的心理，晓得人类智慧的发达，要经过许多阶级，又审察社会的大势，知道以后的趋势，应该走个什么方面。又还要研究教育的方法，以何种为最有效。方才起了一个教育的统系，定一个学校的课程表。这种办法，我们叫做合理的教育。因为这样的教育，是把教育与社会的关系，以及教者和受教者与社会的关系，弄清楚了，才去着手进行，与那些莫知其然而然的教育是不同的。再说我们的饮食，平常人只是喜欢吃甚么就吃什么。那 "合理的" 食谱，是把人身的生理作用，考察得清清楚楚，知道一人一天，须若干蛋白质去变血化肉，若干脂肪、淀粉、糖类去发热生力，几多水，几多盐，都是一个人营养上所不可缺的。倘若有人说辟谷食肉，用酒代饭，可以长生不老，我们简直可以骂他 "不合理"，因为他们于食物和生理的关系，完全是糊涂的。

上面说了许多话，我希望这 "合理的" 就是明白关系的意思，可以大略了然了。但是这 "合理的" 意思，还有几个紧要的界限，等我提出来，请大家注意。

一、"合理的"，和迷信反对。迷信就是不合理的信仰，这话我在前已经说过了。再进一步说，迷信的事，就是不明原因结果的关系生出来的。比如我前面说的鬼神、风水、相命种种迷信，都是于本来没有关系的事物，由心中想象成一种关系，至于这种关系，在事实上成立与否，他们就不深问了。这 "合理的" 意思，却要事实上明明白白寻出一个关系所在，所以"合理的"态度，和迷信是不并立的。

二、"合理的"，不盲从古说。有许多人对于古人传下来的言语思想，都奉为天经地义，从来不敢起一点疑问，这也是和"合理的"意思相背的。这个道理狠容易明白，因为人心进化，时势变迁，古人所见为"合理的"，未必现今还是合理。我们若是凡事仰承古人的遗传，不自己打量一番，何以见得古人所说一定不错呢？所以"合理的"态度，对于古说是不盲从的。

三、"合理的"，不任用感情。人类的感情和理性，本来是两种机能，各不相蒙的。有时感情激烈的时候，遂不免将理性抹煞，所以任用感情的人，每每看不清事情的前因后果，他的所行所为，便都成了不合理的了。这个毛病，号称为文人的最易犯着，所以我们和人家辩论的时候，最当提防，不要为感情所动，犯了不合理的弊病。

照这样看来，这"合理的"字源，虽然和理性有些关系，"合理的"意思，却完全属于客观的结果，明白事物的关系。哲学家的理性说，固然不算真诠，文学家的感情论，也当退避三舍。果然事事求一个"合理的"，那种侥幸、糊涂、盲从、妄冀的意念，都可一扫而空，岂非思想的进步吗？至于这事物的关系，要如何才能明白，则有科学方法在。

民国八年九月

科学方法讲义 *
（在北京大学论理科讲演）
(1919 年 10 月)

一、引　言

科学是欧洲近三百年前来发明的一件新东西。这件东西发明以后，不但世界学术上添了许多新科目，社会上添了许多新事业，而且就是从前所有的学术事业也都脱胎换骨，迥非从前的旧态。总而言之，自科学发明以来，世界上人的思想、习惯、行为、动作，皆起了一个大革命，生了一个大进步。因为这个东西如此重要，所以我们要去研究。就是不能研究的，也须要懂得他的意思。但是要懂得他，须用甚么方法呢？

设如现在有一件机器，就说一个发电机罢，要懂得他，须用甚么法子呢？第一就是把这机器折开，看他的构造，第二再要看他构造的方法。把这两件事弄清楚了，才晓得这件机器的运用。现在我们要懂得科学，先讲科学的方法，也是这个意思。因为要懂得科学，须懂得科学的构造，要懂得科学的构造，须懂得科学构造的方法。

二、科学的起原

科学的定义，既已言人人殊，科学的范围，也是各国不同。德国的 Wissenschaft，包括得有自然、人为各种学问，如天算、物理、化学、心理、生理，以至政治、哲学、语言，各种在内。英文的 Science，却

---

　*　录自《科学》，第 4 卷第 11 期（1919 年 10 月）。——编者注

偏重于自然科学一方面，如政治学、哲学、语言等，平常是不算在科学以内的。我们现在为讲演上的便利起见，暂且说科学是有组织的知识。从这个定义，大家可晓得科学是纯粹关于知识上的事，所以我们讲科学的起原，不能不讲知识的起原。

诸君晓得在哲学上有个极大的问题，就是知识起原论。因为古来的哲学家，对于这个问题意见不一，所以哲学的派别也就指不胜屈。现在取他们两个极端的学派作为代表，一个是理性派（Rationalist），一个是实验派（Empiricist）。那理性派说，世间一切现象的真际，是不易懂得的，我们要是靠了五官感觉去求真知识，最容易为他们所骗。譬如看电影中的人物风景，活动如生，其实还是一张一张的象片在那里调换。又如山前放一大炮，耳里就听了一阵雷声，其实还是一个炮仗。反而言之，我们要是用心中的推想去求真理，倒还靠得住一点。譬如我们下一个定义，说凡由一点引至周边之半径相等者为圆。这等定义，无论何时何地，皆可定其为真，这不是真知识吗？那实验派说，世间的知识原有两种，一种是理想的知识，如几何、算术等是。一种是物观的知识，如物质世界的现象，我们不能不认其有客观的存在。要研究这客观的现象，除了用五官感觉，实在没有他法。譬如但凭心中的理想和先天的知觉，我们断断乎没有理由去断定水会就下，或是水热到百度是个什么情形，冷到零度以下又是一个什么情形的。属于第一派的哲学家，就是柏拉图（Plato）、奈不理慈（Leibnitz）、石宾洛渣（Spinoza）、笛卡儿（Descartes）、黑格儿（Hegel）、康德（Kant）一流人。属于第二派的，就是培根（Bacon）、洛克（Locke）、休姆（Hume）一流人。现在不过略讲知识起原论，以见科学的起原，实由实验派的主张，为正确知识的哲理上的根据。至于两派的优劣得失，那是哲学上的问题，我们现在无暇讲及了。

三、科学与逻辑

哲学家讲知识起原，是要想得到正确的知识。这逻辑的用处，就是为求正确知识的是一个法则。理性派与实验派对于知识起原的意见不同，他们所用的方法自然也不同。换言之，就是他们的逻辑不同。那理性派所用的是演绎逻辑（deductive logic），又谓之形式逻辑（formal logic），那实验派所用的是归纳逻辑（inductive logic）。我们现在讲逻辑的，都晓得亚里士多德是演绎逻辑的初祖，培根是归纳逻辑的初祖。说也奇怪，那亚里士多德不是狠反对柏拉图的哲学，自己又狠研究实验科学的吗？但是他做起逻辑方法，却只得演绎的一半，可见当时逻辑与思想，原来不甚联络，无怪中世纪的时代这逻辑就成了一种形式了。形式逻辑何以不中用呢？

（一）因为形式与实质是决然两物，形式虽是对了，实质错不错，逻辑还是不能担保。譬如说：

> 凡当先生的是学者，
>
> 某君是先生，
>
> 故某君是学者。

这个演绎的形式，可谓不错了，但是其理是否确实，还是一个问题。

（二）就算实质、形式皆不错了，但是应用这种逻辑来解释事理，仍旧靠不住。譬如我们通常说"气之轻清上浮者为天，气之重浊下凝者为地"。古希腊人也说"物质的自然位置，重的居下，物有反其本位的倾向，故下坠"。用逻辑的形式讲起来，就是：

> 凡物皆有归其本位的倾向，
>
> 重的本位在下，
>
> 故重物下坠。

这个说法，本来和引力说有些相像，但是"物有归其本位的倾向"同"重物的本位在下"两句话，请问是否先天的理想可以定其为正确？若其不然，就是全篇的论理无有是处。

上面所引的两个例证，非常简单，但是所有的演绎逻辑，总离不了这个法门。这个法门为何？就是先立一个通论，然后由通论以推到特件。只要把通论立定，这逻辑的方法就成了一种机械作用。譬如车在轨道上，自然照着一方向进行，至于方向的对不对，逻辑是不管的了。现在要挽救这个弊病，自然唯有反其道而行之。一方面是暂时不下通论，而从特件入手，由特件以推到通论。一方面是用观察及试验，先求特件的正确。这从特件以归到通论的办法，就是归纳逻辑。归纳逻辑虽不能包括科学方法，但总是科学方法根本所在，我们须得详细研究归纳逻辑的真义。

四、归纳的逻辑

讲到归纳的逻辑，我们自然不能不先讲培根，因为培根是主张用归纳方法最早而最力的。培根说："推理之为用，不当限于审察结论，及结论与前提之关系，并当审察前提之当否。"此已视演绎的逻辑进一步了。第二培根的主义，是要为自然界的仆人或解释者，而不愿为前人的仆人或解释者。所以他的 *Novum Organum*，开篇就说要去四蔽（four idols）。[①] 四蔽为何？（一）是族蔽（Idols of Tribe）；（二）是身蔽（Idols of Den）；（三）是众蔽（Idols of Market Place）；（四）是学蔽（Idols of the Treatre）。去了四蔽，然后可去观察自然界的现象。培根说"我们第一个目的，是预备研究现象的历史"，这预备的方法，就是观察与试验。培根看得这种预备的工夫非常重要。他说："若无这种自然界事实的历史，就是把从古至今的圣人聚在一堂，也没什么事好做……但是只要把这种历史预备好了，自然的研究及各种科学的发达，总不出几年的工夫。"

培根的归纳方法有所谓三研究表，即（一）然类表，（二）否类表，（三）比较表。又有消除法、辅助法。但方法虽多，却不适用，所以培根自己于科学上并无发明，他的方法也没人去过问了。但是他的功劳，就在主张实验，搜集事实。这两件事究竟是科学方法的基础。我们现在讲科学方法，还得要把创造始祖的名誉归他。

归纳逻辑，在培根的时代，虽然是草创，没有什么实用的价值，到了后来弥勒（Mill）、黑且儿（Herschel）、柏音（Bain）、惠韦而（Whewell）、觉芬（Jevons）一般人出来专讲方法，一方面有加里处倭（Galileo）、客勃劳（Kepler）、牛顿（Newton）、拉瓦谢（Lavoisier）、拉勃那斯（Laplace）、兑维（Davy）、法勒弟（Faraday）一般人由各科学方面实地应用，这归纳的方法，才渐渐有轨道可寻、详细可讲了。如弥勒的五法（five canons），无论什么逻辑，书上皆有的，现在也无暇讨论，我们且说这归纳逻辑，究竟是一个什么意思。

1. 据惠韦而的说法，归纳逻辑，是由许多事实上，加上心中的意思，使众多的事实成了一个有条贯的知识。譬如我们何以知道地是圆的呢？就事实上说，设如从相离狠远的两点，同时直向北走，走到近北的地方，他们两个人的距离，比较在南边的时候，一定近了许多。有了这两个事实，再加一个地球呈圆形的意思，就使兹两个事实联结起来，成

---

① 近见《新潮》有译作"偶像"者，但培根此字托始于柏拉图之 Idols，盖谓心中之幻想或假象耳。

了一种知识。这以心中的意思联结许多事实的作用，就是惠韦而的归纳逻辑。

2. 弥勒的说法，归纳逻辑是由实验以得通则，由特殊以推到普通，由现在的情形推到未来。因为现在的事实，是因为有现在的境缘而后出现，将来若有同样的境缘，我们可以决定同样的事实仍旧出现。可见弥勒的意思，和惠韦而的意思不同。惠韦而重在以自己的意思，加入事实，弥勒重在就现在事实，去推测未来的事实。所以能推测将来，因为现在事实正是普通规则之偶现故。

3. 觉芬说：归纳法是自然现象之意思的发见。如凡欲研究之现象或事实皆经考察过，谓之完全归纳。如未经完全考察的，其归纳则为不完全。譬如言鸦是黑的，此为不完全归纳。因为鸦之必黑，无先天之理论可为判断，设如明日见一白鸦，则我们的论理立破。故不完全归纳，只有数学上或然之价值而无逻辑上必然之根据。

4. 近人魏而敦（Welton）说：归纳逻辑是方法的分析。此方法起点于各个特例，由此分析的结果，可得自然现象实际的通则。因为搜集事实，易生错误，所以实验之数，以多为贵。但使周围情形能确然自定，就是一次试验，亦可据为判断。有时因为他种困难，其现象的周围情形极难确定。在这个时候，不能不多行实验。但是这种实验的结果，仍旧不能算为归纳，不过是算学上的或然数罢了。

照上面所说的看来，就是科学方法的专家，对于归纳逻辑的意义也是人持一说。但是他们有个共同的论点，是要从特殊事件中间发见一个通则。世间上事实既不能一一考察，而又新发见通则不至于错误，这其中必定有个方法。现在我且把这方法的大概写出来，以下再详细解说。

归纳法的大概：

1. 由事实的观察而定一假说。

2. 由此假说演绎其结果。

3. 以实验考查其结果之现象，是否合于所预期者。

4. 假说既经试验，合于事实，乃可定其为代表天然事实之科学律。

五、科学方法之分析

科学的方法，既是从搜集事实入手，我们讲科学方法，自然须先讲搜集事实的方法。搜集事实的方法有二：一曰观察，二曰试验。

观察　凡一切目之所接，耳之所听，鼻之所嗅，口之所尝，手之所触皆是。我们对于外界事物，能有正确的观念，皆由五官感觉，所以观察为搜集事实第一种利器。但是人人虽有五官感觉，能用这种观察以得正确事实的却不容易。上面所引看电影、听炮声诸例，有的是生理上的缺点，有的是物理上的现象。在科学上虽是不可，在常理上尚不能怪人。还有一种单为官觉未经训练，致观察不得正确的。相传化学大学〔家〕徐塔儿（Stahl），一天到课室去，一手托了一杯碱水，把中指放在水内蘸了一蘸，却把食指放在口内，与学生看，叫学生照着他做。学生个个把食指放在碱水内，复又放在口中，自然都疾首蹙眉起来。徐塔儿先生才说，我说你们观察不仔细，你们不服，你们不见我放在碱水内的是中指，放在口内的是食指吗？这观察事实，是科学方法的第一步。要是观察不正确，不得正确的事实，以后的科学方法就成了筑室沙上，也靠不住了。

试验　试验是观察的一种预备。我们试验的意思，还是要看他生出的结果，不过这种观察，在人为的情形之下施行罢了。试验有两种特别的地方：（一）试验可以于天然现象之外，增广观察的范围。（二）试验可以人力节制周围之情形，以求所须结果。以第（二）目的而行试验时，我们有一个规则，道一次只变动一个因子。譬如要试验养素是否为生命之必要，我们就把一个玻璃钟装满香气，又用一枝蜡烛，把钟内的养气燃尽，然后把一个老鼠放进去。但是这个法子不对，因为钟内虽没有养气，却还有他种气体，老鼠要是死了，我们何以知其非因他气的存在而死，不是因为养气之不在而死呢？

试验这事不是容易的。大凡学科学的，平生大半的精力，都是消耗在这试验上。学科学的不会行试验，就同学文学的不讲字一样，我们可以说他不是真学者。

有了观察与试验，我们可以假定有正确的事实了。照上面所讲归纳法的大概，有了事实，不是就可以定一假说以求天然现象的通律么？但是事情没有那样快，中间还有许多步骤要经过的。

分类　有了事实之后，我们须得找出这事实中同异之点，然后就其同处，把些事实分类起来。这分类的一属，在科学方法上也极重要。因为要不分类，所有的事实便成了一盘散沙，不相联属。科学是有统系的知识，这有统系的性质，就是由分类得来。有些科学，如动物、植物等，其重要部分，全在分类。即以化学而论，各种原素的分类，也是化学上一个重要的研究。化学中最重要的周期律，也是先有分类而后能发见者。

分析　分类之后，若在单简的事实，我们就可以加以归纳（generalization）。若是现象复杂一点，还要经过分析的一个手续。分析的意思，是要把一个复杂的现象，分为比较的一个单简的观念。譬如声音是个复杂的现象，我们若是分析起来，就有

1. 发音体之颤动，
2. 颤动之传导于介质，
3. 耳官之受动与音觉之成立。

所以这音的现象，可以分析成"动"与"感"的两个观念。这两个观念，在现在可算最简单不能分析的了，我们分析的工夫，可以暂止于此。后来科学进步，或者还可分析，也不定的。

归纳　归纳的作用，不是概括所有的事实，作一个简写的公式，是要由特殊以推到普通，由已知以推到未知。譬如我们看见水热则成气，冷则成冰，有气、液、固三体的现象。又看见水银也有这三种现象。又看许多旁的物件，原来是固体的，加热就成了液体，再热就成了气体（如蜡、糖等皆是）。我们就简直可说，凡世间上的物质，皆可成气、液、固之体，不过是温度和压力的关系罢了。

照这样的归纳，先有事实然后有通则，这通则就是事实里面寻出来的，比那演绎法中间所说"因为重物的位置在下，所以向下坠的说法"迥然不同了。但是科学上这种明瞭的事体却狠少，每每事实的意思还未大明白，我们就要去归纳他。在这个时候，不能说归纳所得的道理就是正确的。所以把所得的结论，不叫做确论，叫他做"假设"。这假设的意思就是心中构成的一个图样，用来解释事实的。

假设　假设的作用，虽然不出一种猜度，但猜度也要有点边际，方才不是瞎猜，所以好假设必要具下三个条件：

1. 必须能发生演绎的推理，并且由推理所得结果，可与观察的结果相比较。
2. 必须与所已知为正确的自然律不相牴触。
3. 由假设所推得之结果，必须与观察的事实相合。

何以须有上三条的特性，方为好假说呢？也有几个原故。

（一）要定假说的对不对，仍须事实上证明。所以有了假说，必须由假设中可以生出许多问题来。这由假说生出的问题，就是演绎的推

理。解决这些问题，仍旧要用实验，仍旧还是归纳的方法。譬如化学上的元子说，是由定比例之定律及倍数比例之定律两件定律得来的一个假设。有了这个假设，我们就可断定许多的化学变化。又据试验上所得的化学变化，果然相符，我们才说这种假设有可存的价值。要是试验多了，只有相符，没有相杵的时候，我们简直可把这假设的地位提高来，叫他做学说（Theory）。要有假设不能演绎出特别的问题来，岂不成了永久的假设？这种永久的假设，有没有是不关紧要的。

（二）因为我们的假设，不过是一种猜度，讲到他的价值，自然不能比得已经证确的自然律，所以我们止可拿正确的自然律来作我们的向导，却不能牺牲自然律来就我们的范围。譬如现今有人说鬼可以照像，这个说法，非把物理上一切定律推翻，是不通的。

（三）假设原是因为证明或解释事实而设的，若其结果与事实不合，便失其为假设的理由了。

讲到此处，我们可以评论培根的科学方法何以不能成功。因为他过于主张实验，得了事实之后，只去列表分类，求他们的异同，要在异同之中发明一个通则，却不知用假设，由演绎一方面去寻一条捷路。正如运算的，只知加减，不知乘除，遇着 25×25，他便要去加二十五次，方得结果。况且有许多通则，并不是仅仅分类比较，所求得出的。

再说上面讲归纳逻辑的时候，曾列举惠韦而、弥勒、觉芬、魏而敦几个人的意见。一个说归纳是把所有的事实概括拢来得一个通则，一个说归纳只是据特例以推到通则，要是特例是靠得住的，就是一个也不为少，特例要是靠不住的，就得多找几个。我们现在晓得研究科学，不是仅把那明白单简的事实搜集拢来，做一个简写的公式，可以了事的。有时现象的意思既不甚明白，事实的搜罗还不甚完备，我们也不能下一个解释，求一个通则。这种办法，难道就不是归纳，不算科学方法吗？所以我说他们所说，皆各有所当。就现在的科学的情形看起来，他们的话正是各得一端呢。

可是诸君要问，既是现象的意思还不甚明白，事实的搜罗还不甚完备，我们何不留等一等，到那明白完全的时候再去归纳，何必急急忙忙的瞎猜呢？这话我说不对。因为假设的职分，还是科学方法的里面，并不在科学方法之外。何以故呢？因为有了假设，然后能生出更多的试验，然后能使现象的意思越发明白，事实的搜集越发完备。所以假设这一个步骤，到是科学上最紧要的。现在科学的方法，所以略于极端的实验主义的地方，也就因为有假设这一步，可以用点演绎逻辑。

学说与定律　假设经若干证明后，可认为学说，上已说了。学说是经过证明的，所以可引来证明他种现象，假设则只能用为解释，不能为证据。如电解说为现在物理及化学上的重要学说，其所以成为学说，正因化学上的电气当量等实验把个电解说巩固得颠扑不破。原子说虽然没有甚么例外，但总觉得虚渺难测一点，还不算学说的。至定律乃是由事实中老老实实归纳来的，并不加以丝毫人为的意思。譬如质量不灭之定律、能量不灭之定律、引力之律、定比例之律、倍比例之律，皆是直切简明说一个事实，并且是说一个"甚么"，并不说是"怎么"。所以论理学上尝说，如问物何以下落，答云因为引力之律，不算答解，就是因为未说"怎么"的原故。但是定律虽未说"怎么"，他在科学上却是根本观念，大家不要看难了他。

假设与学说，既是为研究方便起见，拿来解释现象的，所以没有什么一成不变的理由。大天文家客勒劳研究火星运行，因发明椭圆轨道的学说。但他未得最后的学说以前，已经起了十九个假设，都因与事实不合弃去了。法勒第也说过："书中所有的学说，不过科学家想到的百分之一，其余的许多，都因不合事实，随生随灭了。"这种说话，最可以表科学家的真精神及方法。

科学方法讲到此处，可以略略作一个结束，我们现在且把归纳逻辑和演绎逻辑来比较比较。

1. 归纳逻辑是由事实的研究，演绎逻辑是形式的敷衍。
2. 归纳逻辑是由特例以发见通则，演绎逻辑是由通则以判断特例。
3. 归纳逻辑是步步脚踏实地，演绎逻辑是一面凭虚构造。
4. 归纳逻辑是随时改良进步的，演绎逻辑是一误到底的。

六、科学方法之应用

今世所以有科学，因为有科学方法。但是学科学的，却不大觉科学方法的所在。庄子说："鱼相忘于江湖，人相忘于道义。"试看古今有名方法学家，大半皆不是专门科学家。他们何以要这样不惮烦的讲来？大约他们的意思，倒不是为科学家说法，他们的意思，是要把这科学的方法灌输到他种思想学问里去。就实际上讲来，现在的学问，那一种不带几分科学的色彩。如心理学，本来是个空空洞洞的学问，现在也变成了一种实验的科学。至如生计学，自从玛尔秀（Malthus）人口论，说明食物生殖以算术级数，人口生殖以几何级数，供求相因的定律也由一种想当然的议论变成一种事实的数量的学问。社会学处处以统计为根本，以求社会上利病祸福的原则。譬如研究犯罪者之多少，与不识者之多少成比例，还不是科学的方法的应用吗？至于教育学，现在更是趋于实验一方面。譬如我们不晓得两点钟接连讲下去，学生得益多些？或是把两点钟分成三门讲义，学生得益多些？我们狠可以拣两班，资质年岁同等的学生，用一个先生，分两样教法，一个星期以后，试验他们成绩，就可以知道那个方法好些。这种方法，是美国教育界研究教育的始终在那里进行的。就是现在写实的文学派，实用主义的哲学派，那一件不是与科学方法有关系的？所以我说科学方法在一般学者，比较在科学家还紧要些。

七、结　论

从前读哈佛大学校长爱理阿（Eliot）君的演说，有一段讲归纳逻辑的用处，讲得甚好，等我把他引来作我的结论罢。

"归纳哲学的特性，在什么地方？何以能有那样大的变化力，把实行他的人类的习惯、行为、风俗、政治、宗教，及一切人生观皆改变了呢？归纳哲学，从观察具体的及实际的事物入手。所重的是事实，既不想那种虚理乱测，也不靠上天的启迪。所研究的是实在的事物，可以是植物，或动物、矿物，也可以是固体、液体、气体或以太，总要实有其物，可以眼见、耳听或手触；或实有其事，可以称衡或权量所求的是空理，即事实。既以眼或手或他官觉观察即得事实，更以事实与事实相比较，或一群事实与一群事实相比较。比较之后，于是乎有分类；分类之后，于是乎有概括；是为第一进步。但此概括亦极有限制，既不是上极青天，下入原子，不知纪极的推测，也不是完全自是的学说，不过观察事实以后的最近的一步罢了。于是谨慎小心，把观察、分类、概括之所得，记录起来。这方法上的用心，也与观察同其锐敏，与记录同其正确，这就是归纳的方法。现在我们就说现今世界行事，一切新方法，一切新实业，一切新自由，一切团体的能力，及社会的平等，皆是由归纳方法生出来的，也不为过。近世经济学就是用归纳方法而成功的第一个好例。

　　你们要说这是把物质的或机械的眼光来看人类的进步么？不然，不然。因为经过这许多观察、记录、概括的法则，那人类思想上发明的及先知的力量才能够发生。你们以为爱迭生（Edison）平生的事业，单单的是由手或眼作成的，或是由不出可见可捉的事实的推想造出的么？其实皆不然。爱迭生君的最高的本领，及其最贵的特质，就是他的发明及创造的想象力。此不独于爱迭生为然，大凡于纯粹或应用的科学的进步上有所贡献的，亦莫不然。有许多人只会做那刻板一定的事，但要的确做点有进步的事体，其人必定要有狠亲切、自由、活泼的想象力，并且要有确实逻辑的与有秩序的思想，及笃实应用的本然。所以我们在这里赞赏归纳哲学的美果，叹异归纳方法于物质世界的非常成功的时候，不要想我们就把那智理及精神的一方面抛弃了。我们正要从这最大而最有益的地方的门口找人类的理性及想象呢。

科学基本概念之应用[*]
（1920 年 2 月）

今之主张科学重要者，皆就科学之应用以为言者也。夫制械构机，驱汽役电，一人而作数十人之工，一日而毕数十日之业。我不欲以原始工业终，则不得不重科学。驭汽之舟、驾飙之车、飞空之机、无线之电，使山川失其险阻，瀛海近于户庭。我不欲以老死不相往来终，则不得不重科学。合理之农，一种而获数倍。尽利之藝，一作而成数物。我不欲以穷困楛窳终，则不得不重科学。微菌之研究，生理之发明，使疠疫为之不行，人寿因以增长。我不欲以疾痛困苦终，则不得不重科学。凡此种种，说亦不能尽，要之应用科学上发明之结果，使人生日进于安乐幸福之域。吾人苟不以倒行逆施反乎太古之无事，为人生究竟目的，则必倚科学为进化之阶，致用之具。故吾人以应用责科学，而循之以求乐利安舒之效，亦事之未可厚非者也。

虽然，科学之为物固有其本源，非漫然而至者也。科学之至于应用，则其学已大成，其研究已具备，又非徒然有取于一二新知暗示，遂得以奏增进幸福之功也。例如今之电信、电话，可谓科学应用之最要而最神者矣。然以今之电信、电话与阿尔塔（volta）蛙股触铜丝而动之发见相提并论，相去不知几千里也。即与法勒第（Faraday）磁石与电流关系之发明，相去亦不知几千里也。今使吾人但知电信、电话之应用，而忘电学之本源，虽三尺童子，知其无当矣。更进言之，今之所谓物质文明者，皆科学之枝叶，而非科学之本根。使科学之枝叶而有应用之效验，则科学之本根，愈有其应用之效验可知。特今之言科学者，多注重于其枝叶之效用，而于其根本之效用，忽焉不察，兹吾所大惑不解

---

[*] 录自《建设》，第 2 卷第 1 号（1920 年 2 月）。——编者注

者也。

且夫本根与枝叶，固各有其效用之方，而二者尤有相倚之关系焉。即本根之效用不著，其枝叶即无由发达，而效用之不可期，所不待言。今举例以明之，欧洲中世以后，承宗教神学之迷信，谓地球为上帝所造，静而不动。地球上一切现象，皆为神之意志所欲出，有加以研究者，是谓疑天，其罪不赦。自加里雷倭（Galileo）、克勃拉（Kepler）、科白尼（Copernicus）诸哲，冒鼎镬之危，以重学之理，证明地为行星之一，行动变化与他物同，而后宗教迷信廓清，而后天文航海及他与人生有密切关系之诸科学，得以次第发生。向使加里雷倭、克勃拉、科白尼之说不发生效力，是欧洲人心长此为教义所束缚，将何以能发挥光大、成精伟灿烂之学术，而开近世盘古未有之文明。吾谓欲求科学枝叶之应用者，当先观其根本之应用，观此知非无故矣。

吾所谓根本者非他，科学之基本概念是矣。基本概念不必精深繁赜，而科学之基础立于是，科学之条理起于是。质言之，科学之所以成立，即以此基本概念之成立故。故当科学之始创也，一学之全体未成，而基本概念先起。即吾人之求学也，精微之奥妙未达，而于基本概念，不可不具正确之了解。吾所谓基本概念之应用者非他，即此了解之试验而已。使彼基本概念果为人所了解，或了解而无误，则必有其相当之影响，生于心而见于事。反是，使其思想行事反乎此基本概念，是为此基本概念未为人所了解，或了解而非正确之征。由是言之，基本概念之应用，与科学之发达，尤有正比例之关系。吾人欲求某科学之发生效力，当先求某基本概念之发生效力，较然明矣。今试举科学基本概念之一二，与吾国当今流行之习尚相参较①，以验其相合之度，或亦热心科学之君子所乐闻乎。

其一，物理学之基本概念，曰距离（length），曰时间（time）。距离为空间观念之表示，时间为意境（state of consciousness）先后之认识，是二者最单简之基本概念也。二者之量度，各定以人为之单位。由此观念与量度，乃生较繁之观念。如速度则为距离单位与时间单位之较，详言之，即一定时间内经过距离单位之多少是也。加速度则为速度

---

① 报载某公勉励学生之言曰："近世列国文明，质言之实即科学之进步耳。……诸生研究科学，即当求一种科学之用，无论何种科学，允宜参酌中西，求合于本国之习尚。"云云。不知中国科学足供学者之参酌者几何？又不知中国习尚合于科学者有几。外国科学取合于中国习尚之后，尚复成为何物？

变化之率，详言之，即一定时间内速度加减之单位数也。以速度大小之关系，而质量（mass）观念生焉。设有两轮于此，一木一铁，其大小形式相若。今欲推之使转，木轮必较铁轮为易，或木轮之速度，必较铁轮之速度为大。吾人于是曰：木之质量轻，铁之质量重也。以质量与加速度之关系，而力（force）与能（energy）之观念生焉。合距离、时间、质量、能力诸观念，而物理的世界（physical world）乃得入于研究之范围。是故不言物理学则已，言物理学乃有必须承认之二点：（一）凡质云力云能云，皆有一定明确之意义，决无玄渺幽秘之旨存于其间。（二）世间一切动作现象，皆以质或能为之主体，以质体为之介传，绝无惝恍不可知之鬼神为之主动，此实十八世纪机械说（mechanical Theory）所由来也。今人过信鬼神，乃谓木石瓦砾能自然飞飐，房舍衣履忽发火灰飞。如吾蜀有所谓"小神子"者，来去无常，为人祸福。人或触怒之，飞石立击其身，或灾屋碎器，作种种烦恼。倘恭谨承顺得其欢心，亦有金银宝货充满箧笥。问"小神子"何物，则曰为修炼家放出未归之婴儿。斯言不唯愚民信之，乃俨然在位者亦信之，曾出洋留学者亦信之，固知迷妄之入人者深矣。不悟婴儿何物，究令有之，亦么么缥缈、无形无质，安能发生能力作驱石走瓦、发火散粪诸恶剧。牛顿重力定律，凡物动不自动、静不自静，必有外力以为变动之原也。今云物体变动，而不能指其力之所在，是不啻破坏物理学之基本概念。故苟于物理学之基本概念有真知灼解者，必于鬼神迷信若两物之不能容于一空间矣。

其二，光学之基本概念，初以光之现象成于光质之直射，所谓尘射说（emission Theory）是也。继以光之现象成于光波之推动，所谓波动说（undulatory Theory）是也。波动则不可无传导之媒体，于是以太概念生焉。迨以太之性质、体相、构造诸端，约略解决，而光学中反射（Reflection）、屈折（Befraction）、缘折（Diffraction）、干扰（Interference）、偏光（polarization）诸现象，无不可以波动说为之解释。即凡是诸光学之现象，皆以太波动之现象，而波动又为能（energy）之一现象，故可换言，凡波动之现象皆能之现象也。物理学中之能，皆属于物质界，不属于精神界。异哉！今之以鬼象相诧者，乃欲利用光学以破坏光学也。原相诧以鬼象者之心，欲以证明灵魂之存在耳。顾曰灵魂，则非物质，即非物质，更何自生其波动之能。设果有波动之能在，则其存者仍质而非灵，恐又非崇信鬼神者所欲重也。苟说者好鬼已甚，虽令去灵存质，但谓有鬼亦乐承认。且将假为科学之言，谓其质微渺轻忽，殆非人类官感及一切科学仪器所能窥测，而恰能发光学上赤外之光，独呈化学作用，以是解释鬼象，亦不可通。何则？果使如是，彼空间之鬼应多矣，镜影所及何处不有鬼象，而何以相惊以伯有者，仅如所闻之少数也。又或谓鬼象由人类思想所凝结而成，其意谓人心中有鬼念，即其所念是生鬼影，如佛顶之有圆光者或能摄以入镜。具如所说，所照者非鬼，乃人之思想耳。此说似由日本之念写发生，念写之不成事实，已由彼邦学者诘驳之矣。夫思想之为物，在心理学上固有一定诠释，不能如说鬼者可任意付以不可思议之性质。使物质界之能，得以思想创造之，令呈光学作用，不但光学概念将不适用，即能量不灭之定律亦将为之破坏，尚何有科学立足之地乎？

鬼象之事，或出于术者之诈骗，或出于术者之疏忽，而愚者加以谬解。倘能寻其癥结，发其覆藏，未有不哑然失笑者，初无讨论之价值。今兹所言，则以见一般人心对于科学概念之薄弱有如是耳。

其三，生理学之基本概念，曰动物之生理作用，举循物理、化学诸定律，而不必有不可思议之动力存乎其间。故血液循环之发明，为近代生理学进步之一大关键。而血液循环，唯是循其自然之脉道，与内外渗压之定理，未闻可以人力为之调节输送、变其自然之轨道者。藉曰能之，其效当为损而非益。今之学道者，中夜起坐，以行所谓吐纳导养诸法，谓身中血液，可以意志变易其常道，而收长生不老之效。吾尝北至燕蓟，西抵巴蜀，往往见黄冠之徒，设坛倡教，有盛德坛、忠恕门诸名目。达官大人，不惜降尊纡贵，北面称师，以求所谓却病延年之术，南北数省，政见参差，独于此点千里同揆，此无论其关系人心风俗如何，其昧于生理学概念亦甚矣。又人类食物约分三类：一为蛋白质类，以化血生肌而滋营养。一为脂肪类，一为脂粉类，则以养化发热，以供体温而生运动之能。故三者缺其一，皆于养生之道不叶，此亦生理学基本概念之一也。乃今之讲养生者，远慕避谷之说，遂以肉类为常食，其不适于生理作用，固不待言。

其四，心理学中有所谓变态心理者，研究精神异常之状态，如精神病者之精神作用及催眠时之精神作用是也。有所谓下意识或潜在意识者，吾人主意识之下，藏匿存在。别成一精神作用，于主意识受病无力时即自由发现，此亦心理学基本概念之一二也。今人于变态心理之现象，如狂咒错觉等，则以为鬼物之作用。于潜意识之作用，如扶乩降写等，则以为神灵所凭依。使略窥心理学之门径，则知此等现象，亦由饮食言语之平庸无奇，安所容其神秘之想耶。

以上诸例，随意拈出，以见通常流行之习尚，其背于科学之基本概念，有如是之甚者。吾人一方提倡科学之重要，一方于反对科学之观念不加剪除，是犹缘木而求鱼也。抑欲矫正反乎科学之习尚，当由何途？仍不外乎科学教育而已。科学教育之要义，约举之不出二者。一主于征实。科学之所研究者事实也，事实又有真伪之分，不辨事实之真伪，而漫言研究，不得为科学。如曩所举例，物之下坠，水之气化，血之循环，光之成影，此真事实也。今曰星象关乎人之吉凶，仙术可点石成金，则想象中之事实，而非真际之事实。虽以今日科学之进步，于是等事实之秘奥——实则此中并无秘奥——犹茫然无所发明。所发明者，即知此等事实并无真事实而已。故有以鬼象降灵之事，来求科学上之答解者，吾人且勿为事实上之研究，而先研究其事实。使其事实能经科学方法之考验，而无破绽可指，然后为真事实，而有进加研究之资格。不然，此等事实终不免以荒诞无理为科学所淘汰而已。二主于合理。① 科学知识所以异于他种知识者，又不仅在于征实，而尤在于合理。兹所谓理者，非哲学上理性之谓，乃事物因果关系条理之谓也，更就前例以明之，如云星象关乎人之吉凶，此不合理之言也。盖曰关系，则必有影响可寻。兹高高者星，昭然在上。何处何物，能于人之吉凶生其影响。推之风水之说亦然。山川形势，冢中枯骨，与生人之关系安在。推之风鉴之说亦然。人之骨相，除轻重强弱外，于其人之行事关系安在。凡此不生关系之事物，而牵合之若有其因果者，是谓不合理。反之于各事物间，能明其条理，举其因果关系者，是谓合理之知识。是等合理之知识，即科学知识也。故科学教育之特点，一在使人心趋于实，二在使思想合乎理。能既此二者，而后不为无理之习俗及迷信所束缚，所谓思想之解放，必于是求之。所谓科学之应用，亦必于是征之。

披耳生②常论科学教育与庶民政治之关系，因及善良科学之要点，其言特深切箸明，请译之以终吾篇。

吾欲读者了然于心，科学之可贵，不徒在其传导有用之知识而已，乃在其方法之可尚。吾人每每以科学实际应用价值之大，遂忘其纯粹教

---

① 参观《科学》第五卷第一期拙著《说"合理的"意思》。

② Karl Pearson，*The Grammar of Science*，p. 9.

育之方面。□科学者，常聒于人曰："科学为有用知识，不若语言学及哲学，无利用之价值。"夫科学教人以实际生活最要之事实，是则然矣，然其入世之价值，初不因是而增大。吾人之所以重视科学训练，以为语言学及哲学所可及者，正以其教吾人以分类与统系，及其结果定律，举非个人幻想，所得上下其手也。普及科学教育之原由固多，其必以此为第一矣。……

吾人观于当世迷妄之多，而愈信普及科学教育之不容已也。

科学与实业之关系[*]
（1920 年 6 月）

　　有人问："我们中国人和欧洲人程度相差有几多呢？"我答："至少有三百年。"这个话怎么讲呢？欧洲科学未发明以前，他们的学术思想社会情形，也同我们现在的中国差不多。有了科学过后，才有他们那些天文、地理、物理、化学的学问。有了这些学问，才有那机械、制造、轮船、火车、电灯、电话的新发明。所以讲到近世欧洲的的文化，简直可以把这科学的出世，作为一个新纪元。这新纪元开辟以来，算到如今不过三百年罢了。如今先要讲科学究竟是个什么事体。

　　我们要认识一个人，不但要知道他的姓名，并且要知道他的来历。兄弟今天要说科学是个什么事体，自然也得把科学的来历讲一讲。诸位晓得欧洲中世纪的时候，宗教势力甚大。学校中所研究的不是希腊、拉丁就是亚里士多德逻辑。古人所不曾说的，他们便不敢越出范围一步。所以当时思想界也是极其守旧，而且枯槁。到了十六世纪的后半期，有位英国哲学大家培根先生出世，著了许多书，极主张求学的人所当研究的不是古人遗留下的故纸，却是那天地间自然的现象。求学的方法，也不是徒然背读古人的书能记得用得便了，是要自己去观察与试验求那切实可靠的事业。他创的这种为学的方法，现在我们叫做归纳法。归纳法的意思，就是凡事先从事实入手，由许多事实中再抽出一个公例。这个话看来容易，做起来却是极烦难的。比如今年某处养蚕，还未到成茧的时候，便通通病死了。要研究这病死的原故，平常人第一的想头是蚕神菩萨没有供得高。但是他把蚕神供过，他的蚕还是不好。有点知识的人，就要想到或是地方太潮湿了，天气太寒冷了，桑叶不适于养饲，蚕

---

　　* 录自《科学》，第 5 卷第 6 期（1920 年 6 月）。——编者注

室不合于构造。但是他把各种都改良了，他们蚕子还是生病，而且用他种蚕子来饲养，便有十分收成。于是想到这是蚕种上有病。他把显微镜拿来一看，果然看出病点所在。于是他可断定有病的蚕种，是无论如何不能得好收成的。这种先研究事实，然后断定结果的办法，就是归纳法。

对于自然界或人为的现象，能用这种归纳的方法去研究出来他的结果，便是科学。譬如空中闪电是天然界最常见的现象，但是中国自来的圣贤哲人，没有一个懂得这闪电的真理的。摩擦生电的事，东西的古人都已知道，但是没有拿来解释空中的电。随后伏尔塔发明用金属与酸生电之法，弗兰克林用风筝引空中的电，才渐渐晓得空中的电和试验室中的电实在是一个物件。近来的电学发明过后，我们竟把电来点灯、行车、打扇、传话，几乎无所不为。那空中的电更失其神秘的特权了。但是电究竟是一个什么东西？有人说他是气，他何尝是气？如其是气，何以能用金属传导呢？有人说他是力，他也未必是力。如其是力，何以能起化学分解呢？化学方法发生的电，和用机器发生的电，是一是二？人力造成的电，和天空中的电，又是一是二？这种问题，本来不易解决。但是现在却有几分眉目了。现在电子的学说发明，我们可以说电是一种有形质的物体。那电池中的电，和发电机中的电，与摩擦而生的电，只是一种电子在那里活动。空气中的电子，有时因为雨点关系，降下地面，上层的空气便成了阳性，上层的阳电和下层阴电相中和时，就是空气中的放电了。兄弟刚才讲这许多电的话，意思是要证明这闪电的一个最平常的事，经了中国几千年的学者未曾说明，及至科学发明以后，又经了百余年的研究，才略有眉目。可见这格物致知、读书穷理的几个字，是不容讲的；而科学的能事，也可以略见一斑。

兄弟想人类知识的进化，要经三个阶级：第一是迷信时代，对于各种事物现象，以为有鬼神主使，只是听其自然，并不知其能然。第二是经验时代，对于各种事物现象略知其因果关系，但是知其然，而不知其所以然。第三是科学时代，于各种事物现象，不惟能明其因果关系，并且明其原理与主动之所在。这三个阶级，可举一例以明之：譬如有人患疟疾，在第一阶级的人，只是求神祷鬼，再也不去求医治。第二阶级的人，便用些小柴胡汤，或金鸡拉霜去医治。他们晓得这类药可以医疟病，却不晓得是什么道理。第三级的就是现在的科学家用那实验的方法，证明疟疾是由蚊子传染的，他们便去设法剿灭蚊子，蚊子灭后，疟疾也自然没有了。

兄弟上面所讲的是科学与人类知识的关系，但是兄弟今天的题目，是科学与实业的关系。诸君或者要说兄弟讲的离题太远了。其实近世的实业无有一件不是应用科学的知识来开发天地间自然的利益的。所以说科学是实业之母。要讲求实业，不可不先讲求科学。这科学与实业的关系，若一件一件的讲起来，便同做一部发达史一样，今天断乎做不到。兄弟且把重要的关系提出几件来，和大家讨论讨论。

第一是科学与实业发生之关系。近世实业和旧时实业不同之点，是近世实业多用机械，旧时实业多用人工。因为有机械，所以用力少而成功多。从前用手纺织，一人几十天方能成布一匹。近时用机器纺织，每人一天能成布几十匹。因为这种变动，欧洲自机器发明以后，竟起了一个工业的革命，工业革命的意思，就是说新工业出现以后，从前那种师徒相传、一家同作的工业，竟无立足之地了。这种机械的发明，自然也是由科学来的。与机械连类而及的就是蒸气机关和电力发动机的发明。大家晓得机械没有原动力是不能作工的，蒸气机关和电力发动机，是供给发动力最重要的器械。一部蒸气机关，可当百千万人的力量。吴稚晖先生常说大家只晓得中国有四万万人，不晓得英国有几百万部蒸气机，比较起作工的力量来，比中国人还多着呢。其三是化学上的发明。这化学上功用，在能化腐朽为神奇，化无用为有用。近来实业属于化学的居其大半，有个最显著的例证：纽约城中人家所弃的渣滓食物，有人集了一个公司收去取油，每年纽约市政府不但省了一笔垃圾费，还得三四百万的收入呢。

第二是科学与实业进步之关系。诸君晓得中国是文明最古的国。有许多东西，几千年前已经发明了。譬如罗盘针相传是黄帝发明的，西方诸国古代的航海家，还在中国来购买此物。但是中国的罗盘针，还是从前的旧样。现在西方海船上用的罗盘针，讲究精致之极了。又如火药，也是中国发明最早，但是现在所用的火器，不是购自外国，就是仿造他们的。要和现在欧洲打仗所用的比较起来，更是天渊之别了。请问中国的工业，何以无进步？是因没有发明。何以没有发明？因为是没有科学的研究。讲到发明这件事，兄弟还记得在美国的时候，有一天到纽约图书馆的发明注册室，不觉惊叹不置。满室中所藏的，皆是美国专利特许。就美国一国而论，每年以新发明得专利权的，已不下数万。有许多的发明，实业焉得不进步呢？

第三是科学与实业推广之关系。一地的实业，彼此有互相的关系，本来可以逐渐扩充的。唯必先有科学，方有扩充的方法。譬如用硫铜矿作原料来造硫酸，得了硫养气体之外剩下的养化铜，用科学的研究，竟可拿来炼铜，于是乎因制造硫酸兴出炼铜工业了。又例如制碱的时候，先用食盐和硫酸造成硫酸钠，一方面得的盐酸气体，这个气体放在空中，最为有害。但是能设法把这气体收集起来，就成了盐酸工业。据英国的历史，这造盐工业、造纸工业、造漂白粉工业，竟是连汇而及的。不过科学未发明以前，有许多工业都是不可能，于是由他种工业而生的副产物，也不免于废弃于无用之地了。

照上面所讲的，科学与实业的关系，可以略见一斑了。但是科学家未必就是实业家，实业家也未必是科学家。要求科学与实业有关系，必须先求科学家与实业家有关系。这科学家与实业家的联系应该如何呢？据兄弟所知，外国讲求科学家与实业家的联络，有几种办法。第一，设如创办实业的就是发明科学的人，两者合而为一。这可不必论了。其次，外国的大公司，每每自己设有试验室，请了许多专门家在那里替他们研究改良实业的方法。例如美国普通电机公司、卫司特好斯电机公司、以石提满照象器具公司，皆有很大的试验室，请了许多极有名的科学家在那里研究。在常人看来，这种费用简直与实业无关。但兄弟曾亲听见他公司的经理说，这请专门家来研究改良工业的办法，是一件最有利益的事体。其三，更进一步，有许多公司简直向那边的大学校交涉，每年出费若干，在大学校中特设一科，就请大学校的先生及学生替他研究他的工业问题。有时学生的用费，也由公司贴给。若是研究的结果有了新发明，须归公司专利。照此看来，外国的科学家，不但同实业家很有联络，而且实业家也很信仰科学，颇有相依为命的意思。无怪乎他们实业的进步发达，日新月异了。

我们中国现在的实业和科学的程度都还未到那种特别研究的地位。但有一件兄弟要望各位教育家、实业家注意的。现在在外国留学实业的，也渐渐多了，兄弟觉得国内的实业家，和在外留学的实业学生，尚欠一点联络。兄弟曾经在外国住了几年，把自己的经验略说一说。在美国大学毕业过后，再进毕业院，正是可以专门研究的时候了。但是在外国多住了几年，国内的情形便有些隔膜，不晓得要研究何种实业，回国方才能适用。由他方面看来，国内有许多企业家想办实业，却苦于无人为之计划。这两面间隔，若不联络起来，中国实业的振兴就不知要迟延几多时日。兄弟前几年就发一个议论，要在外国留学生中设立一个机关，把留学生各种专门人才调察出来，报告国内。一面国内要办实业而须相当人才的，也可以把想办的事体，及各种实业情形，报告国外，使留学的得据以为研究的资料。将来归国过后，就可本其所学举而措之，岂不胜于在外辛辛苦苦研究几年，回来仍是一个高等游民么？今天商学两界及科学社的朋友皆在此间，兄弟提出这个问题，请大家讨论，倘有可以尽力之处，科学社是不敢惮劳的。

单就实业一方面而言，兄弟觉得有几种普通心理，若不除去，也是实业的障碍。第一是求利太奢。常人的意见，以为办实业就如开金矿一样，一锄头就要挖一个金娃娃。其实业上的事情，皆是刮毛龟背，积少成多的。比如从前欧洲的生银，常合有一千二百分至两千分之一的金子。这样少量的金子，用平常方法取出来，是不合算的了。但是用电气分解的法子，这一千分之一，便足敷用费。还有几百分之一，可作利息。这提金的事，也居然成了一种工业。可见实业只要可以获利，并不在利厚。现在中国的利息太高，正是实业不发达的原故，不可狃以为常的。第二是求效太速。常人的意见，今天拿资本去经营实业，明天就要他见效。其实越是远大的事体，见效越迟。德人从前的人造颜料公司，费了四十万马克，请了许多化学家研究了二十年，才能造成，成功之后，就能垄断世界的市场，岂是区区计较朝夕之利所能做得到的吗？第三是不能持久。凡人创办一种事，难有不经挫折立刻成功的。唯挫折之后，重张旗鼓，再接再励方能转败为成。若一有失败，便心灰意懒，不复前进，那就终于失败了。兄弟曾听说南通张季直先生初办大生纱厂的时候，折了本没钱过年，跑在上海去作秦庭之哭，方才敢回南通。现在可成了中国的实业大家了。兄弟在科仑比亚的时候，有一位先生来讲演，手中拿了一个玻璃瓶，装了半瓶石炭酸。有人去看他的瓶子，他说莫摸，我这瓶药水花了两百万金元的。可见他们把这一二百万的失败，看得并不着重。

兄弟的话讲多了，现在请说几句总结的话。兄弟不信儒家的话说，甚么"正其谊不谋其利，明其道不计其功"。兄弟以为现今的社会上应该有个"利"字的位置。但是兄弟所说的利字，是从天然界争来，把无用的物质变成有用，无价值的东西变成有价值。不是把你囊中的钱抢来放我的囊中，算为生利。我们中国，现在的大患，岂不是抬包袱打起发，把人家的钱拿来放在自己包中，便为发财么？其实弄来弄去，钱财既不加多，生产愈形消耗，社会焉得不贫苦呢？所以兄弟今日的希望，就是学界中人越是多讲点学问，实业界中的人越是多办点实业。真正的兴点利益，使那一般抬包袱打起发的朋友，也通通来做这生利的事业，我们中国的事情就渐渐有希望了。

中国科学社第六次年会开会词[*]
（1921 年 9 月 1 日）

诸位来宾及社友：今天中国科学社开第六次年会，承诸位先生光临，本社不胜荣幸。回溯科学社六次年会，三次开在外国，三次开在本国，我们科学社的历史，就可以略知大概。本社成立在民国三年，年会第一次在美国安朵宛，第二次在勃朗大学，第三次在康乃尔大学，第四次在中国西湖，第五次在南京本社社所，第六次就是现在，在清华学校。我们今天未讲话以前，先要致谢清华董事会及校长，感谢他们允许我们借用校舍和种种便利的好意。

我说中国科学社前三年的年会是在外国开的，诸君可以知道一件事体：中国科学社是在外国发起，然后移到中国的。这件事并不希奇，因为科学这个东西，原是西方的特产。

我们现在可言归正传了。诸位先生！兄弟说科学是西方的特产，这句话极有关系。第一是说东方和西方学术思想分界的根源，第二是说近世和古代不同的起点，第三是说我们现在研究科学的必要。

所以说科学是东西两方学术思想分界的根源呢？诸位晓得我们中国几千年来求学的方法，吾一个大毛病，就是重心思而贱官感。换一句话说，就是专事立想，不求实验。这专事立想，不求实验的结果，又生几个大弊病。简略说起来：

1. 因为不用耳目五官的感触为研究学问的材料，所以对于自然界的现象，完全没有方法去研究。既没方法去研究，所以对于自然界的现象，只有迷信的谬误的知识，而无正确的知识。中国古来的学者尽管把正心修为治国平天下的学问，讲得天花乱坠，对于自然界的现象，如日

---

* 录自《科学》，第 6 卷第 9 期（1921 年 9 月）。——编者注

蚀慧星雷电之类，始终没一个正当解说，其病是偏而不全。

2. 既然没有方法去研究自然界现象，于是所研究的，除了陈偏故纸，就没有材料了。所以用心虽然很勤，费力虽然很大。结果还是剿说处同的居多。近来我们的朋友，很有表彰汉学的科学方法的；其实他们所做到的，不过训诂笺注，为古人作奴隶，至于书本外的新知识，因为没有新事实来作研究，是永远不会发见的。其病是虚而不实。

3. 用耳目五官去研究自然现象，必定要经过许多可靠的程序和方法。如观察、试验、推论、证明等，处处皆须有质量性质的记录，使他确切不移，复图可按。专用心思去研究学问，就没有这些限制，其病是疏而不精。

4. 既没有种种事实作根据，又没经过科学的训练，所以有时发见一点哲理，也是无条贯、无次序，其病是乱而不秩。

这些话还是就学问上而言。至于那些趋时应世的文字，于学问无关而于人心有害的，更不消说了。西方在中世纪的时代，学术界的黑暗，比中国有过之无不及。自文艺复兴，人心解放以后，经过培根征服天行注重实验的主张，笛卡儿的怀疑和理性的训练，又有洛克、休谟这一般哲学家讨论知识问题，把个知识的基础，放在确实可靠的事实上。一方面又有无数的科学家去实行研究，把从前梦想不到的区域，开辟成庄严灿烂的知识界的领土，如加里雷倭、牛顿之于物理学，鄱依儿、拉瓦谢之于化学，哥白尼、克勒纳之于天文学，弗兰克令、法勒第之于电学，乃耶儿之于地质学，拉马克、达尔文之于生物学，都在十六世纪以后，渐次出现。各种研究，经了这些人和后来的无数研究家，也成了独立的科学。不但如此，这些自然科学的研究，合并起来，要占西方学术界的大部分。不但如此，这些科学研究的影响，西方学术就是和科学没关系的，也须受了科学的洗礼，大家才觉他有成立的价值。总而言之，有了科学以后，西方的学术思想，才完成另辟了一条新路。这条新路，就是和东方的旧学术思想分道背驰的路了。

又何以说科学是近世和古代不同的起点呢？这个说很容易明白。科学的发达，既于学术思想上有上面所说的影响了，至于生活上，因为蒸汽机关的发明，在十七世纪又起了一个工业革命。这工业革命影响的远大，诸君是知道的。他把家族工业制度打破，变成工厂的工业制度；把农业国家的国情打破，变成工业的国家。随后轮船火车发明了，我们又可以说交通上起了一个革命。从前天涯地角漠不相关的地方人民，现在都彼此生了关系。柏格森说得好："蒸汽机关发明了一百年后，我们才觉得他震动的利害。但是他所生的工业革命，已足以推翻从前人类的关系了。由此发生的新思想、新感觉，正在开花结果的时候。设如数千年后，回顾今日，只有粗显的轮廓可以看见，我们的战事和政治上的革命，都觉得无足轻重了，只有这蒸汽机关和连汇而及的许多发明，可以作一个时代分期的界限，好像我们现在用原人时代的铜器、石器来分铜器期、石器期一样。"

这是单就蒸汽机关而言。诸君晓得，现在的时代，有人说是电时代。电力的应用，几几乎有取蒸汽而代之之势。还有电信电话及无线电种种发明，都可以帮着改变现在的世界，使他去古愈远，一往不返。这关于电的发明，完全是研究纯粹科学的结果。所以我们说科学是近世与古代不同的起点。

又何以说我们现在有研究科学的必要呢？我们中国人，自来以文明古国自尊自大，只说自己有学问，简直不承认他人还有学问。最初和外国打仗，吃了他们船坚炮利的亏，才晓得他们的"奇技淫巧"是不可及的了。后来渐渐的晓得他们有所谓"声光电化"等学。无如翻译这类书的人，大半不懂此种学问，对于西方学问的全体，更是茫然，无怪乎读了此种书的人，还仅仅愿意给西方学术一个"形而下之艺"的尊号。其实这种学问的起原，和在西方学术界的位置，他们何晓得一点呢？现在可不同了。现在西方各国的情势，既已大明，讲求西方学术工艺的，也日多一日，把从前鄙弃不屑的意思，已变成推崇不送了。但是我们想想，设如学工程的只知道工程学，不知此外还有其他科学；学化学物理学的，只知化学物理学，不知这种学问还有什么意思；那吗，我们尽管有许多工程学家、化学家、物理学家，于学术思想的发达，还是未见得有许多希望。因为外国的科学创造家，是看科学为发见真理的唯一法门，把研究科学当成学者的天职，所以他们与宗教战，与天然界的困难战，牺牲社会上的荣乐，牺牲性命，去钻研讲求，才有现在的结果。我们若是不从根本上着眼，只是枝枝节节而为之，恐怕还是脱不了从前那种"西学"的见解罢。我从前有个比譬，说我们学了外国学问的一样两样，回到中国，就如像看见好花，把他摘了带回家中一般，这花不久就要萎谢，永久无结果的希望。但是我们若能把这花的根子拿来栽在家中，那吗我们不但常常有好花看，并且还可以希望结些果子。我们讲求西方学术，要提倡科学、研究科学，就是求花移根的意思了。

本社同人因为（一）科学关系的重要，（二）中国科学的缺乏，（三）科学研究的必要，（四）外国科学会历史的感示，于六年前发起这个科学社。我们的宗旨，是要图中国科学的发达。我们的事业，约分为两方面。关于传播方面的，我们发行了一种月刊名叫《科学》，继续出版，已经有六年多了。关于研究一方面的，我们打算自己设立图书馆、研究所、博物馆等等，要使我们的科学界自己也有新研究、新发明，在世界的知识总量上，有一点贡献，才算达到我们的目的。关于这方面的事业，我们仅仅在南京的本社社所内，设立了一个图书馆。因为限于财力，规模还是狠小。不过在国中求较为完备的科书杂志和书籍，恐怕只有这个图书馆。至于研究所一层，现在正筹画，还望会上的贤哲竭力赞助呢。

诸位先生，兄弟去年开会时也曾说过，现今的时势，观察一国的文明程度，不是拿广土众民，坚甲利兵，和其他表面的东西作标准仪，是拿人民知识程度的高低，和社会组织的完否作测量器的。要增进人民的知识和一切生活的程度，唯有注重科学教育，这是欧洲近世名哲如斯宾塞尔、赫胥黎等所主张，并且他们的战争已经打胜了。我们现在的高等教育正在破产的时候，这科学发达，如何能有望呢？对于此层，兄弟还有一个意见。诸君看看外国许多大科学家，如英国的法勒第、达尔文，都不是由学校出身。只要有研究的人才，和研究的机关，科学家的出现，是不可限量的。学校有学校的办法及设备，要办到能够制造科学家的时势，可不容易。但是我们现摆着一个终南捷径，为什么不走呢？兄弟所说的终南捷径，就是研究所。我们只要筹一点经费，组织一个研究所，请几位有科学训练及能力的人才作研究员，几年之后，于科学上有了发明，我们学界的研究精神，就会渐渐的鼓舞振作起来，就是我们学界在世界上的位置也会渐渐增高，岂不比专靠学校要简捷有效些么？这个意见，真是仅仅一个意见，至于详细办法，我们此刻可说不到。

今天我们还要听来宾的高论，兄弟也不多说了。今年年会的会程，较往年略短，但是中间宣读论文及讨论的时间都很多。兄弟以最诚恳的心，希望大家利用这个时间，发表自己的新得，讨论本社事业，成一个具体可进行的方案，并且不要忘记游览运动，增进诸君的健康和快乐。

科学与近世文化[*]
（1922 年 4 月 29 日）

　　"科学与近世文化"，这个题目是近人时常讲的。[①] 我今天开讲之前，先有两个申明。第一，这个讲演，是本年科学社讲演的总冒，所以不免普通一些。第二，我所讲的近世文化，并不包括东方文化在内，因为我们承认东方文化发生甚古，不属于近代的。那吗，我们所讲的是西方文艺复兴以后发生的文化了。近人对于这种文化，至少有几个普通观念。一说近世文化是物质的，譬如从前人乘骡车、马车，今人乘火车、电车，从前人点菜油灯，今人点电灯之类。一说近世文化是权力的，例如征服天然、驱水使电、列强相争、弱肉强食之类皆是。一说近世文化是进步的，例如机械发明日新月异，学术思想变动不居，从前几千年的进步，比不上近世几十年的多。这几种意思，我们承认他都可以代表近世文化的一部分，但是不能说可以总括近世文化的全体。要一个总括全体的说话，我们不如说近世的文化是科学的。诸君注意，我说近世的文化是科学的，和近人所说近世文化的特采是科学发明、科学方法等等，有点不同。因为前者是说近代人的生活，无论是思想、行动、社会组织，都含有一个科学在内，后者是说科学的存在和科学的结果，足以影响近代人生活的一部分罢了。

　　我们现在要说什么是文化。文化和文明少许有点不同。我很喜欢梁漱溟先生说的"文化是人类生活的样子，文明是人类生活的成绩"[②]。

---

　　[*]　录自《科学》，第 7 卷第 7 期（1922 年 7 月）。此篇为本年中国科学社在南京举办春季讲演第一讲之讲演稿。据《科学》第 7 卷第 5 期"中国科学社纪事"，任氏讲演时间为 4 月 29 日。——编者注

　　[①]　看《科学》第四卷第三期麦翟科弗教授（Prof. Metcalf）在欧柏林大学讲演及黄昌毂君近出之《科学概说》。

　　[②]　见梁漱溟著的《东西文化及其哲学》。

不过吾想单说人类生活的样子，还不能尽文化两个字的含义，我的意思，要加入"人类生活的态度"的几个字，来包举思想一方面的情形，文化两个字的意思才得完备。照这样说来，文化有种类和程度的差别，但是没有绝对的标准。我们可以说某种人的文化是甚么样，程度是甚么样，但是不能说某种是文明人，某种是野蛮人，因为照我们上面所说的文化的定义，是讲不通的。但是我们提出近世文化，我们的意思却很明白的确，因为近世人生活的样子和对事物的态度是很明白的确的。近世的文化和近世以前的文化，是极有分别，极容易看得出来的。所以我想把一切文明野蛮的话头打扫净尽，再来观察近世的文化。

说到近世与前代分界的所在，我们晓得欧洲史上有一个极重要的时代，就是文艺复兴时代。文艺复兴这个字，英文是 Renaissance，本来是"复生"的意思。欧洲的文化，在中古时代，简单没有甚么可言，所以历史家又叫中古时代是黑暗时代。到了十三世纪的时候，为了种种的原因，那黑暗沉沉的中古人心，忽然苏醒过来，文学、美术、宗教、政治都先后起了一个大改革，开了一个新面目。科学的复兴，也就是文艺复兴的一个结果。但是别的改革和开创，自然也影响近世人的生活，并且为生活的一部分，可是终没有科学的影响和关系于近世人生的那么大。这有个原故。这个原故，就是科学的影响，完全在思想上；科学的根据，完全在事实上；科学的方法，可以应用到无穷无尽上。有了这几层原因，我们说近世文化都是科学的，都是科学造成的，大约也不是过甚之言。

近世的文化，可谓复杂极了，要举出几件来证明科学和他们的关系，可不容易，并且不免有挂一漏万之讥。但我们可以把中世纪的思想和研究学问的方法，举一两件，和近世的比较，科学和近世文化的关系，就愈加显明了。

第一，中世纪的人，相信上帝创造宇宙事物，都有一定的计划，人在宇宙间，也是计划的一部分，所以有的生而为王公，也有的生而为奴仆，都是天命有定，人对于己身的地位，是不负责任的。因为这样，当时的人心，都归向宗教，只想求死后天堂的快乐。生前的痛苦，他们略不在意。打破这样的宇宙观，最有力量的，是哥白尼（Copernicus）的地动说。哥白尼的地动说，在当时出现，有两种意思。第一，表示当时的人心，对于宗教上地为中心的说法，已敢于起怀疑的念头。第二，地动说的最后胜利，是科学战胜宗教的起点。那已经动摇的人心，得了这种自信力，自然愈趋于开放与自由方面了。

第二，中世纪的时候，学术界所崇奉为宗主的，只有两部书，一是《圣经》，一是亚里士多德的哲学。亚里士多德的书，未经文艺复兴以前，还是从阿剌伯文翻到拉丁，残缺不完和晦乱羼杂的弊病，是不可免的。当时的学者，正要利用他的残缺晦乱，来造成一种纠绕诡辩的学问。后来文艺复兴，学者都讲究读希腊原文，又竭力去搜求遗稿，亚里士多德及许多希腊、罗马的学术，才渐渐彰明起来。还有一层尤为重要的，中世纪的学者，凡研究什么学问，都是根据书本，绝不去研究实物。比如说到一个动物，他们只说《圣经》上是怎样怎样，却不想《圣经》上说的在千百年前的帕勒斯坦（Palestine），他们所说的与当时的欧洲，时间和地域都不同，何以见得可以引证的？当时有个首出的科学大家，叫罗皆·培根（Roger Bacon，1214—1294），最反对这种研究法。他说："研究一天的天然物，胜读十年的希腊书。"又说："我们不可尽信所闻所读的。反之，我们的义务，在以最仔细的心思，来考察古人的意见，庶几于其缺者补之，误者正之，但不必粗心傲慢就好了。"罗皆·培根虽然这样的主张和实行，但当时的人还不肯听信他。后来哥白尼的地动说，也是用这种方法的结果。哥白尼写信给他的朋友，说他的地动说成立的经过，历了五个阶级。这五个阶级是：

1. 对于陀伦密（Ptolemy）旧说的不满意。

2. 搜索所有的书籍，看有没比他更好的学说。

3. 自己研究的结果，成立了一个地动的假说。

4. 用种种观察来证明这假说的对不对，对了才承认他成一个学说。

5. 用这新学说，把从前晓得的许多事实都联贯起来，成有条理有统系的知识。

这个方法，就是现在所说的科学方法。但当时的人，如像罗皆·培根、哥白尼、盖理略（Galileo）等，虽是用了这种方法，研究天然界的现象，已经有了许多贡献，他们不过是自辟蹊径，各行其是，到了弗兰西斯·培根（Francis Bacon，1561—1626）才大声疾呼，主张两个根本的重要观念。一个是征服天然，一个是归纳方法。他说："知识即权力。"又说："人类的责任，是要把他的权力推广扩大到天然界上去，在天然界上建一个新国家。"又说："要征服天然必须先服从天然，就是用科学的方法，发明天然的律令。"他又把当时的学问分成三类，一是奇术（Fantastic learning），二是辩论（Contentious learning），三是文采

（Delicate learning）。他说这三类都不是学问的正当方法，都不能得真知识。要得真知识，只有一个方法，就是用归纳方法。归纳的方法，简言之，是用事实作根据，推出一个通则，再用观察和试验证明那通则的不错，这就是科学方法的大概。现在科学的门类虽多，研究的方法，总不出这个范围。培根这种主张，算是给科学一个很好的基础。所以培根自己虽然不是科学家，我们说到科学的创造者，总要数他呢。

上面所说的，是科学的一点起源，就是对于文艺复兴这个时代，我们觉得有两个意思。一个是科学的发生，或者说是复兴；一个是近代和古代的分界。这两件事情并不是偶然遇合的，是有第一件才有第二件的。我们现在要看科学与近世文化的关系是怎么样。

前面已经说过，文化这两个字是空洞的，就是我们说什么物质的文化、精神的文化，也是空洞的。所以我们要谈近世文化，最好拿几件具体的事体来说。玛尔芬（Marvin）说得好：有三件东西最足以表示人类的进步。一是知识，二是权力，三是组织。① 我们现在就拿这三样来看科学有什么关系。

第一讲到知识，我们晓得现代的知识，不但是范围比较的广，就是他的性质，也比较的精确些。现在很平常的事理，如像蒸气的应用，电力的制造，生物的演进，疾病的传染，都非中世纪以前的人所能梦见，固不消说了。就是古时圣哲所发明，历代学者所传述，如希腊人的物质起源论，中国人的五行生克说等，虽是沿习多年，并且用作说明一切事理的根据，但是照现在看来，还是不算知识。我们拿现在的化学上所发见的八十余元素，和希腊人的水、火、气、土四元质相比较，自然看得出他的笼统不精。拿现在化学上物质的变化分合和物理学上因果相生的定律，和中国人的五行旧说相比较，才晓得他的糊涂无理。这是因为甚么？因为有了科学而后我们的知识得了两个试金石，要经得这试验的，我们才承认他是知识，所以那些不够成色的，都立不住脚了。我所说的试金石，一个是根据事实，一个是明白关系。希腊人说什么东西都是由水、或火、或气、或土变成的，但是我们晓得他并非事实。在炼金化学（Alchemy）的时代，大家都信水可变土，但是我们晓得并非事实。我们晓得他不是事实，也是从实验得来的。讲到关系一方面，我想许多迷信都是由不明白关系发生。比如我们说"础润而雨"，我们晓得础润并

---

① Marvin，*The Living Past*.

不是雨的原因，不过因为雨还未降以前，湿气先在础石上凝聚了，所以有润的现象。照这样说来，础润虽不是雨的原因，却也可做一个雨的先兆，因为他中间是有共同的关系的。但是信那风水五行的说法，说祖坟葬得好，后人就会发迹，京城多开一个城门，天下就有兵乱，请问那关系在什么地方呢？科学的贡献，就是把事实来代替理想，把理性来代替迷信，那知识的进步，也正是从这点得来的。

第二，讲到权力，自然是就我们所能驾驭的力量和那力量所及的远近而言。历史家说石器时代的人能掷石子在几丈外的地方去击杀野兽，他的文化已经比石器时代以前的人高了许多，因为他的权力，已经远到几丈外了。照这样看来，近代人的权力，比从前的人大的地方，至少有几处。一为征服天然，最显著的例就是距离的缩短。我们古人看了长江，就说"固天所以限南北"，现在轮船火车到处通行，就是重海连山，也不能隔人类的往来了。再则，物产的增加，因为机器的应用和天然障害的战胜，也是近世的一种特别现象。如 1810 到 1862 五十年间，世界上煤的产额，由每年九百万吨增到一万四千万吨。由 1850 到 1882 三十二年间，世界上铁的产额，由每年四百万吨增到两千万吨。又由 1830 到 1880 五十年间，欧美的商务，增加了八百倍。① 这都是前四五十年的统计，到近年来，增加的数目必定更要大了。再次，则各种病菌的发明，人类生命的延长，也是征服天然的一个好例。由 1851 年到 1900 年英国人的平均寿数由二十六岁零五六增到二十八岁零九，美国人的寿数由二十三岁零一增到二十六岁零三三，我们战胜天然的权力，不是可惊吗？又不但战胜天然，我们并且能补天然的不足。再举两件事为例。我们平常所希望不到的，不是插翅而飞和长生不老的两件事吗？不晓得到了 1896 年，美国的蓝格列（Langley）竟在华盛顿颇陀玛克（Potomac）河上，用机械的力量，把一个比空气重一千倍的飞机，飞升起来，从此空中的飞行就逐渐进步，现在竟成了普通的交通事业了。返老还童的问题，据最近奥国医士斯坦那黑（Steinlach）的报告，也从生理学上，寻出了可能的方法，并且屡试有效。我们这种权力，岂不是自有人类以来所未曾有的吗？但是这些权力，都是由知识的组织和应用得来，自然又是科学的产物。

第三要说社会组织。我们晓得近代的社会，除了组织复杂，远非从

---

① Seignobos，*History of Contemporary Civilization*.

前所可比拟之外，还有几个特采，是我们不能不注意的。一是平民的特采，就是所谓德谟克拉西。这平民的倾向，有两个意思：一是政治上独裁政制的推倒，与参政权的普及；二是社会上机会的均等，和阶级制度的打消。这两个意思的发生，一方面因为机器的发明，生了工业革命，又因工业革命过后，物产增加，一般的人有了产业和劳力，自然发生了权利的要求；一方面也因近代的人心，趋于合理的；对于天然的势力，尚且不肯贸然服从，要求一个征服的方法，对于人为的组织，自然也有一个合理的解决，那些"天赋君权"的说话，自然不能管束他们了。弗兰克令（Franklin）的墓志说他"一只手由自然界抢来了电力，一只手由君主抢来了威权"，最能表明这一种意思。可见平民主义和科学是直接间接都有关系的。第二个特采，是他范围的广大。从前的社会组织，仅限一地一域或少数人的，现在的组织，不但非一地一域，就是国界种界，也不能限制了。如像近来各种团体的国际组织，各种主义的世界同盟，都是大组织的表示。这有几个原因：一是交通进步，空间时间的距离比从前缩小了好些。二因各处的生活有趋于一致的倾向，因此他们的问题也有些大同小异。三因学术经验的证明，知大组织的利便与可能。这三种原因，又是大半和科学有关系的。第三个特采，是效率的讲求。我们晓得近世工业的组织和机器的应用，是要用力少而成功多。以少量的用力，得多量的结果，就是高的效率，反之，效率就低了。这种讲求效率的意思，不但用在工业上，就是社会上一切组织，也都是这个意思所贯注。大概做到这一步的，我们说他是新组织，不然，事业虽新，组织还是旧的罢了。但是一件事业效率的高低，非从那件事业极小的部分加以研究，不会明白。这种分析研究的方法，也就是科学方法。所以现在有所谓科学的工场管理法，就是这种特采结晶了。

我们现在把上面所讲的总结起来，在知识、权力、组织这三方面，近代的进步，都比较从前最为显著、最为特别，那么，我们就说这三种进步是近世文化的表现，可不可呢？又因为这三种进步都是科学直接的产物或间接的影响，我们若是拿他们来代表近世文化，我们要说明的科学和近世文化的关系，是不是可算做到了呢？我对于这些问题的答案是：我们上面所说的知识、权力、组织都是生活的样子，我们还有一个生活的态度。生活的态度，是我们对物的主要观念和作事的动机。我们晓得科学的精神，是求真理。真理的作用，是要引导人类向美善方面行去。我们的人生态度，果然能做到这一步吗？我们现在不必替科学邀过情之誉，也不必对于人类前途过抱悲观，我们可以说科学在人生态度的影响，是事事要求一个合理的。这用理性来发明自然的秘奥，来领导人生的行为，来规定人类的关系，是近世文化的特采，也是科学的最大的贡献与价值。

再有一些人说近代的文化是权力的文化、竞争的文化，所以弄到前几年的世界大战争。科学既是近世文化的根源，也应该负这个责任。对于这个非难，我们可以引法国大医学家巴士台（Pasteur）在他的巴士台学社开幕时候的一段演说来解释，也就作我这次讲演的结论。他说：

眼前有两个律令在那里争为雄长，一个是血和死的律令，他的破坏方法，层出不穷，使多少国家常常预备着在战场上相见；其他一个是和平、工作、健康的律令，他那救苦去痛的方法，也层出不穷。

一个所求的是强力的征服，一个所求的是人类的拯救。后者看见一个人的生命，比甚么战胜还重大，前者牺牲了千万人的性命，去满足一个人的野心。我们奉行的律令，是后一个，就在这杀人如麻的时代，还希望对于那前一个律令的罪恶，略加补救。我们用了防腐的药，不晓得救活了多少受伤的人。这两个律令中那一个能得最后胜利，除了上帝无人知道；但是我们可以说，法国的科学是服从人道的律令，要推广生命的领域的。

"服从人道的法律令，推广生命的领域"，不只法国的科学是这样，世界真正的科学是无不这样的。

发展科学之又一法*
（1922 年 6 月）

　　欲发展科学必先以研究，此如云求食必先耕获，求衣必先纺织，审矣无所用其讨论也。欲行研究必先有研究之机关，此如云耕获必先得田园，纺织必先具机轴，亦审矣无所用其迟疑也。今世诸国，收科学之获最丰者，必其于研究机关之设立最完备者也。吾曩作《发明与研究》①历数研究科学之机关，而别之为四大类：一曰学校内之研究，二曰政府建设之局所，三曰私家组织之研究所，四曰制造家之试验场。是四者皆学术之生产地，而无数发明所从出之泉源也。顾学校内之研究，既以教科之故而不免分歧，政府之局所亦以意主实施而未能深造，其他私立之研究所与制造家之试验场，又各以组织或原动之不同，而各有其相当之限制。求其于研究科学最为相宜，而有互相感应，相引弥长之效者，则莫如以科学上之大发明为中心，为研究特别问题而设之研究所。此种研究所，直接为科学研究之产物，而同时复为研究科学所不可少。如花落结果，果复开花，汇水成泽，泽又衍流，则科学之发达，宁有既乎？吾故表而出之以为国人告。

　　吾所谓此种研究所非他，如法国之巴士台研究所（Pasteur Institute）及最近之镭质研究所（Radium Institute）是也。鲁意·巴士台（Louis Pasteur）者，法人所尊为十九世纪之最大人物也。② 其微生物学之发明，发酵作用之研究，传染病菌之发见，与防疾种痘法之发明，

---

　　* 录自《科学》，第 7 卷第 6 期（1922 年 6 月）。——编者注
　　① 见本志第四卷第五期。
　　② 1907 年，法国行销最广之杂志名《小巴黎》者，尝请其读者投票公举其前世纪法国大人物之相互的重要，巴士台于一千五百万票中得一百三十余万票，为最多数，其次为嚣俄（Victor Hugo），少十余万票。

无一不嘉惠人类，流泽无穷。至其关于酿酒与蚕病之研究①，皆足挽法国垂败之工业，使复于兴盛之域。赫胥黎有言，巴士台一发明之所得，已足偿1871年普法战争法国赔款之五千兆法郎而有余。而其在科学上之贡献，则在证明微生物之存在与其作用，俾吾人明于物质腐朽与疾病传染之原，而为后来者开研究应用之无数门径也。

法人以感谢此人类之恩主与继续其未尽之业故，乃有巴士台研究所之建设。其建设费，则出于普通捐募。此研究所开幕于1888年，彼时募集款额，盖三百五十八万六千六百八十佛郎。此数在今日视之，诚不为巨，而自所代表无数人心倾向与赞助观之，其数目乃足多也。

此研究所之成立，乃为科学上一重要事件。计此研究所成立后十年间，所愈疯噬之病在二万以上，而发明白喉、嚓口寒、肺病诸病之预防法，皆为此研究所之成绩。迄今世界文明各国中有此研究所之支部者凡三十余。其关于医学上贡献之大，不问可知也。

与巴士台之死（1895）相去不久，法国科学家复有一重要发明，为科学界开新纪元者，则居利夫人（Madame Curie）之镭之发见是也。镭为放射质之一，其出此之动机，虽起于1895年X线之发见，实至1603年，经居利夫妇之精密分析，始得证明为独立之一原质。此原质发见后，在科学上则生物质构造之问题，在医术上亦奏杀病治痒之效用，其含义之广，应用之宏，此时尚不得尽窥。巴黎之镭质研究所，共分两部，即以研究此两部分之问题而设。其研究镭之性质与其关系者，由居利夫人与得柏列教授（Professor Debierne）主之，其研究镭之医术上应用者，则由理高得博士主之，实即巴士台研究所之分枝也。

吾人观此两研究所之设立，所得之教训为何？第一，科学之发展与继续，必以研究所为之枢纽，无研究所则科学之研究盖不可能。反之，欲图科学之发达者，当以设立研究所为第一义。读近世科学发达史者，每以法国近时对于科学上之贡献不及其百年以前为憾。抑知巴士台、居利两人之所发明，皆足为科学开一新纪元，所谓以少许胜人多许者。而法人能就此两者发挥而光大之，其科学上之贡献谁得而少之耶？第二，欲一般人知科学之可贵，必使科学于人类幸福确有贡献。当巴士台研究所设立之际，解囊相助者，上自列强之皇王，下至穷巷之编氓，莫不踊跃输将，唯恐或后，则以巴士台之发明，足以人类社会造福无穷，已为

---

① 法国是时酒业出产年值 500 000 000 法郎，蚕病阿拉一府年失 120 000 000 法郎。

当时众人所共喻故也。第三，为科学而研究科学，为人类爱真之念所驱迫，不必以其实利与应用而始为之者，如镭质研究所，其一例也。[①] 镭于医术上之应用虽渐见发明，然决不如巴士台在医学上贡献之重且大，而法国人对此之趣味与热心则殊不以是而减杀，则以镭之为物，实于科学问题有重大关系，不以其与人类日常生活之疏远而遂忽之。抑吾更有进者，凡科学上之发明，皆为研究之结果。故于希望普通人类身受科学之赐益而发生其热心前，必使科学有展布其能事之机会。此事既非可望之于人人，则社会上明理达用之少数人，当暂负其责任。使法国在巴士台、居利未出以前，绝无他项之设备与研究之机会，则巴士台、居利终何由以自见？故巴士台研究所与镭质研究所虽为继续发展科学之最良方法，而待是谋科学之诞生，则未免鸡先于卵之病，愿提倡科学者深加之意也。

---

① Radium，亦译作铳。

北京教育界的问题（一）*
（1922 年 10 月 8 日）

北京教育界的问题多极了，但是近一年来，教育界的同仁为了一个经费问题，用了十二分的气力去解决他，闹得头昏眼花，遂不免把别的问题都抛在脑后了。其实经费问题固然算是根本问题，但是不是教育的本身问题，只要政府中间有几个稍明大势，热心教育的人，把他们养兵买议员及其他胡乱花费的钱，省出一小部分来维持教育，这问题就没有了。这个问题是要政府诸公解决的，是要一般国民来解决的，所以我说不是教育的本身问题。我所说的教育本身问题，是在学校以内的，是经费问题未发生以前已经有了的，就是经费问题解决以后，还保不住不依然存在，所以要提出来向大家说说。

我所要说的，第一是教员的兼职问题。这个问题，不用我说着，凡是在北京教育界中的人，从观察上、良心上，总是应该知道的。但是为表示这个问题的范围的宽广，和关系的重要的起见，我且把去年在北京调查所得的各校专任兼任的教员人数，列表如下：

校名	教员总数	专任人数	兼任人数
北京大学	二七三	一一六	一五七
法政专门学校	五七	七	五〇
工业专门学校	三八	八	三〇
农业专门学校	三三	一一	二二
医学专门学校	三一	二三	八

照这表看来，余了医专一校之外，其余的学校，都是兼任教员多过专任教员了。可惜北京的著名八校，这表中缺了三校，北京高师、女高

* 录自《努力周报》，第 23 期（1922 年 10 月 8 日），署名"叔永"。——编者注

师、美术学校，但是我们可以决定的说，他们的情形决不会比医专好，只怕至多也不过和农专、北大相等罢了。还有一层，我们要注意的，就是这表中所说的专任兼任是学校自己开出的，还有许多靠不住的地方。比如一个人，在北大做专任教员，同时在北高也可以做专任教员，他的两专相消，就等于零了。还有在一个学校做专任教员，同时又在别的学校做兼任教员，这种人在北京教员中，最占多数。再有一种，在学校中间，做了两三个专任或兼任的教员，还不以为足，还要在衙门里弄一两个兼差当的，这种人也很平常，并不是绝无仅有。这样一来，那已经很可怜的少数专任教员，恐怕又要减少十分之八九，照这样算来，我们可以说，一个偌大的北京大学，一个偌大的法政专门学校、工业专门学校、农业专门学校，只有几个人——或竟无一个人——在那里以学校教务为专责，这不是一件最好惊的事体吗？

要是专任、兼任的分别，只在薪俸的多少，那吗，请君领专任的薪俸，做兼任的事情，我们也不必多讲甚么话。不过我们晓得，在实际上，专任与兼任，对于学校教育的进步，确有多大的关系。最明显的，我们可以说，专任教员对于自己担任的功课，是要负完全责任的。这就是说，专任教员对于自己担任的功课，必定有一种深远的计划，要如何才能使他这门学问连年按序发达；对于学生的讲习，必定有一番严密的考察；要如何才能使学生对于这门功课生出趣味，而且确能获益呢？至于兼任教员的责任，大概是以时间为限，上讲堂的时候，负功课的责任，讲堂一完，他的责任也就完了。不但对于本门学问的发达，未见得有甚么计划，就是对于学生的功课，他也未见得十分认真。要使这类兼任的教员，占了全校教员的多数，或者面子上说有若干专任教员，实际上没有一个不是兼任教员，那学校的情形就可想而知了。

我们现在不必细细去推究兼任的坏处，大概说来，我们可以说北京专门教育的无甚么进步，是由于兼任教员的原故：因为他们对于所授的功课，自来没有深远的计划。学生的不用功，喜欢校外的活动，也是由于兼任教员的原故：因为他们的功课，不能维系学生的心思。读者诸君要是不信我这个话，我还有个最显明的证据。就是在北京各专门学校之中，大家不是认医专为成绩最好的吗？但是医专的兼任教员，在各学校中也是最少。还有美国办的协和医学院，在北京学校中——就是在全中国的学校中——可算是特出的了。我们问问他们的教员中间，有一个兼任的没有？

我们现在可以说，教员的兼职，是北京教育界的最大一个弊病，这病若不除去，教育界的进步是绝无希望的。

要改良这个弊病，我们自然不能不想到两个问题：第一，生计问题。我们要问那大教授的最高薪俸每月二百八十元，和专门学校教授的最高薪俸每月二百元，是否能够维持教员的生活？对于这个问题，我的答语是说：要是专门做教员，是够的；要是于做教员之外，还要做阔老伟人，嫖客赌友，可就不够。我们晓得教育是一件苦事，但是我们的目的是在乐育人才，断断不在升官发财。所以二三百元的薪俸，节省着用，未尝不可支持生活。诸君不信，我们可以把前几年美国大学的教授薪俸，举几个数目来比较比较。

据一九一八年美国中央教育局所发布的第三十号报告书说，取二十五个专门大学来平均计算，他们助教授的薪俸是每年一千三百六十九元，他们教授的薪俸是每年二千一百七十四元。照此看来，美国教员所受的薪俸，并不比我们多，而美国生活程度的高，又是我们人人知道的。固然我们晓得美国许多学校近年都有捐款加薪的运动，但是在这运动未成功以前，他们学界中人的艰苦忍耐，就可以令人佩服了。以美国人所做得到的，何以我们就做不到？所以我说生计问题决不能做兼职的藉口。即使现在教员的薪俸实在太少了，不足以维持生活，我们还可以想别的方法，或是增加教育经费，或是归并学校功课，使教员的薪俸增加，而精神仍然有所专注，岂不比费倍而效半的兼任办法强得多吗？

第二，人才问题。我们要问如果北京的教员们都不能兼职，那吗各学校的功课都有人担任吗？我说这也不成问题，因为我们晓得，凡兼课的，是普通人才占其大半，特别人才反居少数。如果办学校的肯虚心延访一下，要说以现在中国人才，不足供北京几个学校的需要，谁也不肯信。还有一层，我们所最反对的，是一个人做两个主任、两个专任或一面做教员一面做官等等。若是一个人在一边做专任教员，同时在他处略任讲演，原没有甚么大妨害，不过办学校的，要严定限制，不要花了"专任"的工价，只买了一个"兼任"的货色就好了。

照上所说，这兼任教员的弊病，并不是在生计上、人才上有甚么不可解决的困难，我们要想改革他，也是一件极容易的事。据我想来，有三个办法。第一，就是教员们自己决议不要兼事。我觉得这件事不但是教育问题、生计问题，而且还是道德问题。我们既然投身教育界，是否应该拼了我们的力量，认真教育，才算尽了我们的责任？我们若是承认兼任的事，于我们教育的目的有些妨害，我们就应该立刻停止他才是。但是我所奇怪的，就是对于这件事不满意的往往倒是局外人，局中的人在教育上的研究尽管高深，对于这件事的弊病，却是熟视无睹。又不但熟视无睹，还有些明知故犯的。我想这也只好怪习俗移人的力量大了。不过我也晓得有许多人，的确是为人所迫，不得已而出此的。所以我很希望这一类的朋友，自动的发起一项不兼职运动，这问题就迎刃而解了。第二，当校长先生的，很可以自立一个规则，凡是聘为专任教员的，不能在他处兼任职务，若兼任他事，他的专任资格，就立刻消失。这种办法，和现在各位校长专门在他学校挖墙脚拉教员的办法正反对了。但是也是解决这问题的简捷方法。不过对于专任教员的待遇，要特别加优，方才行得去。第三，教育部中可特别设立一个学校稽查所，专门稽查学校中这类应行禁止的事项。稽查出来了，立刻要学校改正。如此实行起来，也未尝不是一个办法。

　　以上三法中，我们自然很希望实行第一个方法。要说第一个不能实行，我们要不得已而思其次。要说第二个还不能实行，那第三个也就难言了。我想我们教育界自动的精神狠大，何必依赖政府呢？

中国科学社之过去及将来*
（1922 年 12 月 22 日）

绪　言

（一）科学之重要。言近世东西文化之差异者，必推本于科学之有无。盖科学为正确知识之源，无科学，则西方人智犹沉沦于昏迷愚妄之中可也。科学为近代工业之本，无科学，则西方社会犹呻吟于憔悴枯槁之途可也。科学又为一切组织之基础，无科学，则西方事业犹扰攘于纷纭散乱之境可也。吾人纵如何情殷往古，而于近代知识、工业及社会组织之进步，不能不加承认。吾人纵如何回护东方，而于西方知识、工业及社会组织之优越，不能不加承认。若是乎，东西文化及国势强弱之分界，一以科学定之，然则科学之重要，不于此而可见耶？

（二）科学发达之条件。夫以科学之有无，其结果之截然不可假借，既有若是矣。吾人诚不欲以昏愚、枯槁、纷乱终，则返而求诸科学，亦何难之有与？虽然，事不若是之易易也。科学之发达，至少必具下列诸条件：

（1）研究精神。同一苹果堕地也，他人第熟视无睹，而牛顿以悟万有引力之理。同一蒸气冲盖也，他人以为平常无奇，而瓦特以神发动机关之用。海王星之发见，观测几及十年，《天演论》之成书，搜材亦近一世。凡此孜矻之不已，实"即物穷理"之精神所表现。夫所谓物者，不限于前人著述之所已及，即所谓理者，实有以发天地自然之奥妙。而且无所为而为，唯真理之是求，不为利夺，不为害怵。必此种精神弥漫

＊　录自《科学》，第 8 卷第 1 期（1923 年 1 月）。——编者注

于学人心脑之中，而后科学萌芽乃有发生希望。

（2）共同组织。研究精神固属个人，而研究之进行，则有待于共同组织。盖科学之为物，有继长增高之性质，有参互考证之必要，有取精用宏之需求，皆不能不恃团体以为扶植。是故英之皇家学会，法之科学院，成立于科学萌芽之时，实即科学发生之一重要条件。盖研究精神为科学种子，而研究组织则为培养此种子之空气与土地，二者缺一不可也。

（3）社会赞助。今人言及科学发生之历史，则联想及于布鲁诺、盖理略之受迫害，若以是为科学家之唯一运命者。实则科学之初诞，压迫者仅出教会，而赞助者仍在群流。如皇家学会初成时，英国政府尝给予年金以资补助。英王查理士亦自为发起人。法国之科学院，则为路易十四所倡设。余如德、奥、意、美，莫不各有国家设立之科学机关以图科学之发展，故科学之进步亦一日千里，不可限量。盖科学家虽不必待外界之尊崇以为重，而科学之发达，则必有待于社会之赞助，有断然者。

（三）学社与科学之关系。观乎此，则学社与科学之关系，大可见矣。其始也，学者以图共同研究之便利，而组织学社；其继也，以学社之种种便利愈促进科学之发达。至学社本身之能否发达，则一视其组织分子之热力，与社会对之之同情为断。吾人观于西方科学发达之历史与其学社林立之盛况，而不禁为之踌躇满志也。

（四）现今科学教育之缺点。现今我国教育界，竞言重科学矣，顾其所谓科学教育者，至少有两大缺点。一则专注重科学之传授，而不问科学之研究。一则仅以研究之事，委之学校，而不别求直捷有效之途径是也。夫研究为科学之所由出，未有不提倡研究而能奏提倡科学之功者也。若乃研究科学，虽亦当今高等大学所有事，特学校职任，首重教课，其于研究，亦行有余力之类耳。故非于学校外别设研究机关，欲科学之油然勃兴，不可得也。故谓学社为发达科学所不可缺，在当时之西方有然，在今日之东方亦有然，在学校未发达之国有然，在学校已发达之国亦有然也。

中国科学社成立之历史

观上种种，则中国科学社成立之必要，已不待言，今所言者，此社成立之经过及其将来计划耳。本社发起于民国三年夏，时发起诸人多在美国，尽力从事于《科学》杂志之编辑。民国六年三月，在中央教育部呈准立案，当时呈文所列本社应举事业，与本年修改后总章所列者，虽文字略殊，而实质无改。兹举其条文如下：

（1）发刊杂志，以传播科学提倡研究。

（2）著译科学书籍。

（3）编订科学名词，以期划一而便学者。

（4）设立图书馆以供参考。

（5）设立各科研究所，施行科学上之实验，以求学术、实业与公益事业之进步。

（6）设立博物馆，搜集学术上、工业上、历史上以及自然界动植矿物诸标本，陈列之以供研究。

（7）举行科学讲演以普及科学知识。

（8）组织科学旅行研究团，为实地之科学调察与研究。

（9）受公私机关之委托，研究及解决关于科学上一切问题。

观上所列，则本社宗旨不言可喻矣。至本社于所揭橥之事业，实行至何程度，则当于下方明之。

本社以民国七年由美移归中国。始设事务所于上海及南京，继在财政部请得南京成贤街文德里官房，乃设总事务所于南京，同时于上海、北京、广州，皆设有分社事务所。本社之科学图书馆、生物研究所，则以房屋上之便利故，皆设南京。其他各种事业，则拟就各地之便利随时举办。本社社员名数，现在五百以上，皆曾受专门高等教育，或在社会上办事著有成绩之人。说者谓国内团体分子之纯粹，与程度之齐一，无如本社者也。兹将民国九年本社书记报告所载社员统计转录如下：

一、以学科分

1. 普通	150 人	7. 化学	32 人
2. 土木	46	8. 生计	29
3. 矿冶	41	9. 物算	29
4. 机工	39	10. 化工	27
5. 电工	39	11. 医药	24
6. 农林	35	12. 生物	8
共计　503 人			

二、以现在地分

国内			
江苏	108 人	哈尔滨	4 人
上海	64	香港	4
南京	94	广东	4
其他	13	山东	2
直隶	74	奉天	2
北京	55	云南	1
天津	19	山西	1
四川	28	安徽	1
湖北	14	湖南	1
福建	6	广西	1
江西	6	陕西	1
河南	5	未详	5
共 17 省　276 人			

国外			
美	201 人	英	2 人
法	11	瑞士	1
日	11	新加坡	1
国外共 227 人			
国内外共 503 人			

中国科学社之现在事业

本社成立之始，即以九种事业自程，今实行者已过大半，请单简分述如下：

（1）出版物。又分三种：

（A）《科学》月刊。自民国四年出版，迄今已出至第七卷第十期，为国内专设科学之唯一杂志。其在学术界上之价值，已有定评，兹勿具论。英、美学会与本社交换杂志者亦不下十余处。

（B）通论特刊及单行论文。本社曾刊行《科学通论》，及他种特刊多种，谋灌输科学正确知识，颇承学界欢迎。又印单行论文数十种，皆极有价值之作。

（C）科学丛书。本社现正编纂科学丛书，使读者得有统系的高深科学知识。

（2）图书馆。本社科学图书馆，成立于民国九年，现有中西书籍一万六千余册。西文书籍，多系本社就新出科学书中，妙选择购，其无关重要之书，为他处所易得者，概不入录。各专门杂志为研究参考所不可缺者，在中国尤不易获。本社购置各国专门杂志约计一百三十余种，在中国各处图书馆中，未有及此宏富者也。

外国学社所出之书报，对于同类学社皆有赠送及交换之例。本社近承美国斯密索林及卡列基两学社寄赠其所出书籍报告等二千余册，其他交换之书籍杂志亦数十种。又美国斯密索林学社之国际交换书籍，其赠诸中国者，已由本社呈准外交部及上海交涉使署，由本社图书馆保管，此足引为荣幸者也。

（3）研究所。本社之生物研究所，于民国十一年夏间，仍就南京总社所设立。所中办法，约分两部：一方面搜集国内动植物标本，分类陈列，以备众人观览；一方面选择生物学中重要问题开始研究，以期于此中有所贡献。至各种研究中，所以独先生物者，则以生物研究，因地取材，收效较易，仪器设备，须费亦廉，故敢先其易举，非必意存轩轾也。

（4）讲演。本社讲演约分两种：一为常期讲演，每年一次或数次，每次数讲或数十讲，皆就各演题特加组织，为有统系之陈述，行之已数年，听者踊跃。一为临时讲演，遇某科学大家莅止或某特别机会时行之，如杜威、罗素与班乐卫之讲演，是其例也。

（5）名词审定。名词审定，原为本社事业之一。自民国八年以来，本社参与科学名词审查会事，则各科科学名词，多出本社社员之手矣。

（6）年会。本社每年开年会一次，开会时除讨论社务及特别问题外，社员于科学上有研究发明者，亦得作成论文，在会中宣读，此固学术团体之旧例而他种集会所无者也。

本社现在事业之可为国人告者止此。以本社同人之绵力薄材，处科学重要尚未为国人了解之际，虽竭蹶经营，而陈效犹尠，当为识者所共谅，然吾人怀抱所及，则不以是为限也。今请述本社将来之计划于下。

本社之将来计划

（1）杂志。拟分专门及通俗两种，专门者以发表社员研究之新得，通俗者以传播科学之常识。有专门著作而后可图世界学术之联络，有通俗论文而后可望科学知识之普及。

（2）图书馆。拟办理下列诸事以推广图书馆之功用。

（A）印行书籍目录，使各处有借阅权利之人，皆得使用书籍之便利。

（B）刊行杂志论文节要，使国中学者不必观外国专门杂志而知当今科学界之现状及进步。

（C）添设分馆于各重要地方，以图科学书籍之普及。

（D）整理中国书籍。

（3）研究所。至少须有下列数种：

（A）理化研究所。

（B）生物研究所。

（C）卫生研究所。

（D）矿冶研究所。

（E）特别研究所。

生物研究所现虽已成立，而规模狭小，亟待扩充。至其他各种研究所，为研究各种科学问题所不可少，其设立亦不可缓。盖以科学问题，有属于吾国特有者，有应由吾国学者担任与世界学者共同研究者，皆有待于研究所之成立，乃能由空言而进于实行也。

（4）博物馆。拟设下两种：

（A）自然历史博物馆。

（B）工业商品博物馆。

以上所陈，特其大概，至今进行次序，则拟分年分地，次第举行。如总图书馆及自然历史博物馆宜设于北京，理化研究所及工业商品博物馆宜设于上海，生物研究所及卫生研究所宜设于南京，矿冶研究所宜设于广州，其余分图书馆及特别研究所等，则随处可设，要视本社社员之能力，及社会赞助之热心何如耳。夫英有一皇家学会，实开科学之先河，美设斯密生学社，亦树华国之宏规。吾人处荜路蓝缕之后，当康庄大启之时，尚不能从当世学者之后以为世界学海增一勺之量乎？我言及此，吾心怦然，吾尤知海内外期望吾社之贤达同此心理也。

民国十一年，冬至日

民国十一年教育的回顾*
（1923 年 1 月 20 日）

民国十一年刚才过去。我们回顾过去这一年中国内的各种事业，上自国家的财政，下至小百姓的生计，都呈一种水穷山尽、走投无路的气象。教育也是社会事业之一，岂有能独外的理呢？但是这一年中间，教育界中奋斗的精神和他们奋斗的结果，却很有几件值得注意的事，我们可以举出说说。

第一是学制统系案的通过。我国现在通行的学制，大半还是民国元二年间制定的。当时制定的时候，已经是急就章，没有经过详细的讨论。施行以来，经过了十年，更有许多与现时不相适合的地方。最明显的例，就是中等以下的学校，谨守着学制办去，其结果是无进步；高等以上的学校，办得有点进步了，其结果是和学制抵触。所以学制的不善，不但不能促进教育，反足以妨害教育的进步。此次学制统系案的通过，就不说积极的有改良教育的功用，也可以说消极的可以消除教育的障碍。

但是我们对于新学制的希望，决计不是消极的障碍的消除，而为积极的教育的改进。要达到这个目的，自然于学制统系之外，如学校的组织，课程的制定，教员的预备，教授法的改良，都不能不有一番特别研究。十一年的教育界，除了学制统系之外，于学校课程一层，亦极注意。据我们所晓得的，江苏教育界已经有学程研究会的组织，开过了好几次会。本年教育联合会开会之后，也设立了一个学程委员会，延聘各科专家，讨论这个问题。再把《教育杂志》上面发表的文章拿来看，也以此类为多。学程问题不久当有一个解决的办法，这是很可喜的现象。

---

* 录自《教育杂志》，第 15 卷第 1 期（1923 年 1 月 20 日）。——编者注

在学校组织一方面，我们听见因新学制通过后而忙着改组的，只有几个专门学校要改大学。固然专门学校改为大学，是一件比较的容易的事体，但是我们决不希望这种换汤不换药的改革。此次调查教育的结果，知道中等教育弱点最多，应当改革的，也以中等学校为最急。看了专门学校这种改革的办法，使得我们替将来的中学担心；我们希望民国十二年的教育界对于学校的组织和教员的预备，还要特别注意。

第二是教育经费独立的运动。民国十年教育界的大恐慌，是经费缺乏到不能维持教员先生们的生活。当时北京教职员的罢课索薪风潮，闹了大半年，影响及于各省，于是武昌、江西、安徽、陕西、四川各处，都有索薪风潮发生。这种风潮的自然结果，就是教育经费独立的运动。虽然北京国立八校经费，在开税加征项下拨取的议案还未实行；中华教育改进社附设的筹划全国教育费委员会的规划，亦徒托空言；但教育经费的应当独立，已为全国所公认了。至于教育界吃苦最甚的省分如像四川，则教育经费的独立，差不多已成了成立的事实了。

不过我们对于教育经费独立的运动，也有两点要请大家注意。第一，要求教育经费独立的时候，不要把独立两个字看得太重，以为只要能达到独立的目的，经费的多少是不关紧要的，将来扩充教育的时候，反不免为经费所拘束。第二，单说教育经费独立，还是不够，我们不如说教育独立。这两层话，并非是"老生常谈"。我们实在觉得现今教育经费独立的，都是就现在的教育着想，没有一个远大的计划；还有许多学校，经费算是没有问题了，但是因为外界势力的干涉，和校长教职员的更换不定，每每就弄到每况愈下的地位了。

第三是学校以外的建设。教育的进步，固然不是拿学校的数目做代表的，但是学校上重要的建设，自然可以作一种进步的表示。如像民国九年成立的厦门、南开两个私立大学，民国十年成立的国立东南大学，乃至交通部合并几个专校而成的交通大学，都是前两年教育界很重要可纪的事体。不幸的民国十一年，这种建设却是绝对没有的。我们要在学校以外，找几件与教育有关系的新建设，则民国十一年学术机关成立的众多，的确是一件可喜的事情。据我所晓得的，本年成立的学术机构，有下列几个：

地质学会　　　　　　　　　一月二十三日成立

地质图书馆　　　　　　　　七月十六日开幕

中国科学社生物研究所　　　八月十八日开幕

这种学术机关，初看似乎与教育没大关系，其实与教育关系最大的，莫过于这些了。因为就学术方面说起来，他们是学术的发源地；初中等的学校，只是替这些学术打个基础；专门高等和大学，只不过是传播这些学术的机关——大学能兼研究任务的，在中国还是绝无仅有。我们记得汤尔和从欧洲回国，就主张设立生物研究所。他的理由是：（一）提倡国内学术的研究，（二）图谋世界学术的沟通，（三）养成教育的人才。我们又记得北京地质图书馆开幕的时候，《努力周报》的记者曾做了一篇很长的社论，赞扬地质学者的成绩和这种建设的重要。我们又记得中国科学社生物研究所开幕的时候，国内学者参加的盛况和他们所报的希望，都可以证明这种组织的重要，在这一年中，已经充分的而且实际的为教育界所了解，这不是一件最可喜的事吗？至于中华教育改进社的组织在教育界上的重要，是不用说的了。不过他的重要，在组织教育上，不在教育自身上，所以我们不必多为辞费。

上来所说是民国十一年教育界几件大事体。我们若是除去了数目的统计——如某种学校增设若干，某种学校毕业若干之类——要说民国十一年教育的成绩，大概不过如是。照这几件事来说起来，不能不算是进步。不过学制案的进步在纸片上，教育经费的独立在虚望上，学术研究的进步还在萌芽上，我们就是慰情胜无，亦可谓无聊之极了。但是这几件事情于将来的影响和希望都很大，是我们应当乐观的。

民国十一年的教育界，还有一个现象，是我们所不能忽视的，就是各学校的罢课风潮。十一年罢课风潮和十年的有点不同的地方，就是十年的风潮多由教职员为索薪而罢课，十一年的风潮，多由学生为校事而罢课。这种学潮的波及线，东西由上海至成都，南北由北京至广州，几乎无处不有；那闹风潮的学校名字，更是不胜枚举了。风潮的原因，分析起来，可得下列几种：（一）是反对学校的教职员，尤以反对校长的风潮为最多，如北京农专的风潮，上海中法工商学校的风潮，唐山最近交通大学的风潮都是。（二）是对于学校功课的风潮，如浦东中学的反对考试是。（三）是关于学校组织的风潮，如前几月北京交通大学的风潮，现时北京农专的风潮和上海的中法工商学校的风潮都是。但是我以为这些都是近因，其远因还在前两年的"五四"、"六三"等等运动，和近年来"自动教育"的误解。因为要"动"，所以不能不寻出几个题目来闹；因为外面没有甚么很好题目，所以不能不在学校里面着想，兼之前二年的"五四"，前年的"六三"，余波未平，流风犹在，都不能不使我青年们刻刻思动。"五四"、"六三"的运动，关系很大，我们不能不对于牺牲学业和光阴的学生们表相当的同情和赞成，但是学校内的风潮，就应当别论了。我不是说学校的组织有不善，校长教职员有不称职，学生们就只应该吞声忍受，绝对的不设法来改良与更换。但是如像今年一年风潮之多，牺牲之大，也绝对不是教育界的好现象。我很希望我们教育界中的领袖，要挽回这种学风，不但在学校的组织、设备、人才上讲求，还在学生的心理方面注意。

　　总而言之，我们回溯一种社会事业的经过，千万不要忘记了因果的定律。民国十一年的教育事业，好的固然是从前进步的结晶，坏的也不免是已往遗毒的影响。我们现在的问题，乃是继续从前的进步使至于无穷，并且改变恶的影响成好的梗蒂。英诗人瓦兹沃斯说："孩子为成人的父亲。"我们拿这句话来结民国十一年的教育，并且奉赠民国十二年的教育界。

学校风潮中的董事会问题[*]
（1923 年 4 月 17 日）

这几个月以来，学校组织上发生了一个新问题，就是董事会。南洋大学的风潮，一方面为的是要换校长，一方面为的是要组织董事会。北京各校的风潮，也有人要借董事会的组织来做一个解决的方法。那末董事会问题的重要，我们不得不承认；董事会的组织，我们也不可不研究。

我们以为董事会的组织，应该有下列三个目的：

第一，董事会要能代表共和主义。大凡一个国家里面的种种组织，都是和政体有关的。我们从前的学校成立在专制政体之下，所以他们的组织，也趋于专制一方面，这是自然的结果。我所谓专制，自然是说一个学校中，只有一个校长是负对内对外的全责的。这种单独负责的反面，就是完全不负责。所以遇着好的校长，固然可以把校务弄得臻臻日上，遇着不好的，把学校弄坏了，也没有人可以过问。要政府机关来监督学校，我们晓得是不可望的。近来学校的没有进步，这种组织的不完善，也是一个大原因。董事会的组织，第一个好处，就是把独裁制的学校，至少变成一个多头制的学校；官僚式的学校，至少变成一个社会化的学校。要而言之，就是使学校的责任，不是校长一个人可以担任，校长的去留，也不是任何一个人可以决定。那末学校内的事体，有通力合作的精神，学校外的事情，没仰人鼻息的必要，这是我所谓代表共和主义。

第二，董事会要能容纳专门家的意见。近来学校的组织发达了，学校里面的问题，也就纷然而起。多少问题要加解决，都非有专门研究不

---

　　* 录自《努力周报》，第 50 期（1923 年 4 月 29 日）。署名"永"。——编者注

行。一个校长，即使无论如何能干，要对付那许多的事体，并且要胜任愉快，终归是不可能的事。有董事会便可以容纳许多专门人才来替学校服务。大家晓得我们国内的专门大学的最大弊病，就是办事效率太小。这是不必怪的。因为除了教员之外，所谓职员的大半是一些学无专长的人。要他们去管理学校的事，就是他们尽心竭力的去做，那成绩也可想而知了。但是学校每每为经济所困，要出钱去请特别专门家，大概是不行的。董事会中有了这些人，对于各种问题，都可以定出计划书来，再派他们去实行，那就有功效不同了。

第三，董事会要能得一般人的帮助。董事会虽与学校关系极大，然不能直接干涉学校行政，只应处于监督和帮助地位。所以组织董事会的人物，范围要越广大越好，人格要越高尚越好，对于学校的兴趣要越深切越好。因为这样一来，董事会就成了一个学校与社会的绍介机关。学校有了事情，社会才能给与积极的帮助。一方面，董事会的责任，是要决定学校的教育方针的，若是董事会的人物不能代表社会的重要意见，那教育方针，恐怕也不能够适合时宜。美国有许多私立学校，因为筹款的关系，都请些富翁来做他们的董事。这容许是不得已的，但在教育上说起来，却有许多不好的结果。因为富于资财的，大半也富于保守性，并且大半是不懂教育的。所以把董事会的目的限定于筹款，而忘了其他的重要职务，其结果学校受董事会的益处还是有限的很。

现在要问我们国里的学校要设董事会，目的在甚么地方？依我想来自然是为保障学校的稳固，主持学校的政策和监督学校的行政，而不在乎专为学校筹款。我说这话，并不是以为筹款不重要，不过以为现在学校的经费，不是几个董事可筹得来的。就政府方面来说，凡是国立学校，政府都有担任经费的义务。若政府不负责任，几个私人更无望了。就社会方面说，在现在中国求几个卡列基、陈嘉庚，实在不是容易的事体。所以我对于"董事会可以解决学校的问题吗"的答案是：

一、董事会可以解决学校的许多问题，但不必限于筹款。

二、把筹款一事除外，董事会仍有设立的必要。

我们现在国内最高的两个大学，来作一个例。北京大学是我们所认为资格最老、组织最完的学校了，但是这回蔡元培校长，因政治上的理由，忽然辞职而去，去了之后，使学校陷于危疑震荡的风潮之中，我们认为是组织的不完备。南京的东南大学，也是国内后起之秀，组织上比较算完备的了，但是每届做预算的时候，看见他们各科争斗的神气，我们认为是组织的不完备。我们所谓组织不完备，缺乏的是甚么？就是一个董事会。试想北京大学若有一个董事会，蔡元培的辞职问题，恐怕不会发生；就是发生，也是对于董事会辞职，还不至于弄到现在的决裂。因为这回的事体，我们对于蔡元培虽极表同情，对于北大总觉得是一件极不幸的事呵。东南大学已经有董事会了，但是这个董事会的性质，似乎偏于经济的装饰的一方面，对于学校的政策，教育的方针上，还不见得生影响，我们只好把他暂时当作没有看待罢了。

国内专门以上的学校，除了东南大学以外，曾经设过董事会的，是从前的交通大学。现在还有董事会的，是清华学校。清华学校的董事会，因赔款的关系，是以美国使馆的书记一人和外交部的参事二人组织成的。这样的董事会，原来只是替美国使馆添一个参与学校的机关，教育上当然没有甚么好处。交通大学的董事会，是由交通部派出几个官僚和私党组织的。这样的董事会，还是有不如无。我们现在主张的董事会，至少须有下列的几种职务。

一、须主持校长以下职员的进退。

二、须决定学校进行的方针。

三、须审定学校的预算决算。

四、须担任学校经费的筹画。

五、凡学校有重大改革，及校内职员学生间有重大争执时，以董事会为最终取决机关。

因他们的责任这样重大，我们主张董事会的组织大概如下：

一、董事人数，因学校之范围而定，但至少不得在二十人以下。

二、董事的选出，以二十分之五代表社会的中坚人物，二十分之五代表与学校有关系的教育家，二十分之五代表本校的毕业生或本校教职员，其余二十分之五代表有关系的机关。

三、董事的人选，第一次由学校及所有关系的机关共同拟定，以后由本校教职员及毕业生每年改选几分之几。

四、校长及会计为当然董事。

上边所拟的，固然是粗率得狠，但照【但】样做去，总不至再蹈清华学校和交通大学的覆辙了。我们现在把盖鼎勒的《哈佛大学史》上所讲的董事会的话引几句在这里，以见他们董事会的重要。他说：

"在那有名誉和被尊敬的董事会做一个会员，是极大的光荣。……因为有了他们，学校的管理人，可以知道全国的人对于学校的舆论。……董事对于学校有服务的绝好机会，他们可以代表并且集中社会对于学校的兴趣以保持学校的发达，并且使学校报效国家的力量愈加强壮。"

近年来的经验，是无论外国甚么好的制度和组织，一到中国，就变了有名无实的障碍物。我狠希望学校的董事会，是一个例外。

十二、四、十七

评汤姆生的《科学大纲》*
（1923 年 4 月 27 日）

在欧战过后，大家在那里高呼"科学罪恶"、"西方文化破产"的时候，英国的出版界，却很出了几部通俗科学的好书。据我们所晓得的，如像格布生（C. R. Gibson）的《今日之科学》（*Scientific Idea of Today*）一类，和蓝开士得（Sir Ray Lankester）的《安乐椅上的科学》（*Science from Easy Chair*），都是传播科学最好的著作。但是要说规模的宏大、叙述的精详、组织的完备、内容的丰富，要算最近出版的汤姆生教授的《科学大纲》（the Outline of Science）了。

汤姆生（I. A. Thomson）是阿柏定大学（Aberdeen University）的自然历史教授。他著的书很不少。据我们所晓得的，随便举几种：

《达尔文主义与人生》（*Darwinism and Human Life*）（1910）

《天演》（*Evolution*）（1911）（与格第斯合著）

《科学入门》（*Introduction to Science*）（1912）

《生命的奇异》（*The Wonder of Life*）（1914）

《遗传》（*Heredity*）（1919）

《生命的主宰》（*The Control of Life*）（1920）

《生物界的统系》（*The System of Animate Nature*）（1920）

《十九世纪的科学进步》（*The Progress of Science in 19th Century*）

最后一种我们不记得是几时出版的了，照此书看来，可见汤姆生是一个生物学家，并且是一个留心科学方法和科学历史的生物学家。从这一点看来，汤姆生勇敢的来做《科学大纲》这一部书是很适当的。我们

---

* 录自《努力周报》增刊《读书杂志》，第 9 期（1923 年 5 月 6 日）。署名"叔永"。——编者注

现在先看一看《科学大纲》的内容。

《科学大纲》全书，是由三十八篇专论组织成的。各篇固然是专论一科或一件事，各不相蒙，但排列的次序，也未尝没有一点深浅先后的关系。我们现在先把各篇的题目译出如下：

一、天体的奇谈

二、天演的故事

三、环境的适应

四、生存的竞争

五、人类的上进

六、天演的不息

七、心的初现

八、宇宙的根本组织

九、显微镜下的奇观

十、人体机械同他的工作

十一、达尔文主义在今日的位置

十二、自然史——鸟类

十三、自然史——哺乳类

十四、自然史——昆虫类

十五、心的科学：新心理学、心理分析

十六、灵学

十七、自然史——植物

十八、生物的相互关系

十九、生物学

二十、生物的特性

二十一、化学的奇谈

二十二、化学家的创造

二十三、气象学

二十四、应用科学——电的功能

二十五、应用科学——无线电报和无线电话

二十六、应用科学——飞行

二十七、细菌

二十八、地球的构成与岩石的故事

二十九、海洋学

这三十八篇论文，每篇都有很详细的叙述和讨论，总计起来，可算得包罗宏富了。我们再把来大概的分类一下，三十八篇中，有二十篇以上可归入生物科学内，其余的有十余篇可算是物理科学，约二三篇是心理科学。这样的分类，是不是汤姆生的本意，我们不得而知，但是凡现在的重要科学，可算应有尽有了。虽生物科学一类，占了全书的一半以上，似乎有点畸轻畸重的弊病，但是我们想到生物学范围的广大，和著者专门的所在，这一点轻重不均的弊病，也不能过于推求了。

这书的数量上要算生物科学居第一，物理科学居第二，心理科学居第三，就质量上，我以为他的次序也是这样的。生物科学是作者的专门，所以关于生物科学的叙述，不但取材宏富，而且议论公允。如像"达尔文主义在今日的位置"一篇，把达尔文以后天演学说的进步和各家学说的要点，都给他一个精确的估价，是研究天演学说的一篇最好文字。关于物理科学一方面，"宇宙的根本组织"一篇，已经把近时的原子、电子各说大略讲过了，以后的第二十一、二十二、二十四、二十五、二十六各篇，大体都是讲化学、物理学的应用。这也是不能怪他的。因为化学、物理学本身的研究，无论如何，总不免带些"专门"性质，是不容易为一般人说法的，现在要讲化学上的微尘说（Corpuscular Theory）和物理学上的间放说（Quantum Theory），不免解人难索，但是我们要说 X 光线和无线电话，就容易懂得了。使我们不大满意的，是关于心理科学一方面的文字。这类文字共有三篇，一篇是"心的初现"，第二篇是"心的科学"，第三篇就是"灵学"。灵学所说的那些见鬼见神的事体，容许是一种变态心理，但能不能算一种科学，还是一个绝大的问题。我们研究科学固然要"不执成见"，但也不能不严格的考查事实。如汤姆生拿"不执成见"的一个要求，来作承认灵学的条件，是我们所不能赞同的（见第一册第六页绪言）。

就全体而言，这书确有几个特出的地方，我们须得提出来说说：第一，自然是他能够把各种科学的材料消化过了，给我们一个有统系的叙述。我们天天在这里说天演，但是能够把达尔文的《物种由来》和《原人》两书读过的有几个人？我们天天在这里讲相对论，但是能够把爱因斯坦、爱丁顿的书读过的有几个人？何况要懂天演学说，达尔文以后的书有许多该读，要懂相对论，爱因斯坦以前的书有许多该读的，这样的研究，除非专门学者才做得到，是不能望之于一般人的。汤姆生这本书，能够把科学上的重要发见和学说都单简明了的叙述出来，使没有看那些繁重书籍的力量和时间的人，看了本书，都能了解现在科学的进步和大意。这是汤姆生著书的目的，我们相信他的目的是确确能够达到的。

第二是他的审慎而不愿武断的态度。上面曾经说过，汤姆生对于灵学也不执成见的去承认他。我们所疑问的是灵学的事实，算不算得真正的事实，我们对于他的不执成见的态度却不能反对。他这种态度，在讨论天演学说的时候，也极力保持着。我们晓得拉马克的获得性遗传说，从达尔文以来，已经被变异说取而代之了；但是汤姆生还劝我们"不要把门太关早了"。他说："合理的解释，已不可关门太早；实验的研究，尤其是这样。"他又说："对于一个年纪尚青的研究，除去成见是第一重要的事。"（见原书第二卷三百八十九，及九十一页）他这本书里面不大讲到科学方法，但是我们很可以从这些地方，得到一些科学的态度。

第三是他那种浅近而能引人的叙述。在他做自序里面，他曾经说过，他这部书"不是拿来做百科全书的，每篇论文都有简单明了的记载，末了还加一个极大的句读符号。也不是'初步'的丛书，每一个问题，都从头到尾的详细记述"。他这部书是打算为"一般好学的市民做一个知识的钥匙。……著作家的习惯，也不管了，开始一个题目，就像和旧识的朋友走路闲谈一样。……这样无仪式的，把一个学者绍介到各个知识门里去"。关于这一点，大概通俗科学著作家的目的，总是一致的，不过他们的成功与失败，有些不同罢了。但是汤姆生的目的，却不就此停止。他说："这些论文是要替读者做一个引导，使他们跟着这个引导，可以从他起点的地方，走到远处。或者读者走到远处，再回头望望，对于这一个科学大纲的'行路指南'，不至于不生感谢之心罢。"他的意思，不是要大家把他的书当成一个引导者，看了之后，还要自行研究，不愿大家看了他的书就以为已足。每篇的后面，附了一些参考书的目录，也是这个作用。这是他这部书比一般通俗科学不同的地方，也是他的优胜地方。至于他的文学的显豁，和图画的美多，在我们没有博物馆与研究所的国里，也有重要的价值。但这是有目共赏的，我们不必多说了。

在此书的发端，作者引莱勃理慈（Leibniz）的话"知识愈进步而缩为小册子的可能性愈大"，来作自己著书的根据。我们相信莱勃理兹的话，含有大部分真理；我们相信这四册一千二百页的小册，都是压缩了的知识。希腊人的名言说"知识即权力"。我们闹知识饥荒的知识阶级，现在不能藉口说无书可看了。

附注：《科学大纲》原文在英国出版后，两月之间，翻印到八版。日本也有译本。我国经商务印书馆译出，已出第一册。译文印刷，在吾国出版界中，皆算得未曾有。

十二，四，二十七

人生观的科学或科学的人生观[*]
（1923 年 5 月 20 日）

　　"人生观的科学或科学的人生观"，读者看见我这个题目，一定要疑心我在弄诡辩，掉字面了。我要请读者把最近张君劢君在清华学校讲演的"人生观"，和本周刊上发表的丁在君和张君劢讨论玄学与科学的文字下细的读一遍，就晓得我这个题目的意思。

　　张君劢在他的演说中说："同为人生，因彼此观察点不同，而意见各异，故天下古今之最不统一者，莫若人生观。"又说："凡此问题，东西古今，意见极不一致，决不如数学或物理、化学之有一定公式。"又就科学与人生观来加比较，说："科学无论如何发达，而人生观问题之解决，决非科学所能为力，唯赖诸人类之自身而已。"推张君的意思，是说凡是科学，都有一个公式可发见，而人生观最不统一，最不一致，所以无发见公式的可能。既然没有发见公式的可能，所以人生观问题，不是科学所能解决。要是我们解释张君的意思没有错误，那吗张君从头就陷于错误而不自知了。张君所说的，人生观中无公式可求，就张君自己所下的科学定义，只可以证明人生观不成科学。但是人生观成不成科学是一事，科学能不能解决人生观的问题又是一事。而张君劢并为一谈，无怪丁在君要说他"违背论理学"，为"玄学鬼"所迷了。

　　人生观何以不能成为科学，是不是因为如张君劢所说，人生观是主观的、直觉的、综合的、自由意志的、单一性的吗？关于这一层，丁君已有极详细的驳论。丁君的科学知识论，是要证明"凡是心理的内容，真的概念推论，无一不是科学的材料"。人生观要是不外乎心理推论的作用，也当然要受科学的支配。但是张君要说："我所说的人生观，决

---

　　* 录自《努力周报》，第 53 号（1923 年 5 月 20 日）。署名"叔永"。——编者注

不是由概念推论所得来的。我的人生观是由主观的自身良心所主张。"我们现在再要看看张君所说的自身良心，是不是一个极单简的东西。张君解说人生观的时候，先立了一个为中心的"我"，随后引证人生观的特点，就有"孔子的行健，老子的无为，孟子的性善，荀子的性恶……康德的义务观念，边沁的功利主义，达尔文的生存竞争论，哥罗巴金的互助主义……叔本华、哈德门的悲观主义，兰勃尼慈、黑智儿的乐观主义，孔子的修身齐家主义，释迦的出世主义……"等等。这许多东西里面有的是讲的社会伦理，有的是说的行为动机，有的是指的人生究竟。任举那一件，都不是单简的"直觉"或概念。我们晓得科学的方法虽是无所不能（读者注意，我说的是科学方法，不是科学万能），但是他应用起来，却有一定的限度。我们所说的限度，就是指那经过分析而确实清楚的事实。张君所说的人生观，既然是一个浑沌囵囵的东西，科学方法自然用不上去。张君是不曾学过科学的人，不明白科学的性质，倒也罢了，丁君乃研究地质的科学家，偏要拿科学来和张君的人生观捣乱，真是"牛头不对马嘴"了。

上面所说的，是要证明浑沌复杂的人生观，当然不受科学的支配，有勉强拿科学方法去部勒他的，不免终归于失败，如像张君劢的演说，就是宣布这种失败的结果。但是照这样说来，科学简直和人生观没有关系吗？我们答应这个疑问，自然是一个顶大的"否"字。我们的意见是：人生观的科学是不可能的事，而科学的人生观却是可能的事。让我稍为详细的把这件事讲一讲。人生观的种类，虽然狠多，但有一个公共的出发点，就是要求外物与内心的调和。外物的对象，无论是纯粹物质也好，社会制度也好，他我总体也好，宇宙背后的造物也好；调和的方法无论是希望也好，要求也好，改革也好，出世也好，总之要在内面的我，和外面的物质世界中间，求一个恰好满足的关系。这种说法，不是唯物论的科学家才如此的，唯心论的哲学家大半都是如此的。人生观既然不能离物质世界而独立，所以物质界的知识愈进，人生观当然亦从而生变动。换一句话说，就是物质界的知识愈进于科学的，而人生观之进于科学的，亦与之为比例。关于这一层最明显的例，就是生物学上的进化论。达尔文的学说，是张君所不认为完全成立的。张君并且引杜里舒的话，来证明达尔文学说的不成立。但达尔文的学说成立与否为一事，进化论的成立与否又为一事。据我们所晓得的，达尔文的学说，虽经过了若干修正及改革，进化论的原理，却是无人能反对的。进化论发明之后，所生的人生观的影响，至少有下列几件：第一是表明人类在自然界的位置，第二是打破宗教上的创造说和玄学上的前定论，第三是张君所举的生存竞争论。我们无论如何说物质文明与精神文明没有关系，总不能不承认近世的人生观，比中古时代的固定的消极的人生观进步多了。但是这一点人生观的进步，还是从那"未经解决"的进化论得来的呵！

科学与人生观的关系，不但是因物质科学的进步，间接的把人生观改变，直接的，科学自己还可以造出一种人生观来。这一层在以科学为客观的、机械的、物质的的人，未免有些不信。唯其如此，我们对于此点不能不特别加以说明。人人都晓得研究科学的人，大半是不信宗教的，但大多数的科学家，都是道德完备、人格高尚的人。要是人生观就是对于社会伦理、人生目的有一定见解的意思，我们不能说这一般人没有人生观。他们的人生观是从那里得来的？原来他们的人生观，就在他们的科学研究里面。这就科学的性质上方法上可寻得出几个缘故来。

第一，科学的目的在求真理，而真理是无穷无边的，所以研究科学的人，都具一种猛勇前进，尽瘁于真理的启瀹，不知老之将至的人生观。牛顿暮年的时候，说："我不晓得世界看我是怎样。我自己觉得我不过像一个小孩子在真理的大海边，偶然拾得几个可爱的贝壳玩弄，而真理的大海仍在我的前面，不曾发见。"现今的物理学大家汤姆生说："我们占了一峰还有一峰，看看我们的前面，仍旧全是美丽有趣的去处。但是我们看不见目的地和水平线。在较远的地方，还有更高的山，能攀登上去，就能看见更好的景界。科学愈进步而造物的伟大不可思议也愈显明。"这些话出诸大科学家之口，都可以代表科学家的一种伟大的人生观。有了这种人生观，才能打破物质界的许多引诱，凡是真正的科学家都是如此的。

第二，因为科学探讨的精神，深远而没有界限，所以心中一切偏见私意，都可以打破，使他和自然界高远的精神相接触。这样的人生观、也不是他类的人可以得到的。关于这一层，我们可以引赫泻尔的话来做一个例。他说："有多少时候只要把观点改一改，或把隐僻的原理应用一应用，就可把物理或算学上的荆棘变成康庄，研究中的不毛，变成知识及权力的泉源。见惯了这些事体的人，若有人告诉他说人类的现在及将来是一个无望可悲的结果，他一定不相信。一方面在他们的研究中间，由四方八面看见道德、知识以及物质的种种关系，那样广漠无限，而他自己在宇宙中间那样的细微不足道。他要想停止或改变在他四周的大机的运动，一点也不能为力。他才晓得希望的自信力和坎然的自处，同是他性质中所必须的"。有了这种人生观，所以有些科学家，竟能把荣名界限及一切社会阶级打破。这是因为科学家的人生观，是超乎这些以上的。

第三，科学所研究的是事物的关系，明白了关系，才能发见公式。这样关系的研究，公式的发见，都可以给人一种因果的观念。而且这个因果观念，在经验世界里面，是有绝对的普遍性的。研究科学的人，把因果观念应用到人生观上去，事事都要求一个合理的。这种合理的人生观，也是研究科学的结果。我们何以不信亚当降种的尊贵，而自甘动物进化的卑贱，因为前说不合理的原故。我们何以不信五行风水的说话，而主张人能主宰自己的运命，也因为前者不合理的原故。科学家因为要求一个合理的关系，所以不惮用精确的观察去求事实，精确的论理去做推论。他们因为要求一个合理的结论，所以不惮和前人的名论或社会的成见宣战。赫胥黎说："要我相信在某时以前宇宙不曾存在，忽然有一个先在的神人，在六天中间（或者说立刻也可）就把他造成功来，也不是很难的事体。我不说凡不能的都是不真。我所提出的只是最低微而最有理的要求，要求现在所有动植物的种类由那样创造出来的一点证据。这一点证据是我要相信觉得极不可能的说话的唯一条件。"他们不敢信怎样隆古重要的传说，只是要求一个证据，因为他们晓得只有由证据推出的结论是合理的。

上面略举三种科学的人生观以见一斑，其余的不多说了。总结起来，我们承认：

（一）科学有他的限界，凡笼统浑沌的思想，或未经分析的事实，都非科学所能支配。但是科学的职务，就在要分析及弄清楚这些思想事实上。

（二）人生观若就是一个笼统的观念，自然不在科学范围以内。若分析起来，有一大部分或全部分，都可以用科学方法去变更或解决。

我们还要主张：

（三）科学自身可以发生各种伟大高尚的人生观。

（四）因为不曾研究过科学的，看不到这种人生观的景界，我们应该多提倡科学以改良人生观，不当因为注重人生观而忽视科学。

科学研究之国际趋势 *
（1923 年 10 月 10 日）

欧战以来，吾国人士懍然作科学破产之惧。发之者不过一二神经过敏之人，和之者遵奉为先知灼见，几若日中必昃，夏尽而秋，为势之无可解免者，此大误也。夫科学为一种开明之势力，人群进化，亦唯向开明路上前进。谓战争有返于野蛮之趋势，背乎进化之原理，当以科学真理矫正之则可。以战争之结果，蔽罪科学，乃并此引导人类由暗入明之一线光明，一切吐弃毁灭之，则亦未免本末倒置之甚矣。今请略述科学研究之国际趋势，以见大战以后各国提倡科学之盛与其关系之大，俾关心世道学术之君子，知所选择焉。

今于进言之前，关于科学性质当为数语以申明者。（一）科学有永久性。个人习见一切学术，日新月盛，新理发明，尤日进不已。遂疑前人殚精竭虑，向自然界争来之一点秘奥，举不过为当前之刍狗，而有返施还辕，弃之如遗者，不知科学上之理论与定则，诚不免新陈代谢随时进化之迹，而科学本体，则唯有根深叶茂，日进高明，绝无根本推翻之事。此为化学之冶金化学时代，有原子互变之说，后虽为元素不变之说所易，而化学之本体固自若也。（二）科学有普遍性。科学为客观真理，唯其为客观的，故在此处以为然，在彼处亦无不然。如一克之水在中国称之为一克者，在美国称之仍为一克，此性质乃近人常言者也。（三）科学有广大性。吾所谓广大性者，谓每一问题，以观察范围之所及愈广，而研究结果之确度愈增，如地质之学，如生物进化之学。一问题之答解，尝须求其原因于数千年、数万里以外，而其答解之完全与否，而多以其观察之广狭而差。

---

* 录自《申报》国庆纪念增刊，1923 年 10 月 10 日。——编者注

唯其然也，故科学之研究，不得不与昔日研究学术之方法有异。昔之研究学术者，多恃一人之独奋。所谓下帷专精，目不窥园，闭门造车，出门合辙，此昔日研究学术之方法也。今之研究科学者，则公众组织当与一人独奋并重。盖无一人之独奋，当然无所谓学问。而无公众组织，则于科学之广大与普遍性，得有不能发挥尽致者，是吾人所宜留意者也。

今举一例以明一人独奋与公众组织之当并重。牛顿之引力定律，在一六六六年已有得于心，徒以当时地球纬度测量未精，故由计算所得月球轨道未能适合。至一六七二年，法国科学院会员皮卡得精确测量之结果出，而后牛顿得据以改正其计算，而引力之说以定。至由国际团体组成之科学研究，则当以天文之国际图表（The International Chart of the Heavens）为嚆矢，穷兹事之起原，至饶趣味。一八八二年，有彗星出现于特博海湾，极长而显。是时非洲好望角皇家天文师戴维氏试以照象镜摄之，则得极明显之影，且不特得彗星之影也，即他恒星之影亦多被摄入。戴氏既利用此法，摄取四十五万星影，犹以为未足，遂于一八八七年，在巴黎召集国际会议，议以照象遍测天象之法，于是十七国之代表五十六人，议决作一全天十四万星以上二千万颗星斗之照象图，参与此役者散在全世界之天文台凡十有八，图成时积高三十英尺重十吨云。

此种巨大之工作，其非一私人所能从事固矣。即一国团体之力，亦有难望其成者，故国际共作之事，乃为势之所不容已。而科学之中此类问题，固不能更仆数也。再举一例，如地质上冲积层研究，此关地质学及生计学最有价值之问题也。然欲研究此问题：（一）不可不知近世冲积与沉淀之成因；（二）须去冲积沉淀之变动与其变动之原因。欲知此二者非易事也，必须研究现今积淀之各种情形。沙漠之地、干燥之乡、潮湿之区、大湖之底、冰川之所磨砻、海岸之所淘刷、三角洲伏流滩与半热带海洋之隐岩，无一不当尽量研究。此又非一国或一团体之力所能奏效也。最近则地球转轴之移动，由美国、日本、意大利同时测量纬度之变迁而益证明，美亚两洲太古时代之联络，因蒙古地下化石古兽之发见而有所征验，不可谓国际的科学研究之好成绩也。

乃若国际研究团体之宏大组织，莫过于一九一八年欧战以后所发起之国际研究协会（International Research Council）。此国际研究协会盖以各国之研究会（National Research Councils）为会员而为更进一层之大组织者，一九一九年在比京布鲁塞开会时正式成立者。有国际天文学协会（The International Astronominal Union）、国际测地与地质物理学协会（The International Geodetic and Geophysical Union）、国际化学及应用化学协会（The International Union of Pure and Applied Chemistry）。其数学、物理、无线电、地理、地质、生物、医药及目录学等国际协会，则方在组织中。

此种国际协会之宗旨，亦得略言如下。

（一）使各国中各科学者与各应用科学者之活动，发生相当关系。

（二）奖励国际间学会或协会之成立以促科学进步。

（三）在某科学中尚无相当的团体存立时，应使国际间之科学活动向北方进行。

（四）联络各协会国政府，使对于科学计划发生兴趣。

以上所言，可见科学在性质上、组织上，皆有扩充之势，无萎缩之兆，有调和之机，无冲突之患。彼以欧战为科学罪，并以是卜科学之将衰者，是未知当今科学界之趋势者也。吾人言及此，所不禁怒焉忧伤者。以地大物博之我国，科学上既鲜有发明，科学团体之组织复不见进步，即有一中国科学社，以提倡与研究科学自任，而独唱寡和，收效犹远，不知将以科学破产之言，自欺欺人以自了耶，抑将自绝于人文之域，不为当世知识界之增进，尽一分人类应具之责任也。世有君子，幸观省焉。

科学教育与科学[*]
（1924 年 1 月）

　　科学教育，此迩日学界最注重之一问题也。既聘"专家"以司调查，又设科学讲习会以培养师资，而调查科学教育之推士先生复对于中小学校科学教育有所建议，如减少讲演时间，增加实验时间，注重个人之实验练习及采集训练等，皆可谓具体的改良计划。诚以吾国中小学之科学教育，有彻底改造之必要，而不科学的之科学教育，固不能谓之科学教育也。

　　虽然，科学教育重要矣。而科学本身之尤为重要，谅不待言。乃观於学界对待科学之态度，使人不能无惑焉。曩推士先生尝语记者："今日中国之所需者，乃多数熟习教学法之教师，若独立研究之人才，于今日中国之教育界非所急也。"此言但就"教育上"着想，而不从"科学上"着想，固不可谓无相当理由。何则，吾人不能希望中小学之科学教师，皆独立研究之大科学家也。虽然，问今之科学教育，何以大部分皆属失败，岂不曰讲演时间过多，依赖书本过甚，使学生虽习过科学课程，而于科学之精神与意义，仍茫未有得乎？则试问今之科学教师，何以只知照书本讲演，岂不以彼所从学之教师，其教之也，亦如是则已乎？如此递推，至于无穷，然后知无真正科学家以导其源，欲科学教育之适如其分，不可得之数也。换词言之，即有科学乃有所谓科学教育，而国内学者似于此点尚未大明了，此一事也。

　　其二则为对于科学之误会。数月以前，吾国学界忽有所谓"科玄之战"发生。其辩论之结束，至少足证明吾国思想家之一小部分，对于科学之真义犹不免有所误会。故对于科学之价值，遂不能不加以怀疑。夫

---

　　* 录自《科学》，第 9 卷第 1 期（1924 年 1 月）。署名"永"。——编者注

当十五世纪时代，科学曾一度战胜神学而为学术界开一新纪元。当十八世纪时代，科学又一度战胜古典文学而为教育界辟一新领土。今则战事已完，胜负已定，而谈者若曰：历史而可重制，当屏科学于教育科程之外。此种精神，不能与科学教育同育并茂不待言矣。其所以有此现象，正以科学研究尚未深造，故于科学真意，动觉隔膜。则言科学教育而不可不先言科学，又其一事也。

本志在两年前，即有"科学教育专号"之作，迩来对于科学教育未遑论列。阅者或疑本志于此问题淡漠置之，而不知非也。记者以为欲科学家言科学教育易，欲一般人知科学难，愿科学教育家及科学家知此意也。

中国科学社对美款用途意见[*]
（1924 年 7 月 1 日）

中国科学社社员任鸿隽等关于美国退还赔款用途之意见云：退还庚子赔款之举，一九〇七年美国既实行于先，近且举其所余部分一律退还。退还条件，除限定用于教育及文化事业外，不涉他项。其慷慨仗义之情，与扶植文化之意，皆吾人所同深感佩者也。唯自第二批退还赔款之消息传布以来，国内对此杯羹图沾余润者固不乏人，至对于此款用途及保管方法之讨论，则阒寂未有多闻，虑非友邦助我及吾人自助之意也。兹就同人管见所及提出两事，期与海内外学者等商榷之。

（一）"赔款之用途"。赔款用途，限于教育与文化方面，此已决之问题也。顾教育文化范围甚广，今欲此款用之得当而最有利益，不可不先定几个原则：（1）此款为数无多，不宜过分，分则力弱而效微。换言之，即不宜兼顾多种事业是也；（2）此款宜用于学术上最根本最重要之事业，使教育文化皆能得有永久独立之基础。

同人管见，以为合于上两个原则，莫如用于纯粹科学及应用科学之研究。而实施此种研究之办法，尤以设立科学研究所为最适合需要。其理由如下：（A）科学研究为吾国所最缺乏，而吾国各种事业如教育实业，皆有得于科学之研究，故在吾国又为最根本而最重要；（B）科学研究之设备及维持，需费颇巨，断非今日民穷财匮之中国所能倡办；（C）科学真理，为世界的公共的，此种研究如有结果，世界人类悉受其福，最合于退款者发展文化之盛意，至此种研究所如何组织与设置，则当俟两国委员会决定，兹暂不及。

（二）"赔款之保管"。保管赔款，须设基金委员会。此事似亦有一

---

* 录自《申报》，1924 年 7 月 1 日。——编者注

致意见，无待赘言。顾此委员会如何组织，职权若何，委员如何产出，则尚未有相当办法。同人之意，以为在此委员会成立以前，宜由两国政府征求两国学者及教育家之同意，规定办事大纲，将款项用途原则，及支配方法大略订定，而委员会则在规定之范围以内，行使其职权。此举亦有数善：（1）发展教育与文化，为两国永久共同举办之事，不可不博采两国之舆论，以定进行方针；（2）委员人数及分配虽属未定，以意揣之，中美人数必略相等，若于所办事业，漫无标准，恐争执之际，无所取裁；（3）有协定之大纲，则委员会办事有所依据，即政府与社会，亦得就其标准为相当之监督。至委员之资格务须从严，非研究学术确有心得及办理教育实业确有成绩之事业家，不克当选，国内团体已有先同人而言之者矣。或谓委员选举既得其人，则一切办法自可由委员会自行主持，似无先定大纲之必要，不知委员之产出如何而始称尽善，此问题之解决，似较协定大纲为尤难。况以千数百万之款，百年文化之业，托之此委员会，责任綦重，少有不当，流弊且至无穷，不独黄金虚牝已也。故与其听之少数人之临时决策，无宁付之多数人之详细讨论，事之孰得孰失，不待智者而后知也。

上列两端：（1）赔款宜以之筹办科学研究事业；（2）委员会未成立以前，宜先有事业之大纲协定，为同人对于此次美国退还赔款之用途及保管方法具体意见，谨披陈如右，唯海内外贤者察焉。

任鸿隽　竺可桢　王　琎　秉　志　胡敦复　周子竞

宋梧生　宋杏邨　何奎垣　沈星五　杨杏佛　朱经农

唐擘黄　段抚群　胡刚复　胡明复　钟心煊　张慰慈

张　峻　曹梁厦　王云五　陶孟和　程寰西　何柏丞

叶元龙　陈淮钟　胡宪生

一个改良大学教育的提议 *
（1925 年 9 月 5 日）

一、大学教育的目的

甚么是大学教育？这本来是一个很难置答的问题。不过我们从大学的起源来看，很可能得到一点他们目的的大概。《礼记·学记篇》说："古之教者，家有塾，党有庠，术有序，国有学。一年视离经辨志，三年视敬业示群，五年视博习亲师，七年视论学取友，谓之小成。九年知类通达，强立而不反，谓之大成。"这个"大成"的时候，大约算是大学毕业了；但是我们看他从离经辨志以至去类通达，强立不反，所要求的以立身行己之事为多，而学问求知之事为少。换一句话说，就是我们古代的大学，人格教育重于求知的教育，这可以见得我们古代大学教育目的的一般了。西方大学制度，起于中世纪的末年。其时欧洲各种行业相继发生，讲学的人也不能不聚在一起，一面传授学术，一面自图保卫。讲学和求学的人聚集多了，他们的势力也渐渐扩大起来，于是他们的团体便叫做 University，意思是学者的行业；他们的教员叫做 Professor，意思是精通某项学问技术的人；而他们的学生，学成之后叫做 Bachelor，意思是已经毕业而有做教员的资格。这样，可以看见西方大学的目的，是偏重于学问技术一方面的。至于立身行己一方面，教员学生间的自然感化或者有之，但却不是他们设学校的重要目的。

东西两方大学的目的既有这样的不同，我们若能把两方的结果拿来比较一下，自然是极有益的事体。可惜东方的大学，自来没有成为统系

---

* 录自《现代评论》，第 2 卷第 39 期（1925 年 9 月 5 日）。与陈衡哲合署。——编者注

的组织，我们现在也无从考察其结果。西方人却本其求智的精神，加以时势的推演，就成立了现在大规模的大学制度。这个制度的好处，是同时可以容纳多数学生；但因他的范围扩大，教员与学生的关系就不能不愈加疏远；疏远的结果，是教员对于学生，但负知识上的责任，而不负品行上的责任。这种情形，在我们初进西方大学的人看来，是很可怪的，但我们若晓得西方大学的历史和他社会的情形，也没有甚么可怪的地方。

然则我们可以说西方大学对于学生人格的训练完全不管吗？这却不然。我们晓得在德国法国，中学的管理皆取极严格主义，所以他们两国的学生，在未进大学以前，于求学行事，都是有了相当训练的。美国的大学，于学校功课之外，把宗教、伦理、公民教育等训练也看得极重。在英国则较古的大学如牛津、康桥两大学，都有所谓导师制度（Tutorial System）。他的办法，是中学校聘请品学兼优的学者若干人来做导师（Tutor），学生进校之后，必归一个导师管理，一切求学行事都要受他的指导。这个制度，自然也是中世纪的遗传，但他的一种合学问与做人为一冶，以先生而兼朋友的精神，在现代学校组织中，可以说有特殊的长处。

照上面所说，西方大学的教法，至少有两个不同的形式。一是大规模的讲授制，一是导师制，前者是新生的，后者是旧有的。这两种办法，自然不是绝不相容，而且实际上英国的导师制，也不过是大学的一部分，一小部分。但这一小部分，在大学教育中，占极重要的地位，是无可疑的。

二、我国大学教育的失败

西方大规模的大学，算不算成功，姑不必论，我国摹仿西方这种办法，办了大学几十年，其结果不能不说是完全失败。失败的原因，除了政局的不稳，经费的短少，学问程度的不够以及外界许多意外的恶影响外，在大学本身至少有两个深入膏肓的病源。这两个病源不去，即使政治清明，经费充裕，大学教育也是没有希望的。两个病源是甚么？一是教员对于学生的不负责任，一是学生缺乏研究学问的精神。我们先从第一层讲起。

我们晓得照导师制的办法，教员与学生须当形影相依，有如家人父子一样，这自然是再好不过的了。其次即如大规模的讲授制，教员对于学生，虽不负知识以外的责任，但在本科以内知识上的责任仍是要负的。现在试看我们大学内情形是怎么样？大多数的教员，到了时候来上讲堂，钟点讲毕，他的责任即尽于是。学生有无心得，是否用功，他是不暇过问的。每有一科毕业，学生与教员，彼此仍觌面如路人的。如此，教员即有天大的本领，于学生的学问前途还有甚么关系？至于人格的感化更只有负的结果了。所以我们说教员的不负责任，是大学教育失败的第一个原因。

其次是学生缺乏研究学问的精神。何以见得呢？我们看见现时各处校内校外的风潮层出不已，第一个疑问，就是青年学生们那里来这些闲功夫来干这些玩意。你说，譬如最近的沪案风潮，是激于爱国热忱，不得已而为之的。那末，我也可以说，研究学问去培植自己的实力，才是真正的爱国行为。何况哄校长，赶教员，许多学校的风潮，是与爱国绝对无干的。即在没有风潮的学校，我们也很少听见学生与教员商议研究一个甚么问题，发表一篇甚么著作。我们所常听见的却是要求少看参考书，要求免除考试与要求考试时指定范围。这不是表示我们大多数的学生诸君，并非为学问而学问，乃是为文凭学位而学问吗？既是为文凭学问而学问，那末，有比读书较易而仍可得文凭之道，他们当然何乐而不为？于是乎一阵风潮之后，毕业的便可无试验而毕业，升级的便可无试验而升级了。

在我们说这个话的时候，当然不曾忘记少数的尽心教育和专心学问的教员学生们。他们也能特立独行，不为恶俗病菌所传染。不过在现在情形下，因学校经费的支绌，设备的不完全，组织的未臻妥善，外界势力的牵引，即使有循循善诱的良师，亦苦于施教无从；即使有孜孜好学的学生，亦苦于求学无所；于是我们的大学教育，遂不能不完全归于失败。

失败的特征，就学术方面言，是我们讲学几十年，不但各种学术的进步不曾看见，即现代学术的输入及我国旧学术的整理，也还没有做到。就人才方面言，不但成德达材，有守有为的人才不曾造出，就是一材一艺洁身自好之士，在大学毕业人士也不可多见。除非我们说大学的目的，并不在研究学术，培植人才，而止在发出一些文凭学位，为学生做进身的敲门砖，我们的大学教育不能不算是失败。

固然，几十年的光阴并不算长，我们拿来判断一件事的成功与失败，未免早计一点。但拿现在的现象推测将来的结果，我们能说他有甚么成果的希望吗？古人说得好："朝隮于西，崇朝其雨。"又说："迨天之未阴雨，彻彼桑土，绸缪牖户。"我们看见了下雨的征候，再想一点躲雨的办法，大约也不是过虑罢。

三、补救的办法

补救的方法，我们以为当参合中国书院的精神和西方导师的制度，成一种新的学校组织。中国书院的组织，是以人为中心的。往往一个大师以讲学行谊相号召，就有四方学者翕然从风，不但学问之上有相当的研究，就是风气上也有无形的转移，如朱文公的白鹿洞，胡安定的湖州，都是一例。但是书院的组织太单简了，现在的时代，不但没有一个人可以博通众学，满足几百千人的希望，而现在求学的方法，也没有一人而贯注几百千人的可能。要补救这个缺点，我们可兼采西方的导师制，就是一个书院以少数教者及少数学者为主体；这个书院的学生，都有旧时山长的资格，学问品行都为学生所敬服，而这些先生也对于学校的求学、品行两方面，直接负其指导陶镕的责任。我们根据这种理想，略拟几条组织大纲如下：

一、此学校不必定名为某大学，但其程度须等于大学研究科，或至少与现在国立大学之程度相等。（附言）现在大学一名已用得极滥，不能为学校程度的代表，故只得放弃不用，将来或可另创标准有定的名词为之代替。

二、此学校的教师，不但要学问为人所尊仰，而且要立身行事，皦然无訾，足以为人师表的。

三、课目不必求多，但就各教师所专长者讲授。教师认为有循序渐进的必要时，得排定次序由浅入深。

四、学生不限于在某等学校毕业，但须有基础学科的知识，并须对于所研习的学科有充分的预备。

五、学生入校后须认定教师一人为导师，以后他的求学及行为，须完全受此教师的指导。

六、一教师至多只能担任二个学生的指导职务。

七、学生无毕业年限，以所从事的学科尽本校所能指授者为毕业。毕业后可发学业证明书，但无文凭学位。

这不过是一个很粗略的大纲，若开办时，自然还有详细的规定。总而言之，我们的意思，只是觉得现在大学的办法，达不到所谓研究学术培植人才的目的，所以想另开一条新路走走。我们要除去现在大学学问与人格分离的毛病，所以主张教员的人格感化。实现的办法，就是教员与学生的接近，和对于学生的负责。我们因看见现在学校的风潮迭起，大半由于内部的不叶洽，甚至于有政治作用，所以主张少数学者自由结合。我们因看见现在学生有为文凭而求学的，亦有欲求学而无从的，所以主张不给文凭学位，而奖励自由研究。这中间有许多是西方最新学校的办法，但也是我们中国书院制的精神。

我们不希望现在的官立私立大学都立刻照这个办法，但我们很希望有少数的学者来做这个试验。

我们极诚恳的提出这个建议，还望海内同人赐教。

高等中学公共必修的科学概论课程纲要[*]
（1925 年）

（一）授课时间及学分　每周讲授三小时，一学年授毕，共六学分。

（二）目的

1. 注重科学精神及方法，以矫正吾国自来为学弊病。

2. 少作论理上言谈，以期合于高中学生程度。

3. 多叙科学发达史，以补学生科学知识之缺乏。

4. 略阐科学上重要概念，以引起学生研究趣味。

（三）内容及方法　照下列题目逐次演讲。每讲应历举中西书籍及科学上事实以作例证。于必要时可在讲堂中作单简实验。每章讲毕，可举一二参考书，俾学生自阅参考。或将全章要点举出发问，使学生条答。

1. 科学之起源

（a）好奇心（b）实际须用。

2. 知识之进化

迷信——经验——正确知识。

3. 知识之种类

文字的知识，事实的知识，学术分类的大概。

4. 科学精神

求真，尚实，贵确，存疑。

5. 科学目的

发见事物公例与因果关系。

---

　　* 《广东省教育会杂志》，第 2 卷第 6 期（1925 年）。原题下署"任鸿隽起草"。——编者注

6. 科学方法

理论上的——比较，归纳，演绎。

实施上的——观察，试验，推理，假设，证验。

7. 科学发达史略

文艺复兴与以后科学研究之崛起——由神力说至近世天文学——由魔术至近世物理、化学——由创造说至近世天演说。

8. 近世科学概念

物质，能力，空间，时间。

9. 科学之应用

科学发明，科学与工业，科学与疾病等等。

10. 科学在近世文明之位置

科学概论[*]
（1926 年）

序

倘若我们向一个朋友问他"科学概论"讲的是什么东西，我们一定得着一些千差万别的答案。有的一定说科学概论讲的是科学的根本问题；有的或者说科学概论讲的是科学发达的大概；再有的还要说科学概论讲的是科学与其他学术或社会问题的关系。这些主张，我们觉得都不能代表科学概论的全部，但同时也不能说他不对，因为"概论"这两个字，原来是无所不包的呵。

我们晓得概论这一类的著作，无论在那一门学科里面，都在那一种学问十分发达以后，才有成功的可能。所以法学在近代学术中要算很发达的了，于是有法学通论一类的著作；文学也是近代最发达的一种学科，于是我们有文学通论一类的著作。科学在西方学术中间本来是后起之秀。在他初生的时候，他只是"自然哲学"，做哲学界的一个附庸。后来他同哲学分离了，各自向新领土去发展；但因这新领土的广大与新奇，科学家的注意完全被新发展的事业占领去了，从来没有一些闲暇时间去做这回顾与鸟瞰的勾当。所以科学的发达，在近百年来，可以说比什么学术都要猛厉，但是像法学概论或文学概论一类的科学概论著作，还是不曾出现。近来偶有几部此类的书，如 Henri Poincaré 的 *Foundation of Science*，Karl Pearson 的 *The Grammar of Science*，以至

---

[*] 录自《科学概论》（上篇），上海，商务印书馆，1926。署"任鸿隽著"，列为"中国科学社丛书"之三。作者原计划《科学概论》下册含中篇（近世科学的重要概念）和下篇（科学与近世生活），但后来未能实现。——编者注

于 J. A. Thomson 的 *Outline of Science*（《科学大纲》），不是失之过于高深，就是偏于陈述事实。这固然是目的不同，言各有当，但是要用来了解科学的大意，恐怕还不是最适当的著作——至少在现在的中国是这样的。

科学界著述的情形既是如此，然则我们此时要著一部科学概论，不太失之早计吗？这个话我觉得也未必然。我们现在所要的科学概论，有两个目的：（一）要使读者了解科学的意义，（二）要使读者得到科学的兴趣。关于第一层，我们觉得了解科学的意义不是容易的事体。科学的意义，不但平常人不易了解，就是学科学的人也不易了解。三十年前那些以船坚炮利、奇技淫巧为科学的，不消说了，就是学科学的人，学了化学仅知道氢氧氮……原子分子等的化合，学了物理学仅知道力学的算式，光电的放射等等，也不能算了解科学。我们只看许多科学的学者，免不了迷信思想，就可以明白他们对于科学根本的隔阂了。要了解科学，我们须要先寻出科学的出发点，那就是科学的精神和科学的方法等等。其次我们要晓得的，才是科学的本身和由科学发生的种种结果，如新式的工业、农业、医术等等。诚然，我们非在一门科学里面用功几十年，不能真正了解科学的方法和精神，但我们若不略为认识科学的方法和观念，要想了解一切科学事业的重要，是不可能的。关于第二层，我们要注意科学目下的状况。我们记得有人曾经说过，目下科学教科书的最大缺点，是专述科学上已经发明的事实，但不曾提及什么还要待我们的研究。这样的叙述，也许在做教科书的体例上是不得不然的，但我们不能不说他减少了学者许多的兴趣。我们晓得兴趣的发生，在于寻出问题，而通常教科书采入的材料，都是不发生问题，或是有问题而认为已经解决的。例如能（energy）的一个问题，在通常教科书中只说是不生不灭的（能量不灭的定律），至于能的来源，能有趋于无用的倾向，与原质内能新发见（放射质），便不大说及了。但是这能的问题，自然是将来科学界第一个大问题。如这一类的叙述与讨论，在通常的教科书中所见为缺乏的。在概论中却不妨尽量的发挥，以了解科学的根本概念，而同时即可引起读者的兴趣。

作者认为这两个目的，著了这一部科学概论。他不敢作高深的科学根本的讨论，因为在我们现在科学界里，这些还不成重要问题。他不敢起鸟瞰科学的野心，因为在现在科学发达的程度中，以一人而叙述各种的发展，也是邻于不可能事体。但是他很希望这本书能够使人读了之后，了解科学的特别性质，了解奇技淫巧不是科学，了解科学在近代学术上所占的地位，了解科学与近世生活所发生的关系。这样的一个计画，当然有实现的可能。若不能达到这个目的，只有怪作者学力的不够，及文章的不善，不能让科学界目下的状况来替我们分责了。

又本书于各种问题的讨论，作者采取各家学说，务求平允，有时也参加己见，有所折衷。读者若发见有什么谬误的地方，加以纠正，那是作者所馨香祷祝的了。

民国十五年七月　任鸿隽

例　言

本书分三篇，上篇叙述科学的基本性质，中篇讨论近世科学的重要概念，下篇陈述科学与近世生活的关系。全书约共二十万言，现分两册出版，合之可为科学全体写照，分之亦可见各部分的重要。

本书大体以科学发达的历史为经，以科学的各种原则及问题的讨论为纬，意在以经证纬，使读者注意科学性质的说明，同时复了解科学上重要的事实及其发展的次序。但本书非科学史，故于事实的叙述，只限随便举例，简略疏漏及先后错出，均不能免，读者谅之。

本书原为高级中学教科书而作。但是此科在吾国学校课程中为新设，作者对于高中教课素乏经验，此书内容的组织及取材，能否适于高中教科之用，尤不敢言。现暂定此书为中国科学社丛书之一，以备担任此项功课者之参考，及一般欲悉科学真义者阅读之用。如有用此书为教科者，能将其缺点见示以备将来随时增改，使合于教科之用，尤为欢迎。

第一章　科学的起源

科学的定义

科学是什么？[①] 这个问题是本书所要解答的。我们希望读者读过此

---

① 科学这个字，在西方各国文字的意思已很不一致。如英文的 science 常常与 philosophy（哲学）混称。法文的 science 虽不与 philosophy 相混，但他的意思较为宽广，常常要用"社会的"、"政治的"等形容词来加限制，和英文用 philosophy 加上"自然"、"实验"、"道德"等形容词一样。德文的 Wissenschaft，意思尤为宽广，凡有统序有方法的知识，都包括在内。其 exacte Wissenschaft（精确科学）一语，也包括算术及自然科学，约等于英法两文之 science（参观 Merz, *History of European Thought*, pp. 89–90）。

书之后，对于科学自然有个正确的了解。但在开始叙述以前，为便利讨论起见，我们觉得有替科学两字下一个定义的必要。简单的我们可以说：

科学是根据于自然现象，依论理方法的研究，发见其关系法则的有统系的知识。①

照这个定义看来，我们应当注意下列几点：

（一）科学是有统系的知识，故人类进化史上片段的发明，如我国的指南针火药，虽不能不说是科学知识，但不得即为科学。

（二）科学是依一定方法研究出来的结果，故偶然的发见，如人类始知用火，冶金，虽其知识如何重要，然不得为科学。

（三）科学是根据于自然现象而发见其关系法则的，设所根据的是空虚的思想，如玄学、哲学，或古人的言语如经学，而所用的方法又不在发明其关系法则，则虽如何有条理组织，而不得为科学。

总而言之，照上面的定义，我们所谓科学，即等于自然科学（natural science）。本来自然这个字应该包括宇宙间的一切现象，人类是自然界的一物，当然不能除外。所以有许多社会现象经过科学方法的研究，都变成了科学，如历史学、社会学等是。但本书的宗旨，是要说明科学的特殊物质性，我们以为范围愈小，他的性质越容易说明。以下所说的，专就物质科学、生物科学而言，因为此等科学是科学中的中坚和本部，了解这一部分之后，其他虽有出入，也不至于发生误会了。

照上面所说的看来，我们可以说科学是近世西洋文化的一种特产。严格的说，近世科学的成立，要把西历一千六百二十年，弗兰西斯·培根的《新工具》（*Novum Organum*）出世的一年，作了一个纪元的日子。② 不过说科学在甚么时候出现或成立是一事，追溯人类求智的动机以说明科学的起源，又是一事。现在我们要讲的，就是科学的起源，也可以说是求智的动机。

---

① 科学的定义也很多而很不一样。我们现在随意举几个作例。如希几维克（Sidgwick）在他的《哲学》书中说："科学是共同承认的普通知识体之一群，每一体都与可识世间之一部分或一形相有关系。"哈密尔顿（Sir. W. Hamilton）说："科学知识是因果相生的知识。"皮耳生（Karl Pearson）说："科学可以说是我们官觉印象（sense impression）的累篇分类的索引。我们有了他，可以不费力的查出我们所要的东西；但是他不能告诉我们生命奇书的内容是甚么。"而《韦勃斯特（Webster）字典》中的定义是："科学是已经承认和聚集起来的知识；这些知识是为要发见普通的真理，或要发见普通原则的运用而加以组织及方式的。"

② 参观本书第六章。

求智为科学的动机

自来讲心理学的，总把人的心理分为知（intellect）、情（emotion）、意（will）三部。知的所属为知识，情的所属为感受，意的所属为行为。这种分法，无论于心理上对不对，但是我们晓得所谓"人为万物之灵"，所谓"人之所以异于禽兽"，实在要靠知识这个东西来做我们的分界牌。要说情感吗？"鸟之将死，其鸣也哀"，牛将衅钟，就现出觳觫的情形。喜怒哀乐，恐怕人与禽兽也相差无几。要说意志吗？"你能牵马到水边，不能使马吃水。"意志既在行为里面表现，我们也无法反证禽兽没有。唯有知识这件东西，的的确确可为生物进化的代表——至少在所谓心灵进化以内。我们不晓得禽兽的知识，比我们低到如何程度，但是我们可以把野蛮人的生活拿来做一个比例。达尔文（Charles Darwin，1809—1882）[①] 在他的《比格纪游》（*Voyage of the Beagle*）书内，叙述南美洲火拿斯顿岛（Wollaston Island）人的生活情景说：

> 这些是我所见的最卑下最可怜的生物。……他们没有蔽体的物品，就是长大的女子也是完全赤身。在那时候，正是下雨，那雨水和水花，直注的从她的身体流下。……到了晚上，五六个人也没有一点东西来遮蔽风雨，蜷睡在湿地上，同动物一样。只要潮水一退，无论是冬是夏，是昼是夜，他们立刻就得起来，往岩石上去拾取介鱼；他们的妇人，或则泅没入水中，去采集海蛋，或则耐性的坐在小舟上，用了无钩的钓发，去钓取一点小鱼。若是他们打死一个海豹，或者发见一块腐烂鲸鱼尸骸，和一点无味的草果和苔藓同吃，在他们是最大的酒席了。

达尔文写到此处还说："平常谈论的时候，常常有人疑问下等动物对于生命有什么快乐；我想对于这些野蛮人发这个疑问，更为有理。"

拿这样的野蛮人的生活来和所谓文明生活相比较，我们不能不承认文明人的生活大大进步了。固然，生活上的进步，大半是偏于物质方面的，但是我们要晓得，物质的进步，就是知识进步的代表。我们不能想象野蛮人的沐雨栉风比穿衣裳住房屋还要快乐，我们只好说他们不晓得穿衣裳、造房屋，只是因为知识程度还不够。所以人类求智的倾向，实在是生物进化的一个大动力，科学不过是知识进化的最高

---

① 达尔文是十九世纪英国最著名的生物学家，发明天择物竞学说，为近世天演说的宗师。

级罢了。

科学知识的起源

科学知识的起源，大概有两个动机：

（一）实际需要　人类在自然界竞争生存，是一件不容易的事。能战胜天然的就得生存，不能的便就灭亡，这是所谓物竞天择的公例，人类是不能独外的。我们用什么去战胜天然？不消说，是利用天然的知识。换句话说，我们有许多重要的知识，都是由实际需要驱迫出来的。在文明初启的时代，人类的生活大半为物质所限制，于是知识和实际需要的关系，尤为密切。我们举几个例来说明一下。例如天文算学的起源，近人都追溯到巴比伦（Babylonia）、埃及（Egypt）。巴比伦在西历纪元前三千八百年，已经晓得测时的方法。他们晓得一年为三百六十五日有零，一月为二十九天十二时四十四分。他们能晓得二百二十三个月（约十八年）以后，月蚀的次数是周而复始的。在埃及国中，几何学的发达，更不容疑义了。埃及金字塔的建筑，都有一定的方向和角度。据近人的考证，埃及的金字塔，不但是国王的陵墓，而且是占星的天文台，所以他的四边，正确向东西南北，而且塔中设有观星的露台。① 这样的建筑，自然是没有甚深的几何学和工程学的知识不会成功的。现在要问这些知识为什么在巴比伦和埃及特别发达？

这个问题的答案，很是简单，就是在这两个国家里有特别的实际需要。我们晓得巴比伦位于梯格里斯（Tigris）和幼发拉底（Euphrates）的下流，在两河之间，土地肥美宜农，和埃及的位于尼罗（Nile）河边相似。因为梯河与幼河都每年泛涨一次，而农作与时令的关系特别重要，于是他们就不得不观测日月星辰的"敬授人时"了。至于埃及与尼罗河的关系，尤为特别。据说，尼罗河每年泛涨一次，把岸上田土的界限都淹灭了，于是每年水退后，必须重新丈量一次。因为这个原故，那几何学的需要，就可想而知了。实际上，几何学（geometry）这个字，就是量地的意思（希腊文 $\gamma\alpha\tau\alpha$ 或 $\gamma\eta$ 为地，$\mu\epsilon\tau\rho\epsilon\tau\nu$ 为量）。

上面所说的，是实际需要和知识的关系。但实际需要是外面的压力。但有外面的压力而无内面的发展力，知识也是不会进步的。我们所谓内面的发展力，就是——

（二）好奇心　好奇心可以说是进化民族的一种天性，是不待勉强

① 参观郑贞文《最近物理学概观》第一章第五页。

而且不能抑制的。人越在少年时代，好奇心越重，我们只要看看孩提之童，无论见了什么，都要寻根究底，就可见了。人类进化的情形，也是如此。当人类初在世界有了自觉的时候，看见自然界森然万象，日月星辰，风雨雷云，山停水逝，鸟语花放，那一件不可使他起一个不可思议的思想？因为有了好奇心，对于这些不可思议的现象，才要去求一个答案。这答案的形式，不出两途：一个是"何故"（why），一个是"何以"（how）。研究"何故"的结果，粗者为神话，精者为哲学、宗教。研究"何以"的结果，粗者为断片知识，精者即为科学。我们现在且举几个例来说明。

自然现象的答案

我们晓得无论那国，关于自然现象的究竟，都有许多神话。神话的意思，无非是说风云雷雨，日月星辰，各有神人为之主宰。我们俗传的风伯、雨师、雷公、电母等名称，是不烦称引的。英国迭更生（G. L. Dickinson）所著《希腊人之生命观》（*The Greek View of Life*），对于古昔希腊人神话的起源说得非常明白，我们且引一段于下：

> 我们研究原人心理的时候，觉得第一件事是他们对于天然势力所有的恐惧和惶惑。他们无衣无屋以供遮蔽，又无武器以资保护，在那巨大而不可测度的东西中，处处与他们生疏而且为难的东西中，刻刻都有危险。火能热，水能溺，狂风暴雨能事破坏；虽有时日暖风和，亦可宜人，但此善意不过暂时的，而险恶乃为其常。不管他的意思如何，他是不可逃避，必须接触的。我们要得他的帮助，或同他抵抗，方能得到每步的前进，而且一时一刻也不能离开。这个常在的、隐蔽着、不可名状的东西是什么？这问题在他们的心中多久了，要搁开也不能。最后希腊人也同别的人在同样的情形下一样，用了他们特有的聪慧，得到一个答案，说"他是同我们一样"。他把每个自然界的权力，都看作灵界的人格存在：故天则为日媪斯（Zeus），地则为顿迈特（Demeter），海则为渤戏东（Poseidon）。这些形体，在他抟制手腕之下，一代一代的增多和固定，他们的品性和故事，也由最初的仅仅一个名字脱化结晶出来，最后则由意念中黑暗的隐示，产生出理想里光明美丽的世界中许多和善具体的人格。

这是说希腊神话的起源。我们晓得希腊神话说，"太阳是日神的火轮，天天从天中碾过；云是天上的牛，雨就是牛乳，下来润湿万物"，乃是对于自然现象的一种解释。中世纪的神学者说，世界是上帝造的。上帝把世界造成了，并且坐在他的玉座上管理天空中一切事物。他把日月星辰系在天空中，吹气就起风，天眼揭开了就下雨。[1] 我们中国古人把烈风雷雨当做上帝的震怒。这些说法，都可以表明原人的心理对于自然现象，都想求一个"何故"，求之不得，就不免"以身作则"，说他是有人格在后为之主宰了。这种解释可以说是宗教或哲学的起源，但于科学是不相干的。

其次，由好奇心引起对于自然界的注意，就是要求一个"何以"。比如人既知计算，则首先对于昼夜的分别，必引起时间长短的观念。又积累许久观察，知昼夜的长短不是一样，而且昼长的时候和昼短的时候，又有寒暑荣枯的种种的不同，而且是循环不已，周而复始的。他们渐渐的把日数记起来，直到大约三百六十五天，这个环期就可以一周，于是就有年的观念。至于月的圆缺现象，和他每日出现的周期，更容易使人生出月数（month）的观念。我们要注意，这种解释自然现象的方法，是专门注意于他现象的记录，他的原因如何，是不暇问的。关于这一点，巴比伦的时间测量法发明得最早而最有趣的，我们不妨征引一下。

巴比伦人早已知道用水钟的方法。他们的水钟，大概同我们的铜壶滴漏差不多，从一个盛水的壶中，让水慢慢流出，以同量的水表示同长的时间。他们用了这个量时的办法，来做了一个小小的实验，就是把日轮出地所须的时间和日轮经一昼夜所须的时间相比较，结果得日轮的直径，等于一昼夜日轮经天路径的七百二十分之一。现在再把全天分为十二小时，以十二除七百二十，即得一小时日轮前进的路程，等于六十个日轮（720/12＝60）。这就是天文测量及时间的计算以六十为单位的起源。[2]

我们看了这段故事，可以明白这个寻求"何以"的办法，只是要看太阳本身出现要若干时间，太阳经天一昼夜要若干时间，因此可以得到太阳的直径和周天路径的比较；但是他们对于太阳的为神，为人，为上帝的眼睛，为日神的火轮，是无所容心的。由这种态度所得的知识，都是事实的知识，不像由"何故"去求知识，会误入神话迷信一路。至于事实的知识，才是科学的根基所在，后章尚须详细解说，此处不必多讲了。

---

① 参观 Andrew D. White 著 *History of the War fare of Science with Theology*（《科学神学战争史》）第一章所引。

② 参观 Sedgwick and Tylor, *A Short History of Science*, Chap. Ⅱ. p. 28。

好奇心较实际需要尤为重要

实际需要虽然也是知识的起源，但是仅有实际需要而无好奇心，知识是不会发达的。我们只要看埃及的几何学，虽然有了起点，一直到了希腊的幼克理得（Euclid）[①]，才集此学的大成；这是因为希腊人的性情偏于理智，即富于好奇心，不像埃及人只重实际的原故。我们再看希腊的大数学家亚奇米得（Archimedes）[②]，当罗马大将玛舍那（Marcellus）攻进色拉扣思（Syracuse）城的时候，他因专心研究他的问题，竟忘了罗马人已经把城攻下了，直等一个罗马士兵到他的面前，要拉他去玛舍那的时候，他还要把一个几何题目做好了才肯去，因此触怒了这位兵士，就把他老先生杀死了。这样对于学问的专心，也就是好奇心强盛的表现。我们可以说，关于知识的起源，好奇心比实际需要尤为重要。

第二章　知识的进化

上章所说科学的起源，也就是一切知识的起源，科学不过是知识的特殊一种罢了。本章的主旨，在说明知识进化的程度，以见科学的地位和价值。但是知识是什么？乃是我们要先行说明的一个问题。

知识为解决环境困难的工具

知识的性质和起源，本来是哲学上的两个大问题。他的答案，有所谓实在论（realism）、观念论（idealism）、经验论（empiricism）、理性论（rationalism）种种。[③] 本书既不是讨论哲学的著作，这些问题当然在本书范围以外；我们所要晓得的，不过知识的普通意义就够了。希腊哲学家把知识和意见的界限分得很严；他们以为知识乃哲学研究的结

---

　　① 幼克理德，希腊数学家，生于纪元前第四纪间，即著《几何原本》者，为西方几何学的始祖。

　　② 亚奇米得，亦希腊数学家，生于纪元前287年，其死在色拉扣思的陷落，则为纪元前212年。亚奇米得颇似吾国的墨子，他发明种种机械，帮着守色拉扣思城，使罗马人攻之不下。现今物理学上有亚奇米得定理，也是他发明的。关于亚奇米得的死事，也有几说。一说，有一罗马兵士上前拔刀欲杀他。亚氏回头看了，毫无惧色，但求此兵稍缓一下，使他得完成它的图解。此兵竟不听，遂被杀。又一说，则谓亚氏正当他的数学仪器，如三角形、球体等搬到玛舍那去的时候，途中的兵士误认所搬的是金宝，遂被杀。死后玛舍那极痛惜之，替他立碑纪念。

　　③ 实在论是说我们的知识就是实物的拓本；观念论是说我们于实物的存在与否，无从得知，我们的知识不过是心中各种观念的集合而已。这两种都是解释知识的性质的。经验论是说感觉为一切知识的起源，因为集感觉而为经验，集经验而成知识；理性论是说真正的知识必根据于原理，而原理不是感觉所能得的。这两种都是解释知识的起源的。读者可参观 Paulson，*Introduction to Philosophy*，p. 49。

果，故意见人人可有，而知识乃是哲学家所独有的。

英国的近人皮耳生（Karl Pearson）又欲把知识的一个名词专用于科学方法所得的结果上。① 这种说法，都未免把知识的范围弄得太狭小了。就最普遍的意义而言，我们可以说，知识是解决环境困难的工具。知识即是解决环境困难的工具，故因环境的不同，而知识的程度亦不能不因之而异。因此，知识的进化，也是人类文化史上应有的现象。

解决环境的困难，是怎么一回事呢？《颜氏家训·勉学篇》说：

> 多见士大夫……全忘修学，乃有吉凶大事，议论得失，蒙然张口，如坐云雾；公私宴集，谈古赋诗，塞默低头，欠伸而已。有识旁观，代其入地，何惜数年勤学，长受一生愧辱哉？

这是说人而无学，即无知识，虽公私宴集的环境，亦将不免愧辱了。此言虽小，可以喻大。譬如人没有耕种牧畜的知识，遇着饥饿，就不免苦难；没有纺织缝纫的知识，遇着寒冷，就不免困难；没有医药的知识，遇着疾病，就不免困难；如此之类，难以枚举。复次，离开物质而讲精神生活，也可见知识为解决困难的必要。譬如古人看见日食，就要恐惧修省，遇着彗星出现，更以为大祸降临，奔走相告，讲求祈祷。其实我们现在晓得日食是一定的，彗星也是有轨道可计算其来往的。又如朱子书说：疫疾能传染人，有病此者，邻里断绝不通询问，甚者虽骨肉至亲，亦或委之而去，伤俗害理，莫此为甚。或者恶其如此，遂著书以晓之，谓疫无传染，不须畏避。其善意矣，然其实不然。② 朱子觉得这件事于道德和生命有关，最为难处。其实，我们晓得防疫病传染的方法，道德和生命的关系便不成问题了。可见人类的知识，浅自穴居野处，茹毛饮血，深至舟车宫室，驭汽使电，粗自祈神求鬼，拜日占星，精至算日食，报天气，测定彗星的轨道，无不是为解决环境困难的工具，即无不具有知识的资格。

知识进化的三个时期

知识既有浅深精粗的不同，那末，知识的进化，当然有程级的可寻了。在哲学史中，我们晓得十九世纪法国的哲学家孔德（Auguste Comte，1789—1857）③，曾经发明了一个人类知识进化的公例。他把每

---

① 见 Karl Pearson, *Grammar of Science*, Chapter, Ⅲ p. 77。
② 见《朱文公文集》第七十一卷《杂著》。
③ 孔德为十九世纪法国哲学家。他著有《实证哲学》（*Positive Philosophy*），主张科学为最高知识，于西方思想界影响极大。

一门知识的进化分做三个时代。第一是神学时代（theological stage），第二是玄学时代（metaphysical stage），第三是科学时代（scientific stage），或说是正确时代（positive stage）。他的这个分法，大概是不错的。不过孔德是哲学家，注意在知识的解释一方面，故有上举三个名称。我们若就知识的实际来看，可分为三个时期如下：

（一）迷信时期　这个时期的知识，不在乎明白事物的原理，而在乎求知事物的意志。如上章所说，野蛮人和中古时代的人，把自然界的现象，都认为有人为之主宰，便是一例。此时期的人，自己以为对于一切事物都有绝对的了解，其实完全是错误，所以为迷信时期。

（二）经验时期　这个时期的知识，已经不管事物的意志了，但就自己的经验，知道事物与事物之间有多少的关系。这些关系，知道的容许极不完全，并且有时还可以加些玄渺的解释，故孔德称之为玄学时代。不过我们要晓得此时期的知识，把单独主宰者的观念放弃，而求解决于各个自然的力量了。易词言之，就是人类自己的经验，实际上占了知识的重要部分，故我们称之为经验时期。

（三）科学时期　在此时期，我们晓得利用人类的经验，发明事物的原理，比较经验时期又高出一层了。这个时期的知识，都是根据于事实的[①]，而且都是各种事实必然的关系。所谓事实的解释，不过一个特殊的现象与一些普通事实关系的确定而已。这种关系一经确定后，不但可以解释当前事实的情境，并且可以预测未来事实的发生。这种知识实在是最高而可贵的。这就是科学时期。

现在我们可举几个例，来说明三个时期的不同。譬如人有疾病，在迷信时期，就以为是鬼神为祟，于是他们仅管求神禳鬼，以求疾病的痊愈，却不知道用药。旅行南非洲和澳大利亚的人，尝说野蛮人不信人有死于自然的。若有人死，其人必系为不可见的神鬼所祟害。[②] 即在我国内地，此种证据，亦正不少。比迷信进一步的，晓得用药来医病了。但是他们只晓得某种药治某种病，却不晓得药的主要成分和病的主要原因是什么。即使说了一些阴阳胜伤，五行生克的话（玄学的现象！），终究说不出病与药的所以然。这就是经验时期。到了科学时期就不同了。他

---

　　① 我们要晓得，据孔德的意思，一切知识都是向着他所指出的三个阶级（神学、玄学、科学）而进化的，所以如现在尚有不根据事实的知识，只说此种知识尚未进化，不能拿来反驳他。

　　② 看 Levy-Bruhl 的 *Primitive Mentality*，书中证据极多。

们不但晓得用什么药去医什么病，而且还要晓得病的起源和身体的构造。这些知识都是切切实实由科学研究出来的。有了这些知识，不但能医病，而且还可以防止病的发生。如像百斯笃、可列剌这些可怕的疾病，自把他的病菌发见以后，那防止的工作就有所施了。

再说，在天文学上，我们最初对于日月运行，风雨时至，都以为有神为之主宰，这是第一个阶级。其次渐渐的晓得日月出没的时间，和"月晕而风，础润而雨"等常理，是为第二个阶级。最后晓得日月星辰的运行，都有一定的轨道，为一个天然律所支配；风云雷雨的现象，也可以根据物理原则，作天气的预测，就是第三个阶级了。

复次，社会组织是最复杂的问题了，但是我们细心考察，也可以看得见三个阶级的存在。如原人时代，迷信君权的神授，是第一个阶级。君主政治或贤人政治的时代，但据历史沿传的习惯，作社会组织的基础，是第二个阶级。最近的平民政治和社会主义，用民众的公意和社会的经济状况做政治建设的基础，是为第三个阶级。

如此之类，说亦不能尽，我们希望读者随时领会，此处不能多举了。至于这三个阶级，当然没有截然的界限；有时经验时代，还留着许多迷信的思想；有时科学时代，还离不了经验的遗迹；这是孔德已经说过的。我们现在要问知识的构成，有什么要素？并且他的进化有些什么条件？

知识的要素和进化的条件

知识的要素至少有两个：一是事实，一是观念，事实是由外物的观察得来的，观念是由心内的思想得来的。观察是属于官觉（sense）的，思想是属于推理（reason）的。但观念必须根据于事实，事实必须系属于观念，这两个要素，须如车有两轮，鸟有两翼，同时并用，方能得到真正的知识。若偏于一方面，不是失之零碎，便是失之空虚，知识既不完全，进化亦因之阻滞了。惠卫而（William Whewell）在他的《归纳法的科学史》中有一段讲得最好，我们不嫌长冗，把他征引于下。[①] 他说：

> 这两个要素（官觉与推理）的任一个，都不能组成实在普遍的知识。官觉的印象，若不与合理凌空的原则相联和，结果不过实际认识单个的物体；反之，推理机能的运用，若不使他常与外物相印证，结果也不过引到空虚的抽象和枯槁的才能罢了。真正切理的知识，须要两个要素相接合——即正当的推理与用以推理的事实。人

---

① Whewell, *History of Inductive Science*, Vol. I, pp. 43-44.

有常言，真知识为自然界的说明，故必须有说明的人心与自然的题目；即一篇文章与不误读此文章的才能。故创见，锐敏，与思想的连贯，为哲学知识进步所必须，而时常确切的应用此等机能于确知明晓的事实，亦为不可缺的要求。科学史上因两者中缺一而致科学无由进步，其例至多。实际上世界进行的大部分，与多数国家多数时间的历史，都是表示知识停止不进的情形的。所有的事实，所有官觉的印象，为最初物质知识进步的企图所依赖者，在彼时期以前，已久为人所知，但不曾拿来应用。星的运行和重力的效果，在希腊的天文学和重力学未出现以前，早已为人所熟悉了；但是"天纵之才"还不曾出现，无人能运用思想，把这些事实用公例或原理的形式联合起来。即在现在的时候，全地球上未开化或半开化的人，有无量数的事实在他们的眼前，和欧洲人所用来造成伟大的物理哲学的，不差分毫，但是除了欧洲以外，地球上的他部分，没有一人晓得用智慧的方法，把这些事实变成科学。这就是科学的机官不曾工作。散碎的石料已经在那里了，但是工匠的手段却是没有。复次，仅仅思想的活动，一样的不能得到真知识，我们也不乏证验。如希腊哲学派的历史，欧洲中世纪的学者，与阿剌伯、印度的哲学家，都可以告诉我们，他们尽管有极高的才智与思理，创见与连络，表示与方法，但是从这些种子中，长不出物理的科学来。从这些方法，我们可以得到论理学、玄学，或者就是几何学、代数学也可以得到，但是从这些材料中绝对不会得到力学、光学、化学，同生物学。三百年来这几种知识发达的历史，使我们晓得除开常常并且仔细的印证于观察与试验，这几种科学是怎样的不能成立；又他们若从哲学者用思想的源头去撷取材料，他们的进步又是如何的迅速与昌盛呵！

照惠卫而的话，知识的构成，至少有事实和观念两个要素，而且知识的进步，是要看这两个要素是否调剂得当而定的。我们可以说，迷信时代是偏于观念的，经验时代是偏于事实的，至于观念与事实的正确与否，又另外是一问题。我们只要看知识的某一要素，占领人们思想特别的多，就可测量某时期知识的程度。不过在人类思想史中，有一时期，知识完全陷于中止不进的状态，例如中国的秦汉以后，欧洲的中世纪，又是什么原故呢？这个中止不进的状况，在人类文化史上，是常常遇见的，因为他关系的重要，我们不妨把他考虑一下。

知识不进的原因及其特征

知识不进的总原因，自然是因为缺乏求新知和真理的精神与勇气，但是这个时代思想上的特征，却有几个可指出的：

（一）尊崇古代　他们以为世间道理，都被古人发现完了；世间的事物，都被古人知道尽了；凡是古人所留下来的，都是好的；凡是古人所没有的，都不必再去探求。这种观念，在西方是宗教传说的结晶，而我国的道学家，"非先王之法服不敢服，非先王之法言不敢言"，也是这个精神的表现。

（二）依赖陈言　崇古的结果，就是以古人的思想言论为求学的唯一目的，决不敢自开生面。他们要研究了古人的意见，然后自己才有意见。他们要从古人的书中读出自然界的道理。他们要晓得的，是曾经说过想过的，不是正在实现或存在的。他们平生的希望，是做一个古人的注释者，不是自然界的说明人。

诚然，在道德、美术、文学方面，古人的意见和言语，是不能完全不顾的；因为在这些方面，可以说意见就是实际，而留贮人心的思想感觉，也就是我们工作的原料。但在科学知识方面，我们的书本，乃是自然界自己；我们要以观察代阅览，以试验代注释，以归纳代批评，以发明家代绩学者。

（三）固执成见　由依赖陈言到固执成见，可说是自然的步骤。他们自己带上了古人的羁轭不以为足，还要众人一齐带上。他们用了微妙的思想，在某种"天经地义"的书中，发现所有的真理。于是不许他人再在这里或任何他处，发现其他的任何真理。他们一方面是暴君，一方面仍旧是奴隶。最明显的例，是宗教上创世说最盛行的时候，许多科学上的真理，都因为与圣书的词意不合而被屏斥。譬如圣书说，生物的种类，都是上帝在七天之内造成，亚当为之命名，而藏在一个大木船内，后来的物种，都是和创造的时候一样的。后来动物的种类发见的多了，于是对于《创世纪》的说话不能不发生疑问。但是这个疑问何足为难，他们只要把诺亚（Noah）的木船尽管放大，最后我们再说人类对于木船的大小未得真确度量就完了。① 又如地圆的学说，中世纪的神学家绝对不信，他们除了草木生物不能倒生之外，还有一个理由，是说地球的那面，不能有人居住，因为圣书上说亚当的后人，不曾提到这些人类。

————————

① 　见 Andrew D. White, *History of the Warfare of Science with Theology*，第一卷第一章。

一直到哥仑布发现新大陆的前数年，宗教的作家，还有视地圆说为"危险思想"的[①]，这可以见成见势力的大了。

（四）观念混淆　有了上面种种原因，于是观念混淆就成了是自然的结果。观念的混淆又分两方面：（一）是关于用语的混淆。例如"力"（force）的一字，在物理学上是有一定的意义的。他是物质和加速度的相乘积。但是在科学未昌明的时代，"力"的一字，总多少带些神秘色彩。如勃领列（Pliny）[②] 讲小鱼"爱及理斯"（Echineis）阻舟的故事，郑重的说道："什么比海与风还要凶猛？什么比船还要精巧？但是一个小小的鱼，能够把他们一齐止住。风尽管吹，浪尽管狂，但是这个小东西管住他们的盛怒，使船停止……并不要使力，不过仅仅黏着而已。"又如"动作"（action）的一字，也含有同样不可思议的意思。如亚贵那思（St. Aquinas）[③] 论物体的动作说："物体为能力与动作的交合，故可以自动，可以被动。"[④] 这种说法，动作的意义，是怎样含混与活动，无怪我们要说"铜山西崩，洛钟东应"一类的神话了。（二）是关于用意的混淆。物理的探讨，每每和道德、美术混为一谈。例如古来的天文家，都说行星的轨道是正圆的，因为圆为最完美的几何形式。又如新柏拉图派的哲学家（Neoplatonist）[⑤] 在平常的数目中看出特别的意义："三"为天的秘奥，"七"是无母之处女，"六"为最完全的数目。又如中古的炼金化学家（Alchemist）把金属分尊贵卑劣或完美不完美等类，金为君，银为后；于是他们的问题，就成了"完美的探讨"或"完美的总和"了。[⑥] 我们中国自来有所谓"三才"、"三纲"、"三政"、"三教"、"五行"、"五德"、"五刑"、"五典"、"七政"、"七情"等等说法，似乎这些数目字有特别意思，又如说"天之为言镇也"，"地者易也"，"日之为言实也"，"月之为言阙也"，"水之为言准也"，"火之为言委随也，化也"，"金之为言禁也"，"木之为言触也"，"土之为言吐也"[⑦]，恐怕都

---

①　同书第二章。

②　勃领列为第一世纪的罗马历史家。

③　Thomas Aquinas（1225［?］—1274），为十三世纪有名高僧。

④　见 Whewell，*History of Inductive Science*，pp. 232–233。

⑤　新柏拉图派的哲学，起于第三世纪亚力山大的希腊学者。他们以柏拉图哲学为根据，好以神秘意思解释最终的现象。

⑥　这是炼金化学家格白尔（Geber）的书目。他的英文是"Of the Search of Perfection"，"Of the Sum of Perfection"，etc.

⑦　俱见《白虎通德论》。

是"六最完全"、"金为君，银为后"之类。这些都不过表示观念的不清晰罢了。

科学复兴的动机

一个民族的思想，到了这种死气沉沉，束缚重重的情形之下，欲求翻身，是不容易的。我们前面已经说过，知识是解决环境困难的工具，所以要求知识的进步，必须其时的环境给了我们一个心理上的不满足。在中世纪将要告终，文艺复兴开始的时代，欧洲的思想界，忽然起了一个大反动；这个反动，我们可以说是文艺复兴的一部分。他们的主张，是把事实放在思想构造的第一位，那些主义和理论，只放在第二位，或竟不管他。主张这种意思最早，且表示得最清楚的，要算十三世纪英国的罗皆·培根（Roger Bacon，1214—1294?）。这位培根先生是位教士，但他很主张用实验的方法来求真理。他说："别的科学只用辩论来证明他们的结论，但只有这个（实验）科学，才有寻到自然和人为事实的完全方法。"[①] 不过他的主张，在当时还不盛行。到了十六世纪，弗兰息斯·培根（Francis Bacon，1561—1626）出来，更大昌其说，主张以事实的学问代文字的学问，以归纳的论理代演绎的论理，以了解自然为征服自然的手段。那个时候，天文和物理的方面，已有不少的发明，又得培根方法上的鼓吹，于是为学的精神才易了一个新方向，而知识的进步也就沛然莫之能御了。科学的复兴，固然是使知识的进化达到第三个时期，而两个培根科学方法的提倡，使我们知识的进化有一个确固的基础，尤其是近代学术与古代不同的地方。

第三章　知识的分类及科学的范围

上章所说知识的进化，是把知识来做纵的解剖。本章所说知识的分类，是把知识来做横的解剖。我们希望经过本章讨论之后，不但科学的地位愈加明了，并且科学的范围，也可以大概呈露了。

科学的分类，要如何才算妥当，是哲学上的一个问题——而且是未解决的一个问题，与科学本身本来没多大的关系。我们现在要说明的既是科学的大概，关于科学分类的问题，自然不能详细讨论。我们现在所

①　关于罗皆·培根的学说及位置，近人著作每多附会过甚的说话。此处所引，见 Lynn Thorndike 的 *History of Magic and Experimental Science* 二册第六十一章。

要知道的，是科学知识种类的大概，而分类不过是叙述这个问题的简便方法。有了上面几句叙论，我们可以言归正传。

要把知识来分类，必须知识先有相当的发达；所以西方古时，只有在希腊学术全盛的时代还有这种企图①，以后便阒然无闻了。我们中国虽然有九流十家之说，但这都是说学术的派别，不能当分类看。所以我们现在讲知识的分类，还是从西方中世以后说起。

罗皆·培根的分类

我们在上章曾经说过，欧洲知识的增进，从罗皆·培根主张实验科学为始。罗皆·培根虽然没有发表什么分类的意见，但在他的哲学名著 *Opus Majus* 里面，曾经举出最重要的五种学问，即言语文字学（language）、算学（mathematics）、视学或光学（perspective or optic）、实验科学（experimental science）、道德哲学（moral philosophy）。② 我们晓得罗皆·培根是在时代前面走的一个人，所以他所列举的，已经溢出当时学术范围之外了。

弗兰息斯·培根的分类

真正把所有的知识拿来作一个概括的分类的，要算弗兰息斯·培根为最早。他把一切知识分作三类，而每一类都以心理的作用来做标准。比如他分的历史学为一类，是属于记忆的；诗学为一类，是属于想像的；哲学或科学为一类，是属于推理的。他在每一类之下又分几个细目，现在把他的分类法③用图表之如下：

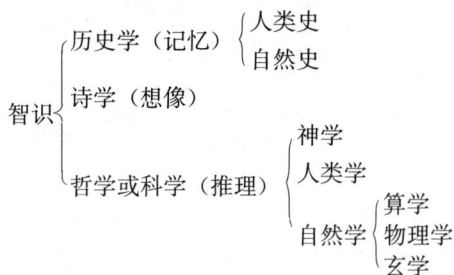

```
          ┌ 历史学（记忆）┬ 人类史
          │               └ 自然史
   智识 ──┼ 诗学（想像）
          │               ┌ 神学
          └ 哲学或科学（推理）┤ 人类学
                          │        ┌ 算学
                          └ 自然学 ┤ 物理学
                                   └ 玄学
```

培根这种分类法，以心理作用为标准，最不能使人满意。如历史学虽重记忆，但亦不能无推理的作用。哲学与科学虽重推理，但使没有记忆，推理也无从进行。这是近人对于他的普通非难。但是他这个表，总

---

① 看柏拉图及亚里士多德的著作。
② 见 Thorndike, *History of Magic and Experimental Science* 第二册，630 页。
③ 见培根的 "Intellectual Globe"。

是知识的一个统系，而且我们可藉此晓得当时学术的大概。我们看他哲学与科学不分，物理学与玄学归入一类，就可知道当时的科学，不过占知识的一小部分罢了。

边沁、安培耳的分类

到了十九世纪，科学发达了，培根的分类法越觉得不适于用，于是如英国哲学家边沁（Bentham，1748—1832），法国数学家安培耳（André Marie Ampére，1748—1832）都把科学分做物质科学和精神科学两大类。在他的物质科学里面，列入天文学、地质学、物理学、化学、生物学等；在他的精神科学里面，列入历史学、言语学、法律学、经济学等。这种分类法，有两个可注意之点：（一）是以研究的对象做分类的标准；（二）是科学的范围已经推广到历史、言语等学问上面去了。

孔德的分类

其次是孔德的分类法。他主张科学是由普通而到特殊，由简单而到繁复的地位的。换一句话说，他以为各种科学，不是截然可分为两类，乃是循一个直线的统系，始终一贯的。他承认基本的科学有六个，顺序说起来，就是：数学——天文学——物理学——化学——生理学——社会学。[①]

他的详细分法，系把自然现象分为无机有机两类，但是据孔德的意思，有了无机的知识，才有有机的研究，所以结果仍是一贯的。我们可以把这种关系列表如下：

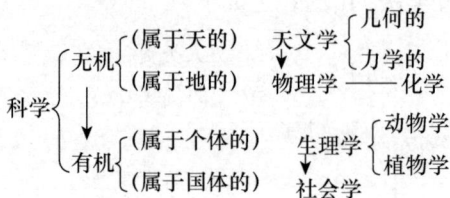

在这个分类之下，我们应该注意的，是他把科学的范围限定于有正确性质的知识上面，而把社会学也列为正确科学之一。

斯宾塞尔的分类

孔德的分类法虽足以表示科学的统系，但于科学的性质却不甚明了。如他把数学和化学、生理学同列，又把心理学放在生理学之下，都是因太注重统系而起的牵强弊病。英国的哲学家斯宾塞尔（Herbert

---

① 看孔德的 *Positive Philosophy*，Chapter Ⅱ，on the View of the Hierarchy of the Positive Sciences.

Spencer，1820—1908）把孔德的分类法修正了：他把科学分为三类，第一类是抽象科学（abstract sciences），是讲科学叙述的方法及形式的；第三类是具体科学（concrete sciences），就是科学叙述的本身；介于两者之间的第二类，叫做抽象具体科学（abstract-concrete sciences），是用第一类的方法来处理第三类实质的科学，换一句话说，就是"因子"的科学。[1] 现在把三类的科学列表如下：

科学 { 第一类　抽象科学：论理学，数学。
第二类　抽象具体科学：力学，物理学，化学。
第三类　具体科学：天文学，地质学，生物学，心理学，社会学。

斯宾塞尔这个分类法，我们应该注意的，是他把数学、论理学认为形式科学，自为一类，而认为心理学为具体科学，都是现在所遵用的。所不可解的，为什么力学、物理学、化学不同天文学、地质学，一样是具体科学，而必要另立一个抽象具体科学的名称？若说第二类可产生第三类，而第三类不能产生第二类，那正是孔德的"科学系统"的观念，是斯宾塞尔所不赞成的。

以上都是五十年以前学者对于科学分类的意见。目下科学研究愈加发达，科学的分类也自然愈加精致，可是我们此处只能略举一二，其余的读者可自行参考。[2]

皮耳生的分类

英国的皮耳生（Karl Pearson）在他的《科学法程》（*The Grammar of Science*）书中，也主张把科学分做抽象科学具体科学两种。在他的抽象科学中，含有论理学、数学方法的训练，及统计学在内。具体科学又分为物理科学和生物科学两类。物理科学包括无机现象中一切科学，又可分为精密的物理科学和概要的物理科学，每一类又分几个细目。生物科学又可分为空间的生物学、即可研究生物的分布的和时间的生物学，即研究生物的发育、变化等的。这里头研究生物的一回变化的，叫做生物史，或进化论，研究生物有反覆变化的，就是狭义的生物学。狭义的生物学，又可分为（甲）研究形态及构造的，是为形态学、解剖学、组织学等；（乙）研究发育生长的，是为发生学、性的进化学、遗传学等；（丙）研究机能及行动的，就是生理学、心理学等。心理学的一支，研究人

---

① 看斯宾塞尔的 *Classification of Science*，1864 年出版。

② 参观 J. A. Thomson，*Introduction to Science*，Chapter Ⅳ，及周梵公译日本平林初之辅著《科学原理》。

众集合体的，就是社会学。至于伦理学、政治学、经济学、法理学等，又不过是社会学的一部分罢了。我们可照皮耳生的分类，作一个详表如下。

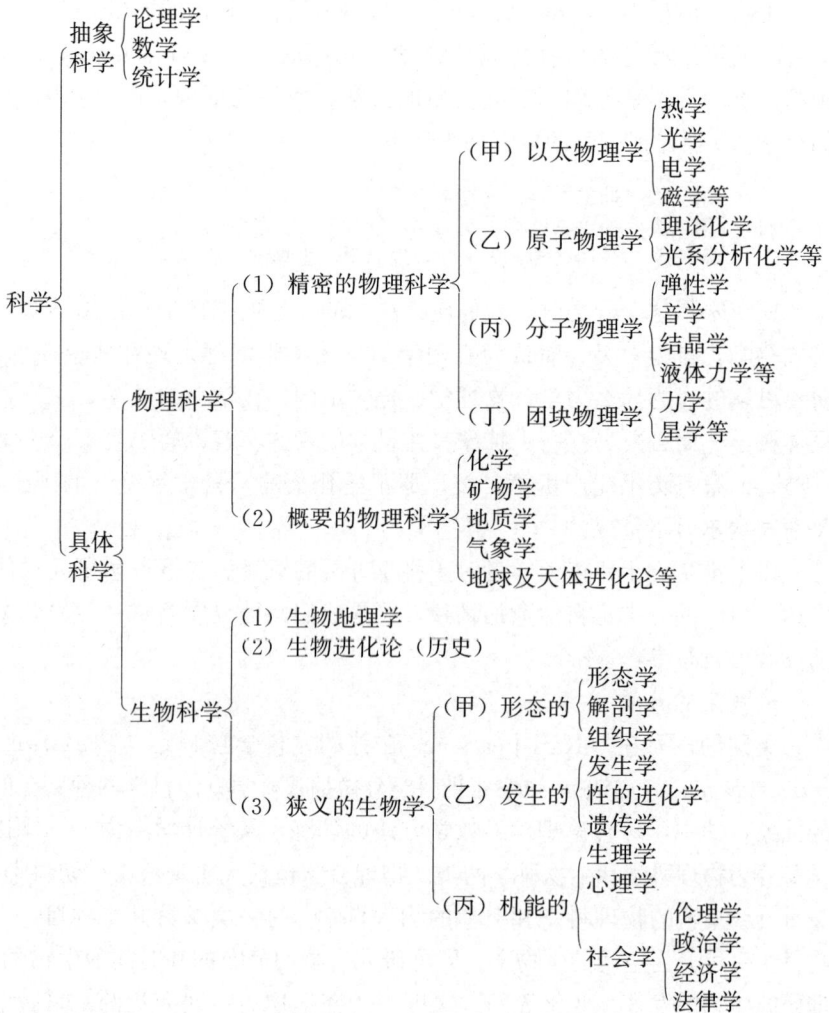

```
            抽象  ┌论理学
            科学  ┤数学
                  └统计学

                                              ┌(甲) 以太物理学┤热学
                                              │               │光学
                                              │               │电学
                                              │               └磁学等
                                              │
                                              │(乙) 原子物理学┤理论化学
                                              │               └光系分析化学等
                          ┌(1) 精密的物理科学┤
                          │                   │               ┌弹性学
                          │                   │(丙) 分子物理学│音学
              物理科学 ───┤                   │               │结晶学
                          │                   │               └液体力学等
科学 ───┐                 │                   │
        │                 │                   └(丁) 团块物理学┤力学
        │                 │                                   └星学等
        │                 │                   ┌化学
        │                 └(2) 概要的物理科学─┤矿物学
        │                                     │地质学
        具体                                  │气象学
        科学                                  └地球及天体进化论等
        │
        │                 ┌(1) 生物地理学
        │                 │(2) 生物进化论（历史）
        │                 │
        └生物科学 ────────┤                   ┌(甲) 形态的┤形态学
                          │                   │           │解剖学
                          │                   │           └组织学
                          │                   │
                          │                   │           ┌发生学
                          └(3) 狭义的生物学──┤(乙) 发生的┤性的进化学
                                              │           └遗传学
                                              │
                                              │           ┌生理学
                                              └(丙) 机能的┤心理学
                                                          │           ┌伦理学
                                                          └社会学 ────┤政治学
                                                                      │经济学
                                                                      └法律学
```

皮耳生的分类，还有使我们注意的地方。他打算在抽象科学和具体科学的中间，设一种联络他们的应用数学（applied mathematics）；又打算在物理科学与生物科学中间，设一门生物的物理学（bio-physics）。他的意思，不但要表示各种科学相互的关系，并且想把一切有机的现象，用运动的法则来说明。他的计划可再表示如下：

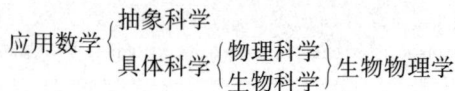

```
          ┌抽象科学
应用数学──┤         ┌物理科学┐
          └具体科学─┤        │生物物理学
                    └生物科学┘
```

皮耳生这个计划，我们晓得他并非偏于理想的，如现在我们所有的生物化学（bio-chemistry），不就是生物物理学的一例吗？赫姆霍慈（von Helmholtz）的预言，说一切科学的现象及法则，都可以运动律来说明，虽目前距离尚远，然并非先天的不可能的啊！

冯德的分类

关于科学的分类，还有那德国的心理学家冯德（Wilhelm Wundt，1832—1920）曾经发表意见。他把科学分为形式科学及实质科学，以数学属于形式科学。他又把实质科学分为自然科学、精神科学。这种分法，和上面所说的边沁、安培耳的分类法颇相近，不过冯德把数学认为形式科学的一种，是不同的地方。后来闻德邦（Windelband）、李凯特（Rickert）又有所修改，把冯德的精神科学改为文化科学。这些讨论，于科学的分类，是很有趣味的，但是于知识全体的问题，却没有许多的关系。

汤姆生的分类

我们现在再引汤姆生（J. A. Thomson）[1] 的分类法来做一个结束，因为汤姆生的分类法，虽没有什么特别的主张，却可以显出一切知识的地位和关系。

抽象科学	具体科学			
	普通的	特殊的	联合的	应用的
		（例繁不及多引，略举以见一斑）		
玄学（最高的）	5. 社会学	人类学 各种社会组织之研究	人类之历史	政治学 公民学 经济学
	4. 心理学	美学 言语学 心理—物理学	人种学	论理学 教育学
伦理学	演育学 形态学 生理学 原因学 3. 生物学	动物学 植物学 原生学	生物通史	优生学 医学 林学
统计学	2. 物理学	天文学 测地学 气象学	地球通史 地质学 地理学	航海学 工程学 建筑学
数学（基础的）	1. 化学	分光学 立体化学 矿物学	海洋学 太阳系通史	农学 冶金学 采矿学

[1] 见上注，或看《科学》第二卷第四期唐钺译《科学之分类》。

汤姆生把科学（实在照他的分法，只可说知识）分为两大类，一是抽象科学，又可称为形式或法则科学。一是具体科学，又可称为叙述或实验科学。具体科学里面，又承认五个基本科学，就是社会学、心理学、社会学、生物学、物理学、化学。他把详细的分类列为一表，我们照译如上。

科学的彼此关系

把上面这些分类的看法看了之后，至少我们可以得到两个重要的观念。

（一）科学是彼此互相关系的，不是孑然独立的。培根说得好："科学的分类，非如许多不同的线聚于一点，乃如树上的各枝相连于一干。"我们所研究分类的意思，也是要得一个明确的有统系的观念。至于各科学的彼此互相关系，并非偶然，乃是因为天然界的真理，是一个无所不在的全体，而一种科学只能研究天然现象的一方面的原故。比如生理现象，在构造一方面研究，则为解剖学、形态学，在作用一方面研究，则为生理化学、生物物理学等。化学、物理学同生理学本来是关系很远的，但科学发达的结果，使他们由路人而变为极近的亲属了。又如化学同物理学这两门学问，照古来的界说，是截然不容混乱的。不过近来因理论化学的发达，物理学与化学已经是难分界限。最近物质的根本构造，追究到电子上去，那物理学和化学更成了一而二、二而一了。唯其如是，所以一种学问的发达，常常可以帮助他一种学问的进步。譬如生理化学的研究，使我们晓得身体中的许多变化，不过养化、还原、加水分解、发酵等等作用，于是我们对于生理现象，也就得了更明确的了解和处理方法。又生理学上的发见，也于化学上大有帮助，如千六百七十四年英国的医士马尧（Mayow，1645—1679）的发见"火气"（fireair，即养气），是其一例。

明白这个意思，我们若见有一个现象，在几种科学之下研究，就不会觉得有什么可怪的地方。汤姆生说得好："我们赏一朵玫瑰花，至少有四种科学问题要发生，即化学、物理学、生理学、心理学，都不无关系。"但是我们要晓得的，就是这些科学，虽然所取的是不同的方法，所用的是不同的工具，所得的是不同的方式，因此，我们为人类的便利计，不能不把他们分而为四，其实不过是一个理性的探讨的各种表现罢了。

科学的范围

（二）是科学范围的扩大。这个扩大的倾向，我们只要把培根及斯宾塞尔的分类表拿来和皮耳生、汤姆生的一比就明白了。但是这中间我们要分别的，如社会学，是本来没有从新创立的；如心理学，是原来属于哲学范围之内，我们把他划出成一独立科学的。这是什么缘故呢？因为科学之所以为科学，不在他的材料，而在他的研究方法。他的材料无论是自然界的现象也好，是社会上的情形也好，是生理上的作用也好，是心理上的表现也好，只要能应用科学的方法，做严密的有系统的研究，都可以成立一种新科学。所以我们可以说，世间的现象无限，科学的种类也无限，我们要扩充科学的范围，使与世间的一切同大，也没什么不可以的。我说这个话的时候，心中尚没有忘记有人说过关于情感的现象，如宗教、美术、都不是科学所能研究的。这个话已有人加以解答①，我们可以不必更为词费了。我们所晓得的，是美术与宗教，现在都有趋于客观的研究的形势，审美学就是一例。

科学与假科学

关于这一层，我们要注意的，不在某种现象是否适于科学研究的问题，而在研究时是否真用的科学方法的问题。如近有所谓"灵学"（physical research），因为他的材料有些近于心理现象，又因为他用的方法有点像科学方法，于是有少数的人居然承认他为一种科学（如英国的洛奇 Sir Oliver Lodge）；但是细按起来，他的材料和方法却大半是非科学的。这种研究只可称之为假科学（pseudoscience）。我们虽然承认科学的范围无限，同时又不能不严科学与假科学之分。非科学容易辩白，假科学有时是不容易辩白的。我们看了下章科学方法的讨论后，这个分别当能明白。但为使科学方法易于了解起见，我们当先说明科学的精神和目的。

第四章　科学知识与科学精神

科学与常识

科学与常识的分别在什么地方？照平常人说来，科学的知识，大半是平常人所不能懂得的；平常的知识，大半是非科学的。那么，科学与常识竟是判然两物了。其实不然，我们晓得科学与常识，只有程度之分，并无性质之别。譬如水性就下，这是从古以来我们所有的常识；又

---

① 看唐钺《科学的范围》，见亚东图书馆出版《科学与人生观》下册，及《唐钺文存》。

如以吸筒抽水，水可升至高到吸筒里来，这也是二千年前我们已有的常识①。但是拿吸水筒说明气压的关系成为动力学的一部分，换言之，即成为科学的知识，却在托利且理（Torricelli，1608—1647）② 出世以后。又如日月的东出西没，春夏秋冬四季气候的变换，晦朔亏盈的现象，行星运行的观察，早已成了几千年前的常识，直到一五四三年哥白尼（Copernicus，1473—1543）的地圆说出现以后，始成为科学知识。我们看了上面前两个例，可以见得科学和常识并不是两件东西。实际说起来，科学是建设于常识上面的。但是科学和常识的分界究竟在什么地方。我们可以再就上面的两个例来说明一下。

科学知识与常识不同的所在

我们的常识晓得水在吸筒中可以上升，但是我们不晓得水的上升，究竟能到什么高度。我们或者在一个地方，得到水升的高度是二十尺，在他一个地方，得到水升的高度是三十尺，于是乎我们想水的高度，是本不一样的，是"无可无不可"的。我们若要安一个吸筒在井上取水，若是水面在三十四尺（英尺）以上，我们固然可以成功，若是水面在三十四尺以下，那么，我们就非失败不可。我们可以说，这是因为吸筒的不好，或是装置的不得法，但这些说话是不相干的。我们从科学上说来，要在三十四尺以下用吸筒来取水，是根本上不可能的事体。所以我们不能怪吸筒的不好，或装置的不得法，首先要怪我们知识的不完全。

知识不完全的证据，第一就是不晓得水有一定的限度，第二是不晓得这个限度的原因在什么地方，换言之，即这一个现象和其他现象的关系是怎样。直到我们把一个现象所固有的量度以及和其他现象的关系弄明白了之后，我们的知识，方才由常识而进于科学。我们晓得吸筒中水的上升，是由吸筒中的空气被排成了真空的原故，但是我们若像中世纪的人一样，说"自然憎恶真空"（Nature abhors vacuum），我们仍然不算晓得水升吸筒的关系。我们须晓得吸筒中的水面失了空气的压力，而吸筒外的水却被地球上约一百五十公里厚的空气压了下去，直等到吸筒中的水所升的高度与筒外空气的压力相当，那水才停止不升了。这个空气的压力，据托利且理的试验，约等于水银柱三十吋（或等于 79 厘米）。这个压力再换成水量计算，就约有三十四尺（水银比重为 13.6）。

---

① 纪元前一世纪希腊数学家希朗（Heron）即知此事，见 Cooley，*Principles of Science* 所引。

② 托利且理，意大利物理学家，即发明托利且理水银真空管的人。

第一图

　　然则科学知识和常识不同的地方，至少有两点：（一）是确度，（二）是因果关系。

　　但是科学知识尚有一个重要的特性，是他能把各种繁杂的事实组织成一个简单的统系。譬如常识说：太阳是环绕地球，东出西没的。哥白尼说不然，地球是绕太阳而行的。这两个说法，单就地球与太阳而论，都没有什么不可以的。我们所以定要采取哥白尼地动的学说，而不用常识的地静说，是因为后者于解释天文上各种现象，有许多不便利的原故。譬如照旧来托勒密（Ptolemy）的学说，天体诸星中至少有两种运动：一种是恒星的圆运动，一种是行星的不规则的缠绕运动。不但如此，这些行者有时竟是退行，如火星；有时以太阳作中心而往来移动，如水星。这些现象，在旧式天文说上，都是极难解释的。他们为要解释这些现象，只好设想每一行星的轨道都是圆的，但是这个圆的中心又围着地球成一个圆圈。换句话说，就是每一个行星的轨道都是环心圆（epicycle）。这样每一个行星要用许多圆圈来说明他，是怎样繁难的一件事体。[①]

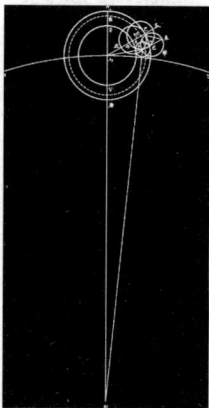

哥白尼把地球看作行星之一，使他和其他五个行星绕日并行，于是这环心圆的数目就由七十九而减到三十四了。[②] 至于木星、火星的退行，金星、水星的以太阳为中心而移动，我们只要承认太阳是这些行星的公共中心，并且把他们的速度和距离连合一想，也就没有什么不明白的所在了。[③]

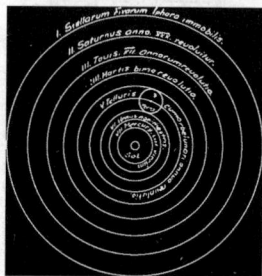

第二图

[①]　清代康熙御制《历象考成》一书，关于五星日月的运行，有所谓本天、本轮、均轮、次轮、次均轮等名称，实际上即圆轨上假设的各种小圆。读者可参观《历象考成》上编"本天高卑为盈缩之原"，"最高行及本轮均轮半径"，"太阴四轮总论五星本天皆以地为中心"等篇。兹并将太阴四轮的图转载一个如左，以见一斑。如图，"甲为地日心，乙丙丁为本天之一派，丙为本轮心，戊己庚为旧本轮，辛壬癸为新本轮，己子丑为原均轮，寅卯为新增负均轮之圈……辰巳午为均轮……未申子为次轮……酉戌亥为次均轮"（图解皆见原书）。其运用方法，可观原书。

[②]　见 Sedgwick and Tyler，A Short History of Science，p. 199。又按哥白尼虽发明地动学说，仍守旧来［于］行星的轨道都是正圆的话，所以免不了环心圆的解释。行星的椭圆轨道，乃是后来开普来（Kepler）所发明的。

[③]　参观张子高讲演的《科学发达略史》第六章。

综合上面所讲的，我们可以说科学知识与常识不同的地方：（一）是他的精确程度，（二）是他的因果关系，（三）是他的有统系的组织。所以科学与常识，虽然不能绝对分开，却也不能说没有上下之别。赫胥黎（T. H. Huxley 1825—1895）[1]有言："科学是有组织的常识，科学家也不过是有常识训练的普通人。"我们恐怕大家把科学看的太神奇了，所以把科学和常识关系略为说明，现在还要把赫胥黎所谓有常识训练的普通人说明一下，那就是我们要讲的科学精神。

科学精神

科学精神就是常识训练，这个说来不免又使人疑怪。若使科学就是常识，科学精神就是常识训练，那么，科学和科学精神何以还那样难能可贵呢？这个话却又有些不然。我们说常识训练，是说这种训练不专属于某种科学，而为一切科学所应有。不但如此，这种精神，不但是一切科学所应有，即是平常处事，若就最妥当的办法而言，也应该如是。不过平常的人，是否人人都有这个常识，是一个问题罢了。汤姆生说得好，"我们说'去为科学'（Go in for science），就像说去为呼吸，或去为消化一样"，因为呼吸与消化，是我们一刻不可离的。科学精神究竟是什么？据我们想来，最显著的科学精神，至少有五个特征：

（一）崇实　科学的结构是建筑在事实的基础上的，所以第一须确定所研究的事实。但是这不是一件容易的事体。我们上面已经说过，知识的成立有官觉和推理两个途径，但是这两个途径，都是常常引导我们走入迷误的。我们看见电影戏中人物风景都在那里活动，其实不过是一张一张影片的结合；我们听见百里雷声如连珠炮的响了一阵，其实不过空中放电的一个回音。这是就亲闻而言，至于因目病而眼光生花，因事隔而听他人的传述，其不易得事实，更不必说了。大抵耳闻目见之非实的，可以用推理为之矫正。如汉应劭对于俗说的燕太子丹为质于秦，天为雨粟，乌白头，马生角云云，即为之说云："丹自为其父所戮，手足圮绝，安在其能使雨粟其余云云乎？原其所以有兹语者，丹实好士无所爱惜也，故间阎小论饰成之耳。"[2]"天雨粟，马生角"等云，显然不是事实，是容易辨白的。还有表面上是事实，而实际非事实的，也唯有靠着推理，可以证明。我们再引《风俗通义》的一段为例：

---

① 赫胥黎为十九世纪的英国生物学家，主张进化论及科学教育最力。吾国严复译的赫胥黎《天演论》，乃其论文之一。

② 见汉应劭著《风俗通义》。

汝南南顿张助于田中种禾，见李核，意欲持去。顾见空桑中有土，因殖种，以余浆灌溉。后人见桑中反复生李，转相告语。有病目痛者，息阴下，言李君令我目愈，谢以一豚。目痛小疾，亦行自愈。众犬吠声，因盲者得视，远近翕赫，其下车骑常数千百，酒肉滂沱。间一岁余，张助远出来还，见之，惊云："此有何神？乃我所种耳。"因就斫也。

这可见桑中生李，虽是事实，而实际上桑中无生李的可能，却是常识可以判断的，不必待张助回来，才能把李神推倒。我们引上面的两段，是要证明科学家的崇实，正是常识中应有之义，不过有常识的人太少，遂让科学家独步罢了。

但是科学家崇实的精神，决不如此简单与粗浅。科学家对于官觉的错误，固然要用推理来纠正，而推理有错误，又不可不用官觉来纠正。盖用推理的结果当事实，是科学精神所不许的。瓦勒斯（Alfred Russel Wallace，1823—1915）[①] 在他的《生存的世界》（*The World of Life*）书中有一段说明事实与推论的分别。他的说话大略如下：

> 赫立角兰岛（Island of Heligoland）的灯塔，最适于观察鸟的飞徙。有一个人名盖特克（Gatke）的，曾在那里观察了四五十年。他所记载的事实，是幼鸟于迁徙时先到此岛，老鸟在一二星期之后方到。这是一个事实。但从这一个事实，他们又推出一个事实，说幼鸟的迁移在老鸟之先，且不与老鸟一同飞行。年年如是，于是他们觉得这真是不可解的事实了。

瓦勒斯说："我对于观察所得的事实，固加承认，但由推论所得的，则完全否认，因为他们绝对没有证据。"他以为，据席波姆（Seebohm）的记载，经过此岛的鸟，数目极多，真是不可胜数；但必定要晦黑的天气，在这灯塔的光中，才能看见鸟飞。天气一晴，或星月朗照，那经过的鸟群，立刻高飞入云，可闻而不可见了。

瓦勒斯以为照这样说来，幼鸟先飞之说，并不能成为事实。至于观察上只见幼鸟，则有几个解释。（一）每年秋间鸟的飞徙，幼鸟约占三分之二。但是幼鸟初试长途飞行，缺乏经验，又形体孱弱，易感疲乏，

---

① 瓦勒斯为英国的生物学家，与达尔文同发明天择物竞的天演学说的。他的 *World of Life* 一书，吾国已有译本，即名《生物之世界》。

所以一见灯光，便以为陆地到了，下来休息及觅食。老鸟和强壮的飞得较高，看不见灯光，所以不曾下落。（二）鸟群经过陆地的飞行愈长，则幼鸟为鸷鸟所攫食也愈多。最初两星期的鸟群，是由近海的地方来的，未经过鸷鸟房掠，所以幼鸟独多。（三）最初几星期，时期未迫，有经验的老鸟，遇恶劣天气，便不肯飞行。惟有幼鸟既不知选择天气，又容易疲乏，所以晦黑之夜，独有幼鸟下落休息。自后时期渐迫，老幼各鸟，均非飞徙不可；所以天气一恶，下落休息的，也老幼并多了。这些理由都可说明上面的特别现象，而幼鸟先飞的不成事实，也自然明白了。

上面所举的几个例，可以见得在一切自然或人为的现象之中，要求一个真实，是不容易的事体。科学家既以事实为研究的基础，则以崇实为第一重要，也是当然的态度啊。

（二）贵确 上面所说的"实"，是指事实；此处所说的"确"，是指精确。但有事实而无精确的了解，是不中用的。斯宾塞尔说，常识与科学知识之分，就是一个是定性的（qualitative），一个是定量的（quantitative）。科学始于度量，有了度量，然后才有科学。例如我们有温度计，然后有热的科学；有气压计，然后有气象学；有量时、量距离、量力的方法，然后有重力学。我们的官觉，如嗅觉、味觉，因为没有度量的方法，所以不能成为科学，而视觉和听觉的一部分是可以度量的，所以有音学、光学。[①] 这可以见得精确与科学是不可分离的两件事体。英国的近人福斯特（Sir Michael Foster）有一段话，颇能代表贵确的精神，他说：

常人及非科学家以"大概"、"差不多"为已足，自然是从不这样的。在自然界中，两件相异的物件不得称之为同，即使两个的差异不过千分之一厘克，或千分之一厘米。若人把平常处事的方法拿到科学领域中去，想他处理自然的差异，可以与自然的自处不一样，他就要晓得自然必不容许；他若不注意或看不到极微小的差异，就更失掉自然给他导引到宝藏的引线。他就要走迷了路，以后他越用力前进，将要离他的目的地愈远。[②]

至于贵确精神的实行，我们可举化学家兑维（Sir Humphry Davy,

---

① 此处所引，见斯宾塞尔的论文 "On the Genesis of Science"，系就大意概括引之。

② 见汤姆生 *Introduction to Science* 第一章所引。

1778—1826）的水之研究为例。[①] 当兑维的时候，用电解法分水所得的结果，除氢氧二气外，阴极常呈酸性，阳极常呈碱性。是时法国学者已唱水中唯含氢氧二气之说，其酸碱等性，概属于外来的不纯物。兑维想用实验来证明，初用动物薄膜连结两玻璃管盛水通电（1），得酸碱性如故。他疑酸碱是由动物膜来的，于是易以洗洁之棉（2）。此时所得，为少量的硝酸，而碱如故。他晓得酸的大部分来于动物膜了，但是又疑碱是由玻璃来的。他于是以玛瑙环代玻璃（3），而得酸碱如故。又以金杯代玛瑙（4），而得酸碱仍如故。而这个时候，常人将以为酸与碱属于水无疑了；然而兑维不然，他转而注意所用的水。他疑心所用的蒸馏水，有泉水混入。于是蒸发所用的水，将其滓加入试验水中（5），发见酸与碱的增加相为比例。这时候似可以决定酸与碱为水中的不洁物了，兑维却又不然。他又把水蒸馏三四遍（6），再行试验，得酸碱复如故。此时在常人必定觉得失望了，而兑维复不然。他再试验碱性物，晓得不是固体的，而为发挥性的安摩尼亚（ammonia，或作氨），与前此所得的不同。于是晓得从前的碱性物，得于玻璃与玛瑙，现在的得于空气，兑维乃置试验的水于抽气筒中，把空气抽尽，乃以氢气代空气，继续多次，至筒中无空气痕迹而止（7）。于是再通电流，水中酸与碱之性质，乃不复见，而水中仍含氢氧两素之说也从此完全决定了。

（三）察微 我们此处所说的"微"，有两个意思：一是微小的事物，常人所不注意的；一是微渺的地方，常人所忽略的。科学家对于这些地方，都要明辨密察，不肯以轻心掉过。关于留意微小的事物最好的例，我们可以举盖理略（Galileo Galilei，1564—1642）[②] 因见礼拜寺灯的摆动而悟钟摆（pendulum）的原理。相传盖理略幼年的时候，在批萨（Pisa）的大礼拜寺，看见悬灯的摆动，无论动的路程大小，他的一往复的时间，总是一定的。盖理略彼时没有钟表（我们要记得盖理略的摆动原理发明之后，才有发明钟表的可能），就用手上的脉息来做一个计算的标准。自后他就造出单简的摆动器来计算病人的脉息了。我们现在要说明的，是寺灯的摆动，乃人人所常见的现象，但一直等到盖理略看见了，才发现摆动的原理，这不过因为常人不注意微小，而盖理略能注意微小的事物罢了。

---

① 参观《科学名人传》中的兑维传，中国科学社出版。
② 盖理略为意大利的天文物理学家，于物理及天文学上重要发明极多，今人多称为物理学的始祖。参观《科学名人传》本传。

我们可再举化学家任默塞（William Ramsay，1852—1916）[1] 空气中氩素（argon）的发见，以证明科学家的察微精神。空气的组织，自经十八世纪恺文迭喜（Cavendish）、柏利斯力（Priestley）、拉瓦谢（Lavoisier）[2] 诸人研究之后，一直到一八九四年，没有疑心于氮、氧、二氧化炭之外，尚含有其他物质的。但是由空气所取出的氮气，较之由安摩尼亚所取出的氮气，每一立特（即一立公升）重量之差，为一千二百分之六，即为千分之五。这个数目虽然很小，但在化学上，试验的差误，是不容超过万分之二的。当时英国的化学家雷累爵士（Lord Raleigh）曾注意及此，于一八九二年致书《天然》杂志（The Nature），言有人能指出这个相差的原因的，他当然非常感谢。任默塞得到这个问题，晓得镁最能吸收氮气，即用镁加热，把由空气取出的氮气加以吸收，剩下来不被吸收的气体，有特别的光带，就是新发见的原素，而命名为氩的。

空气中几个新原素的发见，在十九世纪的末年，颇轰动一时的科学界，但是此种的动机，乃是由雷累及任默塞察微的精神所造成的！

（四）慎断　科学精神的第四个特征，是不轻于下论断。人但晓得科学上的论断都是有根据的，所以也是准确的；却不晓得科学上论断的准确，都是从不轻于下论断得来。科学家的态度，是事实不完备，决不轻下断语；迅率得到结论，无论他是如何妥协可爱，决不轻易信奉。英国博鲁克（W. K. Brooks）有言："能悬而不断，乃智慧训练的最大胜利。"汤姆生也说："活动的怀疑（active sceptism）与贵确的性质一样难得。"[3] 因为科学的唯一目的，是求真理；一旦下了论断，或承受他人的论判，便有蒙蔽自己的眼睛，看不见真理的危险。关于这一类的例，举起来也是很多的，我们现在略引两个重要科学家的言论于下，以见一斑。

地质学家赖耶尔（Charles Lyell，1797—1875）[4] 在他的《地质学原理》（The Principles of Geology）上，把地质学发达的经过加以叙述之后，说到自己所在的时候，他郑重的说道：

---

① 任默塞为近代英国的化学家，以发见空气中的稀有原素著名。参观《科学名人传》本传。

② 以上三人的小传，俱见《科学名人传》。

③ 此处两个引语，俱见汤姆生的 Introduction to Science，p. 22。

④ 赖耶尔为十九世纪英国的大地质学家。他的《地质学原理》一书，于 1830 年出版，为十九世纪有大影响于思想界的科学名著之一。

　　最后一个新学派出来了，他们宣告绝对中立；他们对于韦尔纳（Warner）和虎顿（Hutton）①的学说都完全不管，但专心勤勉的去做他们的观察。两派相争，各趋过度的反动，起了一个极端小心的倾向。凭虚结构的意见，既为人所轻视了，有些地质学家竟因恐怕人家误会他对于某派的成见有所偏蔽，故意的对于现象的原因上绝对不存意见，甚至对于有观察的事实为根据，无可致疑的结论，也要加以怀疑了。……但是急于理论的倾向，虽然太过一点，然而在这个时候，没有比把成立"地球的理论"的努力暂为搁置再好的办法了。此时所要的，是无数的新事实，而 1807 年成立的伦敦地质学会（The Geological Society of London）对于这个想望的目的，颇能帮助达到。他们的目的，只要增加和记录观察，忍耐地等着将来的结果。他们的常用格言，是说地质学普通统系的成立时期尚未达到，大家只能忍耐过几多年，专门搜集材料，以待将来的结论。他们照此原则行动，不变不乱。数年之后，遂令所有的成见都退归无权，而地质的一门科学，也就由号为危险或幻想的不名誉中而得救了。②

　　观上面所引赖耶尔的说话，这慎断的精神，和地质学的进步大有关系，不言可喻了。其次，我们要引的，是赫胥黎的说话。大家晓得赫胥黎是宣传达尔文学说最有力的一个人。但他在达尔文的《物种由来》未出版以前，曾经怀疑过天演说。他同斯宾塞尔通过许多信讨论此事，但是他说："就是我的朋友的希有的善诱和他的众多的巧譬，也不能驱我于怀疑地位之外。我的论据有两个要点：第一，到那时为止，关于种变的证据尚完全不充分；第二，凡曾经提出或行用的关于种变原因的说明，没有一个能够正确的解释这些现象。由现在回顾那时的知识的情形，我实在觉得没有一个别的结论是可以的。"后来《物种由来》出世了，于是他说：

　　"由来"一律，给与我们一个正在寻觅的工作假设（working hypothesis）。……在以得到真理为唯一目的的人们，他们唯一的合理的路径，是承认"达尔文主义"做一个工作的假设，看他能够出什么效果。他或者可以证明他有解释生命事实的能力，或者因为担当不起这个重担

----

　　① 韦尔纳（Abraham Gottlob Werner，1750—1817），萨克逊勒（Saxony）人。虎顿（James Hutton，1726—1797），苏格兰人。两人皆于地质学的成立有大贡献。虎顿的地球的理论（Theory of the Earth），尤为地质学家所祖。
　　② 见赖耶尔《地质学原理》第四章。

子而归于摧折了。①

（五）存疑　慎断的消极方面（或者可以说积极方面）就是存疑。慎断是把最后的判断暂时留着，以待证据的充足，存疑是把所有不可解决的问题，搁置起来，不去曲为解说，或妄费研究。譬如物质的研究，由原子而电子，可谓精深极了，但是物质的起源是什么，却是一个不能解决的问题。他如生命起源问题，灵魂存在问题，都属于这一类。在哲学上斯宾塞尔把世间的事物分为"可知的"（knowable）与"不可知的"（unknowable）两类。科学的职任，在把"不可知的"范围渐渐缩小，"可知的"渐渐扩大，但是要把"不可知的"完全消灭，恐怕知识进化到亿万年后，也未必有这样一天罢！所以谨严的科学精神，决不肯说无所不知，无所不能，而必对于不可知的问题，抱一个存疑的态度。赫胥黎当他的儿子死后回答他的朋友金司勒（Kingsley）的一封信，颇足以代表这种态度，他说：

"灵魂不朽之说，我并不否认，也不承认。我拿不出什么理由来信仰他，但是我也没有法子可以否证他。……我相信别的东西时，总要有证据；他若能给我同等的证据，我也可以相信灵魂不朽了。我又何以不相信呢？比起物理学上质力不灭的原则来，灵魂不灭算得什么希奇事。我们既知道一块石头落地含有多少奇妙的道理，决不会因一个学说有点奇异，就不相信他。但是我年纪越大，越分明认得人生最神圣的举动，是口里说出和心里觉得'我相信某事某物是真的'……"②

达尔文晚年也自称存疑论者，他说：

科学与基督无关，不过科学研究的习惯，使人对于承认证据的一层格外慎重罢了。我自己不信有什么"默示"。至于死后灵魂是否存在，只好各人自己从那矛盾而且空泛的种种猜想里去下一个判断了。

他又说：

我不能在这些深奥的问题上面贡献一点光明。万物源起的奇秘，是我们不能解决的。我个人只好自居于存疑论者了。③

以上所述的五种科学精神——崇实，贵确，察微，慎断，存疑——

---

① 见 Huxley's Life and Letters，Vol. I，p. 168。

② 同书，p. 233。译文见胡适著《五十年之世界哲学》。

③ 见 Life and Letters of Darwin，Vol. I，pp. 277，282。译文见胡适《五十年之世界哲学》。

虽不是科学家所独有，但缺少这五种精神，决不能成为科学家。我们要说的完备一点，还可以把不为难阻、不为利诱等等美德，也加入科学精神的条目里去，但是一则本章所讲的话已经太长，二则这些美德越是近于常识，似乎凡投身学问事业的人，都是应该有的，没有特别申述的必要。

第五章　科学的目的

真理是什么

上章曾经说过，科学的目的在求真理，这句话是我们常常听见的，而且在平常一般的时候，已觉这句话很可以作本章问题的一个满足答案。但是再回顾一想真理是什么，这个答案就立刻发生困难。我们晓得"真理"是什么的一个问题，在哲学界中讨论了几千年，至今还不曾解决。既然如是，我们现在说科学的目的在求真理，岂不等于说科学的目的在那渺渺茫茫不可知之中吗？所以我们必须明白"真理"的解说，这个科学的目的在求真理的话才有意思。

哲学上真理的意义

从前哲学家对于真理的观念，有种种的不同。有的以为一切现象的背后都有一个实质的存在，我们的知识若是成了这实质的完全写照，那便是真理了（此即所谓"实在论"）。[①] 有的以为一切事物的实体，是不能知道的；我们所能得到的，是对于一切现象的观念。这些观念和实体是否一致，我们不得而知，但是在这一些观念中，却可以发明出一个调和的统系来，便是所要求的真理（此即所谓"观念论"）。[②] 这种说法，都是把真理看成一个绝对存在的全体，如像中世纪化学家所求的点金石一般，得了之后，一切问题完全解决；不得之时，所有的努力全无是处。无怪乎古来的哲学家，人人以为"智珠在握"，而实际上真理是什么的一个问题，却总无法解决。

科学上真理的意义

科学上真理的观念自然和哲学上的不同，其最重要的两点：（一）真理不是绝对的，（二）真理是无所不在的。换一句话说，科学上的真理，不是说实际是这样，而是说大家见得这样。读者至此，必要疑问，科学

---

① ②　见第二章注一。

真理不是共和政体，为什么大家见得是这样作准呢？这个和科学的根本性质有关系，须得详细的检查一下。

第一我们要晓得的，科学是客观的学问，所以我们先要问科学的客观价值（objective value）是如何决定的？

凡事在我们个人心中，无论感觉到如何亲切，不能算是客观。拿潘嘉理（H. Poincaré）的话来说："这个世界所以能保证于我们有客观的存在，是因为这个世界是我们和其他思想的人所共有的。我们和别人有了交通，从他们得到许多现成的推理，我们晓得这些推理不是从我们自己发生，而且承认他们可以有推理的工作和我们一样。因为这些推理，和我们的官觉世界没有什么不合式的地方，于是我们可以推论这些有理性的人所看见的东西，和我们看见的一样，因此，我们晓得我们并没有做梦。"

"所以客观性的第一条件是：凡物之为客观的，必定在许多心中为共同的，而且是能彼此移与的。又因这个移与必待交通而后成功，……我们可以得一个结论：没有交通，没有客观性。"①

照上面潘嘉理的话说来，科学的客观性，原是由用思想有理性的人们彼此交通、移与而成立的，所以我们说科学的真理是大家见得是这样，乃是由科学性质上得来的结论，并没什么可怪。

其次要问科学的真理是什么？再拿潘嘉理的话来说："他人的官觉（sensation），在我们完全是一个闭绝的世界。我们没有法子能够证明我所认为红的官觉和我的邻人所认为红的官觉是一样。"

"譬如有一颗樱桃和一朵玫瑰花，在我的官觉为 A，而在他的官觉为 B；反之，一张叶子，在我的官觉为 B，而在他的官觉为 A。我们对于官觉的本体，是绝对不会知道的；因为我叫 A 为红，B 为绿，而他叫前者为绿，后者为红。但是有一件我们觉得满足的，就是樱桃与玫槐花对他和对我所发生的官觉是一样的，因为他给一个同样名字与他的两个官觉，我也做这一样的事体。"

"所以官觉是不能移与的，或者再进一步说，凡官觉中的纯质（pure quality）都是不能移与的，而且是永久不能钻研到的。但是在官觉的关系（relation）上，就不是这样。"

潘嘉理再加以推论说："凡不能移与的，都没有客观性，所以只官

---

① 见 H. Poincaré, *The Foundation of Science*, pp. 347－348。

觉间的关系，能有客观的值。"他于是再进一步说："科学是各关系的一个统系。"（Science is a system of relations）[①]

如果科学是各关系的一个统系，那么，这个统系就是科学的真理吗？若果如此，那真理还有什么标准，也值得拿来做目的吗？

我们对于这个疑问的答案，是说：科学用不着问绝对真理是什么，自己一样的可以前进去做他的工夫，而且一点也不觉得有什么不方便。一件事体能够求出他的真关系，就是一件事的真理；今天的真理，能够经得起各种试验，就有今天存在的资格。若是明天有一个较大的真理发见了，使我们今天的真理觉得有些不满足，那么，明天较大的真理，自然会满足明天的需要，我何必为今天的抱杞忧呢？

综上面的说话，我们要说明的只是两点：（一）科学的真理不是绝对的，（二）科学的真理是无所不在的。经过这个说明之后，我们觉得真理这个名词简直可以不用，老老实实的说，科学的目的，在发见事物关系的法则。

我们晓得在科学里面有许多单简而且重要的说话（statement），他们表出的形式极其单简，但是他们包含的意思和适用的范围，却极其深远广大。譬如化学上物质不灭之定律，物理学上能力不灭之定律，牛顿（Isaac Newton，1642—1727）[②] 的引力定律，都是这一类最好的例。我们单拿引力定律来说，他的说法是："凡两物互相吸引的力量，与物体质量的相乘为正比例，与物体间的距离为反比例。"再拿公式来表明他，就是

$$f=Gm\times m'/d^2$$

这个公式可谓简单极了，但是他所包含的事实，却极其繁复；从地球上物体的下坠，地面上潮汐的发生，以至天空中星球的运行，无不可据以说明。科学上的定律，虽然范围性质各有不同，大概都是这一类。这种定律在许多科学书中，又称之为"自然律"（The Law of Nature）。科学目的所要发见的，就是这个东西。

照上面的例说来，所谓科学的定律或自然律，并非自然界如人为的国家一样，制造了许多法律来管理一切事物现象。所谓"自然律"，不

---

① 见同书 pp. 348-349。

② 牛顿，英国人，世界最大的物理学家。他的力学三定律和引力定律，为近世物理学天文学的基础。

过把事物的关系，单简的、完全的、无矛盾的叙述出来的就是。于是我们可再进一步，说科学的目的，在把事物的关系做一个单简的完全的无矛盾的叙述。

读者要问：我们讨论科学的目的，由求真理而发见事物的法则，由发见事物的法则而事物关系的叙述，这样每下愈况，卑无高论，于科学目的没有小识或误解之嫌么？对于这个疑问，我们要说明的是：（一）我们上面递次推论下来，由真理而法则，由法则而叙述，其实是一物而数名，并无什么高卑的分别。（二）我们因为不愿用真理这个笼统的名词，所以用"法则"、"叙述"等字来代替说明。

科学真理

倘若大家要把这个叙述成法则称为真理，亦无不可，不过要认明这是科学的真理就好了。明白了这一层之后，我们可以说关于事物的简单的、完全的叙述所以为科学目的的理由。

第一，我们晓得科学的职任，在说明事物的"何以"①，而简单地完全地叙述，就是"何以"的无上要求。

第二，单简完全的叙述，是科学上最大最难的事业。汤姆生说："单简完全的叙述，必须于事体一件不遗，必须于本身，于其他有关系的科学，于一切科学，乃至于一切经验的普通情形，不发生矛盾。"②皮耳生说，科学家先有概念，然后能把现象分类比较。"分类之后，他就可得到叙述关系及结果的公式或科学律了。"这个公式或科学律所包的现象愈众，他的说法愈单简，我们愈觉得他愈近于自然的根本定律。③

这种单简而完全的叙述，我们不举一个例，不能表示他进行的困难。现在再拿行星统系的发明作一个例，我们可以说，至少要经过了下面所举的十个阶级。

（1）最初人类对于星体运动的观察，是太阳东出西没。他的叙述，是说太阳由西边"落山"，为地面的山所遮蔽，经过一夜之后，复由东边出来。这个叙述法，自然是不完备极了，但总可算是最早的单简叙述的企图。

（2）改良（1）的说话，说太阳由西方落下，经过地体之后，次日

---

① 参观本书第一章。
② Thomson，*Introduction to Science*，p. 40.
③ Pearson，*Grammar of Science*，p. 96.

仍东方出来。

（3）由观察太阳和其他星体，都有变更位置的关系，于是说地在中央不动，太阳与其他各星，都绕着地球运行。此说所包括的现象，较（2）更多一些了，但是不完全之处仍极明显。

（4）由观察的事实渐渐积多的结果，于是早先的天文家得到一种结论，说太阳的轨道为一圆圈，一年一周。这个公式，比较第（3）的包括又更多了，而且他所叙述的现象，在当时也可算得精确。

（5）喜帕卡斯（Hipparchus）[①] 的说话，说地球并不占据太阳轨道的中心（侧心圆说）。这种说法，可把太阳运动的不规则地方更为精确的说明。

（6）约三百年后，托勒密[②]说地球居中不动，太阳与月循圆形轨道每年绕地一周。其他行星的轨道也是圆的，其圆的中心又绕着地球成一圆形（环心圆说）。这个统系的全体，又同其他星体每日绕地一周。此即有名的托勒密统系，为学界所遵用垂千余年，直到中世纪之末，哥白尼[③]之说出现，方才被废。我们不能说托勒密的说法是错误的解释，我们只可说他想用单简的话来精确的叙述有限的现象，而未曾做到。

（7）哥白尼的说法，以为地球循轴自转，又绕日运行，于是居外环圆（如非侧心圆）的中心的，乃不是地球，而是太阳。这样一来，把许多的圆圈带着固定的星体都抛弃了，所以结果是叙述的单简和精确的增进。但是还有许多事实未能包括全尽。

（8）又约百年后，开普来（Kepler，1571—1620）依据了他的老师第谷·布纳厄（Tycho Brahe，1546—1601）的观察，才发见了行星的轨道是椭圆形，太阳所占的位置，乃是椭圆的焦点。开普来的有名的行星三律，不但说明行星的轨道，并且说明轨道的性质。[④] 他这个叙述比以前的任何说法，都单简而精密了，但是只限于行星统系的叙述，所以还不算完全。再进一步，就是——

（9）牛顿的万有引力说。牛顿的万有引力说，可以应用于宇宙间一切物体。他和开普来的定律一样，是现象的叙述，但他越是单简，越是

---

① 喜帕卡斯为纪元前二世纪的希腊天文学家，即发明三角学的人。

②③ 见前章。

④ 开普来的行星三律，看见的尚少，兹译录如下：一、行星的轨道为椭圆形，太阳居其焦点之一。二、以一直线连结行星与日，则在相等时间之内，经过相等的面积。三、任何两行星（地球在内）绕地运行的时间的平方与他们距日的平均距离的立方成比例。

精确，而且包括的事件越是众多罢了。二百余年以来，牛顿的万有引力说，已为学者认为"人智能及之最大限度"①，不意二十世纪以来，又有安斯坦（Einstein）的引力新说发明，比较牛顿的引力说更为普遍而精确。所以我们若是要把行星统系的发明做一个"完全的叙述"，应该以——

（10）安斯坦的引力新说为止。现在我们的叙述，既然无过于举例，安斯坦的学说，要待下章再讲了。

我们看了上面的例，可以见得一个科学律的成立，不过是人类理性对于某种现象不断的寻求一个普遍而精确的公式的表现。而且一个公式成立以后，常有被更普遍更精确的公式替换的可能。至于一种科学的真确与否的试验，除了拿公式所得的结果与实际的事实比较，更无别法。赫塞尔（John Herschel）说得好："真理的伟大和唯一的特性，是他有经得起普通经验之试验的本领，在任何形式的公平讨论之后，仍然无变。"②

照上面所说，我们对于科学真理即是事实的完全叙述的意义，大约可以明白了。但是有人要问：如此则科学仅能叙述自然，于解释天地自然之谜，竟无所用，岂不令人失望？对于这一层，我们的回答是：就究极而言，科学原来不能解释甚么东西。如上面所说的万有引力说，可谓精密了，但是引力是甚么东西的一个问题，却无人能够回答。③科学对于生理现象，也有极精微的发明了，但生命的来源是甚么，也无人能知道。所以汤姆生说："说科学解释了甚么，不如说科学不曾解释甚么，还较为确切些。"④但在有限范围以内，科学的确能够给我们许多解释，这是因为：（一）科学能把复杂的现象，归纳到单纯的观念；（二）科学能给我们因果的关系。这两层有略加说明的必要。

（一）由复杂而变为单纯，有许多时候可以看作一种说明。例如宇宙的物质非常众多，但化学把他归纳到八十余种原子的化合，就非常单简了。又如有机界的物体，我们看去，更觉樊然无数，现在知道他们不过是炭、氢、氧、氮几种重要元素的组合，就觉得单简了。再说物理学

---

① 见 Pearson，*Grammar of Science*，p. 99 所引 Paul du Bois-Reymond 的话。

② 见同书 p. 100 所引。

③ 照安斯坦的说法，并不承认有引力这件东西。引力的现象只是空间的一种性质。详见下章。

④ Thomson，*Introduction to Science*，p. 41.

中许多声光热电的现象，也极其奥衍繁杂，我们把他还元到波动和能力的变迁上去，就觉得单简了。大凡一切现象的单简化，须先发见他的出现情形和历史，而结果使他归到一个已知的根本的观念上去，或至少可以使他和一个已知的事物相比拟，所以能有说明的效用。但其实还是事实的叙述。

（二）平常所谓说明，又大半指晓得一件事情的原因结果，而科学所叙述的关系，也正是指出他因果的关系，所以可以说科学说明了某种物事。例如一个弹丸何以能飞射伤人，因为有火药在后面驱使；火药何以能爆发，因为有机械的装置引起其中的化学变化。又如土中何以忽然生树，因为其中先有种子；茧中何以忽然出蛾，因为其中先有蛹，这些原因结果的关系是很明白的。不过我们现在要注意的，是科学上所谓原因结果，仅专就事情的先后次序而言，并不能说出什么"最初之因"（ultimate cause）。譬如弹丸的飞射，是因火药的爆发力，是我们所知道的；火药的爆发，是因化学的作用，也是我们知道的；但是硝石、炭、硫——或者说硝基甘油——何以有相当的配合，加以热或压力，就能爆发（即所谓化合力），这是我们所不能知道的。所以科学上的所谓"因"，只是"有因之因"（caused cause），或又谓之"第二因"（secondary cause）；那"第一因"（first cause）"最初之因"，是科学所不能问及，而且也不必问及的。

因果关系，是科学上一个极重要的观念，我们觉得有略加说明的必要。上面曾说科学上所谓因果，系专指事情的先后次序而言，那就是说，有一种情形在前，即可发生某一种事形境状，而现在的事情境状，又是为在前的情形所支配的。科学上假定这种关系，是无论何时都存在的，就是所谓因果律。因果的意思，本来容易明白，但在平常却不免误会。现在要说明的约有两点。

（一）因果律中，不含有人的意志。平常人每每把自己的意志看做一切事情的原因。他举起枪来射落了一只鸟，他就要说，他射鸟的意志是因，而鸟的落下是果。但是科学的看法是不如此的。科学看见他举枪，扳机，火药爆发，弹丸飞射，鸟身受伤，飞行停止，垂翼下坠……一言以蔽之，看见许多动作的阶段。我们可以说上一段是下一段的原因，但是不晓得为什么要这样。意志的说法大约是补入一个"为什么"——就是"最初之因"，那是不在科学叙述范围以内了。英哲学家约翰·米而（John Stuart Mill）说："科学上的因，在本身亦为一现象，与任何物最初之因不相关涉。"米而所谓"最初之因",当然不是专指意志,然意志也是一个。

（二）是刚同上面相反,说世间一切事情既都为因果律所支配,那么,世界岂不成了一个冷硬的机械,还有什么活动的余地呢?关于这一层,我们要解答的,是因果律既然不过是先后一致的前例,当然不含有"强迫"的意思,既然不含有"强迫"的意思,有什么"前定"、"机械"的可说呢?复次,因果律既然不包括意志在内,正是与意志一个自由活动的地位。那就是说,你若是改变结果,须先从改变原因入手。至于意志究竟是否自由,那是另外一个问题,此处不必讨论,不过我们以为改变原因的原因,也不妨同在因果律之内,这是与意志的自由不相冲突的。

上面的话,说的抽象一点,恐怕读者不易了解,我们可任举一个例来说明。譬如中国三纲五伦之说,大家信奉了几千年,现在忽然发生了问题。这问题发生以后,当然有赞成的,有反对的。我们晓得那赞成的必定是受了旧传统说的薰染,他的原因很容易找出;就是那反对的,也必定是得了什么"新文化"、"新学说"的指示,决不是偶然脑经中碰出的见解。但在这两个不同的主张中,我们未尝不可以理性的研究,做一番选择的工夫,这就是我们所谓意志的自由。我所谓意志的自由,与因果律不相冲突,也于此可见了。你若说这个意志不算真正自由,那么,我要请问真正的自由意志是什么样子,恐怕结果世间上找不出这个东西罢!但即使世间没有真正自由的意志,而未尝不可有不同的主张,那么,所谓人的活动,也就未必因为因果律的关系而成了冷硬的机械。以上所说,本来与科学无关,因要解释误会,遂不觉多说几句。再说下去,就非本书的范围了,现在就此为止罢。

第六章　科学方法Ⅰ：理论方面

上章所说的科学目的,是各种科学所希望得到的一个最后结果,他可以说是各事物关系的完全叙述,或自然界的法则,或科学的真理。但是这些结果,如何才能得到呢?这显然在研究上应有一种特别的方法。这种特别研究的方法,用来发现科学真理的,我们叫做科学方法。

科学是人类智慧的结晶,科学方法也就是支配人类思想的方法。所以科学方法,实际上应该是论理学（Logic）的一部分,不过为人类思想发达和知识进化的程序所限，直到近代的论理学上才发见科学方法的位置罢了。现在为易于了解起见，我们拟从两方面加以说明：（一）是理论方面，（二）是实施方面。本章专讲理论方面，实施方面当俟下章论之。而理论方面，因为要给他一个逻辑的根据，我们可从思想原则讲起。

思想的原则

人类思想所以能进行并且能互相了解，因为他有两个根本原则。一是思想的普通性（universal），就是说，一个道理，对于我是真的，对于其他的普通人类，也必得是真的。譬如说，"二加二等于四"，"铁有磁性"，这个说法，不但我个人心中见得如是，在一切普通人的心中也见得如是。设使我说二加二等于四，他说二加二等于五，再有第三个人说等于六，或等于任何数目，那末，我们还有甚么方法可以辨证是非呢？所以思想的普遍性，和真理的客观性有同一的意义。虽然各人用自己的思想得到真理，而真理是有客观性的，是出乎各人主观思想之外，而为一切具理性的人所认为同然的。

第二个思想的原则，是他的必然性（necessity）。这个原则，是说一个人用了思想有所判断的时候，不能得到任意要得的结论，而必须为他的一定途程所限制。这个必然性，是从其他已知为真的事实关系中得来的。譬如我们说"有生则有死"，不能任意说火星行近地球，人就可以不死。又如说"饥则思食"，不能任意的说过了明年甲子，人就可以不饮食。在论理学上，我们说凡一个结论必须有他的理由或前提。未经教育的人对于他所主张的言论，是举不出理由的，但是他仍觉得有他的必然性，而且把他自身和言论认为一体，于是你若加以驳诘，他便发怒了。在这种错误的思想中间，也还有必然性的感到，可见我们思想的路径，不是绝对没有限制了。

上面两个原则，是很普通的说法，不但在科学方法上应当承认，就是在一切思想的方法上，也是应该承认的。我们现在先看旧式论理学的应用。

旧式论理学——三段论法

旧式论理学的重要部分，就是所谓三段论法（syllogism），这是亚里士多德（Aristotle，387—322B. C.）以来，直到中世纪之末，所认为思想的唯一方法的。他的形式，平常分为三段：（一）是概断（又谓之大前提），（二）是特因（又谓之小前提），（三）是结论。举一个最常用的例，譬如说：

人是要死的； （1）

孔子是人， （2）

故孔子也是要死的。 （3）

在这个形式中间，（1）是普通的原理，是包括一切人的；（2）是人中的一个特例，而人是共有的，故又叫做"中词"（middle term）；（3）是结论。大凡所有的推理，只要是根据理由以得结论的，都可以归纳到这个形式上去，而且用这个形式来表出的结论，都是人所不容易反驳的。关于这一层，我们要注意的，这种根据理由的推论，固然比绝无理由的主张或意见好，但是我们再看下面的一个形式：

凡当先生的是学者；

某君是先生，

故某君是学者。

他的形式虽然不错，他的推论，是否合于事实，就有问题了。再拿自然界的现象来说，就更为明显。譬如说：

行星的轨道必定是最完美的形式；

圆为最完美的形式，

故行星的轨道是圆的。

这可以看见前提若错，推论的形式虽然不错，他的结论也没有不错的了。我们现在可以见得旧式论理的用处和限度，有下列条件：

（一）他的用处，要提出一个主张或结果，必须同时提出所根据的理由，于辩论上易于得人的信服。

（二）他的限度，仅能将已知的事实或真理排成相当的顺序，以为辩论或推理之助，不能发见未知的事实或真理。

（三）即已知的事实或真理，靠了这个方法，也不能断定其真确或错误。

形式论理和实质论理

总而言之，这种论理方法所注意的，只是一个形式，形式对了，我们就得承认他推论的结果，至于他的实质如何是不暇问的。这种偏重形式的旧论理，我们叫他做形式论理。形式论理只能证明已知事物的合理，所以又可以叫做证明的论理（Logic of proof），但是我们人类知识的进步，不但以证明已知的事实为满足，并且要发明未知的事实及真理。要发明未知的事实及真理，当然不能专靠形式，而必须在实质上用功夫。这种论理，和形式论理恰相反对，故我们可以叫他做实质论理（material logic），或发见论理（logic of discovery）。[1] 这个实质论理或发见论理，就是科学方法的起点。

培根的主张

我们在第二章里曾经说过，欧洲文艺复兴以后，一般人心对于旧知识觉得不满足，而有要求新知识的倾向。在方法上说来，他们已经觉得旧论理不能适用，而有建设新论理的绝对需要。十六世纪的培根，就是主张最力，而且能实际建设这样一个论理的人。他的方法，大概说来甚为单简。他说："我们若要于自然及自然律上得一点新知识，唯一的方法是跑到自然那里去观察他的自然动作情形。关于自然的事实，不能由论理命题或三段论法得来，我们若要晓得任何现象的定律，我们必须精密的有系统的观察特殊的事实。有时我们并且要用了试验，逼着自然不能不给我们以我们所要的知识。照这样看来，知识起始于特殊事实的观察；亦唯我们施行了多数特殊观察，并加以精细的分类与排比，且注意反对的事例之后，我们才能发见他们的通律。在我们未由排比特殊现象以发见他们所共有的'形式'或原则以前，不可妄有假设和猜度。"[2]

培根这个求智的方法，在他的论理学名"新工具"（*Novum Organum*）[3] 的书中曾详细讨论过。他这本书名 *Novum Organum*，以别于亚里士多德的《论理学》（*Organum*）。他这本书又名《解释自然的真法》（*True Suggestions for the Interpretation of Nature*）。他说："知识与人类的权力，是同义的字，因为不明其原因，可以使我不能利用其结果。"因为这种知识的重要，所以不愿把发见的事体付之于机遇，而要创出一个方法来寻求。这种方法，就是我们现在所叫的归纳法（inductive method），而和这个反对的，我们叫他演绎法（deductive method）。

归纳法与演绎法

现在我们可把这两种方法分别加以说明。

（一）演绎法　此种推理的方法，系由通则以到特例，那就是说，我们先有了已知或假定为真的事实或原则，再由这个事实或原则求出他当然的结果。上面的三段论法，是演绎法的一个例，而算术与几何学上

---

① 参观 F. W. Westaway, *Scientific Method*, Chap. XIII, p. 172，又 J. E. Creighton, *Introductory Logic*, Chap. II, p. 25。

② 见同书 pp. 28–30。

③ *Novum Organum* 系拉丁文，培根此书于一六二〇年出版，为近世讲归纳论理的始祖。

推理，尤处处可以表示演绎法的运用。幼克里得的一部《几何原本》建筑在几十个界说（definition）和公理（axiom）上。我们只要承认了这些界说，于是以下的定理问题都可以迎刃而解。我们的思想，就像那计算的机器一样，只要我们把特殊的事件，归到相当原则之下，他自然一步一步的生出所要的结果来。这种推理方法，自然也很便当，而且重要，不过用于推理的学问，如算术、几何等等上，当然没有甚么毛病，若应用在经验世界以内，那据以为推理的原则，是否真却，就另外是一个问题了。

（二）归纳法　这种推理办法，恰与演绎法相反，是先有了特例，然后由特例寻出通则。因为培根是归纳法的创始人，我们就举他的热的研究作一个说明归纳法的例。

培根的归纳法

培根研究热的方法，第一先把热的出现地方（特例）都举出来，即火焰、电光、日光、石灰加水、湿草、动物热、热汤、摩擦的物体等等。次把热所不在的特例，也举了出来，如月光，山上的日光，极圈里的斜光等等。再拿聚光镜把月光收敛起来，看有热没有。再用聚光镜试热铁，火焰，沸水等等。再次用散光镜在日光下看能减少其热与否。再次把所有热的个别特例都记录下来，如铁砧因锤击而发热，一个很薄的金属，若要继续打击不已，竟可发生赤热等等。

这些特例都举到了，于是我们须找出在正例里有些甚么要因；在负例里缺少了甚么要因；在变动的例里，有甚么变动的要因。据培根说，真正的归纳法是建筑在除去的办法上的。例如我们看见沸水有热，月光无热，我们可以说，热的重要性质是和光耀无关的。

但是在积极的通则未发明以前，归纳法不算成功。我们看了上面所列举的各个特例之后，可以说热的性质就是动，这是由火焰、沸水的形状，动的生热，以及火被压抑即熄灭等等情形生出来的假说。这个说法，自然还有许多应加修正的地方。但在这一层做到之后，培根竟可以为热下一定义说："热是扩充或收缩的运动，作用于物体质点上的效果。"[①]

培根这个例，大约可以代表他首创归纳法的时候是甚么用意。他这种列举式的办法，不但繁难，并且有时行不通，所以他虽然创了归纳法，自己在科学上并没有甚么贡献。现在我们要讨论的，归纳法是不是

---

　　① 　见 Walter Libby, *An Introduction to the History of Science*，Chap. VI。

就在举例之中，而别无其他作用。

完全归纳与不完全归纳

有些讨论科学方法的论理学家（如揭芳斯 W. S. Jevons，1835—1882）主张归纳法要把所有的例都检查过，能把所有的例都举到的，叫做"完全归纳"（perfect induction），不能全举的，叫做"不完全归纳"（imperfect induction）。① 这种说法，是近来一般论理学家所不能同意的。这有两个理由：（1）有许多事情完全举例是不可能的事体。譬如说鸦是黑的。我们可以举十个、百个、千个、万个乃至十万个、百万个黑鸦为例，但是我们保不住不看见一个旁的颜色的鸦。倘若看见一个旁的颜色的鸦，我们的归纳法就立刻坍塌了。（2）有的事情，完全举例是可能的，但举例的结果，只能得到他的总结，而不能得到通则。比如我们把全校学生的年纪都已调查过了，于是总结起来说，全校学生的年纪没有在十六岁以下的。这个说法，可以说是根据所有的特例，而且没有一个例外，但仍只可说是结果的表示，而不是归纳。

照上面的例说来，我们可以说"单简举数"（simple enumeration）（如上例2）和完全举例（perfect induction）（如上例1）都不能算是正当的归纳法。他的缺点，正是因为他不曾发见一个因果的原则，不能据已往以测将来。我们何以看见了成千累万的乌鸦，不能得到"鸦是黑的"一个归纳，因为我们不能发见黑色与鸦有甚么特别的关系。

归纳法的定义

现在我们若要替归纳法下一个详细的定义，我们可以说归纳法是由推度作用发见关系的通则。我们见了许多事例，在某种情形之下是这样的，因以推知一切事例在同样情形之下，也是这样的。或者说，在某种情形之下，某时所见为如此的，在同样情形之下，无论何时，都应该见为如此的。一言以蔽之，凡不用推度不能发见通则，由已知以推到未知的，不算归纳法。② 要了解这个定义的意思，我们可以用极常见的银币和鸟羽的试验来作一个例。试行这个试验，可拿一个小银币和一片鸟羽放在玻璃筒中，把空气抽尽，然后急速的倒转过来，让银币和鸟羽同时下坠。此时银币和鸟羽必定同时落到桶底，即他们落下的速度相等。从这一个事实，我们可以推度，若再用这两件东西或任意的两件东西，重

---

① 参观 Jevons，*Principles of Science*，Chap. VII。

② 参观 Mill，*System of Logic*。

做这个试验，他们的结果必定相同；我们还可以进一步说，除去了空气的抵抗，和其他阻碍情形之外，凡物体下坠，无论他的重量如何，他的速度总是相等。

这个归纳根据的只是一个试验，可为单简极了，但是我们物体下坠速度相等的定律，却是由这种试验发明的。（盖里略的有名批萨斜塔的试验，也与上举试验同一性质，但还逊其精密。）① 要是一方面的论理学家主张"完全归纳"，我们要问根据甚么理由，我们可以从事这种单简的归纳？

归纳法的根据理由

第一，我们假定所有的结果都是由相当的原因发生的。换一句话说，我们假定无无因之果，这就是科学上的因果律。

第二，我们说再行试验的时候，这两个物体或任意的二物体仍当表示同样的性质，这是根据科学上的"自然一致律"（law of the uniformity of nature）。这个定律的意思是说：一个原因或几个联合的原因，若是不为其他的原因或几个联合的原因所妨碍，常常生出同样的结果，或同样联合的结果。

第三，我们很明白的，是做这个试验的时候，我们先有一个目的在心中。我们心中先有的疑问：物体若单受引力的作用，他们落下的速度是不是相等？我们把玻璃筒中的空气排去了，除了引力之外，其余有影响于物体的东西，都屏除净尽（现象的离立），然后去看那唯一的原因——引力的作用。这种有计划，经过选择的事实，实际上就是经过分析的事实，由分析到归纳，乃是当然的顺序。

第四，我们还可以明白的，是科学的方法虽然大体是归纳的，却不能把演绎的方法完全屏弃不用。实际上演绎与归纳，正如车的双轮，鸟的双翼，同时并用，科学才能迅速进步。如第一所说的，先有疑问，然后设计试验，求得新事实来做归纳的根据。这个新事实，一面是"发见"，一面是"证明"，在方法上面已经带了几分演绎的性质了。

归纳与演绎得并用

总括起来，我们可以说，若把归纳法看做科学方法的一部分，我们固当有上面的种种分别；但是若把科学方法的全部都认为归纳法，那

---

① 盖里略见本书第四章（注十一）。因为要证明物体的下坠，并非重的速度大，而轻的速度小，盖里略于1591年拿了两个铁球，一个重一磅，一个重一百磅，在批萨城的斜塔顶上令其同时下坠。这两个球竟同时坠地，于是两千年争执不决的问题，方告解决。

末，我们所争执的只在一切研究都从事实着手的一点，至于研究中的方法是归纳与演绎不能偏废的。

关于方法上的术语，每每因意义的不明瞭，以致误会误用，现举两个重要的加以说明。

（一）推度（Inference）我们上面曾经说过，无论归纳演绎皆须用推度，推度也是由已知到未知的一种思想方法。现在我们要注意的，推度同证明虽然都要理由以为根据，但是推度不是证明。这是因为推度的理由就在结论之内，而证明的理由尚须有其他的保证或根据。换言之，推度是前进的思考（forward thinking），证明是回顾的思考（reference thinking）。譬如大动物学家居维爱（Cuvier，1769—1832），有人给他一个古兽的牙齿，他就可以告诉你这生牙齿的兽是甚么样的动物。这是因为牙齿和生牙齿的兽，原为一物，只要我们有了对于这个动物的知识，这个推度是没有甚么不可以的。但如达尔文说，有了猫才有苜蓿，那就非经他调查之后，晓得怎么样猫可以驱除田鼠，怎么样田鼠可以毁坏蜂房，怎么样蜂可以媒介花蕊使苜蓿繁盛，这个推论是不能成立的。总而言之，我们的推度，要以已经证明的事实为出发点，而不能自为证明，这是应该注意的。

（二）类推（Analogy）类推是由特例推到特例，也是推理的一种。他的重要原则，是两件事体的相似，但是类推和譬喻不同。我们看见某种事体有些甚么关系和性质，因而推到与他同类的事体也有这些关系和性质。这种推度的方法，极其单简，所以人们常常喜欢用他。但欲免于错误，有几点应该注意。第一，我们要看据以类推的类例是不是事实。例如《抱朴子·论仙篇》以"雉之为蜃，雀之为蛤……田鼠为鴑，腐草为萤，鼋之为虎，蛇之为龙"，为人可成仙的类推，不知雉之为蜃等等是否事实，尚待证明。第二，我们要看据以类推的类例，是不是有同样的关系。如《荀子·劝学篇》说："冰取之于水而寒于水，青出于蓝而胜于蓝"，拿来解释"学之不可已"，是可以的。但是因冰寒于水，青胜于蓝，就推到学生过于先生，那就必定要发见冰与水，青与蓝，先生与学生有同样的关系而后可，实际上我们晓得这种关系是不能成立的。第三，我们要看在两个事例中的重要情形是不是相同。譬如我们看见月球上的情形，大概和地球相似：他也是天空的一星体，也受着太阳的光，也有山，有地，因此我们推想月球也有人类。但是我们也晓得月球上是没有空气的（就是有，也极稀薄），因为这个重要情形不同，虽然有其他相同的地方，月球中有人类的类推还是不能成立。

总而言之，类推的用处，在科学方法上仅可限于帮助解释及诱起假设等等；若靠了他来做推度的唯一理由，因为他根据的薄弱，就常常有陷于谬误的危险。这一层不但科学家应该注意，凡使用类推的人，都是应该注意的。至于施用推理，还有各种细则，如牛顿的三规①，米而的五律②，都可以备实际的参考。

第七章　科学方法Ⅱ.实施方面

上面所说明的，是科学方法的理论，本章要说明科学方法的实施。科学方法的实施，即是一种科学成立时所经过的步骤。这个步骤，当然不是千篇一律，或一定不易的。不过在科学研究中间，我们可以看出几

---

① 牛顿的三规如下：（1）唯真实的原因（即实际存在的原因）可用以解释现象；（2）解释现象时，于已有充足的之原因外，不必再求其他的原因；（3）在可能的范围以为，同样自然之结果，必归之于同样之原因。如人类与禽兽的呼吸，欧洲与美国的坠石，其原因总是一样的。

② 米而的五律（Mill' Canons），见他著的 *System of Logic* 书中，兹略引如下：（1）求同（Method of Agreement）——是说设如在研究下的两个或两个以上的现象，只有一个情境是共同的，这个情景可以认为这些现象或然原因（或结果）。例如我吃了某样东西，无论我别的饮食如何，生活情形如何，天时如何，环境如何，总觉得不好。于是我可以认某种东西为我患病的原因，我就得避开他。（2）求异（Method of Difference）——是说设如在一个事例中发见研究的现象，在他一个事例中不曾发见研究的现象，这两个事例的情境，除了一个之外，完全相同；这一个不同的情境，可以说就是他的结果，或原因，或不能少的原因的一部分。例如亚拉果（Arago）研究磁针的运动，看见有一块铜板在磁针底下，磁针运动比没有铜板容易静止得多。他于是可以推度铜板是磁针静止的一个原因。（3）同异共见（Joint Method）——是说设在两个或两个以上的事例发见这个现象，其中只有一个情境是共同的；同时两个或两个以上的事例中，不曾发见这个现象，而除了没有前次相同的情境之外，其他的情境无一相同；我们可以说那个情境就是现象的结果，或原因，或不能少的原因的一部分。例如我吃了某样东西，就患病，不吃某样东西，就不患病，那末，我疑心某样东西为病的原因就确定了。（4）求余（Method of Residue）——是说从某现象中减去其已知为某前引的结果的部分，剩余的现象必为其余的前引的结果。例如海王星的发现，是因为天王星的轨道，在所有已知行星影响之外，还有其他的扰动。天文家于是疑心于已知行星之外，还有未发见的行星。他们照着这个理论去寻觅，居然找到了这个未知的星体，就是海王星。（5）共变（Method of Concomitant Variations）——是说无论何时，若某现象发生特别变动，其他一现象也发生相当的变动，则某现象必为此现象的原因或结果，或彼此有因果的关系。例如置水银于极细管中，若四围空气温度略增，管中水银也就增加容积；反之，若空气温度降低，水银的容积也就减小。于是我们可以说，温度增加为水银伸涨的原因。此处须注意的，共变法实在和求异法是一个性质，不过我们在此处不能用求异法，因为此处的现象，只能使他增减，不能使他消灭。

个重要的工作,是任何科学研究所不可少的,我们不妨拿来说说。

科学研究的步骤

研究科学的工作,我们可以分为八种,而各种各有他的作用。现在先为列表如下。

（一）观察（Observation）　　　　……求事实的作用
（二）试验（Experiment）
（三）比较（Comparison）　　　　……分析作用
（四）分类（Classification）
（五）概推（Generalization）
（六）假设（Hypothesis）　　　　……综合作用
（七）证验（Verification）
（八）成律（Formulation）

一、观察①

科学的事实,都是由官觉印象（sense impression）得来的,所以观察是科学研究的第一步。观察一有错误,那作科学基础的事实就不可靠,以后的种种工作,就好像建大厦于流沙之上了。观察虽是最粗浅的一步工作,但要得正确的观察,却不是容易的事。除了故意作伪和甘心受欺之外,我们应该注意下列几种错误的来源。

观察错误的来源

（a）生理上的来源　我们官觉的力量不但有限,而且常常会发生错误。譬如紫外线（ultra-violet）和红外线（infra-violet）的光是我们所看不见的;每秒钟颤动三万八千次以上、三十二次以下的声音,是我们所听不着的,这是生理上自然的限度。还有因为生理上通有的错误,如像电影中的风景人物继续活动,其实不过是一张一张的影片,上章已经说过了。又如管口喷水,看似一条直线,其实是许多水珠的连续;暗室中以火柱旋转,看似一个火圈,其实是一个火星的接联,都是这一类的现象。

（b）习惯上的来源　由习惯而来的错误,也可以叫做个人的错误,这种错误是比较的容易发见的。如有人作算学时,总会把 9 看做 6,读英文时,总会把 kitten 念做 kitchen,看颜色时,以紫当做蓝,都是此类。

——————————

① 关于观察及试验的讨论,读者可参观 Jevons, *Principles of Science*, Chaps. XVIII - XIX。又王星拱编的《科学方法论》也可参看。

（c）心理上的来源　　由心理上来的错误，又可叫做主观的错误，如忙时觉日短，闲时觉日长，重物下坠觉速于轻物，皆是此类。还有一种心理上的错误，就是培根所说的"人每记其所得而不记其所失"（Men mark when they hit, and never mark when they miss）。培根还引了一个故事，说明这种情形。他说在某处有一个礼拜堂，堂中都画满了因许愿而在破船中得救的像。有一个不信教的人来到堂中，就有人指着画问他，可不承认神的力量吗？他的答语是："但是那些许了愿而淹死的画像在甚么地方呢？"

免除错误的方法

要免除这些错误，第一，须有相当的训练。有了训练，所有的生理上、习惯上、心理上的错误，均不能陷害我们了。第二，须用仪器的帮助。有了仪器，我们观察不到的东西也可以观察了。例如有了望远镜，天空中光度在六度以下的星体都可以看见；有了显微镜，有许多微生物也可以察见，这是补助官觉的不及的。至于纠正官觉的错误，譬如靠了照相快镜，可以把管口射水分成水珠，即是一例。第三，须靠多数人的共证。培根说："人心就同不平的镜子一样，他所摄的影像，不能和天然完全相同。"然而镜子的不同，不必一律，有的甲处稍凸，乙处稍凹，有的乙处稍凸，甲处稍凹，所以观察结果以多数观察为准，不但能表示客观的真实，且可以容纳错误相消的机会。

二、试验

博桑贵（Bosanquet）说："试验是人力管理下的观察。"这是说，试验的目的，正是要观察所表现的结果，不过在人力管理之下，我们能把产生结果的各种情形为之增加、减少或废除，以便于观察罢了。譬如我们要研究放电的现象，若要等到空中放电方去研究，不但不方便，而且很危险，但在实验室中用发电机或蓄电瓶来研究，就容易了。又如要研究生物的变迁，若专靠天然界的观察，不容易得到所要的情形，而且所须时间也很长，若用家畜或种植来试验，可以随意布置，在短时间中得到结果了。所以试验实为观察的一部分，而可以补天然的不及。明白这个意思，我们在观察上所说的种种注意，在试验上仍然适用，是不待言的了。

试验与观察之分

有人拿用仪器和不用仪器来做试验与观察的区别，这也有些不然。譬如天文学家观测日星的行动，须用望远镜，但实际上还是观察。又如气象学家用雨量计风向表来测量风雨，但实际上还是观察。但天文家选择一定的空间时间以观察星的变位，气象学家登高山乘气球以观察气压的变迁，也可以说是试验。① 这可以见得试验和观察的区别，不在仪器的用不用，而在用不用人力以改变观察的情境。

试验的情境

试验既然是人造情境底下的观察，那末，试验的时候，选择适当的情境最为紧要，因为与一个试验有关的周围情形是无限的。拿两木摩擦生热来说，和这个单简试验有关的情境有多少呢？木的形状、硬度、组织及其化学性质，摩擦的压力及速度，四周空气的温度、压力及其化学性质，地球的吸力与电力，摩擦者的温度与其他性质，太阳及天空的辐射，云中的电象以及天空星体的位置，都不能不计及，而且先天的也不能断定某事和摩擦的试验绝对没有关系。我们施行这个试验，要把上面的情境，一一都实验过吗？当然不能。我们只有从经验上把无关紧要的情境一一除去，然后可得最后的结果。

再拿摩擦的试验来说，在平常的时候，我们可以说，天空的现象是没有甚么可觉察的影响的。我们可以疑心空气和摩擦有关系，于是我们就在真空中试验，若是仍能生热，那末，我们可以说空气没有关系了。我们又可以疑心热的来源，由于周围物体的传导，于是我们可以设法使周围的热不能传导到摩擦体上，如兑维用冰来摩擦即是一例。照这样逐一的把似乎有关的情境都除去了，才能得到真正的结果，说热是摩擦能力所发生的。

选择试验情境时的注意

照上面的说法，试验的重要条件，在使其单简的明瞭，而除去无关系的情境，即是达到这个目的的唯一方法。我们现在且把关于试验上应该注意的几条规则列举如下。

（a）普通的无关情境之免除。有些无关的情境，是常常存在的，试验时不可不留意除去。如因历史无所不在的，因为地心引力特别的大，所以地球上物体相互间的引力每每可以置之不问。但是勒拉陀（Plateau）把一个物质放在比重相等的液体中，免除了地心的引力，表示他自己相互间的引力作用。又如法勒第（Michael Faraday，1791—1867）② 试验植

---

① Jevons, *Principles of Science*, pp. 400–401.
② 法勒第系英国大物理学家、化学家，发明电磁感应及电解原理，最为有名。

物胚子在颤动板上的情形，他看见这些轻微物质多聚于颤动最多的部分，而砂石之类则聚于颤动最少部分。后来他把玻璃罩中空气抽去，再行试验，才晓得这些轻微物质聚在颤动最多的部分，是因为空气颤动把他们带去了，于物质的本体是无关的。

（b）特别的无关情境之免除。有些情境在某种试验，常为人认为重要，而实际是无关的，不可不加以注意。如珍珠的光泽，昔人以为是由于他的化学成分，于是研究人都在发珠光的物质上做工夫；但是柏鲁斯台（Brewster）偶然用胶粉取珍珠的模型，发见模型的面上，也一样的有珠光，才晓得珍珠的光泽是由于他的表面组织，和他的本质是没有关系的。又如音的高度，完全由于每秒钟颤动的多少，和制造乐器的材料是没有关系的。

（c）免除和改变情境每次只限于一个。这个规则的理由很单简；因为两个情境同时改变，若得了结果，我们不晓得他是某一个情境或两个情境共同发生的；若不得结果，我们也不晓得是因某一个情境，或两个情境总计相消了的。譬如我们要试验氧气是不是生活的必要，我们燃烛在密闭的玻璃钟内，将空气中的氧气除去了，然后放一个生物在钟内。这个方法是不对的。因为钟内的空气，虽然少了氧气，却加了二氧化碳（$C+O_2 \rightarrow CO_2$），即使生物死了，我们不晓得是由于缺少氧气，或是由于二氧化碳的存在。我们在这个试验中，若不用烛而用水银，由燃烧而得氧化汞，是一种固体，就不至于与气体相混了。

$$Hg+O=HgO$$

在我们离开试验的讨论以前，有一二点应加注意的。

（一）试验并不一定要繁重的仪器，常有极重要的试验，可以极单简的方法施行的。弗兰克林（Benjamin Franklin，1706—1790）[①] 的风筝通电的试验，是人人所晓得的了。他的各种颜色吸热力量的试验，尤为单简，而结果亦极重要。用他自己的话来叙述，他说："我把裁缝店作样本的布方取了几块。他们的颜色，有黑的，深蓝，浅蓝，绿，紫，红，黄，白等等。我在一个晴天早上，把他们铺在雪上。几点钟之后，黑的被太阳晒热，沉陷雪中，至太阳照不着的深；深蓝的也差不多沉到一样深度；浅蓝的不到那样深，别的颜色越浅，他沉下的深度越少。只

———————————

[①]　弗兰克林，美国人，政治家而兼科学家。美国独立后，从事政治，但颇有科学上的重要发明。

有白的留在雪面，一点也没有下降。"他这个试验，何其单简明瞭，而且容易施行。虽然后来据李时列（Leslie）的研究，热的吸收，与物质的表面组织大有关系，不专靠他的颜色，但是弗兰克林试验的价值并不因此减少。

（二）试验上负的结果，我们不应当忽略，但亦不可过于倚恃。我们都晓得物质的现象为我们官觉和仪器所不能觉察的，尚有很多。我们不能以试验所不见，即为其事的未尝存在。如法勒第试验感应电流，因有铜板的隔离，不见感应的结果，后来竟因此发明了铜和感应电的关系。但是由负的证据求结论，是最危险的事。达尔文自己曾经由负的证据得过一个结论，说某种兰花不分泌花蜜。但他有了这个结论之后，曾经继续的费了二十三天，去察验此花在各种天气、各个时间、各个地方的情形，并把各年岁不同的花加以各种刺激花蜜的试验。直到这些试验一律的给他负的结果，他的结论才算成立了。

三、比较

经过观察和试验之后，我们可以假定有了科学的事实了。我们对于这些科学事实，必须加一番分析的工夫，而后始有概纳的可能。比较的作用，在分析上最为常用，有时且用之而不自知。因为单独离立的事实，在科学上是无意义的，而要发见事实与事实的关系，必自比较他种种性质的同异始。譬如我们忽然发见一条鲸鱼，在稍知动物学的人，拿他来和兽类的性质相比较，说他是哺乳类的兽；在未受教育的人，拿他来和鱼类的性质相比较，说他是鱼。他们的结论虽然不同，但是总离不了一个比较的作用，而且他们知识程度的高低，就以他们比较作用的精密粗疏而分。这可以见得比较的重要了。

关于比较作用，我们应该注意的，是求事实的同异，不当计算同异点的多少，而须称量同异点的重轻。譬如鲸鱼与鱼比较他相同的点，恐怕比兽类还要多，但是他最重要的是胎生而且哺乳，只这一点，就把他的确的归入兽类了。

四、分类

由比较而分类，本来是一贯的事体，因为我们在比较的时候，已经先有归纳的观念了。不过比较仅是分类的预备工作，分类又为科学研究较高的程序。博文教授（Francis Bowen）说：

我们的心理组织所要求我们的第一个条件，就是把自然界的无限无边的富有，照着他们的类似与亲近点，分画为许多类或品级，使我们心能的理会力愈是扩大，就是牺牲一点精细的知识，亦所不计。这些精细的知识，只有研究事物的精蕴方可得到的。所以寻求知识的第一努力，必须向分类方面进行。分类不但是人类知识的起始，而且是人类知识的最终和总结。①

再看赫胥黎下分类的定义说："凡某项事物的分类，是说实际上或理想上把相同的排列在一起，而将不同的分开。他的目的，是要使对于记忆及认识这些事物的心理作用更为便利。"② 分类的重要和职任，在这两个人的话中可以明白了。

现在我们讨论的，不是论理学上分类的法式，而是科学上分类的应用。科学上分类的方法，当然很多，如植物一门，有的依果子分类，有的依花萼分类，有的依花房分类，更有的依叶子分类。化学上元素的分类，可以照他的分子量，或照他的是金属或非金属，或照他的易见或难见，或照他的有用或无用。不过科学上的分类有一个原则，就是分类的结果，不但要表示各个物体某种性质的相似，而且要表示各种性质或彼此个体间的关系。前者是以一种性质为标准，有时又叫做人为分类法（artificial classification）；后者是以性质的全体为标准，而同时发见彼此的关系，有时又叫做天然分类法（natural classification）。

天然分类法，虽然是科学分类的目的所在，但有时却不容易做到。例如林里亚（Karl Linnaeus, 1707—1778）③ 的植物分类法，以植物的性官形状为根据，虽于植物的分类上有许多便利，但因他根据的只是一种性质，终不免为人工分类。又如化学上的周期律（Periodic Law），虽然是把所有的元素照分子量的次序排列，而每一类中，各种性质都有相互的关系。这种分类，可以说是近于自然，拿碱金属（alkaline metals）的一类来说，其中的钾（K）、钠（Na）、铷〔铷〕（Rb）、铯〔锶〕（Cs）、锂（Li）五个元素，都同氧素容易化合，都能把水分解，而发生溶解于水的强盐基性氧化物，此物又与水结合而成碱，但加热则失其水，而仍为氧化物；其炭酸盐皆能溶解于水，每一元素与绿仅能成一种化合物。这样的一个分类，对于我们将来的推度有许多用处。譬如我们

---

① Francis Bowen, *A Treatise on Logic*, *or The Law of Pure Thought*, p. 315，见 Jevons, *Principles of Science*, pp. 674–675 所引。

② Huxley, *Lectures on the Elements of Comparative Anatomy*，见 Jevons 同书 p. 676 所引。

③ 林里亚，瑞典植物学家，其植物分类法至今仍为人遵用。

发现一种金属，他的性质有一两种与上面所说的极相近似，我们可以推度，其他的性质也大约相似。实际上化学家根据周期定律而发见未知的原素，正是应用这个道理。

五、概推①

科学的事实，经过比较与分类之后，我们须加以综合的推理，以期发明事物的通则。综合作用的第一步，就是所谓概推。概推是有两个意思：一是发见事物的相似点；因为由一个事例推到他一个事例，至少总要两个事例有些相似的地方。二是由有限已经考察过的事例推到较多未经考察而在同样情境下的事例。在考察各个已知事例的时候，我们不但认识他们的相似点，而且觉得我们能觉察同这些事例常常有关并决定这些事例的情境。这样的概推，我们可以说实在是预测的一种，不过这种预测，根据确固，他的实现的机会也极大罢了。譬如我们看见水银与水有气液固三种状态，而且就我们的经验上晓得我们加热或冷却物体的方法愈进步，物体的气化或冰结的事例也愈多，我们虽然不能把物质一一试验过，但可以很自信的做一个概推，说凡物质都有三个状态的可能。

实验律

这种概推的结果，自然是发见科学的定律，但是在研究还在幼稚的时代，我们的概推，不过是把已有的经验，做一个暂时的单简概括。这种概推的结果，我们叫他做实验律（empirical law）。譬如我们常常说的"月晕而风，础润而雨"，山高则有雪，呼吸空气的动物都有热血，都是实验律的一例。科学上这种实验律的例，也非常之多。如化学上原子说未发明以前，那定比例的定律，也不过是一个实验律。又如物理学上凡两种金属所成的合金，其熔点皆较任何原金属为低，其硬度皆较任何原金属为高，也是一个实验律。

实验律与自然律的分别

实验律和自然律的分别，是实验律专表示实验的结果，而自然律兼说明现象的原因。② 换一句话说，实验律可以说是自然律的一部分，他有了片段的真实，但还未达到完全的统系。我们对于事实必须先有相当的校正分类，使他成为最精确而有秩序的事实。在发见事实的原因之先，我们必须使这些事实清清楚楚呈现于我们面前，所以实验的概推，

---

① Generation 一字，王星拱的《科学方法论》中译作综合。我以为综合这两个字，太嫌宽泛，于原字的用意，不甚确切，故改译"概推"。"概推"的意思，看本文自明。

② 此处所谓原因，当然指有关系的先例，参观第五章中之因果律。

必须在自然律发见之前，是一定不易的。换一句话说，我们的概推，有先后精粗的不同；我们的知识愈增进，那概推的广大与精确也愈增加。上面所说的山高则有雪，是一个实验的概推，是粗浅的。但是我们晓得空气蓄热的定理和山高气薄的关系，所得的概推，便较为广大精确，便近于自然律了。

六、假设

照上面的说话，当我们进行概推的时候，我们的结论，常由狭浅的实验律而进于广博的自然律。在实验律的阶级，我们的知识是"知其然而不知其所以然"的。这个"所以然"，应该在更大更广的自然律上去寻求。但是倘若当时并没有已经发见的自然律可以满足我们这个要求，我们不妨想象一个定律，可以给我们的事实以合理的解释。这个想象的定律，就是假设。一般的，我们可以取米而的话："假设是任何设说（或没有实际的证据，或有证据而不够），我们用来引出和事实相符合的结论的。我们设说的时候，有一个定规，说若由这个假设引到的结论是已知的真实，那末，这个假设，自己也可以说是真实。"①

假设的最好而最普通的例，是化学上多尔顿（John Dalton，1766—1844）②的原子说（Atomic Hypothesis）。多尔顿因为要解释化学上的定比例和倍比例两个实验律，因设想物质的最小限度为原子；他的重量有一定；同物质的原子皆相同，但与其他物质的原子皆相异；两物质相化合时，由原子的相互间起作用。照这个假设的说法，不但定比例，倍比例的定律明白易解，而且所有的化学作用，都可以加以解释，所以后来的化学家便承认原子说是真的了。③

好假设的几个条件

假设既不过是一种方便的设想，那末，他的数目是无限的，是可以随时变换的。我们可根据下列的三个条件来判断假设的好坏。

（a）好假设必须能发生演绎的推理。这个条件的理由很简单，因为假设的用处，是要"引出和事实相符合的结论的"。设如假设不能发生

---

① 参看 Mill，*System of Logic*，Book III，Chapter XIV。

② 多尔顿，英国的化学家，其原子说于化学发达关系极大。参观《科学名人传》拙著《多尔顿传》。

③ 科学上的假设（hypothesis）与理论（theory）大有分别。大约假设而经过证验，认为真确的，叫做理论或学说。哈佛大学化学教师李嘉慈（Richard）常说："如假设是一种猜度，理论就是一个最好的猜度。"化学上因为原子假设证验已多，所以不称之为原子假设，而称之为原子说了。

演绎的推论，那末，事实的徵验就成为不可能，假设的价值也就没有了。拿物理学上气体运动说（Kinetic Theory of Gases）来作一个例，这个假设说气体是由极小的分子组成的，而且这些分子自由运动，没有片刻的休息。这个说法，本来是关于气体压力的一种假设的解释。但是我们承认这个假设，就可以由演绎上的得到鄱依耳的定律（Boyle's Law）和盖律萨克的定律（Gay-Lussac's Law）[1]，并且得到热是分子运动的推度；由热是分子运动的推度，我们得到在绝对零度（－273°）下，气体的分子运动即完全停止的结论。实际上，许多气体不到绝对零度时早已液化了。可见气体运动说的假说，和我们的第一个条件完全相合。

（b）好假设须不与我们已认为真的自然律相抵触。这个说话自然要有相当的限度，就是说，我们已发明的自然律，能限制我们的想象力到如何程度。但假设既不过是一种猜度，讲到他的价值，自然不能比已经证确的自然律，所以我们只可拿已知的自然律来作我们的向导，却不可牺牲已知的自然律来就我们的范围。如气体运动说，他所假定的原子，如气体的分子组织，弹力性质，自由运动等等，都与其他物理学化学的定律不相抵触。反之，如现在的灵学研究和鬼照相等，显然与物理学光学的原理相违背，姑无论事实的正确与否，即就假设而言，也是绝对不能成立的。

（c）好假设必须所推得的结果与观察的事实相符合。譬如由气体运动说推出的结果，就有分散（diffusion）、吸收（absorption）等现象，这是和观察的事实相合的。假设的能否成立，全视其与事实合不合，所以这条最为重要。牛顿的引力定律，在假说的时代，因为和计算的结果不合，十二年不曾发表。[2] 法勒第说："世人不晓得研究家心中的假设，因与事实不合而摧拉毁弃的共有若干；就是最成功的，他

---

[1] 鄱依耳的定律说：在温度不变的时候，气体的容积与他的压力成反比例，用公式表之，即 $pv=p_1v_1=$ 常数；盖律萨克的定律说：在压力不变的时候，气体的容积与温度成正比例，用公式表之，即 $v:v_1=t:t_1=T:T_1$（$T=$ 绝对温度）。联合这两个公式，我们得 $P_1V_1=P_0V_0T_1/T_0$ 令 $T_0=$ 绝对零度，$P_0=$ 标准气压，V_0 也成了一定常数，于是我们得气体公式：$pv=RT$。R 是气体的常数，我们可以说气体的压力与容积的相乘积与绝对温度成比例。绝对温度等于零时，气压或容积必定等于零。这个公式的导出法，是无论那本化学书都有的，读者可以参观。关于由气体运动说的公式导出鄱依耳的定律，读者可参观 Bigelow, *Theoretical and Physical Chemistry*, Chapter XI, p.140。

[2] 参观《科学名人传·牛顿传》。

所实现的希望暗示也不及十分之一。"这可以见科学家反对假设的态度了。

七、证据

证验是科学的最后判断。我们要判定某现象是事实非事实，靠的是什么？证验。我们要判定某假设的对不对，靠的是什么？仍是证验。所以证验在科学方法中，可以说是最为重要，一步不可离的。

证验必须是能共见能覆按的事实

现在我们要注意的，证验的凭据，必须是能共见能覆按的事实，而非偶然的或转述的言辞。这样一来，前面所说的观察试验种种搜集事实的方法，此处又用得着了。例如《抱朴子》引陈思王《释疑论》云："……令甘始以药含生鱼，而煮之于沸脂中，其无药者熟而可食，其含药者终日如在水中也。"① 这个事实，据陈思王说，是自己看见魏武帝令人做的，但是他太反乎常理，除非我们能人人施行这个实验，是不能相信的。又如我们看见近人太虚和尚所著的《订天演宗》论文小注中有一段说：

按章太炎作《原变》曰："亚洲之域，中国、日本、卫藏、印度有蝘蜓，其他不产。澳洲无猨，亦无反噍之兽。其无者，化为野人矣，有者，庸知非放流之族，梼杌穷奇之余裔，宅岫窟以御离佹者从而变形也。"余读《天竺》古志，述人群退化之事相甚详。谓生民之初，皆受天然之乐，寿长八万岁。每百年递减一岁。减极为十岁之时，性最凶恶，人与人相杀食。弱者逃入荒岫沓壑，食草而仅免。其时人形长不过二尺，土地硗确，穀麦麻桑皆不生，御寒以毛发，御饥以血肉云云。试默想其状，非即与猨类同乎？以证章君之说，盖亦想通。

这样以言证言的办法，在科学方法上是没有他的地位的。科学上的证验，其例甚多，我们随意引赫胥黎"天演的实验证据"讲义（Lecture on the Demonstrative Evidence of Evolution）数段于下，以见一斑。他说：

历史事实的出现，在我们证明他出现的证据，有很顽固的性质，使不能不承认其出现的时候，可说是实际证明了。现在我要讨论的问题，就是由化石遗骸所示生活形状的变迁的记录中所得到对于这样同类动物的天演的证据，是同意还是反对。……照天演说的原理所得的结论，是

---

① 见《抱朴子·论仙篇》。

马类由具有五趾而且前臂及胫骨俱完全分立的四足兽演进而来；又此兽有四十四齿，其前齿与血齿的齿盖构造单简，后者逐渐增大，由前至后，而其齿盖则甚短。

设马类由此演进而来，其每一时代的遗骸又经保存，则我们必可看见一组的形体，其中趾数依次减少，而前臂和胫骨也渐渐成了马骨的形状。又牙齿的形状和排列法，也渐渐的和现代的马齿相近起来。

赫胥黎于是历述在欧洲美洲地层中第三纪第四纪的最新世（Plis-cene）、中新世（Miocene）、始新世（Eocene）中所发见的马祖的化石遗骸，又把美洲所发见的列了一图，表明马类演进的痕迹。我们把这个图表转载如下：（据赫胥黎言，图中代表的各标本，现陈列在美国耶律大学博物馆中。）

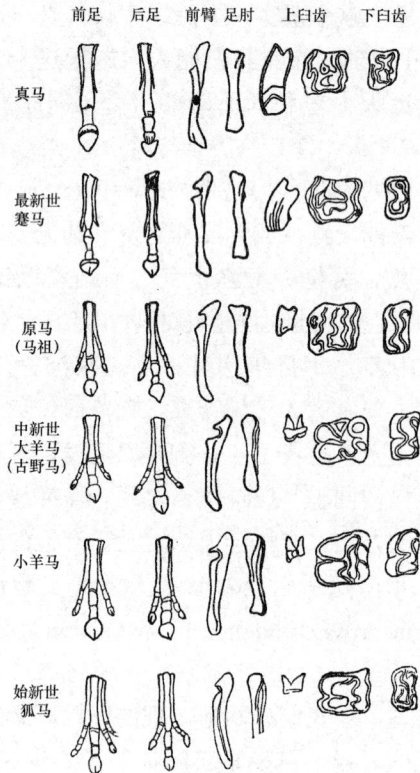

赫胥黎继续的说明道：

这些各种形体的继续，使我们从第四纪的顶一直到底。最初是真马。其次是美洲的"塞马"（Pliohippus），他的肢体比平常的马略有不同，臼齿盖也略为短些。其次则为"原马"（Protohippus），他为欧洲马祖（European Hipparion）的一种，每足有一大趾，两小趾，其臂与胫如上述。他比欧洲马祖更有价值，因为他没有欧洲马祖那些异点，大概欧洲马祖另是一支，并非此支的正宗罢。其次则为时间上落后的"大羊马"（Mishippus），他和欧洲的"古野马"（Anchitherium）相近。他代表三个完全足趾——一个大的中趾，两个小的侧趾，还有一个同人的小指相当的遗迹。

欧洲纪录的马类统系，即止于此。但在美洲第三纪中，马类祖宗的统系一直继续到始新层去。在较古的"大羊马"形中，有叫做"小羊马"（Mesohippus）的，有三个前趾，一个似碎片的遗迹代表小指，并三个后趾。他的挠骨、尺骨、胫骨、腓骨都极清楚，短盖的臼齿则为"古野马"形式。

但最重要的发见则为"狐马"（Orohippus），此物发见于始新世层中，为我们所知马类最古的族祖。他的前肢有四个清晰的足趾，后肢有三趾，尺骨、腓骨都很发达，而短盖的臼齿则为单简形式。

是故以此等重要研究之赐吾人目前的知识，可以说马类演进的历史，正与天演说的原理所可预示的情形相合。而且我们所有的知识，可以使我们预料若在再下的始新层或白垩纪（Cretaceous epoch）中发见马祖的遗骸时，必定具有四个完全足趾，一个最内的小指遗迹在前，在后足上或者还有一个第五小指的遗迹。[①]

若再古一点，足指的形式必定越加完全，最后我们可以得到一种五指的兽，为一切马类的鼻祖。若天演说具有强固的根据，这种发见是无可致疑的。

这就是我所谓天演说的实验证据。凡所有的事实与归纳的假设完全相合的时候，这个假设可以说是实际证明了。如无科学的证明，没有归纳的结论可以说是曾经证明过的。目下天演的学说建设在可靠的根基上，与哥白尼的天体运动说在他发表的时候一样。他的论理根据，性质恰恰相同——就是观察所得的事实，与理论上的要求相印合。

读者试把赫胥黎的话和太虚的话比较一看，就可以见得科学的证验，和平常所谓证验性质的不同了。尤其有趣味的，是赫胥黎及太虚所

———————————

① 与此相类的遗骸，随后遗迹发见了。

讨论的，都是天演的问题；但一个所用的是科学方法，一个所用的是非科学方法，所以他们的题目虽同，他们在科学上的举例，不知其有几千万里。

八、成律

科学方法的最后一步，就是把已经证明的事实关系综合起来，以最单简精确的文字或公式表出之。牛顿的引力定律是一例，达尔文的"适者生存"①（Survival of the Fittest）又是一例。这个新成立的定律，必须与事实相合，必须为完全无矛盾的叙述；其中包含的各因子，必须能受直接或间接的试验，最后，如皮耳生所说："他的表现，是一切普通人心所认为同然的。"

自然律与人为律的分别

这最后一步虽十分重要，然综合上面七步看来，意思已极明白，似乎没有再加说明的必要，现在我们且借这个机会说明自然律与人为律的分别。原来用法律的律字来代表科学界所发明的天然规则或条理，是一件极不幸的事体。社会或国家的法律，有强迫执行的性质。我们在社会国家中，若不遵守法律，就有刑罚以随其后。自然界的规则，如饥则须食，倦则须息，过食则病，不洁则致疾等，与人为的法律有些类似的性质，所以我们就把法律的一个字混用起来了。其实自然律和人为律大大不同的地方，一个是自然界本有的条理，一个是社会上制裁的器具。若说两个是同类的东西，那就等于说我们能制造出一些法则来管理天然界的现象了，天下有这个道理吗？换一句话说，人为律是制造出来的，自然律是发明出来的。我们制造法律，其目的在约束社会的分子，所以法律定后，社会分子就有服从的义务（虽然法律不胜其弊时候，也有修改的必要）。我们发明自然律，其目的在解释天然的现象，若天然现象与我们的自然律有违反时，我们不能拿已有的自然律去绳他，只有在发明一方面再去做工夫，这就是科学研究所以日进无已，不能画地自封的原故了。

以上把科学方法的实施大概说明了一下。我们现在再做一表，以表示科学方法中各个的应用和关系。

---

① 按："适者生存"乃斯宾塞尔的话，但他实能包括天择物竞的精义，而且容易了解，故此处用之。

$$
\left\{
\begin{array}{ll}
\left.\begin{array}{l}\text{观察}\\\text{试验}\end{array}\right\} \text{事实}\\[1em]
\left.\begin{array}{l}\text{比较}\\\text{分类}\end{array}\right\} \text{分析}\\[1em]
\left.\begin{array}{l}\text{概推}\\\text{假设}\\\text{证验}\\\text{成律}\end{array}\right\} \text{综合}
\end{array}
\right.
$$

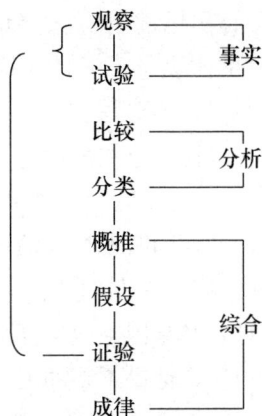

科学方法实施的具体成例

我们现在不能不引一个科学方法实施的具体成例以作本章的结束。

达尔文的天演学说，是科学史上一个永久的纪念坊。他的不朽著作《物种由来》是一八五九年出版的。但他的工作，却在一八三一年比格航行时已经开始。他在此次航行的时候，看见沿海各岛及大陆上所有动物都有一种关系，他们有些相似，但又不是完全相同。在现存的物种和已经澌灭及化石中所发现的，也有这样的关系。这是他用观察的起始，而物种可变的观念，已经在他的胸中了。他回到英国，就立意照培根的方法去搜集事实。他的《自传》说："我照着真正的培根方法去工作，我不设一个假说，但大规模的搜集事实，对于家畜的结果特别注意。我发布印成的询问，与有名的畜牧家园艺家细谈，也尽力的博考书籍。"他在这个时代，如何的靠着试验来搜集事实，又可以想见了。既有了事实之后，当然须加以比较与分类，而达尔文的工作的精密与有统系，是人人所知道的的。在这个时候，当加以概推的作用了。达尔文自己说："我不久就觉得选择是人工产出有用动植物的囊钥；但是这选择的方法，何以能应用于自然界的生物，我经过了好多时候，还不能明白这个奥秘。"一千八百三十八年的冬天，达尔文偶然读到马尔萨斯（Malthus）的《人口论》（On Population）① 从前对于动植物长久的观察，又使他觉得生存竞争的剧烈，他于是得到了一个见解，说在这样情形之下，物变之适宜的将趋于保存，而不适宜的必底于灭亡。结果就是新种的出

---

① 马尔萨斯《人口论》为经济学名著，于一八一六年出版。书中大意言食物增加以算数级数，而人口增加以几何级数，所以生存竞争为人类不可免的现象。达尔文把他这个原理应用于一切生物。

现。这就是达尔文解释天演作用的物竞天择的假设。达尔文自己说："于是我终于得着一个工作的假设了。但是我很怕有成见羼入，所以我决定多少时候一个极短的节略也不要写。"①

此后达尔文的工作，可以说完全在证明这个假设的无误。他的第一篇笔记，在一八三七年七月开始，他的《物种由来》二十年后（1859年）方始出版，要是没有瓦勒斯同时发见天演说的事，恐怕他的出版还要迟些。② 有人说，《物种由来》一书所以能为天演学说开一个新纪元，不但是因为天择物竞的创见，乃是因为他例证的繁富而精当，可以使天演问题一决之后而无反驳，这个话是不错的呵！

第八章　或然与切近——科学方法的限度

或然的英文名词是 probability③，切近的英文名词是 approximation。这两个字都是算术上的名词，但是他们于科学的性质都有密切的关系，所以我们于讲过科学方法之后，要提出来说说。

照上章所言，科学方法的特征，在根据事实，推求公式，所以科学的知识，必定是确实精密的知识。但是读者要问，科学方法——即归纳法——既不能做到所谓"完全归纳"，我们有甚么理由说今天的太阳由东方起来了，明天仍旧会由东方起来，而且明天的太阳，和今天的是同一无二的。我们在第六章中已经举出自然的一致律和因果律作本问题的答解。同时我们也承认科学方法的限度，而在算术上面有相当的研究。研究明天的太阳是否仍旧会由东方出来一类的问题，就是或然的理论，研究明天的太阳是否即是今天的太阳一类的问题，就是切近的理论。现在当依次加以说明。

或然的意义

或然的意思是甚么？当我们听见一种说话的时候，我们说这个话或

───────────

① 见达尔文《自传》。此处达尔文用 theory 一字，来代替他的假设。我们为清楚起见，仍译为假设。此注已经说过，理论与假设，原来是二而一的，不过有程度之差罢了。

② 瓦勒斯（A. R. Wallace）与达尔文同时独立的发明天择物竞说。一八五八年，瓦勒斯以所作论文寄达尔文，嘱为转送赖耶尔（Lyell）发表。达尔文读之乃与己作完全相同，因得赖耶尔的劝告，将已作的节略与瓦勒斯论文同时发表。

③ Probability 又有译为盖然的；approximation 又有译为逼近的。此处用"或然"、"切近"两词，取其较为明白易懂。

许是真实。或想到一件事的时候，我们说这件事或许实有。当我们说这个话的时候，我们的意思觉得对于某事某话的真实不能确定，但是我们的心中有一种信念，觉得我们有承认他的可能。我们没有绝对的理由说某事的不可能，却也没有完全的根据说他一定可能。我们所有的，只是觉得承认的理由，比否认的理由多一些，强一些。反过来说，也是一样。因此，有些论理学家，如狄莫根（De Morgan），所下或然的定义说："或然数的意思就是信心（belief）的度数。"又如董铿（Donkin）也说："或然是信心的数量。"但是科学方法论家的揭芳斯（Jevons）不赞成这种说法，他说："信心这个字的性质，在我的心中，并不比他解释的东西清楚。"所以他把"知识"来代替"信心"，说"或然的计算，是由我们知识的不充分而起始的"[①]。

事实的或然推测

任举一事为例。譬如一只汽船，在海中失踪了。于是关于这汽船的结果，就有许多可能的推测。有的说他碰着海礁沉没了，有的说他失火烧毁了，有的说他遇风飘到无人的海岛去了，有的说他被海盗捕捉去了，再还有说他碰着水雷炸沉了。这些推测，那一个的或然数最大呢？很明白的，我们关于海路的情形和船的性质所知的愈多，则断定此船失踪的或然数愈大。譬如我们晓得此船所行海道，没有礁石，没有海盗，没有水雷，那末，这几种原因都可以不算。又如船行的时候，并非有风的季节，那末，风的原因也可以除去。最后设如我们晓得此船是运油或火药等物的，那末，我们晓得失火的猜度可能性较大。若再有人在海中发现烧余的烬片，那末，失火的或然数就更大了。照上例看来，我们可以明白两个意思：（一）是或然的计算，实际是我们的知识和愚昧的比较多少的测量。我们的知识越多，则知某事的或然性愈大。（二）或然性是属于心理的，并非属于事物的。如上面所举的汽船的例，我们尽管有许多推测，但汽船的失事，乃是一成不变的事体，原无所谓或然之数呵！

或然数的计算

关于数量方面的或然数，其性质又略为不同，盖此时我们不问一特殊事例的如何，而可统计其发见次数的多寡，以为其或然数。例如一个情境 A 曾经观察过一千次，而在七百次中都有 B 的现象随而发见。在

---

① Jevons，*Principles of Science*，pp. 199-200.

上面的事例中，我们说 B 随 A 而发见的或然数为 $\frac{7}{10}$，就是说在每十次中 B 可以发见七次。此处要注意的，我们不晓得直接下次的结果是怎样。我们没有理由决定下次的 B 出现与否。我们所晓得的，只是把长久多数的事例统计起来，他的比例是 7 与 10，而且次数愈多，这个比例的实现愈加切近。

再拿抛一枚铜币为例，我们可以立刻说，币面出现的或然数为 $\frac{1}{2}$。此处的可能性有底面的两个，而且也只有两个。若是这个铜币的铸造是妥当的，我们没有理由盼望一面的出现比他一面多。自然，实际上铜币底面的出现绝对不能相等；因为铜币的形式两面轻重不一，或者抛上的力量略有不同，都可以使某一面的出现较多于他一面。不过我们对于这些不一不等的地方，事前是没有察觉的，所以也没有理由盼望某一面多于某一面。"我们对于同等的事物要加以同等的待遇"[1]，是或然数的一个原则。

再拿掷骰为例，每一面出现的或然数是 $\frac{1}{6}$。此时可能的机遇共有六个，而且每个都是相等的。统计多次的结果，我们可以说每一面的出现，和其他任何一面有同样的次数，即是全数的六分之一。再如一个口袋，装球二十个，三个白的，其余都是黑的，我们向袋拿到白球的或然数是 $\frac{3}{20}$。在这个时候，可能的机遇共为二十，其中的三个是特别有望的。一般的，某一事物的或然数，可以其全可能 P 为分母，以特别有望的可能数 n 为分子，以分数式 $\frac{n}{p}$ 表出之。设如其全可能数都是特别有望的，即 $p=n$，而 $\frac{n}{p}=1$，即或然数的最高限度等于确数。如在全可能数中无一特别有望的，即 $n=0$，而 $\frac{n}{p}$ 亦等于零，即是完全不可能，为或然数的最低限度。所以或然数的运用，就在 1 与 0 之间。

关于几个不相倚赖的[2]事物相连合的或然数，我们可以各事物的或

---

① 见同书同页。

② 所谓不相倚赖的事物，是说某一事物的出现与否，与他一事物的出现与否没有连带关系的。譬如地球上一个人的死活，与火星的近地球与否是不生关系的。但如我扳动枪机，发出弹丸，打死一人，这扳机的事和人死是有关系的。

然数相乘而得。例如我们抛铜币两次（或以两铜币一次抛之，也是一样），而求其两个面子同时出现的或然数。我们晓得每一次面的或然数为 $\frac{1}{2}$，故两面同时出现的或然数为 $\frac{1}{2} \times \frac{1}{2} = \frac{1}{4}$。其实际情形，可以图表明之如下：

面面　面底　底面　底底

同样抛铜币三次（或以三币同抛），则三面同出的或然数 $\frac{1}{2} \times \frac{1}{2} \times \frac{1}{2} = \frac{1}{8}$，四次则四面同出的或然数为 $\frac{1}{2} \times \frac{1}{2} \times \frac{1}{2} \times \frac{1}{2} = \frac{1}{16}$，以上类推。

以代数式来表示，设如一个事物有 a 的次数可望出现，b 的次数不能出现，且 a 与 b 都有同样的机会，则出现的或然数为 $\frac{a}{a+b}$，而不出现的或然数为 $\frac{b}{a+b}$。在算数上，$\frac{a}{a+b} + \frac{b}{a+b} = 1$，而 $1 - \frac{a}{a+b} = \frac{b}{a+b}$。故若某事物出现的或然数为 p，则其不出现的或然数为 $1-p$。若 a 大于 b 时，我们说某件事物以 a 与 b 之比有望；如 b 大于 a 时，我们说以 b 与 a 之比无利。这种算法，就是保险公司成立的原理。

实验与或然理论〈与〉切合

以上所讨论，皆就理论而言，实际上实验的结果也和理论相密合，这是很可注意的。我们下面引揭芳斯和卫斯特韦（F. W. Westaway）两人试验的结果为例。揭芳斯取十个铜币，作两组抛掷，每组抛 1 024 次，合计之为 2 048 次。此时可得 10，9，8，7，6，……等币面的或然数，当然与十件事物 10，9，8，7，6，……等组合（combination）之数成比例。故其结果可以表列之如下：[1]

抛掷的性质	理论上的或然数	第一组	第二组	平均	差异
10 面 0 底	$^{10}C_0 = 1$	3	1	2	$+1$
9" 1"	$^{10}C_1 = 10$	12	23	$17\frac{1}{2}$	$+7\frac{1}{2}$

[1] Jevons, *Principles of Science*, p. 208, 和 F. W. Westaway, *Scientific Method*, p. 264。

续前表

抛掷的性质	理论上的或然数	第一组	第二组	平均	差异
8" 2"	$^{10}C_2=45$	57	73	65	$+20$
7" 3"	$^{10}C_3=120$	129	123	126	$+6$
6" 4"	$^{10}C_4=210$	181	190	$185\frac{1}{2}$	$-24\frac{1}{2}$
5" 5"	$^{10}C_5=252$	257	232	$244\frac{1}{2}$	$-7\frac{1}{2}$
4" 6"	$^{10}C_6=210$	201	197	199	-11
3" 7"	$^{10}C_7=120$	111	119	115	-5
2" 8"	$^{10}C_8=45$	52	50	51	$+6$
1" 9"	$^{10}C_9=10$	21	15	18	$+8$
0" 10"	$^{10}C_{10}=1$	0	1	1/2	$-1/2$

卫斯特韦的结果如下表：[1]

抛掷的性质	理论上的或然数	第一组	第二组	平均	差异
10 面 0 底	$^{10}C_0=1$	4	0	2	$+1$
9" 1"	$^{10}C_1=10$	20	6	13	$+3$
8" 2"	$^{10}C_2=45$	40	40	40	-5
7" 3"	$^{10}C_3=120$	83	150	$116\frac{1}{2}$	$-3\frac{1}{2}$
6" 4"	$^{10}C_4=210$	224	222	223	$+13$
5" 5"	$^{10}C_5=252$	250	209	$229\frac{1}{2}$	$-22\frac{1}{2}$
4" 6"	$^{10}C_6=210$	242	222	232	$+22$
3" 7"	$^{10}C_7=45$	115	107	111	-9
2" 8"	$^{10}C_8=45$	28	60	44	-1
1" 9"	$^{10}C_9=10$	14	6	10	0
0" 10"	$^{10}C_{10}=1$	4	2	3	$+2$

　　在这两个试验之中，每一试验铜币单次抛掷的全数为 $2\,048\times10=20\,480$，理论上其半数 10 240 应为币面。实际上揭芳斯所得的为 10 352（第一组中 5 130，第二组中 5 222）；卫斯特韦所得的为 10 234（第一组 5 098，第二组 5 136）。可见每一试验实际的结果，都与理论极为切合。

───────────

　　[1]　$10C_0$ 以下各项，为代数组合式的写法，其公式为 $Cr=\dfrac{n(n-1)\ \cdots\cdots\ (n-r+1)}{r}$，例如 $^{10}C_2=\dfrac{10\times9}{1\times2}=45$，$^{10}C_3=\dfrac{10\times9\times8}{1\times2\times3}=120$。

或然数在科学上的应用

上面的引证，可以表示或然数的理论和实验的切合，我们对于或然数论理的应用，当无所用其疑虑了。但或然数在科学上的应用，其性质又微有不同。科学上的问题，大概是有如下例：设如有一件事体，在某种情境或一组的情境存在的时候常常发见，那末，下一次这种情境或这一组情境再行存在的时候，某事件发见的或然数如何？这种问题，以算式表之，其结果如下。

令这个事件已经发见的次数为 m，则下一次发见时的次数为 $m+1$，而下一次发见时的可能数为 $m+2$（因此事件或发见或不发见）。照上面所说或然数的原理，此次的或然数即为 $\frac{m+1}{m+2}$。这个公式的应用甚为明显。譬如太阳的东出西没，已经过了百万日，是没有改变的，那末，明天太阳仍旧东出西没的或然数为 $\frac{1\,000\,000+1}{1\,000\,000+2}$，差不多等于 1，这个或然数是极高的。但是我们若要推求以后百万日太阳的东出西没仍旧不改变，他的或然数就成了 $\frac{1\,000\,000+1}{2\,000\,000+1}$，差不多等于 $\frac{1}{2}$，这个或然数的等级就很低了。这是甚么意思呢？这可以说，我们知识的根基是以经验为本的，凡未经经验的推测，都带有几分或然的性质；但或然的度数，自 1 至 0，高低不同，或为 0.00……01，或为 0.99……。在功用方面说来，等级低的或然数等于不能，等级高的或然数等于必然，实际上还要以知识和经验为断。若使我们有完全的知识，那末，世间上的一切，都可以说是必然，而无所谓或然。拉勃拉斯（P. S. Laplace, 1749—1827）说的好："机遇（按即或然数）为不知原因的表示。"（Chance is merely an expression for our ignorance of the causes in action.）但在他处拉勃拉斯又说："或然数是把我们的有用常识拿计算表示出来的。"（Probability is good sense reduced to calculation.）我们根据了或然数的理论，使我们对于将来的事情有一个合理的希望，同时又可以引导我们的行为，使最后的结果不至于发生过多的失望。或然数在科学上的应用如是，在一切人生问题的应用亦如是。

以上说或然理论的大概，以下说切近的理论。

切近的意义

照或然数的理论，科学方法的成立，本来就含有"切近"的意思。但是由科学方法所得的结果，就可算完全真实的吗？我们的答案是：

"不然。"完全真实不过是理想上的事体，事实上我们所能得到的，不过是切近的结果。我们在第五章中已经说过，绝对真理非科学目的所在。此处所说的完全真实，虽然和绝对真理不同，但以为科学的知识就是完全真实，却不免与希望绝对真理陷于同样的错误。我们对于实验知识的种类、程度、价值，要有确实的了解，必须明白他的切近的性质。切近的理论，正是要承认这个性质，而同时对于真确的程度加以讨论。

实验知识不能达到完全真实的原因

我们实验的知识不能达到完全真实的地位，有三个原因：

（一）是天然界的现象，原因极其复杂，我们不能把无小无大的原因一齐收罗完全，方做一个研究。上章所说的摩擦实验是一个例，天文学上星体引力的计算又是一例。牛顿的引力定律说，宇宙间的每一物质，都有互相吸引的作用，其力量与物质的质量和距离为比例。照理论上说来，天空中无数的太阳系和我们的太阳系不能不有引力的存在，但是我们的天文学家定了一个悍然不顾的假设，说天空中万千的太阳系都与我们的太阳系无干，就是说至少不能发生可见的影响。即在本太阳系以内，引力的计算，也免不了切近的性质。我们假定行星都是完全椭圆的球体，而且面部是平顺的，内部是一律的。实际上，我们的地球是不是完全椭圆球体还是一个问题，而且他的面部有喜马拉亚的高山①，有石尾儿（Swire）的深渊②，他的内部有各种不同岩层组织。要是我们所住的地球还不能十分知晓的清楚，那末，我们何以晓得日球、月球和其他的行星都能如我们所假定呢？不但如是，即使我们的行星都是如理想中的椭圆球体，天文学家也不能的确算出他们的综合运动。平常三个物体同时作用，所生的结果，已经极其复杂，只有切近的计算可能。天文学家计算许多物体的方法，就是把他们每三个物体分为一组，而作为许多问题研究。天算上的原理，是略去不重要、于观察上不生影响的数量，而留下其大而可见的。我们可以说，略去的比留下的复杂，而且众多。近代的天文学家算是我们最精确的学问，但因为天然界关系的复杂，他的结果只能算术切近的，由上面的讨论可以明白了。

（二）是我们方法上的限制。有许多几何算术上的形体与作法，只能存于理想中，而现实断难实现。如几何上的点，有位置而无大小，线

---

① 喜马拉亚的最高峰，高二万九千零二英尺。海洋学家说，印度洋面的水，近陆的高于海中，即喜马拉亚山吸引所致。

② 石尾儿深渊，在太平洋西北部海底，深三万二千零八十八尺。

有长而无阔，面有长阔而无厚，实际上都是没有的。又有几何学上内接或外切多边形的边数到了无穷大时，其面积即等于圆。这个切近的性质是极明显的，但是我们圆面积的求得，是用这个方法。又如微积分的计算，把任何曲线分为极小的部分，而后可用微分的公式去驾驭。这种计算所得的是切近数值，又不待言了。推之如物理学上种种理想的物体，如所谓"刚体"，"不能弯曲的杆"，"一致均匀的物质"，"完全的气体、液体"等等，都是实际上找不出来的东西，然则我们实际所研究的，都不过是切近的性质罢了。

（三）是我们所用仪器的限度。我们研究所用的仪器，纵如何精密，但事实上总有他的缺点。譬如我们的垂直线是拿铅锤的垂线来定的；但因为地面的形势和各种物体的引力作用，我们不能说铅的垂线就是完全垂直。我们的水平面是拿水银面作准的，但是我们晓得因为表面张力（surface tension）的作用，即在五寸宽的水平面中，他和真正平面的差为千分之一英寸。① 为时间标准的钟摆只在极小振幅以内，他的时间方才相等。而应用扭力的天秤（torsion balance），也要扭转的角度极小时，扭力才与角度成正比。依此说来，我们在研究物理、化学的时候，常说某量与某量相等，某量为某量的几倍云云，其上都不见得是完全如此的，都不过是切近的。

科学家对于切近的处置

以上三层，为实验知识不能完全真实的重要原因，现在我们要看科学家对之如何处置。

第一，将来的修正。我们晓得科学的试验，情境愈单简，成功的希望愈大（见前章），所以科学家不妨定一单简的假设，进行研究，而把精细的修正付之将来。揭芳斯说："我们试一看科学研究史，就可见一个人或一个世代仅能做一步的工夫。一个问题，先以大胆假定的单简法试为解释。后来的研究家更以设定的修改，使他愈近于真实。前人的错误，继续的加以发见修正，以至最后无可再议。但是我们若下细的检察，总觉得有些微小的疏略应加以修正，不过要看我们推理的力量是否够大，并其目的是否有此重要罢了。"② 关于这一层，我们可举气体的定律为例。鄱依耳的气体定律说，在温度不变的时候，气体的容积与压

---

① 见 Jevons, *Principles of Science*，p. 461。

② 见同上 465 页。

力成反比例。换一句话说，容积与压力的相乘积是一个常数，以公式表之，即 $pv=c$。但是后来的物理学家寻出大多数的气体，都不依照这个定律，特别的愈近气体液化温度，和这个定律的相差愈远。后来方德华（Van der Waals）把气体分子所占的容积和分子间的吸力加入计算之中，把这个公式加以修正，就成了所谓方德华方程式：

$$(p+a/v^2)(v-b)=RT$$

这个方程式应用起来，比鄱依耳公式与实验的结果相合的多了。

在这个方程式中，b 是气体分子所占的容积，不受压力的影响，故须从容积 v 里面减去。a 是分子间吸力，方德华算出他与容积的平方成反比例，其作用与压力相同，故须加入压力的数量中，其结果即得上式。若容积不加修正，pv 的乘积必太大；若压力不加修正，pv 的乘积必太小。若容积大压力小的时候，b 与数值比较的很小，又 v^2 很大，故 a/v^2 亦很小。这两个数值都可不计算，就是平常的压力定律（如第五图中的 AD 线）。但如压力增大，气体将近液化，分子间的吸力也就增大，于是气体将见为太易压缩，即观察的压力反而较应得的小了（图中 AB 线）。设如容积更小，b 比较的成了大的数量，于是将见为不易压缩，而压力必须增大（图中 BC 线）。在 B 点的地方，压力增大或减小的倾向正相等，此时的气体，恰好遵从平常的气体定律，但是我们可以看见，则不过是一个例外罢了。

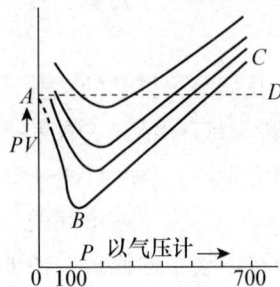

照上面的例看来，可见复杂的研究，常常可以假定的单简做一个起始，而随后加以各种订正。订正之中，又以各种情境的不同，发生数量的关系。现在我们再从算理上考虑切近的原理。

第二，算理上的考虑。无论何种科学，论到数量上，都是讲究此一数量与其他数量的关系。换言之，就是此一数量为其他数量的函数（function）。在算术上，凡一函数可以许多数量的总和表出之，而其数值，又以其可变数的继续方次而定。设如 y 是 x 的函数，我们可以说：

$$y = A + Bx + Cx^2 + Dx^3 + Ex^4 + \cdots\cdots$$

在这个方程式中，A、B、C、D 等都是有定的数值，但在各各情形之下，各各不同。他们可为零或负数，但必须是有定的。式中项数，可至无穷，或经过若干项之后，即不复有数值。X 是可变数，故可任为何数。假定 x，y 都是长度，而我们能够测量的长度为 $\frac{1}{10\,000}$ 寸。如 $x = \frac{1}{100}$ 寸时，$x^2 = \frac{1}{10\,000}$ 寸，又使 C 小于整数，则 Cx^2 已在我们所能观测之外，而 C 以下的各项，更将不能观测（除 DE 等为极大数），自不待言了。于是这个方程式，就成

$$Y = A + Bx$$

这个方程式是很单简的。设如 x 比 $\frac{1}{10\,000}$ 寸还小，设如他为 $\frac{1}{1\,000\,000}$，寸，而 B 又非甚大，则 Bx 项亦可不要，于是 $Y = A$，并不依 x 而变了。反之，设如 x 比 $\frac{1}{100}$ 寸大——设如他为 $\frac{1}{10}$ 寸，而 C 不甚小，则 Cx^2 项亦当加入考量，这个定律就够繁复了。由此可见，定律的繁简，尽可由我们所择定的情形而定，而且我们的观察力愈增进，则定律愈趋繁复，而结果亦愈近于真实，这是一定不易的。

第三，仪器精度的增进。照上面的说法，我们的观察力愈进，则所得的结果愈切近于真实，所以仪器精度的增加，也是求切近的一个方法。我们上面虽然说了许多仪器本来的缺点，但我们能够达到的精确程度，也实在可惊。譬如我们平常所用的化学天秤，能秤到全量（100克）一百万分之一。惠特渥斯（Whitworth）曾经量过百万分之一英寸。嘉尔（Joule）能观察温度的上升至八千八百分之一。三棱分析镜（spectroscope）可发见千万分之一克的原素，而用极高度显微镜（ultramicrosope）可察见 $6\mu\mu^{①}$（$\mu\mu$ 为百万分之一毫米）的小质点。平常我们所想像的分子大小，约为此数的十分之一，即 0.6uu 所以我们现在所能见到的微点，离分子已经不远了。在比格诺（S. L. Bigelow）的

————————

① μ 为希腊字母，读如"缪"音。光学上以 μ 代表千分之一毫米，$\mu\mu$ 代表 $1\,000 \times 1\,000$ 分之一，即百万分之一毫米。

《理论化学》（*Theoretical and Physical Chemistry*，1914）书中，载有一个度量比较表，极饶兴趣，我们把他译载如下：

```
                                        千米  米  毫米  μ   μμ              未知
  未知  已知恒  星外距  卫星                                              |
   |     星     离    距离  |     |     |     |   |    |              |
   0000000000000000000000000000000000000000000000000000000000
   |   10560   1056  行星  |    地理距  |        显微镜  ||         |      |
  星云   光年   光年  距离        离               范围   光波长  分子径   电子
```

此表以米（meter）为单位，单位以上凡二十三位，以下凡十六位，都是我们观察或测量能到的地方，我们试验仪器的力量不大可惊吗？

总结上述两层——或然与切近，我们可以说，科学的有或然和切近的限度，是根据于自然的性质的，是我们所不能避免的。但就或然或切近的理论看来，我们于限度之中，仍能求出或然的根据，仍能推进切近的程度，则是科学精确的精神，即寓于承认限度之中，这是他种学问所不能有的。读者统观以上各章，于科学的性质和方法，当已有一个明白的了解，下篇当讨论科学的具体问题。

所望于学校经费略有着落以后[*]
（1927 年 3 月 10 日）

天天闹穷救死不暇的北京国立各校，居然有了往后十个月经费的四成五（见三月六日《北京晨报》），这是我们关心教育前途的人所欢喜不已的。我们欢喜的理由，第一是北京的国立各校，因为经费无着的原故，天天都在关门停课的恐惧中，现在居然有了十个月的生命，这是梦想不到的一件好事。第二，因为往后十个月的经费既有了着落，我们一班做学校当局的朋友们，不必天天忙着去开索薪会，访问政府当局，而可以腾出这一大部分的精力时间，来真正替学校办一点事，这是我们为学校为个人，都应该引为庆幸的。但我们庆幸的理由虽然如此，我们所希望的，尚不止此。从前的教育界，穷到朝不保暮，从手到口的时候，我们不能有希望；就有，也不敢说出来，打扰大家饿得发响的耳朵。现在有了一线的生机，似乎不妨把我们的希望拿来说说。

第一，我们所希望于政府的，是教育经费不应该仅仅可以支持生命，而必须有充分的宽裕与准备。更切实言之，教育经费，最好是按照各校的预算，按月发给，而且永远的继续不断。这样的一个希望，在平常的时候，当然不是过分；就是现在非常时，我们还是不能放弃这个希望。

第二，我们所希望于教育界的，是有一个钱就做一个钱的事，不可永远守着讨账放账的政策。什么叫讨账的政策？我们晓得政府欠学校的经费，多者两三年，少者也有几月，不消说，凡在学校教书或办事的，都直接或间接是政府的债权人。在政府没有一笔大宗款项，把学校的积欠，一次发清以前，这宗债权是永远不能消灭的。于是政府在节前年

* 录自《现代评论》，第 5 卷第 119 期（1927 年 3 月 19 日）。署名"叔永"。——编者注

底，虽然也筹出少数经费来点缀学校，但这不算教育经费，不过清还旧债的一小部分罢了。我们使用清还旧债的钱，当然不能再向现在的政府或教育界负甚么责任。由此见讨账政策，是怎样一个暧昧的政策，我们教育界，几年来守着这个政策，不肯放弃，是有相当理由的。

什么又叫做放账政策？这个话自然更是明显。政府的教育经费虽是拿不出来，但学校却是不能不办的。我们教育界的朋友们，书也是不能不教的。于是一面讨账，一面放账。讨到的账，总没有放出的账多，这笔账就永远没有清结的日子。我知道说到放账的话，很有亵渎我们教育界朋友的嫌疑。因为我晓得许多教育界的朋友，忍饥受饿，效死勿去，他们维持学校和热心教育的苦心，是我们所十分钦佩的。不过少数的例外，总不能抹杀一般的事实。我们到国立各校的课室一看，谁能不对于教员请假条子的众多吃下一惊。我们也听见学生间宣传的教员的"三不主义"——就是不上课，不请假，不辞职。这样的情形，当然还是学校不能发薪的结果，因为学校不发薪，所以当教员的不能不在他处兼课或兼事，以求增加收入。因为兼课兼事太多了，所以不能不预定缺课表，以求时间的不冲突。老实说来，学校既不能按时发薪，当教员的不能完全尽职，亦属人情之常，谁也不能加以责备。不过照这样的情形，一定说是热心教育，恐怕也有一点实不副名罢。所以不如换一个名字说他是放账政策。

照上面所说的看来，我们可以提出一个问题，就是：北京教育的病根，完全在没钱吗？换一句话说，设如北京的国立各校，得到了相当的经费，就可以有整顿的希望吗？我们对于这个问题的答语是：唯唯，否否。设如我们教育界的朋友，改变了讨账放账的政策，那末，我们的答语是"唯"。如其不然，我们的答语是"否"。这个道理很容易明白。

设如我们教育界的朋友，永远抱定讨账放账的政策，那末，政府所能筹到的教育经费，都不过是还旧欠的一点款子，教育界的新精神，和整顿的希望，是永远不会发生的。设如我们教育界的朋友们，抛弃了讨账放账的政策，而抱定有一个钱做一个钱事的主意，那末，就经费少一点，也未尝不可办出一点相当的名副其实的教育来。读者要不信我的话，我且举一个实在的例子来谈谈。

这两三年来，不是我们教育经费最困难的时代吗？但我曾经看见过某校的经费报告，在前年一年中，也领到了十万几千元。这十万几千元，比较起三十万元的预算，不过三分之一，自然是很少的了。但是我们再看看某校的学生，也不过二百零几个人，约摸一个学生扣到五百元的教育费。这个数目，并不很小，何以见得教育一定不能办。我们晓得教育经费最阔绰的美国，平常一个大学，对于每一个学生的用费，平均为四五百元（如康乃耳）。我所说的某学校，对于每一个学生的用费，并不在美国大学之下，那末，我们能把我国教育的没有成绩，完全归咎于经费的不足吗？再说，某学校的学生总数，虽然不过二百零几人，但是教员的人数，一共倒有九十几个。这样教职员与学生数的比例，是全世界学校所稀有的。尤其妙的，是教职员数目虽然如是之多，学生却时常在抱怨功课没有人教，这可以说学校的经费，都用得得当吗？有人说，现今北京的学校越穷，教职员的数目越是加多，这有两个原因，一是因为学校的薪水不能照发，所以一个教员，常常兼两三个学校的功课，于是各学校的教职员，都有增加的趋势。一是因为学校欠了教职员的薪水，不能辞退他们，于是就是不必需要的教职员，也只好留在学校，这也是教职员增加的一个原因。这些情形，固然出于无可如何，但是讲到学校的正当办法是不当如此的。以上所举的，不过是一个例，但我们相信，其余的学校，和这个大同小异的情形，还多着呢。（附带的声明一句：我们上面举出的一个例，并非对于某校有什么特别不满，事实上某校在北京，还算比较的办得好的。）

现在我们要声明一句：我们上面所说的，并非要替政府开脱筹划教育经费的责任，认真说来，学校办得不好，政府可以干涉，但筹划经费的责任，政府也应该积极担负，不能藉口解免的。我们的意思，正是因为教育经费的困难，所以不能不格外讲求善用这一点经费的方法。从上面所举的实例看来，教育经费，虽然困难到了现在的程度，如果办理得法，我们的教育，还有可以比现在较好的希望。我们可以设想，一个二百余名学生的单科大学，本着十万数千元的预算，聘好三四位专任的教职员，办得功课完备，成绩斐然，岂不比八九十个"三不主义"的教员强得多吗？但要办到这一层，中间还有一个先决问题，就是教育经费即使不能按照预算发给，但至少必须有一个可靠的数目与来源。因为有了可靠的数目，办学校的才可以立计划；有了可靠的来源，办学校的才有实行计划的决心与精神。

说到这里，我们可以进一步——或者说退一步——提出具体的希望了。我们所希望于政府的，如不能每月拿出教育界所要的全数，至少应就政府所能拿出数目，先指定一个可靠的来源。因为上面已经说过，除非每月的款项确实可靠，办教育的人是立不起计划的。我们有充分的理由，证明这个计划并非过分：第一，政府无论如何不管学校的生死，就这几年的经验说来，少数的续命钱仍旧不能不筹出，那末，何不爽爽快快的筹了出来，使学校得到了一点整理的希望？第二，此次既用俄款做抵押，将来又何不可用同样的方法去筹到一定的款项呢？其次，我们所希望于学界的，是把从前的积欠，暂且作一个结束，等将来政府财政有了办法的时候，慢慢算还，现在却就所有的经费，另外作一个极切要的、极经济的办学计划。我们替教育界的朋友打算，这个希望也有相当的理由。第一，政府的积欠，无论能清还与否，趁这个时候做一个结束，是绝对不吃亏的事体。况且俗语说得好："债多不养家。"与其债越多而越无清还的希望，不如现在做一个结束，还可以使政府明责任的所在。第二，我们教育界的朋友们，因为学校欠薪的原故，而在四方八面兼课兼事，辛苦的结果，仅仅得到一个维持生活，于学生的功课，自然不见得是尽了心，于自己的学业，更可一说是无从长进；这在真正热心教育和学术的朋友们，当然感到这个情形的痛苦，而要别寻一个心安理得的方法了。所以我很相信，这个希望是可以得大多数学界朋友的同情的。

上面的希望，如果仍做不到，我还有一个最后的希望，就是直捷了当的关门。我们要晓得，学校的关系，并不是什么大不得了的事体。我们以为与其照现在的名存实亡，推移下去，贼人子弟，贻误青年，不如暂时关门，把经费、组织以及其他问题完全解决之后，再来重张旗鼓，根本改造，还有进步的可能。或者政府若要改良现在的教育，教育界若要改良自身，这关门重开的办法，竟是一条必由的路径。我去年在日本的时候，曾和一个外国朋友谈到北京的教育问题，就便问他有甚么办法。他说，在他们国里，这个问题不会发生。因为如不能筹到款项来维持学校的局面，就应该改变学校的局面来将就款项，决没有任其推移，闹到这步田地的道理，我想他这个话容许不错。我们教育的败坏，与其说是败于无钱，不如说是败于无人敢作主张，而任其飘流推移，直到现在的境地。现在若再不打算收拾，恐怕除了"载胥及溺"之外，没有第二个方法了。

十六年三月十日

科学研究

——如何才能使他实现*

（1927 年 5 月 24 日）

在本杂志里，孟和先生曾一再的讨论科学研究。他的第一篇文章是说科学研究的重要及其与一个国家生存的关系。第二篇文章是说怎样的才可称为科学家，并如何才能使科学研究实现。这个问题甚为重要，不幸我们的教育界、言论界，很少人加以注意。这种不注意的结果，就可以发生相反的言论。我们不常常听见老一辈的人说什么西洋文明破产，什么科学的结果不过得到衣食住的物质文明一类的话吗？我们不又常常听见现今的少年们打着"打倒知识阶级"的旗号，大骂"帝国主义的物理化学"吗？在我们看来，这两种人的意见，都犯了两重的错误：第一是不明白科学的本身，第二是讨论的自相矛盾。

怎么说不明白科学的本身呢？说科学是物质文明的，好像科学就是饱食美衣、骄奢淫佚的代名词，同中世纪的欧洲人以研究科学就是与恶魔结了同盟一样的见解。其实科学虽以物质为对象，但是纯粹的科学研究，乃在发明自然物象的条理和关系。这种研究，虽然有应用起来以改善衣食住的可能，但在研究的时候，是绝不以这个目的放在眼前的。我们不记得法勒第把他的磁电发明在英皇面前试验的时候，当时的财政大臣就问他有甚么用处？这个答案，不但当时的听众不晓得，就是法勒第自己也不晓得。但是他仍旧要研究。由是可知，他研究的目的并不在物质的享受，而在精神上的满足。换一句话说，科学研究，只是要扩充知识的范围，而得到精神上的愉快。这种精神，可以说是物质的吗？至于利用科学的发明，而得到衣食住的改善和物质的享受，乃是科学的副产

---

* 录自《现代评论》，第 5 卷第 129 期（1927 年 5 月 28 日）。署名"叔永"。——编者注

物，而非科学的本身了。科学既然不过是人类知识范围的扩充，天然奥窍的发展，当然与任何主义都不发生关系。我的意思，是说大凡真正的学术，都有离开社会关系，而保持真正独立的性质。要发生关系，与任何主义都可以发生关系；要不发生关系，与任何主义都可以不发生关系。所以我说以科学为衣食住的文明，和骂科学为帝国主义的，都是不明白科学本身的说话。

怎么说讨论的自相矛盾呢？我们晓得人类既要生活，就不能不有衣食住，既有衣食住，则恶的衣食住，自然不如好的衣食住，这是谁也不能辩驳的道理。我想以改善衣食住为科学罪状的，不外乎两个理由：一是衣食住可以不必改善，二是衣食住改善之后，于人类有不好的结果。关于第一层，我想主张的人，必定在衣食住方面，能够去好就坏，舍善取恶了，但事实上我还不曾找出一个例子来证明这个话的不错。关于第二层，我以为一个人的平生，仅仅在衣食住上面用工夫，固然不可，但把衣食住改善了，解放了人们的精力与心思，使他向学问、美术一方面去发展，却是极其可贵的事体。我不相信衣食不完、救死不暇的人们，能有在学问上艺术上贡献的可能。我们看看西方文明的国中学问的发达，出版物美术品的繁盛，可以知道是衣食住改善后的结果。所以衣食住的改善，并不是恶，但不晓得利用衣食住改善的结果，乃是人们的愚蠢罢了。至于高唱打倒帝国主义的同时又高唱打倒知识，废除学问，这无异自己缚了手足去打老虎，其矛盾的程度，更显而易见了。

以上所说，不过是说到科学研究联想起来的几句话，与本文的大意，没有甚么重要关系。本文所要讨论的，乃是如何能使科学研究实现的一个问题。关于这一层，孟和先生在他的第二篇文章里面曾经提出"急速的将这些位萌芽的科学家聚在一处，使他们慢慢的造成真正科学家"的一个办法。但是如何才能把这些萌芽的科学家聚在一处，孟和先生却不曾说到。我这一篇继续讨论的小文，正是要想对于这方面贡献一点意见。

我们晓得科学研究的进行，至少须有两个要素：一是研究的人，一是研究的地方。现在先从人的一方面说起。

孟和先生说："科学的研究，是一种终身事业，就是最小段落的研究工作，都要五年、十年的继续不懈的、精心竭虑的努力。……我们现在可以希望有几个人寻到几个问题，将五年、十年或一生的精力都费在研究上呢？"这个话固然不错。但是他的答案是甚么，我以为有讨论的必要。据我个人的观察，以为这种研究人才的缺乏，第一原因在没有研究的领袖。我们晓得在西方学术发达的国家,一个人在大学毕业得到博士、硕士的学位,决不能算为学问的,而必待他往后十年、二十年刻苦的工作,才把他升迁学者阶级里去。拿最普通的现象来说,这种人大概起初只在大学里做一个助教,后来他的学问渐渐长进了,才把他由助教、副教授,而升到正教授。可是在我们国里,大学毕业过后,去从事他项职业的不消说了;就是在大学里做助教的,他等到须发充根白,还是一个助教,绝对没有长进的希望——除非他有机会到外国去留学。这个原因,就是学校里面没有研究的事业,所以他的学问也没有长进的机会。又不特本国大学毕业的有这样的情形,再拿外国大学毕业归国的留学生而论,他们在外国,尽管曾经做过很好的研究工作,但一回到国里,是把他的研究事业丢在九霄云外,而去干那与他本行漠不相关的种种勾当去了。近来外国的科学家,每每因为大学生毕业之后,丢开研究事业,叹惜学问上的死亡率太高。若拿中国上下的情形说来,恐怕学问上的死亡率,竟有百分之九十九以上。这种人才的大损失,不是最可惊叹的事体吗?但是要追求其原因所在,我以为第一在缺乏领袖的研究人才。因为缺乏领袖的人才,所以研究的问题没有人能够寻出,研究的风气也就无从养成,所以虽有热心研究的人,也只好消磨在不知不觉,或如孟和先生所说"无价值的声誉"之中了。第二,中国国内研究机关的稀少,与研究设备(如图书馆及各种特别仪器)的缺乏,也是研究事业不能进行的一个原因。但是这一层关系于研究的地方,我们还得详细说说。

一个国里研究科学的地方,大概不出下列三种机关:一是学校,二是学会,三是工厂内附设的研究所,至于私人单独的研究,当然不在这几种之中了。我们国里的学会,虽然名目繁多,据我所晓得,真正设有研究所的,仅仅有一个中国科学社。此外地质学会有地质调查所做他的研究机关,北京的博物学会有协和医学校做他的研究机关,再就要数那正在募集、尚未建筑的工程学会的材料试验所了。学会的研究机关既然如此,那末,工厂的研究机关又怎样呢?据我所知,工厂中以研究为目的而设立的机关,只有久大精盐公司和永利制碱公司附设的黄海化学工业研究所。这个研究的设备和成绩,都很不错,但就他的性质和力量看来,他的研究事业的范围,就可想而知了。此外有几个大公司,如开滦、启新之类,虽也设有试验所,但是说到研究,恐怕公司的人还〈没〉有这个眼光。再次要说到我们的学校了。大学的职责,不专在于教授学科，而尤在于研究学术，把人类知识的最前线，再向前推进几步，这个话已经成了世界学者的公论。国内的大学，近来已如雨后春笋，遍地皆是。除了那些徒有其名的姑且不论外，其余比较的有历史有成绩的少数学校，也渐渐感受了世界的潮流，大家觉得研究工作的必要。因此虽在学校经费的极端困难中间，也未尝没有对于研究的预备。最近作者和一个朋友到某校去参观，这位朋友本是哈佛大学出身的。参观之后，他说某校的化学设备，比哈佛大学的化学旧校并不多让。但我们晓得世界上最精密的原子量测定，是哈佛大学的化学教授理查慈和巴士台两位先生在这个和某校相去不远的化学教室中做出的。这自然是单就某校某一部分而言，但据普通一般的调查说来，要在国内实行科学研究，还是以利用学校的设备为易于着手。

以上系对于科学研究的人与地的两问题，作一种很粗略的讨论。设使我上面所说的，还不十分远于事实，那末，我们对于"如何才能使科学研究实现"的问题，也可以得到单简的答案了。这个答案就是：寻出领袖的研究人才，放在比较的有研究设备的学校里，让他去干他的研究工作。但是这中间还有一个先决的问题，就是将来大学教育的宗旨，是要注重在研究一方面的，至少也要研究与教课并重。

单有教课而无研究的学校，不能称为大学，这已经成了大学的定义，我们上面已经说过了。可是在我们的大学里面，适得其反，差不多只有教课而没有研究。这或者因为程度问题是没法的。但是我们也可以想像一个大学的组织，他的重要职责，只在聚集少数的学者专门从事于独立的研究，而从学者的有无多少都不关紧要。这样的大学，在外国其例甚多，即在中国，要照这样办起来容许找不出许多学生，但做研究员的人，总还可以找得出几个。换一句话说，我们要有从事研究的学生，必先有热心研究的先生。我〈若〉是要造成研究的空气，也须从造就研究的先生做起。

说到这里，又回到领袖人才的问题了。有人问，你们要造就研究的先生，但先生的先生，又从那里来呢？我的回答是："老实不客气，到外国去请。"我们的学问不能及人，只好去请比我们有经验有研究的外国科学家来做我们的向导，这有什么可以惭愧的？不过此处我们要注意的，是请来的人，必定是本门的 authority，而且能够在我国指导研究，至少在三年以上，方不至于成了"抬菩萨"的玩意。

又有人问，这样的办法，岂不成了一个研究所，怎么叫办学校呢？

我的回答是：你要叫这样的组织为研究所也未尝不可，但研究所中加入学生，原来也是正当的办法。在这个办法的骨子里，还有一些好处，就是教员和学生的中间，都有一个研究精神的贯注。教员有了研究的素积，方才觉得他所教的，都是直接的知识，他的判断，都有正确的根据，他对于学生所给与的兴感，也不是专靠贩卖知识的教员所能有的。学生有了研究的趣味，方才觉得有一种高尚的激刺，知识的愉快，养成他们对于人类终竟有所贡献的态度，而使他们得有正当的发育。这种的结果，岂不是无论何种教育家所希望的吗？但只有从事研究的教员和学生可以得到，那末，就把大学的大部分变成了研究所的组织，又何不可之有呢？

关于科学研究的问题很多，现在先提出这一个办法来请大家讨论。中国目下的大学，不是都有改组的动机吗？设立科学研究所的呼声，不是久已在国内响应吗？我希望这几个教育上学术上的问题，一举而加解决，那就再好没有了。

十六、五、二十四，北京

日本的文化侵略 *
（1928 年 1 月 28 日）

　　"文化侵略"这个名词，我们已经听的惯熟，几乎成了听惯不惊了。但文化侵略究竟是怎么一回事体？最明显的例，是拿一国的文化来代替他一国的文化，譬如日本人在高丽，禁止用高丽的语言，而用日本语言来替代，就是一例。这个办法虽然可怕，但是一国未到灭亡的程度，或是一国的文化有独立存在的价值，是不容易实行的。普通最容易施行而又不容易为人所察觉的，是拿文化的名目来做侵略的手段。这种实例，我们在日本人经营的大连，可以容易找到。

　　大凡曾经到过大连的人，于日本人经营的各种事业之中，无不注意两件组织。一个是大连的地质调查所，一个是大连的中央试验所。在表面上看来，这两个机关，不过是一种研究学术的组织，于满洲的大局是没有多大关系的。不过我们在事实上考察一下，就晓得这两个机关的重要了。一个地质调查所先把满洲的地质和物产调查得清清楚楚了。一个中央试验所，再把这些物产的用途加一层仔细的研究。例如抚顺的煤矿，鞍山的铁厂，每年产额占南满出产总额的大部分，是由地质调查得来的。但如抚顺的油页岩，是由中央试验所把含油不多的岩石，经过长时间的研究，得到了工作有利的结果。至于大豆产物的研究，榨丝的研究，菱苦土矿用途的研究，那一样不是南满发达的重要命脉？所以就一方面看来，地质调查所和中央试验所，当然是一种文化机关，但从他一方面看来，他们也是日本人侵略满洲的参谋部、先锋队。这是文化侵略的一个实例，我希望国人把它认清，并且常常把他放在心上。

　　看了这个实例之后，我们对于日本人在中国所办的东方文化委员

---

　　* 录自《现代评论》，第 7 卷第 164 期（1928 年 1 月 28 日）。署名"叔永"——编者注

会，就有点不寒而栗了。东方文化委员会，是日本人拿我国的庚子赔款来办的一种对我的文化侵略机关。他这种办法不能算是退还赔款，正如他拿甲午的赔款来办东京的兵工厂，不能算是退还赔款一样。不但如此，东京的兵工厂，是设在日本国内的；东方文化事业，是在我国内来开办的。那末，日本人的侵略政策，简直是更进一步了。我们以为说到此处，有把日本所谓"对支文化事业"进行的经过略为叙述的必要。

按日本于民国十二年，在其外务省内成立所谓对支文化事务局，并于同年四月十八日发表对支文化事务局官制，这明明的告诉我们，所谓对支文化事业，是纯全的日本事业。并且，日本对于这种办法，自始即自己不承认他是退还赔款。大正十二年六月五日日本内田外相致我国张代使的公函，分明说"再前记贵翰中所称'退还庚子赔款'一语，敝国政府之意，拟将庚子赔款使用于关系文化事业，非谓即行还付贵国。敝国政府当自行充当贵国文化事业助长之用，资贵我两国间文化之发展，特此声明"。

不幸我国当局懵然不察，对于日本这种主张，遽尔承受。民国十三年一月我国汪公使与日本"对支文化事务局"出渊局长开非正式协议，竟容纳日本方面的提议，成立所谓《中日文化临时协定》。从此日本假借退还赔款的名目，来我国实行侵略的政策，就有了法律根据了。

这种协定发表后，国中教育界略明真象的，无不群起反对，尤以京沪两地的各团体，反对得最为激烈。日本亦知不妙，乃派服部、朝冈两人来华疏通。两人逗留京沪多日，终以学界反对激烈，未得结果而返。

又不幸民国十四年段祺瑞做临时执政，日本利用段政府亲日的倾向，成立所谓中日文化事业委员会。当时中日委员开会数次，但社会上的反对仍甚激烈，结果除议决委员会自己的薪水外，还没有甚么进行。

民国十五年，日本又利用时局混乱的机会，在北京继续开中日文化事业总委员会。此次通过会章并拟办事业的计划。其计划打算在北京设立一个人文科学研究所并图书馆，在上海设立一个自然科学研究所。他的组织和办法，皆由日本委员提出，中国委员完全处于服从的地位。听说此次开会因该会名称中的中日两字，发生了国际的先后问题，结果改为东方两字完事，这可以看见我国委员在该会中的力量了。

十五年东方文化事业委员会开会之后，我国因时局混乱，无人过问，而日本则趁此时机，着着进行。他在北京组织的人文科学研究所，关系若何，姑置勿论。至于在上海设立自然科学研究所的重要目的，乃在我国地质、动植物产的调查和医药的研究，此真所谓司马昭之心路人皆见了。试问自然科学应该研究的问题何止千万，日本人为甚么偏偏注意我们的地质和动植物？地质调查、生物研究等事业，我们已经设有机关积极进行，又何劳日本人来越俎代庖？我们要再不明白日本人的用意，请看看我在篇首所说的南满铁路公司地质调查所和中央试验所就知道了。

日本人这种文化侵略的政策，现在正进行未已。两三个月前，所谓东方文化事业委员会，又在北京、东京两处开会了。据报上所发表的，东京的开会的结果，对于自然科学的研究，决定做几件事：（一）调查中国各省的地质；（二）测定各处的地心重力；（三）调查长江流域的动植物；（四）研究医药上的某种问题；（五）派遣研究生，等等。这其中测定各处地心重力一项，当然不过是一种陪衬，其余各项事业，皆足以证明我们上面所说的文化侵略的政策不是神经过敏的话。现正听说日本人更得寸进尺，不管我国内学界的主张与舆论的反对，竟派遣了大队的地质学和动植物学专家来我们国内实行调查了。听说他们的地质学家先在北方调查，而动植物学家则往扬子江流域调查。大约他们此次并不希望得到甚么重要的结果，不过想趁这个大家不注意的时机，作成一个先例，以便将来有所藉口罢了。

以上所说的，为日本人所办的"对支那文化事业"进行的经过。我国教育界反对此事的意见和言论，此处为篇幅所限，不能复述了。我们回溯此事经过的全程，只觉得反对的自反对，进行的自进行。日本人那种悍然不顾的态度，固然可恨，而我国参加此事的委员，明知日本人的野心，仍当甘心附和，尤觉可惜。现在事机迫切，我们以为委员会自动的出来阻止日本人的行动是做不到的，但是希望我们所谓代表人民的政府，至少做下列的几件事。

（一）发表宣言，不承认民国十三年汪公使与出渊局长所定的中日文化事业协定。其由此协定而发生的东方文化事业委员会，应即停止进行。（二）说明我国地质及动植物的调查，皆为我国国家事业，外国政府无论有何藉口，不能越俎代谋。（三）通告日本政府召回其地质及动植物的调查队，若不顾我国允许与否勉强进行，我国政府不负保护责任。（四）最重要的，速即组织各种调查及研究机关，从事于我国地质及物产的调查及研究，以免他人的垂涎及侵略。

我们希望从前奋发激扬的学界，不要事到紧急反而销声匿迹。我们犹希望号称代表人民的政府，特别加以注意。

赴川考察团在成都大学演说录[*]
（1931 年 6 月）

  经过八年之后，今天又来与诸君见面谈谈，是非常高兴的一件事。这八年之中，成都的变化非常之多，最显著的是学校的建设及街市的改造。从前常说丁令威化鹤归来，看见城郭犹是人民非，我今要翻说一句，人民犹是城郭非了。这样的变化，在从前我相信经过二十年、三十年或百年、二百年仍不会见的，现在十年内发生，这可以指示我们现在所处的，真是在变化的时代了。我们晓得四川这个地方，因为地形、人事种种的关系，常常有文化落后的危险，但是我们要是不能使四川的文化与世界的潮流并驾齐驱，不妨退转一步，在四川创造一个新文化，这是就四川人的聪明才力看来做得到的事体，要创造新文化，我以为有两个最要条件。

  第一个条件是要有一定的信仰。现在许多思想学说却是冲突得很，如政治的主张，在十几年前几乎世界一致的主张民主政体了，现在却有主张民主的，有主张专制的。在家族制度里，有主张旧家庭或小家庭制度不能不保存，有主张完全不要家庭，如讲自由恋爱的就是此类。又如在知识方面，欧战以后有所谓科玄之战，从前主张物质文明的，欧战后又反对科学的结果，是造成杀人的利器，而提倡东方的文明。吾辈在求学时期，处了这个时代，当然是目迷五色，彷徨无所适从了。唯其如此，我想建设一个新信仰，乃是最要紧的事。我们有了新信仰，才晓得要走哪一条路，我们要晓得这一切思想的冲突，都是进化必然的阶级。社会的进化是曲线的，不是直线的，我们要是把眼光放大一点，拿一千

---

  * 录自《科学》，第 15 卷第 7 期（1931 年 7 月）。关于在成都大学讲演时间，另据李学通著《翁文灏年谱》（济南，山东教育出版社，2005）记述，任氏偕翁文灏、孙学悟"三学者入川"，当在 1930 年 12 月 13—15 日之间。——编者注

或两千年做一个段落，把野蛮的人类和开化的人类相比较，或是拿东方的民族和西方的民族相比较，我们便可以发现一点，这一点是什么？就是说人类是进化的，即人类有一种向前进步的可能性，便是我们的新信仰。

第二个条件就是人类之所以进步是由于知识的进步，而知识是用科学方法求得来的。从前的人不是没有知识，不过现在的生活非像前日生活之简单，故从前的知识不足以供给现在的用了。从前的知识，由故纸堆中得来，或者如佛学家所说的用顿悟的方法得来，一用到实物上去，就不免谬误。即如翁先生今天以半点钟的时间，把四川的地质情形整个的有系统的讲得清清楚楚，请问这是在那一部书可以找出的？他所以能够这样，因为用的是科学方法，既亲身加以观察，又参考从前各种的调查报告，故能把四川的地质，归纳到几个很简单的范畴之内。不但使我们对于四川的地质，得一个明确的了解，并且可以预测何地可以出煤，何地可以凿盐。这个知识的力量何等伟大，绝非从前在书本上的知识能研究出来的。又如现在讲马克斯主义是最时髦的了，但是我们要晓得马克斯的唯物史观论，是用科学方法得着的一个结果。我们若是也用科学的方法去研究中国现在的社会问题，那末得到的结果，是不是与马克斯主义一致便不可知了。这种研究的结果，若是与马克斯主义一致，我们方才不是盲从，若不是一致，便是我们新创的文明了。

末了，我还要向学科学的特别说几句话，近来有许多认为学科学的没有用处，或在中国学科学没有深造的机会，这却不然。近来中国的科学渐渐发达了，如学地质可以在北平地质研究所去深造，学生物的可以在南京中国科学社的生物研究所或北平静生生物调查所去研究，学物理、化学的可以到清华研究院。如中华教育文化基金董事会可以给与研究科学的补助，帮助学科学者的深造，他们都有很好的设备及教授。所以学科学的，绝不怕没有学成的机会了，唯愿同学诸君，立定志向，努力为之，即非专门学科学的诸君，亦愿能多学一点科学，利用他的方法去整理其他学问，将来四川新文化的出现，就大有希望了。

庚款与教育（通信）[*]
（1932 年 5 月 4 日）

适之兄：

我此次南下，经过南京，无意中买了几本中央大学教授们新出的一种周报《时代公论》看看。在这个周报的第二期中有程其保先生著的《庚款与教育》一文，对于各国庚款的退还及用途有所论列。本来程先生是我们的老朋友，他的关于《庚款与教育》的意见，是我们早已领教过的。不过此次在他所发表的文章中间，有的为我们所不能了解的，有的为程先生对于事实未能了解的，我以为有一点讨论解释的必要。现趁着船中无事，把他写出来，请你斟酌发表如何？

第一，程先生说："自美国首创退还一部分庚款，开办清华学校，各国皆随声附和，截至现在，退还庚款者有英、美、俄、比、日诸国。（日本庚款以办法未得我方同意，当属悬案。）"据我所知，退还庚款的，除了上举各国之外，尚有法国，而日本则系自己直接管理所谓东方文化事业，决不能认为退还。但我所不解的，程先生既主张各国庚款应有"通盘之筹划"，何以讨论所及，仅举美国为例，而置其他各国于不论不议之列？程先生动云："各国已经退还之庚款，为数约近万万。"不悟若仅就一九二四起退还之美款一方面而言，每年所得之数，不过国币百数十万而已。这个数目，抵不过一个国立大学的经费。程先生若问："十余年来，所谓教育事业何在？所谓文化又复何在？"我们可以说近几年来，由美款设立的图书馆、生物馆、调查所、科学研究补助金……似乎至少与中国的大学教育有同样价值罢？

第二，程先生说："各国庚款之保管权，大都付之于少数之人，故

* 《独立评论》，第 2 号（1932 年 5 月 29 日）。署名"叔永"。——编者注

其用途亦怕为少数人所支配"。又说："各国庚款既直接或间接以提倡教育文化事业为标榜，则负有主持全国教育之责者，应有全权支配之权。"照程先生的意思，各国庚款委员会都不必组织，只要把各退还的庚款交与中央教育部就得了。因为一个庚款委员会的委员，人数是不能太多的。所以一组织庚款委员会，庚款的保管权就不能不"付之于少数之人"。再说"主持全国教育之责者"当然是除了中央教育部外，没有第二个机关。不过我们回头想想，当日庚款委员会的设立，不是因为恐怕政府官吏挪用庚款作军费政费的原故吗？这种疑虑，在今日似乎还不能完全免除。我们不看见俄款的挪用吗？不看见最近英美庚款的停付一年吗？教育部对于这种事件，何尝有抗议的能力？全权的支配更不用说了。我们对于程先生为受教育经费的困难，而仍能保持他信赖中央教育部的决心，固然表示钦佩；但这个问题，恐怕不是这样单简的方法可以解决的罢？

第三，程先生不赞成庚款的支配，"所谓提倡，所谓协助，均属零星，毫无通盘之筹划，以至轻重缓急，未曾顾及"；而同时对于中基会在北平新设的图书馆，以为用款过巨，又不赞成。程先生对于中基会补助科学研究办法，以为"此校五千，彼校一万……零星碎散，实际上对于研究事业，或因款项微细，或因计画缺乏，究难切实执行"；而同时对于北大"每年获得二十万之补助费"与中大教育系"区区万元之数，独不可得"，不胜其愤慨不平之情。我们所晓得的，中基会的分配款项，有一个"主要政策"，是图吾国自然科学的发达。要图自然科学的发达，所以提倡科学研究。要提倡科学研究，所以要设立科学研究教席，设立调查所，设立一个较大的参考图书馆，而不主张设立许多分散的民众图书馆。这些事业，在程先生以为是"因人设事"，实则是"详细拟定"的"主要政策"而来。至于集中财力，做一点比较有效的事业，也是近年中基会"主要政策"之一。程先生若见到这一点，似不必因北大的得了补助，与中大教育系的未得补助（实则中大理学院、农学院皆曾受相当的补助，教育学院亦有中基会设立的教授席），而认为"不平之例，未有甚于此者"了。

总之，我们对于程先生——可以说无论何人——发表的关于庚款用于教育的意见，表示欢迎；但对于他们有误会或不合事实的地方，也不能不加以解释及讨论。我个人的意思，以为庚款用于教育，现在不过是一极小部分。除了美款用于清华大学及中基会，法款的一部分用于中法大学外，其余所谓几千万万的英庚款、俄庚款及其他庚款，何尝用在教育上来？现在就美庚款的一部分，也要发生问题了。教育界的同人要责成美款的一部分以全部庚款万万元的效果，是不可能的事体。我们希望教育界同人，再拿出前几年的热心与勇气，多争出一点庚款来办教育，那吗，教育经费就有一条出路了。

叔永　二一，五，四，书于安庆船中

为张学良进一言 *
（1932 年 8 月 22 日）

自八月六日行政院长汪精卫先生发了辞职通电，要求北京绥靖主任张学良先生同时辞职以来，本来在惊涛骇浪中的中国时局，立刻加上了一层不安与恐惧。不安的是华北或将起一次无谓的纷扰，恐惧的是虎视眈眈、伺罅而动的强寇，更得到一个进攻的机会。犹幸近两星期以来，南北要人们奔走呼号的结果，这不可终日的局面，似乎得到了一部分的解决。那就是说：中央的政局，因为汪精卫先生的不愿复职，和行政院长继任人选的困难，暂时仍由汪先生暂维院务。北方的局面，却裁去了一个绥靖公署，添了一个军事委员会北方分会。但因蒋委员长一时不能北来，结果或仍由张学良先生以军事委员会委员的资格，代蒋委员长主持一切。（见天津《大公报》八月二十一、二十二两日专电。）所以这两个星期，一场大风波的结果，恰恰和两星期以前，风波未起的时候一样，重要情形丝毫没有变更，不过平白地苦了南方的元老们，北方军界要人们，飞机火车，东奔西跑，谈话听训，忙了个不亦乐乎。

这十几天以来，因为中央无人负责，北方忙着"挽留"、"交卸"，国事上受了若干损失，我们暂且不去管他。我们若是在这十几天的扰攘中间，要勉强的寻出一个较为有意义的，较为可乐观的归宿点，那吗，我们可以说我们发见了，中央与地方，不但没有意见的不同，而且政策原来是一致的。我们细读汪先生致张先生的的电报，虽然有强烈的刺激性，但他口口声声只是责备张先生不该"去岁放弃沈阳，再失锦州，致三千万人民、数千万里土地陷于敌手"。又说："兄拥兵最多，军容最盛，而敌兵所扰，正在兄防地以内。故以实力言之，以职责言之，以地

---

* 录自《独立评论》，第 15 号（1932 年 8 月 28 日）。署名"叔永"。——编者注

理上的便利言之，抵抗敌人，兄在职一日，断非他人所能越俎。"这种希望张先生实行抵抗的心，不是昭然若揭吗？反过来，我们看张先生答复汪先生的话。他说："自九一八以还，余虽公开辞职，屡蒙不准，私人表示辞职，亦非一次。余不决然引去者，总想将此公案作一结束。否则东北由我失去，而不能由我收还，总觉余之责任仍为未尽，良心不安。"他那一种忍辱负重、力谋抵抗的心，不又是昭然若揭吗？虽以标榜抵抗的中央，遇着誓死收复失地的边将，宜若可以如鱼得水，相得益彰，收身使指臂之效，成千载一时之功。但事实上却适得其反，这不是有一个大大的原故，值得张先生想一想吗？

这个原故是甚么？在以己度人的小人，或善于挑拨离间的政客们，自然要说，这是汪精卫借公报私，吐一吐前年的被驱的仇气。这个话我们以为不对。这在两个月以前，汪先生等北来接洽，及在政变发生前，汪先生与张先生往来的电报，可以证明的。那吗，是因为张先生要的五百万三百万，数目太大，使汪先生无法应付，故不得不出于绝裂的一途吗？我们以为这个话也不对。抵抗强日，本来是要用钱的事体。若是实行抵抗起来，一切充实军备，运输给养，我们以为三百万五百万未必就够。中央既然决心抵抗，当然必须竭力筹划，所以我说这也不成问题。我们以为这个问题的中心，乃是张先生的本身，是不是能得到全国人的信任——信任他有收复失地，了结东北一桩公案的能力与决心。我们当然不说，今日的国中没有信任张先生的人，例如北方将领，表示留张的，都可以说是信任张先生的有力人物。不过如中央行政院院长汪精卫先生，因为张先生要钱而不抵抗，发出辞职的电报，就是不表示信任的一个。他的根源，是已往不抵抗的事实，这个根据，只有将来的事实可以打消，空言辩护是无用的。

我们说到信任这一层，似乎近于避实际而就空论，其实，这一层也不容漠视，古今来成大事业的人，那一个不是要先得国人的信任的？所以我们若是不揣冒昧，要替张先生打算一个光明的出路，第一便是恢复他在国民心目中的信任。国民心中的信任恢复了，自然做事有人支持，再不怕反对派或仇家的妨害与诋毁。恢复信任的方法，看似艰难，其实也很单简。我们现在不妨举一个例。汪先生的电报，责备张先生"藉抵抗之名，以事聚敛"。这一句话是汪先生电报的骨干，也切实关系张先生的人格。张先生要用空言来辩护，是无法可以证明的。不过张先生此时若能做一个毁家纾难的义举，自己拿出三五百万来做抗日的军费，那吗，一切"聚敛"、"要挟"、"搜括"等等恶名，均不攻自破，而国人对于张先生的人格与决心，也景仰不及了。这是我们的一点刍荛之见，不知张先生以为何如？

二十一，八，二十二

为新入学的学生讲几句话[*]
（1932 年 9 月 25 日）

近几个月来，社会人士很有些注意于高等教育问题。于是改革大学的言论，也风起云涌的在各种杂志上屡见不一见了。可是他们所讨论的，大半是大学的学制问题。关于目下一般青年所公认为学校的主人翁——学生，却少有人谈到。现值学校开始的时期，我们拟援学生毕业有送别词的例，说几句欢迎诸君入学的话。

第一，我们要说的，便是学校的主人翁问题。换一句话说，是学生对于学校的态度。我不知道"学生为学校的主人翁"这句话有什么根据，但我确晓得这句话是大多数学生胸中固有的观念。要是我的猜想不错的话，我想这个观念，必定是由譬喻得来的。我们不是一天到晚在讲民主主义吗？在民主主义的国中，不是以人民为主人翁吗？一个国内，有治者被治者的阶级；一个学校内也有治者被治者的阶级。学生是被治者，即是与人民处于同一的地位。人民可以为一国的主人翁，则学生为学校的主人翁，岂不是逻辑上应有之义吗？况且近代教育学说主张学校的社会化。那末，我们何妨看学校作一国，而小试其主人翁之资格呢？既有了主人翁之资格，即不能不行使主人翁之权利。于是教员有不好的（至少是学生以为不好的），主人翁可以任意轰去。校长有不行的，主人翁不妨投票另选。而且财政可以监督，事务可以干涉，因为这些都是主人翁的权利。所以我们可以大胆的说一句，学校主人翁的问题不解决，学校是不会有宁日的。

上面所说的譬喻，在表面看来，固然不无几分相似之点，不过有一个根本不同的地方，就是学生在学校中是受教的，而民主国家的人民不

---

* 录自《独立评论》，第 19 号（1932 年 9 月 25 日）。署名"叔永"。——编者注

一定是受教的。因为这个原故，许多未毕业的学生，在民主国家中，并不能取得选民资格。所以用民主国家的譬喻，归结到学生是学校的主人翁，是不对的。必不得已，要在社会组织中，寻出与学校相似的东西，我们可以说，只有家族还相近一点。一个家族，在他的责任上，当然要以子弟的利益为前提，但是不可以此便说子弟是家族的主人翁。一个学校，若是有存在的必要，当然须以学生的利益为前提，但是不能以此便说学生是学校的主人翁。我们说这些话，并不在什么"亲"、"师"伦理上着想，这只是一个社会组织的寻常事实。

一个学校的存在，当以学生的利益为前提，这句话当然又可以发生问题。譬如教员学问的不够，职员办事的不合法，都可以使学生直接蒙其不利。而且一个学校内容的腐败，只有直接身受的学生知道的最清楚，若是学生不加举发，外间是无从晓得的。所以学生对于学校的内容有所不满而提出改良的要求，不能不说是一条合法的道路，而且在某种情形下，也许是唯一可能的道路。不过我们要明白，学生既非人民，学校也不是国家。那就是说，一个学校，除了校中的教职员之外，总得有一个管理主权的机关在外面。这个管理主权的机关，在官立学校是政府，在私立学校是董事会。有了这种机关，校务的好坏，自然有了一个最高的请诉所，而无所用其直接的革命行动。直接的革命行动，未必能与学生的利益相符合。因为知识、年龄种种的关系，学生的利益，不见得是学生的本身所能谋的。

我们说学生不是学校的主人翁，读者不要误会以为我们认校长或教员是学校的主人翁了。倘若学生不是学校的主人翁，校长、教员尤其不是了。那吗，学校的主人翁究竟是谁呢？我们以为学校是为了一个共同目标设立的多元组合体，不能任意偏重一部分而抹煞其余。若不得已而要指出一个东西来做学校的主体，我们以为只有"学术"两个字可以当得。学术确是学校目的的所在。凡是与学校有关系的，无论教职员也好，学生也好，都是为了这个目的而工作。凡是对于学术有贡献的，无论教员也好，学生也好，我们都可以说他代表主体的一部分。

第二，我们要说的，是学生对于时事的态度。在这一方面，近年也有一句最流行的话，是"读书不忘救国，救国不忘读书。"这句话，我也不记得是那位先生发明的了，但这的确是一句八面玲珑的话。照这句话的意思，救国、读书，随兴所至，不必顾虑到那一件事的成功与否，而同时又可以兼筹并顾，这是多么便宜的事！不过我们要讨论的，救国、读书，无论那一件，是不是用半冷半热的态度所能做到？如其不然，我们是不是有把我们目前的道路认清的必要？

救国是我们最高的责任，尤其是在血气壮盛、感情丰富的青年，所有一切都可牺牲，何况读书的一点小事？不过在决心离开读书，加入救国以前，我们至少要问我们自己两件事：（一）我们的主张，果然是我们深信不疑的吗？（二）我们的方法，果能达到我们的目的吗？这两个问题，若果不能解答，我们以为所谓救国事业，也不过自欺欺人之谈，不如埋头读书，究竟还晓得我们自己做什么事。

何以要问我们的主张是不是我们深信不疑的？我记得民国十四年"五卅事件"闹得最盛的时候，某大学的墙壁上，贴满了"打倒英国"和"直捣伦敦"等等标语。我不晓得我们笼统搜索不满十万吨的海军，有什么方法能够打到伦敦去。我们记得民国十七年"五三"的事件，我们学生界的标语，是要"枪毙田中"。果然田中可以由我们枪毙，又何至于有"济南事件"。最近去年"九一八"事变之后，我们学生界的主张，有组织"东亚大同盟"、"联合东亚弱小民族"等等。我不晓东亚的弱小民族在那里，怎么能组织起来抵抗强日。这些主张，本来没有征引的价值，但正可以表示我们学生界知识的幼稚。以这样幼稚的主张，要说他们曾经研究过而深信不疑，谁也不肯信。但是我们要晓得这是我们牺牲了读书去换来的救国成绩。

其次要问我们的方法，是不是能达到我们的目的。学生表示主张最后的方法，常常就是罢课。可是罢课只是一种吃了砒霜药老虎的办法，拿自己的损失，来促他人的反省。设如我们所要求的，不是反省可以了结，这个方法就失其效用。设如所谓他人，不但不与我们休戚相关，而且以我们的损失为有利益，则这个方法完全失其意义。去年"九一八"之后，全国的学生，为了入京请愿，不但罢课多日，并且挨饥受冻，卧轨绝食，甚至有以生命为殉的，然其结果仍等于零，就是因为学生所要求的，不止是政府的反省，而且是强其所不能，这是失败的第一原因。第二则对外我们愈闹得起劲，秩序愈乱，敌人愈是有利。所以除非有什么更进一步的计划可以偿罢课的损失而济其穷，则罢课必不能达救国的目的，可断言的。

这样，我们把学生救国的目的和方法弄清楚了，才可以进一步来决定对于救国或读书的态度。我们以为对于救国的方法，已经有了坚深的信心的，他们尽可尽力的去做救国的事业，不必拿读书来做幌子。对于救国的方法，还不曾有坚强的信心的，我们以为要以读书来充满他们的知识，养成他们的信心。我们可以改定前面的标语说："读书即是救国，救国必须读书。"

农业教育与改良农业（一）*
（1932 年 10 月 9 日）

农业教育是什么？单简的一句回答，是利用科学的研究，以求农业的进步。故农业教育是应用科学的一种，这是第一个重要性质。第二，农业的性质，无论什么新法与研究，要有大规模的应用，然后有效能可言。所以农业教育的最后目的，就在他的最大应用。这两点若不顾到，而高谈农业教育，是无异于扪龠谈日的。

我国当今的教育家，一谈到实业教育，往往以农业与工业相提并论，一若农业教育与工业教育可以用同样的方法，达到同样的目的者，其实这是不对的。农业教育与工业教育最大的差别所在，就是工业教育的最大目的，在造成几个工业家以建设一些新工业。农业教育的目的，若仅仅在造成几个农业家以设立几个新农场，那末，不用说这个目的没有达到，即使达到了，我们仍不能说是农业教育的成功。因为农业教育的效用，以普及于多数农人为目的，少数人的独善其业，于大体是没有多大影响的。

从这一点看来，我们国内的农业学校——无论是农业专门学校或大学的农学院——都免不了两重的大失败。此话怎讲？让我慢慢道来。

第一，现今的农业学校不能造成农业专家。一个农业专家，必须自己来自田间，或者对于农事工作有相当的关系或经验。古人说，"农之子恒为农，士之子恒为士"，这在古代社会已然。现今社会进化，自然不似这样的呆板，但是我们晓得，它的变动，是由乡间而城市，并不是由城市而乡间。所以要农科的学生，学成了仍旧归农，除非他本来是由农家来的，便很少希望。目下的农科学生，有多少是由农家来的？关于

---

* 录自《独立评论》，第 21 号（1932 年 10 月 9 日）。署名"叔永"。——编者注

这一层，我们没有可靠的统计。不过用常识来判断，我们晓得平常乡间的学生，能进大学已经是少数了。这些乡间的学生，来自真正农家的，尤其是少数的少数，其中的大部分还是"四体不勤，五谷不分"的富家子弟。所以在现今的高等农业学校里面，要找出真有农事经验和兴趣的农家子弟，恐怕真是凤毛麟角了。这些学生，既然不是农家之子，那末，他们学成之后，还是去干他们祖传的"士"的职业，那就是说，去做官、教书，或者其他任何不用手而用脑的工作。这是农业学校不能造成农业专家的第一个原因。第二个原因，便是农业学校自身和实际农业的隔离。我们晓得现今的农业学校，大半都有一个两个农场，可是这些农场，通常只是拿来作实验的用，当然不发生农业上的问题。实际上，农业学校有一个实习的农场已经是很好的了。我曾经看见某某农业学校，把它广大的农场租给乡下农人去耕种以收租取利，而仅仅留下几亩园地为学生作实习用的。这样的实习，即与实际的农业问题相隔千里了。至于凭书本讲授的知识，大半是舶来或理论的，与实际农业的距离，更不免有万里之遥。所以农业学校毕业的学生，可以在都市里称一个农业专家，一旦回到乡间，恐怕就有"邯郸学步"之叹了。所以农业学生的不能业农，不能不说是农业学校的第一个失败。

有了这第一个失败，自然便有第二个失败，那便是农业不能改良。不过若是有人说，我们若能免除了第一个失败，第二个失败也就可以自然的免除，我们以为事情尚不如此的单简。我们曾经说过，农业和工业不同，不能以少数人的成功作为全体利益的代表。所以若说农业教育对于农业改良有了贡献的话，必定是农学研究的结果，有利用于大多数农家的可能。现在我们要细细检查一下农学研究的结果，能够达到大多数农人的过程。

第一，我们要假设先有一个研究机关。这个研究机关，可以就是农科学校，但是这个学校，必定要有施行研究的能力，而不可但以教课为唯一责任。

第二，这个机关，必定要对于某区域的农家有相当的联络，知道他们工作的情形及须要改良的问题。

第三，这个机关，必须有相当的人才，对于农家的大小困难问题，皆能给他一个有效的解决方法。

第四，这个机关，必须有相当的设备，对于提出的解决方法，能作长时间的试验。

　　第五，农业改良的方法，试验成功之后，必须有相当的组织，把这个改良的方法推行到多数农家去实用，并且随时加以帮助或指导。

　　按照上面这五个步骤，我们可以看出农业学校的职责，应该在什么地方。第一，农业教育的目的，在用科学方法，研究农业的改进，故农业学校的第一个职责，在造成研究的人才。第二，研究改良的结果，必须应用到多数农人身上，故农业学校的第二个职责，又在养成许多推广的人才。第一种人才，是属于学术研究的，第二种人才，是属于组织及行政的。前者需用的人才较少，但造就较难；后者需用的人才较多，但造就较易。一个农业学校，若不能兼筹并顾，至少当顾到前者而放弃后者。不幸现今的农业学校，都适得其反。他们的毕业学生，做推广员，办行政事业，则绰有余力；做研究员，办学术事业，则感觉不够。无怪乎我们天天仰望农业学校来改良我们的农业，而农业不振，更日甚一日了。

农业教育与改良农业（二）[*]
（1932 年 10 月 10 日）

若是所谓农业教育不限于成立几个农业学校，造成几个高等或中等的毕业生，扔在人海茫茫的社会里面，任他们去自寻一条出路，而以农业的改良及农人的受益为终竟的目的，我们以为整个的农业教育，应该包含以下三个阶段：（一）关于学术的教育，（二）关于训练人才的教育，（三）关于普及农民的教育。现在姑且依次说明如下。

在农、工、医这三种重要职业中间，照旧式的眼光看来，农是最用不着学术的一个职业。所以无论何国，农民总是最无知识的人民部分。因此，农业也是最少进步的一种职业。现代的眼光，和古来不同的地方，就擘头要承认农业是可以用学术来改进，而不是完全靠天吃饭，或是墨守旧法，一成而不可变易的。换一句话说，我们要承认，天然的力量或缺陷，都可以用人为的方法来管理或补充。因此，我们就把农业的本根，放在学术研究方面上了。这不但是我们的希望如此，近百年来，农业上的重要发明也使我们的信心愈加坚固。譬如物理、化学上关于土壤成分、肥料功用的发明，生物学上关于传种改良的发明，都可以使农业的方法和观点发生极大的变化。所以我们晓得农业学校，是近代教育统系中的一个苍头特起的异军（美国的农业学校，在一八六二年所谓《莫利士分地助学案》通过后始见兴盛），其实也不过是近代学术发达的表现。若高谈农业教育而忘了学术的本身，无异拔本而求木之茂，塞源而求泉之长，是不可能的。

农业科学，是应用科学的一种，我们在前已说过了。不过应用科学与纯粹科学，只有材料之殊，并无方法之别。而且许多应用都直接由纯

粹科学得来，他们是分离不开的。例如曼德耳研究生物的遗传，于农业上的改良物种有莫大的贡献。里比希研究生物化学，于农业上土壤改良、人造肥料都导了一个先河。至于巴斯德用他微生学的知识，挽救了法国蚕业的危难，尤是人人皆知的。我们若要改良农业，设如先没有一个完备的、有效的学术研究机关，一旦遇见农业上困难问题，休想有解决的能耐。所以学术教育，是农业教育的第一个重要阶段。

学术研究，固然是农业教育的根本，但在事业性质上，却不能如一般教育之过求普及。因为这些专门研究，人才经费，都有极端的限制，一求普及，便非把程度标准放低不可，结果也就失其专门的性质了。现在要把少数专门研究的结果，应用到成千累万的农家工作上去，这是农业教育的第二个问题。试举一个浅近的例。譬如改良种子，是我国农业极重要的问题。据农作物专家洛夫教授的话，单就改良种子一项，不难增加农作物的产量至百分之四十以上。又据张心一先生最近发表的《中国粮食问题》说，中国东北、北、中各区十四省①的谷产总量，为四一，○九七，七八二，○○○斤。设如以三百斤为一担，则十四省的谷产总量为一万三千六百九十余万担，其百分之四十，应为五千四百余万担。这个增加的数量，已足抵制每年输入的米量而有余。不过据张先生说，十四省种稻应须的种子，为一，一八○，八○○，○○○斤。同样以三百斤为一担，约须种子三百六十万担。这样巨量的改良种子决不是少数机关或少数人所能育成，而必定是有大规模的组织和多数的有训练的人才参加工作。农业教育，对于造就这种实际的人才，自然也有不容旁贷的责任。

这种人才的养成所，可以是高等的农业学校或农事试验场，只是我们要注意的，这种人才绝对不仅是行政人才，而必定是对于农业的专门技术有相当的心得与训练。因为他们的工作，是要把专门研究所得，施行到实际农业上去。在实际农业上，设如他们遇到了意外的困难，非有自己解决的能力不行。因此，一个徒知教课的高级农业学校，或徒知行政的高级农事试验场，都不配做这样人才的养成所。这种人才，是从实际研究的空气中养成出来的。

训练人才的教育有了，其次是普及农民的教育。这件事看似困难而

---

① 十四省系指黑龙江、吉林、辽宁、热河、察哈尔、山西、河北、山东、河南、湖北、安徽、江苏、浙江、广东。见中国太平洋国际学会丛书。

实容易。困难的是农民人数太多，知识太低，不能强聒不知，家喻户晓。容易的是农人所注意的是实际利益，设如他们晓得于己有利，自然会争先恐后，服从指导。据广东岭南大学蚕丝系的报告，他们初制无病蚕种的时候，不过几十张，尚无人要，后来用无病蚕种的收成增加，被一般农人知道了，次年制种几千张，还不敷分布。

要是我们上面所说的三段教育，都是不甚谬于事实的话，那末，我们可以看看农业教育的组织，应该怎样才能尽他们应尽的责任。我们晓得，无论那国，农业教育的机关，不外两种。一是农科学校，一是农事试验场。就性质上说，关于研究方面的事，应属于学校；关于实行推广的事，应属于试验场。并且这两种机关，因其性质的不同，也应该有一点先后缓急的分别。按照我国目下的情形，因为人才经费的种种关系，显然的，研究学术的机关，应取集中政策，而推广实行的机关，应取普及政策。那就是说，高等农业学校不必每省皆有，而实行推广的农事机关，却是各省不能不齐备。因为我国虽然是幅员广大，但就地理的区分和土壤的成分说，全国却可分为三五个大区域。照普通的划分，是华南为一个区域，华中为一个区域，华北为一个区域。三个之外，或者再可以添上东北、西南两个区域。我们希望全国的土壤调查清楚后，分区更可以精密一些。在每个区域以内，至少应该有一个设备完善、程度高超的农业学校。属于这个区域的各处地方，他的农业情形既然是大同小异，凡所有的问题，都可以到这里来研究解决。可是农事试验场，是要施行当地的表演及推广工作的，其势不能不各省有各省的组织。可是实际上使我们感到意外的，是各省的农业学校，比农事试验场来得更多，而且当今政府要人，一谈及振兴农业，就主张添设些农业学校。他们不管中国的农业学校已往的成绩怎样，他们不问农业学校所要做的是什么工作，他们更不曾考虑农业教育整个的问题是什么。他们只以为学校是万应如意丹，有了学校，什么问题都可以迎刃而解。结果中国的农业教育非失败不可，而我们的要人也非失望不可。

数年前南京东南大学农科对于全国棉作的计划，很可以表示研究机关和实行机关不能相携并进的情形。他们的计划，要设棉场于直隶、山东、山西、陕西、河南、江苏、安徽、浙江、江西、湖南、湖北、四川等十二省，每省又各分区，计十二省共分十九区。每区设试验场一处，面积在五百亩以上。除试验场外，每区设立育种场至少二十处，每处面积至少百亩。统计这个改良棉业的计划，共要地四万七千五百亩，分布在十二省区里面。这样的一个计划，只有中央政府可以实施，任何大规模的农业学校，恐怕都没有这个力量！他们改良农作的计划，也同改良棉作的规模大致仿佛。一个农业学校，为什么要开出这些大而无当的计划，其实只是因为各处的农事试验场都未成立，他们不过要兼办试验场的职务罢了。倘若各省都有了农事试验场，这许多不相干的计划，自然都用不着。于是农科学校，专做他们研究的工作，各处的试验场，专做他们育种推广的工作，学术研究的结果，就慢慢的可到农民身上去了。

还有一层，看似与农业教育无甚直接关系，而其实关系极大的，便是农业学校的当局及教员，应当使他们久于其位，非有万不得已的事故，不可轻易更动。因为一种农业的试验，每每要经过几年的时间，才能得到结果。例如改良一类种子，固非经过三数代的培养，不能断定他是否成功，就是研究一种害虫的生活史，也大概不是期年数月之间所能竣事。设如在工作进行中间，忽因人事的变更，使其功亏一篑，即不啻抛弃九仞之功归于无用。所以从事实说，有上等的人才而不能久于其职，往往不如次等人才继续不断的工作，反能做出相当的成绩。一般官立学校的成绩，都不能使人满意，而农业学校尤甚。我们以为学校当局及教员的位置不能安定，至少要负一半的责任。

二十一，十，十

如何解决四川问题[*]
（1932 年 11 月 3 日）

四川古称"天府"，今号"魔窟"。其所以由天府而降为魔窟，则由于频年的战争不息，造成一个兵多匪多，群雄割据，横征暴敛，民不聊生的特别世界。因为四川地形险阻，与外间的交通极其不便，所以外间对于四川的战争，都有隔河观火的感想。又因为同样的原故，四川人晓得外间的力量，不容易达到四川来干涉他们，于是他们尽可以不顾一切，成年整月的干那蜗角蛮触的勾当。这是民国成立以来，四川战事最多，受害最酷的一个重要原因。现今二刘的战争，不过是最近的一例罢了。

不过我们若是稍稍留心四川近年的历史，便可以看出四川的战事也有一个进化——或者可以说是退化——的痕迹。如民二倒袁，民五护国之战，是为大局而战，或者可以说是为主义而战。这时的四川，尚自命为中国全局的一份子，他的战事，也可以说和大局有几分关系。自从蔡松坡逝世，滇黔的军队还有不少的驻扎在四川。于是有民六刘戴之役，民九熊顾之役，可以说是为驱逐外省军队而战。这虽然不成一个理由，但我们可以了解军人们狭义的爱乡思想，和卧榻之侧不容他人酣睡的情绪。到了民十以后，滇黔军队即已驱除净尽，中央及外间的势力对于四川也是鞭长莫及，于是真成"四川者，四川人之四川也"。然而我们四川的军人们并不因无敌而遂相安无事，他们索性关起门来大打特打，打到现在还不曾停止。

所以我们可以说，民十以后，四川的大小几十战争，都是无目的无名目、扩充地盘、残民以逞的私斗。自然，每一次战争，双方必定有很多的文电打出来，不说自己是怎样的委曲求全，便是说对方怎么样的逼迫挑衅。我们有时也听见失意军人政客的怎样的兴风作浪，或者"二层将领"的怎样摩拳擦掌，似乎他们当首领的军人们，真有涕泣誓师欲罢不能之慨。不过，严格的说来，他们这些欲盖弥彰的饰词，或钩心斗角的机诈，在我们讨论解决四川的问题上，都没有考虑的价值。我们现在要考虑的，只是四川的战争何以特别的多，而四川的局面要用甚么方法才能结束。

先说四川战事何以特别的多？这当然是因为兵多的原故，兵多就得打仗。不但因为扩充军队要打仗，就是因为裁兵，他们也得打仗。十年前作者在四川遇见现在失势而当时颇得意的某军长，同他谈到裁兵的问题。他说："裁兵的唯一方法就是打仗；因为打胜了我可以裁他人的兵，打败了也可以裁去自己的兵。"自然，这位军长的意思，是要用自己的兵去裁他人的兵。实在今年以来，所有无名的战争，都不过是用自己的兵去裁他人的兵的一个政策的表现。但打仗的结果，决不能拼一个你死我活，至多不过把你的军队拉在我的部下，或者我的军队被你拉去罢了。而在这一打一拉之间，军队又大有扩充的可能。所以每次打仗的净余结果，便是军队数目的激增。我们开始的提论是"兵多就得打仗"，现在得到的提论是"愈打仗则兵愈多"。这样一个恶循环，便把四川全省陷到无可振拔的境地。

军队既多，各不相下，则防区制之成立，乃为势所必然。所谓防区制者无他，就是每一军队，划定一个势力范围，为其横征暴敛的渔猎场而已。这种制度，近来他省亦有仿行的，用不着我们详细的说明。我们只要想象在一省之中，成立了几十个独立的小诸侯，各人对于他的领域内都有生杀予夺的特权，而且对于任何机关都不负责任，那末，政事如何施行，人民如何生活？专拿赋税一项而论，据十九年九月某君在《大公报》的通信说："省刘防区内，例定为一年征三年粮。渝刘防区内，当预征一年，附加征一年，故名虽预征一年，实则预征二年了。川西北各地预征次数更频，有多至几乎每月征一次者。省内征最多的，有超过民国四十年以外者。粮税如此，其他各种捐款之数，当倍蓰于此。"据前年作者在川所闻，每年四川各军所取于人民之款，不下二三万万元。专就养兵而论，三十万的军队，以每万人百万元计，不过三千万元已足。现在百姓所出的，几乎十倍此数。这当然是政治不良有以致之。要改良这些弊政以减少人民的负担，非取消防区制不可。换一句话说，非实行统一不可。但实行统一，虽是整理财政的先决问题，照目下军队的众多复杂情形如何能做到统一，又是先决的先决问题。

解决四川问题，我们认为裁兵、统一，都是必不可少的条件。不过要是川内的军阀，打着这样的旗号来做他们内战的理由，我们根本上就不能承认。因为根据十几年历史的教训，我们知道每次内战的结果，只有增加军队的数目和人民的痛苦，绝对没有统一、裁兵的可能。这还是单就平时而言。到了现在这国难临头，危急存亡的时候，断不容我们的军阀们阋墙争斗，直接地为自己减少抵抗，间接地为敌人增加机会。所以，我们对于此次二刘的战争，无论他们的主张如何，谁负发动的责任，根本上认为有立即制止的必要。

要解决四川的问题，我们不要忘记古人的两句话，说"天下未乱蜀先乱，天下已治蜀未治"。这两句话，一面表示川人有好乱的性质，在乱的方面，他们很可以得风气之先。一面表示乱动之后，他们不会安定下来，必须有人前去帮助或是裁制他们，使他们复归于治。这个话虽然对于四川人说来，似乎有点不客气，但历史的成例告诉我们总是如此的。因为这个原故，我们认为中央对于川局应该负一种特别的责任。那就是说，无论"天下已治"与否，而四川却不能任其长久的乱，这个拨乱反治的责任是应该中央政府负的。

据报上的消息，这几天来，中央政府因四川的战事，曾经开会讨论多次。它所决定的办法，便是重提十七年十一月的命令。关于这一层，我们不能不有一点怀疑。若是十七年十一月的命令可以制止四川的乱世，那末，四川早已太平无事了，何至今天还要旧案重提？况且在十七年的冬天，正值北伐成功，中央威信方隆的时候，川民望治正切，四川的一般将领对于中央还不敢存公然弁髦的观念。但是那个时候的一道命令，连一个省政府也组织不成功，现在还有甚么重提的价值。最近戴季陶先生在中央纪念周演说，似乎很怪当时"中央早已有了办法，而在川人自己没有办法"，以为这是那次失败的唯一原因。不知川人果然有了办法，更用不着中央的办法。何况所谓中央的办法，不过一纸命令，和七杂八凑的几个省政府委员（委员中间，一大半是军人），要责成他们去"裁汰兵额，澄清吏治，破防区之弊制，树统一之机关"，即使不自欺欺人，也未免看事太容易了。

我们以为中央十七年十一月的命令，它的意思是对的，但它的办法则不对。有效的办法，应该由政府先定一个裁兵统一的方案，派中央负责人员，以实力监督，责成四川将领限期实行。这一层做到了，防区制度方能打破，统一的省政府方能出现。有了统一的省政府，其他财政、吏治、司法、教育等等政事方能着手。不过在进行第一步裁兵的时候，政府的方案必须要大公无私，一视同仁，断不可有一点恩仇爱恶，觭轻觭重之见存于其间。因为川中将领，向来最擅长的是纵横捭阖的手段，唯有远大的眼光，无私的政策，可以号召一切，使他们不能不俯首听命。如或不然，便是治丝而棼之了。十七年命令的失败，与其说是由于"川人自己没有办法"，不如说是由于中央没有办法。现在时势艰难，更非十七年时代可比，我们很盼望政府不要覆辙相寻，一误再误才好。

二十一，十一，三

教育改革声中的师范教育问题 *
(1932 年 11 月 21 日)

改革教育，似乎是现今政府很想尝试的一种事业。在三四个月前，有陈果夫先生在中政会里的改革教育的提议，有教育部改革北平各大学的计划，最近又有取消师范大学的传说。我们虽不知道这些计划或动议实行的可能性怎样，但至少我们晓得在政府当局的脑经中，曾经有过这样一番拟议。陈果夫先生的改革教育方案和教育部的改革北平各大学计划，已成过眼的云烟了，改革师范教育的事件，则正为教育界所注意，闹得甚嚣尘上。我们因为这个问题的重要，甚愿以局外的观察，贡献一点旁观的意见。

这个问题所以在今日引起这样多的注意，除了师范教育的本身外，至少还有历史经过和地方环境的关系。就历史方面说，在民国初年，全国本有六个师范教育区，设立了六个高等师范学校。至民国十年学制改革以后，这六个高等师范，都渐渐地合并到当地的大学里面去了（沈阳高师归入东北大学，南京高师归入东南大学，广州高师归入广东大学，武昌高师归入武汉大学，成都高师归入四川大学），仅留下一个北京高师的后身——北平师范大学，成所谓仅存的硕果。所以现在谈到改革师范教育，同时不能不想到这个硕果仅存的师范大学，不过是历史演进的继续和学制改革的尾声。

说到地方环境，我们不要忘记了北平是国立大学最多的所在。近年来，虽然经过了相当的裁减合并，但除了城外的清华大学外，城内还有北京、北平及北平师范三个国立大学。这在教育不发达和教育经费常闹饥荒的中国，不能不说是一种奇异的现象。记得一年前国联派来教育调

---

* 录自《独立评论》，第 28 号（1932 年 11 月 27 日）。署名"叔永"。——编者注

查团在北平调查的时候，他们对于这个现象，曾经表示怀疑。最近我同新由德国来平的某教授谈到大学问题，他也说在德国没有一个城里有三四个国立大学的办法。也许因为我们大学的程度幼稚，三四个大学，敌不上他们一个的质和量；然唯其如是，愈不能不有斟酌损益，使全个的组织近于合理化的必要。因此在这个改革教育的呼声里，这个硕果仅存的师范大学，时时感觉岌岌不能自存的危险。

除了这两点之外，最主要的自然还是那根本问题，那便是，师范教育的本身，是否必须要一个特殊的大学来实施与进行。换一句话，现今师范大学所施行的训练及研究，是否可由普通大学来代替。因为这个问题的重要，所以师范大学的三十八教授联名具呈教育部，力争变更师大学制，即根据此点陈述五大理由。他们说：（一）中学师资，非受师大之专业训练，不能胜任也；（二）教师之教师，尤非受师大之专业练训，不能胜任也；（三）师大之课程，与普通大学之程度相当而性质全异也；（四）师大之环境，又与普通大学之环境不同，不能以大学之教育学系代替之也；（五）师范年限亦应延长，不能缩短，大学毕业而仅受一年或二年之师范训练，定感不足也（见本月十日北平各报）。这些话，说来似乎都有相当理由，但细按之，没有一个理由可以说是十分确定不易，因其所谓"专业"，所谓"性质"、"环境"，皆不免失之于笼统，不容易得一个明确的观念的原故。

我们以为要讨论这个问题，应从师范教育的内容入手。所谓师范教育的内容，依我们想来，应该包含以下三方面。一是知识的本身，如外国语、国文、算学、物理、化学等等，这是所以为教的。一是技术的训练，如某科的教授法，某种教材的选择运用等等，这是所以行教的。一是教育学的研究，如教育心理学、儿童心理学、教育社会学等等，这是教授法、教材选择等等问题的出发点，应该成为少数学者的专业。普通做教师的人，自然不能不有相当的了解，但不能作为一种普通的训练。要是我们这个分析还不十分错误的话，我们可以看看，什么是普通大学所能做的，什么不是普通大学所能做的。

第一，知识的本身。我们实在看不出普通大学的物理、化学，或英文、算术，和师范大学的物理、化学、英文、算术，有什么性质上根本不同的地方。要说普通大学务"博"，而师范大学务"专"吗？我不晓得所谓"专"的意义是怎么样。若所谓"专"是指单简而言，这是一个规模的问题，普通大学的"博"正不害于师范大学的"专"。若所谓

"专"是指高深而言，这是一个程度的问题，不但师范大学要"专"，普通大学也必须要"专"。所以拿"专"与"博"来分师范和普通大学的课程性质是不对的。

我们以为目下国内大学的大病，正在没有做到"专"的一个字。我此处所谓"专"自然是指高深的"专"，而非指那单简的"专"。高深的"专"，我们要假定他对于基本的功课，有彻底的了解与确实的训练。对于专门的功课，曾做过广博的搜讨与独立的研究。这与所谓"课程的统系化、常识化，精攻不令偏枯，深入方能浅出"，根本有点不同。我们以为一种学问，无论是自修也好，教人也好，必定要有心得，有源头，方能取之不尽、用之不竭。如单靠了口耳分寸，展转传述，自修固不能有成，教人尤不易发生信仰。拿任何一种科学作例，必须自己作过一点独立的研究，然后对于科学的原理和精神，有一个深切的了解，教起书来，自然头头是道，能引起学生的兴趣。在文学一方面，亦莫不然。除非自己能读能做，是不易得到学生的信仰、指导学生的途径的。所以我们以为目下大学的教育，既然同是向专的方向走，那末，他们对于知识本身的目的，可以说是一致的，更不必有什么普通大学、师范大学的分别。

第二，技术的训练。技术的训练，自然要有特殊的环境，不过环境还应该加以分析。我们以为一个学校所能给与学生最大的环境影响，莫过先生的学问与人格，其余的都可以说是次要。就师范教育说，一个善于教学的先生，他自己教学的方法，就是一个活的榜样。从他受教的人，当然在不知不觉中，得到许多好的教授方法，这岂不比读几本教授法的书强得多吗？又如要养成学生读书用功的习惯，必须有好学不厌，诲人不倦的先生。所以我们以为若是教学技术的养成，有待于环境的影响，那末，先生的良否，实为造成环境的最大关键。说到此处，我们又觉得这个问题，不是普通大学或师范大学的分别问题，而是某大学的教授是否良好的问题。除此之外，所谓环境问题，大概尚有实验学校的一件事。可是据我们所知，凡从前高师或现今师大所办的附属实验学校，不到几年都渐渐地宣告独立。研究教育的先生们，既然无法过问，学生们要去实习，简直同到外面不相干的学校一样的不受欢迎。所以有的附属学校，尽管办的成绩甚好，但与其称之为实验学校，不如称之为模范学校之为确切。无论如何，他对于教学技术的养成是不发生多大影响的。

第三，教育学的研究。从人性发展的方面说，从社会影响的方面说，教育学都有蔚成专科的可能，所以我们对于教育的科学的研究，认为是应该而且必要的。不过就人性研究说，教育学只是心理学的一种应用；就社会的关系说，教育学又是社会学的一个旁支。在合理的编制上，当然须与纯粹心理学及普通社会学合在一起，最能得到研究上的便利。可是我们所不明白的，有的大学竟把心理学分成两组，在理学院有纯粹的心理学，在教育学院有教育的心理学。这不但是重床叠架，于经费上很不经济，恐怕于研究上也很不便利吧。在这种情形之下，我们若是不愿听其自然，则应裁并教育心理学以就纯粹的心理学，不应裁并纯粹心理学以就教育心理学，当然是一定不易的道理。即小喻大，教育学在普通大学中研究，不比在师范大学中研究吃亏，似乎是可以断言的。

从上面所说的种种方面看来，我们得到一个共同的结论，那便是，凡现今师范大学所施行的训练与研究，无不可拿普通大学来代替。自然，我们所谓拿普通大学来代替，并不是说普通大学的功课，即等于师范大学的功课，而要经过相当的斟酌损益，方能适合于师范教育。不过，以现在国内较好的普通大学，和现在唯一的师范大学相提并论，而说师范大学所能授的功课、所能给的训练，普通大学不能授、不能给，设非别有成见，恐无人下此定论。即就延长师范教育的年限而论，与其行之于师范大学，不如行之于普通大学。因为在原则上，师范教育即可以在普通大学中进行，则其教育的效率，当然须以其设备程度的高下为标准。设备好、程度高的自然可以事半而功倍，反之，则徒劳而无功，这也是事实的显而易见的。

末了，还有一层，我们要希望大家注意的，便是所谓历史的观念。旭生先生在他的《教育罪言》中说的好："这样不合理的事项，如果想有所改正裁并，那就要群起大哄，说我们学校有特别的历史。……殊不知……历史就是现实的自身，它本身就是不完备的、恶的。无论怎么样好的组织制度，如果贪恋着它，它一定要渐渐的变成一文不值的空壳子，以至于社会进化的障碍。"这个话是完全对的。我们看见近来一班中学程度的退化（这是近年大学入学试验所指示的）和小学教法的不好（这是我们一般有小孩的人所同感的），不能不对于这些教师及教师的教师的训练起了疑惑。我们以为师范教育确有大大的改革整顿的必要。我们上面所说的，都是就原则上立论，至于实际改革，应该如何着手，那是另外一个问题了。

二十一，十一，二十一

对于三中全会的希望[*]
（1932 年 11 月 29 日）

在目前党治制度之下，三中全会掌有全国政治上无上的大权。可是权与责是对待的。三中全会既对于党国的大计，握着左右可否的大权，同时就对于国家的前途，负了不容旁贷的责任。这在平时是如此，在国难严重，危急存亡的时候，尤其是如此。在党治下的国民，平时对于党的甚么大会全会，以为这个是君家党事，与我们没有甚么相干。其实栋折榱崩，谁也免不了覆压的惨痛。我们现在对于行将开会的三中全会，陈述一点希望，大约不算十分出位的言论。

谈到此次三中全会，不能不使人回想到一年以来党事的纠纷与经过。我们似乎还记得在去年十一月国民党第四次全国代表大会未开会以前，曾经有过国民党的京粤团结会议。这个京粤的代表于十月二十七至十一月七日在上海开了十天的会议。开会的结果，除了解决党内历年的纷纠，使中央与广州非常会议所发生的冲突现象得用和平方法告一解决外，对于中央政制的改革，也曾经有具体的决议。接着便是十一月十三日南京国民党第四次全体大会和十二月二十二日的四届一中全会。在这个会议中，通过上海会议的中央政制改革案，修改国民政府组织法，选举统一政府，都是他们的重要工作。而在人的方面，则改选林森为国府主席，孙科为行政院长，蒋介石、汪精卫、胡汉民三人为中政会议常务委员。所谓"党内的和平团结，中央政制的改革"，就算以这几个人选为点睛的一笔。自然，我们不要忘记，四全大会及四届一中全会，都是在国难发生后召集的，所以他们的决议案，也少不了一些应时的点缀品。如像所谓国民救国会议，武力收复失地，均曾上过议程，得着部分

---

* 录自《独立评论》，第 29 号（1932 年 12 月 4 日）。署名"叔永"。——编者注

的通过。但是有的是通过而不实行，有的是实行了也没多大关系，我们此处并无重述的必要。

在上海战事紧急，国难最为严重的时候，四届中央执行委员们又曾在洛阳开过一次二中全会。但此次可以说是一个党内的国难会议，除了发表宣言及打电慰勉抗日将士外，并无甚么可记的地方。

以上，单简说来，便是党的当局一年来对于国难的努力与贡献。我们若把军事、外交等重要问题暂置不论，而提出"党"与"政"的关系来做讨论的中心，则我们对于此次的三中全会，至少有以下两个希望。

第一，我们希望三中全会对于党的地位与能力，有一个彻底的认识。我们虽于党的理论不曾有过深切的研究，但是晓得党以为国，不是国以为党，这是从中山先生救国救民的出发点看来，应该是不错的。因此我们以为三中全会此次开会至少应该有一个反省的机会，反省这一年来所标榜实行的救国设施，是不是与国家的利益是一致的——党的便利暂置不论。单拿一中全会的决议案来说吧。他们因为不满意蒋介石做国府主席，把他推翻了，同时又不能不联络实力派，以举所谓和平团结之实，于是有中政会议常务委员三人的设置。而恰恰蒋、汪、胡三位一体，来完成这个组织。这在当时看来，是再好没有的调和方法，可是它的不能实行，自始即已彰明显著了。胡汉民自回广东之后，始终不曾北返。后来蒋介石到汉剿共，汪精卫出任行政院长，这样一来，中政会就形同虚设了。这在平常装饰品的机关，原来不算甚么，可是党治下的中央党务机关，那能如此。果然，在八月初旬汪精卫与张汉卿决裂愤而辞职之时，中央党政机关，竟无一负责之人。这个事情又恰巧发生在日人寻滋，热河吃紧的时候，真是危险万状。我记得当时写信与南京的一个朋友，说这好像诸葛亮失了街亭之后演的空城计。我的朋友回信说，你说空城计，还是太恭维了，其实只是空城，并没有计。

说到汪精卫行政院长辞职的问题，更是令人惶惑。在这样紧急的时候，我们以为这样关系政府工作的问题，应该由党的机关出来三言两语，短时间内加以解决。但因为中枢空虚，无人主持，累得元老先生们，南奔广东，西飞汉口，梭掷不息的闹了几十天，才勉勉强强得一个结束。这其间，设如国事发生危险，不晓得党国诸公谁负其责。即使国家幸而没有发生甚么大事，但中间政事的耽误，机会的错过，又谁能计算他的损失？这岂不是因党的组织不善而使国家担受最大的危险吗？

此次三中全会开会，这个问题当然是应该是首先解决的问题之一。

我们希望三中全会在努力解决这个问题之先，干干脆脆考虑一下本党的地位和能力。那就是说，国民党还有组织政府的力量吗？我们说这个话，自然不是想推翻国民党，并且现在的国中，也没有第二个组织可以代替国民党来组织政府。不过国内团体有没有力量来代替国民党是一事，国民党自己考虑一下对于中国应负的责任又是一事。国民党不是没有人才，没有能力，但是他的大病在党的意志，已不能团结他们的人才，指挥他们的才能。在这个当儿，国民党还是痛痛快快的承认自己的毛病，做一个根本的解决呢？还是敷敷衍衍，重演一次一中全会的失败，仍令明知不能合作的三位首领（我说三位首领，不是说他们中间的任何两人）来支持场面，而让国事去自寻他的命运呢？这是三中全会应该解决的问题。

第二，我们希望三中全会对于现下的国势有一个真切的了解。中国现在国势的危险，是人人知道的，何况党国的领袖们。不过党国的领袖们如有真切的了解，便应该对于救亡图存的方法有一个具体切实的计划，不应该还拘拘于甚么"军政训政的时期"，"五权宪法"的门面话，或作徒讬空言，大而无当的快意论。我们看见一中全会通过上海会议的"使政治系统与组织单简化以增加政治效能"，而同时又主张维持五院制，及会院阶级制，不免发生矛盾的感想。我们又看见一中全会提议十万大兵死守锦州，而结果仅得到一个令某将领尽力抵抗的决议，不免对于提案者及议决者的诚意发生疑问。这样的一派矛盾现象与空言高论，已经把严重的国难，弄得严重到无可如何的地步了，不知道此次的三中全会，能不能给我们一点新的转机与希望。

我们很惭愧，对于党国最高机关的三中全会，只能发表一点"卑之无甚高论"的议论，但我们至少希望他们能容纳这一点逆耳之言。

二十一，十一，二十九

民间疾苦[*]
（1932 年 12 月 18 日）

我们平时谈到时事，少不了要常常听见"民间疾苦"这四个字。但甚么是"民间疾苦"？"民间疾苦"在那里？不但在朝的大人先生们不曾有一个明确的了解，恐怕就是普通一般的文人学士也未见得真正知道罢。在本杂志的最近三期里，我们发表了两位先生的游记：一篇是董时进先生的《乡居杂记》，一篇是吉云先生的《关中见闻纪要》。他们所旅行的地方，就是大家认为天府奥区的四川、陕西，可是他们所记述的人民生活状态，简直和残忍的野蛮社会及惨酷的地狱情形不相上下。这些地方的人民，被一般军阀暴吏像牛马般的欺凌、压迫，弄得他们真是"有死之心，无生之气"。设非外间有人前去亲眼看见，代他们抱一点不平的愤慨，发一点同情的感叹，他们简直可以安之若素，至死不露一毫声息。这是怎样一个悲惨的情景！设如国于天地，还要靠人民来成立的话，又是怎样一个严重的事情！

我们读了董、吉两先生的记事，第一个感想，就是所谓两省人民的疾苦，有十分之八九是由于人祸，其中不过十分之一二是由于天灾。我们晓得四川在近四五年来，并没有过普通的天灾，但是据董先生说："因为种种剥削方法，乡下人确实是十家有九家都弄穷了。"陕西民国十七、十八年的旱灾，死人百几十万，是远近皆知的一个大天灾。可是据吉云先生说："关中播种罂粟，既有很长的历史，吸鸦片的人，又如此其多，就没有军阀摧残，天灾流行，人们绝不会暖饱，地方决不会太平。所以关中的饥荒，表面看起来是旱灾作祟，事实上还是鸦片造成。"这是两位先生的游记中概括的说到民间疾苦的几句话。其余的详细叙

---

* 录自《独立评论》，第 31 号（1932 年 12 月 18 日）。署名"叔永"。——编者注

述，可以说都是这几句话的注脚。

记得几年前美国红十字会讨论救济中国灾情的时候，这人祸与天灾的分别，曾经成了辩论的问题。当时所谓人祸，大概是指兵祸匪祸而言。目下兵祸匪祸，既然有加无已，而据董、吉两先生的考察，我们于兵祸匪祸之外，至少还要加上两祸——那便是烟祸与官祸。这样四祸一齐降临，老百姓还有生路可走吗？不过兵祸匪祸是容易看得见的，也是大家所注意的；烟祸官祸，是不容易看得见的，也是大家所不知注意的。因此，我们觉得有提出来说说的必要。

鸦片烟是川陕两省的重要出产。这样害人的东西，两省的人民偏要拼命去播种，所以要是他们为了种烟或吸烟的原故弄得倾家破产，穷困死亡，旁观的人也落得说一句风凉话："活该。"不过我们仔细考察一下人民的苦痛，与其说是人民"活该"，不如说是政府"该死"。我们要晓得人民的种烟，并非由于人民的自愿，而实由于政府的强迫。许多读者大约还记四川有一个"懒捐"的新名词，就是为强迫人民种烟而设的。强迫种烟的情形，董、吉两先生的游记都有详细的记载，而吉云先生关于关中的叙述尤为委曲详尽，我们徵引一段如下：

"关中从前'抽烟捐'的办法，是谁种烟谁出捐，不种的不出。……这种自由播种的办法，农民可种可不种，则烟款收入毫无保障。所以那里的当局，不得不急急改良。现在的方法，比较进步得多了，就是每县每年派烟款若干万，再由县政府按全县田亩分配，无论你种烟不种，派给你的烟款，你总是要缴的。这种新办法，对于抽收烟款的，确实省了许多手续，得了相当的保障……但是可怜的老百姓，经这种'法律'一来，要想自己拔出地狱，不种那害人的鸦片，也不得能够了！"

我们看了这一段记事，除了对老百姓表十二分的同情外，还有甚么话说？

鸦片烟的危害于老百姓，不但是占去了他们种粮食的田土，使他们一遇天灾，便非饿死不可；毁掉了他们谋生的能力，使他们除了为匪抢人之外，便非坐以待毙不可。除了这两种结果之外，还给了官厅一个鱼肉人民的机会，那便是吉云先生所说的"逼款"，也就是我们所说的"官祸"。吉云先生关于"逼款"的事实，有以下段记载：

> 我们从蠡屋向西到了一县，因为那个地方荒僻的很，没有靠得住的店，不得已到县政府借宿。我们住的房子，就是法庭前边的西厢，东厢是收发处。我们因为一天奔走疲倦了，早就睡觉。刚要入

梦的时候，忽然听到那位收发先生大声叫传人。不到一刻，果然听到脚步和铁镣杂乱声，差役呵喝声，堂上拍惊堂呼打声，仗责声，数一、二、三、四、五声，哀求声，号哭声，呜咽声。我起初想被讯的那一般人，不是土匪，也是杀人犯，不然决不会带镣打板子的。跟后又听到堂上怒骂，限张三一天内缴五十，李四两小时内缴二十，过限不缴加倍打的话，我方才明白这一班被审的人，不是土匪、盗贼，是一班无力缴烟捐的可怜虫。不是讯罪犯，是"逼款"！

无论何人，看了这一段文字，不能不要发生一个疑问：这样的官厅，与绑票的土匪究竟有何差别？一样是捉了无罪的人去逼着要款，似乎绑票的土匪，还不至于今天打着要五十，明天拿不出加倍打罢。绑票横行的地方，我们叫做匪祸，这样暴官横行的地方，我们叫他做官祸，想来也不是过分罢。我们所不能了解的，各处的匪祸，总有人想法去惩治，唯有这些捉了无辜的百姓去打着逼款的官厅，任凭他逼着百姓卖妻鬻子，悬梁跳井，却没有一个机关出来加以弹劾制止。难道我们真正承认这些官吏尚在在执行国法吗？我们能承认我们的国家是匪国家吗？我记得小的时候，曾读过道咸间四川诗人李西沤的一首诗，题目叫做《贼来犹可》。因为这首诗说的很深切沉痛，所以至今还记得在心上。现在说到官祸的问题，忍不住要写出来作一个参证。他的诗说：

"贼来犹可，官来杀我，贼犹可避官难躲。蚊蝇不在深渊，豺虎不在深山，堂皇一何峻，惺风凛凛白日寒。杖底号声杖头血，生死直在呼吸间。同然为暴客，官更残于贼，治贼不治官，贼竟何由灭。呜呼，世愈乱，官愈劣，贼不尽，人且绝！"

道咸时候的贼势未成，但因当时的官吏过于恶劣，终竟造成了太平天国的大乱。目下社会的乱象，比前清道咸时代怎样，我想有识的人都能看出。而各处官厅的恶劣，又不减于当时，这不是逼着百姓往乱的方向走吗？我们希望正在开会的内政会议诸公，多注意一点浅近的事实，不要尽管高谈政制。

评国联教育考察团报告 *
（1933 年 2 月 20 日）

  国联教育考察团受国际知识合作委员会的委任，于民国二十年秋间来华考察。他们考察的结果，在几月前已经用专著的形式名《中国教育的改造》一书发表了。这本报告书出版后，极受教育界的注意，并经国立编译馆译成中文，于去年十二月出版。无论如何，这本书对于我国教育前途的关系是很大的。我们看见这本报告书的时候，虽和几个朋友相约，各人写一个书评，以表示我们对于它的反应。现在时隔两月，还不曾见有其他的批评发表，我不妨先写出一点来作一块引玉的砖头。

  这本书共分两部分：第一部为通论，中又分（一）中国教育的情形，（二）国家教育与外来影响，（三）教学精神，（四）语言与文字，（五）行政原则，（六）财政组织，（七）教员，（八）全国学校的分布，（九）学校的合理的利用，（十）学童与学生的社会选择，（十一）学制等章。第二部为各论，又分（一）小学教育，（二）中等教育，（三）大学教育，（四）成人教育等章，而以改革初步的建议案做它的附录与总结。这本报告书中的各章，有的是事实的叙述，有的是观察和意见的发表，而每一问题之末，在可能范围内，必定提出几条建议。这是这个报告书的特点，也是我们所以特别重视这个报告书的所在。

  这本报告书的体裁，既是由通论而各论，由小学而至大学、成人的教育，设如我们依次一一加以讨论，决不是这样一个小小篇幅之所许，而且也无以见出此报告书中的重要观点。我们现在且就事实、观察、建议的三项来做一个讨论的范围。

  关于事实一方面，考察团诸君虽经声明，他们所引用的数字，都是

---

  * 录自《独立评论》，第 39 号（1933 年 2 月 26 日）。署名"叔永"。——编者注

根据政府发表的统计。他们不能保证这些统计的正确，但在他们考察的短时期内，不能希望他们制成新统计。这些话，我们当然是极表同意的。不过在有些地方，报告书中指陈的事实，与实际却有大相径庭之处，这恐怕不能让统计来代负责任罢？例如第二十页说："因为各国退还庚款，才有许多高等教育机关的设立，而且许多经费充足的大学也是由此成立的。"又如第二十二页说："中国中等学校的大部分，都是由外国人发起的。"这两个说法，恐怕凡稍知中国教育的历史和现状的，都不能认为正确罢。最显著的错误，莫如说平民教育会定县工作的经费有百分之六十由中华教育文化基金董事会补助，但事实上，我们晓得中基会对于平民教育会的补助，不过两万元，若拿此数与平教会的经费三十六万元作比例，不过百分之五而已。这种经费的来源问题，本来没有重大的关系，我们把它指出，不过以见"走马看花"式考察的危险，无论如何的专家也是免不了的。

关于几个教育问题数字上的比较，我们得到不少的教训。例如讨论小学教育，他们发见由民国四年至十九年，十四年之中，学生的增加率为每年百分之七。因此他们推论，如中国欲实行四年的义务教育制，照此率增加，须要十年。但如每年增加百分之五，则达到此目的须二十至三十年（第七十七页）。

最有趣味而又最重要之事实，在此报告书明白指出的，莫如各级学校每一学生每年用费及各级学校教员待遇的比较。照考察团的估计，中国每一个初小学生每年的用费为三元半至四元，高小学生约十七元，中学约六十元（高中及师范职业学校约一百二十元），大学约六百至八百元。在欧洲各国，小学学生用费与大学学生用费之比为一比八或一比十，在中国则为一比二百。教员待遇，小学月薪二十至三十元，中学八十至二百元，大学则三百至四百元。在欧洲各国，小学教员与大学教员月薪之比，为一比三或一比四，在中国则为一比二十或更多（第五十一至五十二页）。这些事实固然单简，但很可以指出我们教育上许多问题与症结，例如中等以下教育经费的短少，小学教员待遇的应加改良等等。倘若我们看了这些数字，只当作是一些数字，别的不发生什么反应，那么，我们用不着请什么外国专家来考察，更用不着看他们的报告。

关于考察团对于中国教育的批评，我们以为有两点值得特别注意：一是外国教育的影响，二是我们的教学方法。若是我们的观察不大错误，这两点是他们批评中国教育的骨干，也是我国教育的生死关头，我们觉得有提出讨论一下的必要。

（一）外国的影响问题。在报告书第一部分第二章讨论《国家教育与外来的影响》，劈头先说：

"此多种外国制度，为中国所竭诚热心采用而努力使之同化者，是否真能应付当今中国国家教育之需要，中国尚无暇顾及。"（用国立编译馆译本，下同。）

他们继续地说：

"故主要之危机，即在对于外国文化之方法与实质，徒为形式上之摹仿而已。现代中国最显著之特征，即为一群人所造成之某种外国文化之特殊趋势，此或来自美国、德国、法国，或其他国家，影响之最重大者殆为美国。"

考察团的这种观察，不只是限于一地一时，而是说这个"危机"、"症结"普遍于各级教育之中。例如在讨论小学教育时，则说：

"关于课程及方法，中国之小学——实际一切学校及科学机关皆然——对于中国社会在科学上与教育上不可少之要素，尚未加以充分之注意。"

对于中学教育又说：

"中国之中等教育，对于……根本的文化问题，鲜能有充分注意与相当考虑者；大多数中等学校，不过率然相与摹仿欧洲制、美国制或日本制而已。"

对于师范教育，他们又说：

"在欧洲各国，中学教师所受之训练，事实上即根本与大学教育相同。……盖此种任务，应由大学中之文学院与理学院负担之。……但在中国，一如在美国然，因着重教育学，遂特别设有许多师范学校。"

像这一类的话，散见于报告书各部分的还很多，我们为篇幅所限，当然不能一一的征引出来。综结起来说，考察团的意思，以为一国的教育，应该根据历史文化、社会环境、经济情形创造一种新制度，以求适合以上的种种条件，不可盲从外国，尤其摹仿那文化经济和我们社会情形相隔太远的美国，是不对的。

对于考察团这种意见，我们只有表示十二分的赞成，不过我们不晓得考察团诸君对于我国教育的历史，曾经有过相当的研究否？在三十年前，我们无所谓新式的学校，更无所谓教育制度。我们所有的，只是一些八股策论的教书匠和读四书五经的私塾。后来科举停了，学校渐渐的起而代之，但经过了三十年的演进，我们如果到内地去考察一下，便可以见得有许多地方，这种私塾还能与新式学校并行不悖。不但如此，我们晓得在许多学校里面，虽然教的不是四书五经，而是白话国文、地理、历史等等功课，可是他们的教法，还是和从前念四书五经一样，而且许多学生的心里，也还在那里做他们的洋八股、洋翰林的梦。在这样情形之下，考察团诸君认我们的学校教育过于外国化，我们的意思却是觉得我们的外国化不够。自然，我们所谓外国化，并不是说外国学校用英语、法语讲授，我们也非用英语、法语上课不可；外国学校以西洋历史、外国地理为必修科，我们也非讲授西撒、拿坡仑、罗马、希腊不可。关于这些方面，当然各国有各国的差别与需要。我们所要外国化的，乃是功课的编制、教材的选择、教学的方法、人格的培养，是不是如外国学校的有目的、有办法？我们试看看我们中小学功课的庞杂、教法的呆板，正如陶内教授所谓"好像中国故意用教育使后代的人们呆蠢、神经失常和不快乐"。那一件不是恰恰和近代的教育原理相反？拿考察团所特别指出的美国来说，我们参观过美国小学教育的，第一个印象就是他们养成学生的活泼精神和健全身体的注意。但是我们小学教育的特点，恰巧是与这个现象相反。这能说我们的小学教育是美国化吗？所以我们对于考察团诸君所说："新中国必须振作其本身之力量，并从自有之历史、文献及一切固有之国粹中抽出材料，以建造一种新文明。"固极表同意，但谓中国目前教育的失败，由于过分的外国化，则尚不敢苟同。我们以为，中国目下新教育的失败，一大半由于新的只在形式，而旧的仍是实质。这种实质的改革，除欢迎彻底的外国化——即种种方法、精神的改革，无他道也。

（二）教学的方法问题。这个问题，在报告书的第三章中即有极详尽深刻的讨论。第三章的题目是《教学的精神，尤其是科学方面》，这可见他们认定科学在教育上的重要。而我们教科学的不得其法，尤其是教育无良好结果的一个重大原因。他们在第三章的末段说：

"中国欲返乎昔日之安定状态，端赖一种教育组织，其大部分须建筑于固有文化之上，而同时亦须受实验科学精神深切之激发。中国人所应知者，即科学对于人类之价值，不在于人类之物质力量，而在吾人由科学而养成之态度。真正的科学，既非以物质支配世界之实际结果之总和，又非知识上之一种虚饰；乃系内心之生命以适应现实环境为目的，努力从事而尚未完成其使命者也。"

如何能使中国的教育组织建筑于科学基础之上，这个问题在本章里已有相当的说明。他们说："中国须使其新近之努力，与其过去所固有者联合，又须从西方科学中采取其具有真正人生价值之特点及其精神与方法，不可徒采其结果。"又说："中国欲完成此种使命，与其凭藉摹仿，毋宁凭藉心灵之奋发。她必须发展一种教育制度能满足其需要，并与其自有之价值观念相符，以养成再造中国之人才。她对此既有信心对于实验方法的教授；必须利用过去的教训，使物质与精神，学校与外界生活接触的可能愈益增多，并随时留意外界之反应，以便力谋学校对于环境的必要适应。"因为这种主张，他们对于背违实验精神及不合社会环境的一切教法制度，都是极力反对的。例如在中学校用外国语言讲授科学；因为采用美国的师范教育制度，制造出许多"知道如何教授自己所不知之科目"的中学教师，中学及大学教育的过于偏重讲演与课本，都是与科学的精神方法相反的，都是他们极端反对的。我们对于他们这些主张，除了高举双手表示赞成外，并无别的话说。

可是在这一方面，他们又提出一个严重的问题。他们在第二章里说：

"此辈（中国的）教育家，恒持一种理论，谓今日之欧美实为近代科学发展之结果；故中国仅须采各国在科学上与专门技术上之设备，其文化程度即可与欧美并驾齐驱……吾人恒谓此种理论为一种荒谬之主张。近代之科学与专门技术，并不曾产生现代之欧美；反之，欧美人之心理，实产生近代科学与专门技术，并使其达到今日优越之程度。"

此种鸡与鸡蛋先后产生的争论，似乎能使我们大大的失望。如其近代欧美的文明不是由科学得来，反之，近代的科学是由欧美人的特殊心理发生，那末，我们提倡科学的主张，还有实现的可能吗？关于这个问题，我们固然不能如某教育家的主张，说欧美的科学只靠各种专门技术上的一切设备，却也不能说只有欧美人的心理能发生科学，配研究科学。科学的种子，萌芽在西方，但他能培养移植于世界任何处所，只要有适宜的土地与养料就行了。我国自来没有科学，可以证明我们没有科学的种子，但不能证明我们没有适宜于科学的土地与养料。考察团的这一个说法，使我们明白土地与养料的重要，格外去留心培养，却不能使我们认为科学与我们无缘，听其失败、放弃。这是我们应该明白的。

大学教育的讨论，占报告书中大部分，也是报告书中最精采的部分。可是它所举出的大学教育的弱点，如学校分布的不匀，同地学校所授科目的重复，一个学校中课程的无组织，教员待遇的不善，经费分配的不均与不确定，教法的不良，入学的太易等等，虽然都是针针见血之言，但却不一定要经过专家的考察才能见到。读者不信，可参观本杂志上发表的徐旭生先生的《教育罪言》，或几年前作者在《现代评论》上发表的《所望于教育经费有所着落以后》，便可以知道这些教育的问题，是怎样的彰彰在人耳目了。

这篇评论，已经写的够长了。关于建议的一部分，似乎没有再加讨论的必要。这有两个原因：一是我们若果知道我们教育的弱点所在，那建议的部分，便成了逻辑上应有之义，不必再事讨论。二是建议的方案，无论怎样的好，要是能言而不能行，也是徒然的。我们曾经看见我国政府对于许多重要议案的实行能力是怎样的了，那末，我们索性偷一点懒，把建议的全部分，暂时不讨论，留给学教育的朋友们去研究。

附记　这本教育考察报告，经国立编译馆于短时间内译出发行，我们不能不佩服该馆同人的热心与勤劳。但也许是因为译得太快的原故，文中仍时时不免有错误之处。所以在本文引用的时候，我也随便改易几个字，这是要附带声明的。关于译文中错误之处，如像定县的平民教育促进会，译成民众教育运动，及其他中英文语意不符之处，希望下次改版时都能更正。

二十二，二，二十

一个关于理科教科书的调查[*]
（1933 年 7 月 23 日）

约十五年前，作者在外国时，与国内做大学教授的朋友某君通信，讨论到大学教育问题，曾经有过这样的一段话：

"近闻国内各大学教授科学课程，多用外国课本，且用外国语讲授，此吾期期以为不可者。吾所以反对用外国语文讲授之理由，不特因语文隔阂，学者不易了解，即了解矣，亦用力多而成功少。抑且言及科学，学者本有非我族类之感想。设更用外国语教授，则此种学问将终被歧视，而不易融合为中国学术之一部分。"

这一段话，是因为当时的理科教育尚在萌芽，程度稍高的课程，便非依靠外国教本不可。因为用外国教本的原故，教者也就自然而然的用外国语来讲授，以图清楚与省事。但是这样的教法，于中国的科学教育前途有极大的障碍，是不消说的了。理科课程的中国化，非先有理科的中国教本不为功，而在当时科学教育方在萌芽的时候，用外国课本和用外国语讲授，或者也有不得已的苦衷。

目下中国的理科教育情形，是不是比十五年前有了相当的进步，这是我们急欲知道的。因为这个原故，我们曾经做了一个小小的调查。我们调查的目的，是要知道目下大学一年级和高中二、三年级（等于从前的大学预科）理科课程中，究竟有若干科目是用中国课本讲授。我们不涉及初中，因为我们晓得以初中的程度，中国的教本出版的已经不少，似乎决无取材他国的必要。我们也不涉及大学一年级以上，因为我们承认大学一年级以上的科目，多为各科细目的专论，在今日科学不发达的中国，我们也不敢希望这些科目在用书方面都能独立而自给。我们闹了

---

* 录自《独立评论》，第 61 号（1933 年 7 月 20 日）。——编者注

西学三四十年，闹了科学亦二三十年，至少对于大学一年或高中二、三年的普通科学课程，有一个希望用自编教本的权利。

调查的结果是怎样，留着以下再说，我们现在先说说调查的范围。全国公私立大学的理学院办理已有规模的，据我们晓得的约计有三十处，此次发信而得到回答的共有二十处。全国立案的高中，约有二百处，此次通信调查而得到回信的为一百零九处。故此次调查的结果，可以说代表全国大学三分之二，全国高中的二分之一。调查各校性质的区别，我们可立表如下：

		大学	高中
官立		9	45
私立	国人创立	5	43
	教会创立	6	21
共计		20	109

其次，当说我们所调查的科目。据教育部颁布的高中普通科课程标准，规定属于理科的学科，为化学、物理学、生物学及算学。算学中应包括代数、几何、三角及解析几何。大学一年级的普通理科，亦以这四科为最重要。故此次调查，也就专以这四科为范围。关于调查的结果，我们要先加说明的，就是在大学理科一年级中，大概俱设有普通物理学及普通化学两科，且均有指定的教本，但普通生物学一科，则有数校尚未设置，或已设置而未指定教本。故关于此科的教本数目，较少于学校的数目。又算学一科，因各校的需要不同，设置极不一致。有的设方程式论及近世几何学，有的设平面解析几何学及三角法。此次所统计的，专取初等微积分一科，其余的算学科目，或以程度与大学一年级不合，或以设置的学校过少，俱未加以统计。

根据以上的几个说明，我们得到大学一年级理科教科书的统计表如下：

大学一年级理科教科书统计表

学科	教本总数	英文教本数目及其所占百分数	中文教本数目及其所占百分数
普通物理学	20	19（95%）	1（5%）
普通化学	20	19（95%）	1（5%）
普通生物学	13	11（84%）	2（16%）
算学	12	12（100%）	0（0%）
共计	65	61（93%）	4（7%）

关于高中调查的结果，我们以为也有几点应该先加说明。（一）高中的化学、物理两科，设置期间多为二年，故其教本数目俱超过学校数目。（二）生物学的设置期间，虽也有在一年以上的，但未设此科的高中，有三十五处之多，以致教本数目少于学校数目。（三）算学一科课目较多，而在高中课程中俱有同等重要，故只可分别统计，不能混为一谈。（四）有些好高骛远的学校，在高中时代便采用大学教科书，以表示他们程度的高深。此次调查也确能证明此点。现在我们把这一类的教科书，另列一项。根据以上的说明，我们可得第二表如下：

高中普通理科教科书统计表（内有十五译本）

学科	教本总数	英文教本数目及其所占百分数	中文教本数目及其所占百分数	大学教本数
物理学	167	117（70%）	50（30%）	50
化学	166	105（64%）	61（36%）	55
生物学	90	19（21%）	71（79%）	37
代数	82	67（82%）	15（18%）	53
平面几何	43	28（65%）	15（35%）	
立体几何	53	39（74%）	14（26%）	
三角法	78	65（83%）	13（17%）	
平面解析几何	61	56（92%）	5（8%）	
共计	752	499（68%）	255（32%）	

看了上面两表，使我们惊诧不已的，自然是各科的外国教本所占成分的高大。照第一表，大学第一年级的物理、化学、算学几乎完全是用的外国教本。照第二表，高中的八种学科之中，除了生物学一科以外，无有一科外国教本不占百分之五十以外。这个现象，不能说是偶然的，是无关宏旨的。它的至少的意义，是证明我们这十几年来，尽管大吹大擂的提倡科学，而学校里面这一点最小限度的科学教育工具，还不曾有相当的努力。它是证明我们在大学、高中教课的先生们，对于课材，只知展转负贩，坐享成功，绝不曾自己打定主意做出几本适合国情的教科书，为各种科学树一个独立的基础。它是证明我们学校组织的不完善，使我们的许多科学家，把他们所有的时间精力，都消磨在课堂教室口讲指画之中，绝不让有多余的时间来从事著述的工作。它是证明我们多少的教育家，宁愿把他们的闲暇时间，消磨在麻将、电影里面，绝不会把科学教学的工作，当作一件重大的教育事业。无论它的原因是那一样，可是事实总是在这里的。我们除非有法子改变事实，再也想不出一个方

法来替原因辩护。

或者有人说，以上的说话是错的。我们近年出版的大学高中的理科教科书的确不少，无如教者不愿采用，也就无可如何。关于这一层，我们又可以用调查的结果来证明理科教科书出版已多的话实在不确。我们虽经把大学及高中理科各科所采用的中文教本种数加以统计，所以结果如下：

大学一年级

科别	物理学	化学	生物学	初等微积分
教本种别	1	1	3	0

高中

科别	物理学	化学	生物学	代数	平面几何	立体几何	三角法	解析几何
教本种别	7	12	17	7	5	3	3	3

看了上表，可见吾国近年出版的大学高中理科教科书，实在不如我们想像中的那样多。即使实际出版的种数不如调查表所示的少，但出版之后，得到教授先生们的采用的，不过寥寥几种，也就无可讳言了。这个现象，又只有两个理由可以解释：一是教者及学生们还不曾摆脱崇拜西文的心理，以为凡学科能用西文原书教授，便可以显得它的程度特别高深。于是即使在中文里有同样可用的书，他们也宁愿舍中而用西。二是中文出版的书实在太差了，而且选择又少，不容易满足各个学校的特别需求，所以不得不取材于异域。这两个理由，当然都有一部分的重量，但我们以为第二个理由似乎更重要些。不信我们且看近年中国的生物科学，比较其他的物质科学稍为发达一点，生物学的教科书也多出了几本，于是中文的生物学教本，在大学与高中里面，比任何科学所占的百分数都高。这不是证明我们只要有相当的努力，不怕没有结果吗？这不是指示我们从事物质科学及算学的朋友们，对于教科书的编著，还有特别努力的必要吗？

关于西文教科一方面，还有一个有趣味的事实，为此次调查所指示的，就是凡大学、高中所采用的西文教科书，都是美国出版品，绝无欧洲各国的出版的教科书搀杂其中。这在有些国，如像德、法，因为文字的关系，他们的教科书不易受我们的光顾也罢了，至于英国出版的各种理科教本，未必就无一本比美国出版的好些，可供我们的采用？这可以见得我们即在采用他人现成的教本一方面，也不曾尽得采访选择的能事。无怪乎国联教育考查团对于美国教本的流行中国要失色惊顾，而要建议中国政府派遣专家前往欧洲研究教本课程了。此事在我们看来，虽然无关宏旨，但也是目下国中理科用书的一个特殊情形，故为记出于此。

二十二，七，二十三

附言：此文中所用各统计数字，由林君伯遵编次整理，特记于此，以志谢意。

鸿隽

技术合作应从何处作起？*
（1933 年 9 月 17 日）

　　此次宋财长历骋欧美各国，有两个结果颇引起世界的注意：一是美国的棉麦借款，一是国联的技术合作。棉麦借款虽也轰动一时，但它所与外界的刺激，似还不及技术合作的厉害。为了技术合作，我们的邻人曾经觉得有发出一个警告的必要。国内忧深虑远的言论界，有时也大声疾呼的说这就是共管的先声，若不胜其忧惧之情者。其实技术合作是怎么一回事，大家怕还不十分清楚。若清楚了，不但不须鳃鳃过虑，恐怕还嫌其合作程度的不够。我们现在要说明合作的重要，不可不先探讨一下恐惧合作的心理是从那里来的。

　　第一，中国自近百年以来，成了西方帝国主义的牺牲者。凡是我国与欧美各国的交涉，不论他们是巧取或豪夺，无不以丧失权利结局。我们既成了惊弓之鸟，若有人说西方也有有任侠尚义的人，一心以扶危定倾为目的而无其他自私自利之动机存乎其间，我们几疑其为不可能。所以一说到请欧美人来帮忙，我们便有虎入羊群之感。其实在现在的列强间，我们也不敢断定绝无挂羊头卖狗肉，以诗礼发冢的强盗。我们不见一九三一年一月我国政府提议与国联其他之专门机关各专家为更有效益的合作时，当时日本的芳泽代表即声明"彼深信国联将及时邀请日本参与襄助改造中国之工作，如指派顾问之时，尤宜注意"。这明明告诉我们，日本对于这种襄助我国的计划，不过认为达到他的二十一条中第五项的另一途径而已。国联的会员国中有这样野心勃勃的国家，也难怪我们不能坦然高枕信任不疑了。

　　第二，国联的有效组织成立在欧战议和以后，所以它的使命与目

＊　录自《独立评论》，第 68 号（1933 年 9 月 17 日）。署名"叔永"。——编者注

的，还不能充分为我国所了解。无论世人怎样的骂国联，它的组织是以和平为目的而不是以侵略为目的，这是我们应该承认的。唯其如此，以侵略为国是的日本，虽然曾经加入了国联，终至于不能不退出。所以现在的国联与二十年前我们所谓"国际"不能视为一物。又如其"共管"可以成一个名词的话，国联共管也不能与国际共管并为一谈，原因便是国联共管是由我们自动请来的，而国际共管则必是由于强权者的强迫。复次，共管与合作，当然又有极大的区别。最大的理由，便是合作有我们自己参加在内，共管恐怕只有被人管理的份儿。这两个分别弄清楚了，我们似乎用不着谈到国际合作，便现出谈虎色变的样子。

明白了恐惧心理的不必要，然后可以说国联的技术合作应从什么地方做起。

我们以为目下中国的问题，不是一两件事的兴办或改良问题，而是整个行政机关的现代化问题。这种需要是很显然的。第一，以中国幅员的广大，要全国立刻振作起来应付当前严重的局面，是不容易做到的。可是我们若有一个现代化的政府，励精图治，领导人民来做真正建设的事业，也未尝不可收事半功倍的效果。第二，中国的一切事业都不免为旧社会的腐败习惯所浸染支配，而在政府里面为尤甚。这些腐化根子，若不设法铲铲除，什么交通计划、实业计划，都难有成功的希望。我们不看见前清开办的招商局、汉冶萍铁厂以及种种官办的工厂吗？有那一件现在算是近代实业在那里维持着他们的地位的？他们失败的原因，由于计划的失策者占其小半，由于管理的腐败者占其大半。所以我们以为国联的技术合作，若希望于中国的前途有切实重要的贡献，最好是从管理技术上做起。

现代化的特点在那里？第一要重效率。效率不是组织大，说话多，而是以较少的用费、较短的时间，得到较大的效果。现在中央以及各地政府的普通现象，似乎每办一事，设一机关，必有大批不相干的人，如蚁附膻，随之而至。当局的人，也许因为真正才难，也许因为旧社会的习惯在那里作祟，对于这些人不能不敷衍。于是不到几时，这各机关便为这些不相干的人所充满，使你感觉到所谓新机关的设立，并不是为要办一点新事业而是为这一般人添饭碗似的。关于这一层，我们不必列举某某机关来作证明，因为这不是我们的论旨。我们现在要说明的，只是一个普通的现象，那便是：人浮于事与滥用私人。这两层都是与现代的效率观念根本不相容的。

现代化的第二个特点是要有组织，而组织也是以能发生最大的效率为目的的。在第二十五期的本刊里，君达先生曾经讨论到行政机关改革的必要。他指出中央行政机关，大多数可称为模范的官僚衙门。他们组织的不合理，第一是政务与事务不分，第二是事务的分配不合实际，第三是有整部的预算而无分别的预算，第四是一切事务只有行文而无实事。他对这些弊病说的极其详尽，我们很希望政府当局能够注意到这一点。他最后谈到现在进行的特殊事业，提出一个问题，就是：现在这些重大的建设事务，仍用司长、科长的行政制度去经营呢？还是另创什么比较健全有效的组织？

照目下的实际情形说来，似乎这个问题的解决，趋向于后一路。于是有经济委员会的组织，和许多由欧来华的专家在会内工作。现在所谓国联的技术合作，其实不过是旧事重提，或者可以做到进一步的扩充。不过我们要问的一个政府的组织，是不是可以这样此疆彼界划定某某机关是新事业，应该维持相当的效率；某某机关是旧局面，不妨听其腐朽败坏。若果如是，不免发出两个弊病：一个是重床叠架，一个是彼此牵制。以前交通部和建设委员会的争执，就是这两个毛病的表现。目下经济委员会兴办的事业，有公路、水利、卫生、蚕丝等等。这些事，在政府的组织中都有相当主管的官署，我们绝对看不出有特别组织一个机关来管理的必要。如其因为国联合作的原故，须要一个新式的组织，于进行上方才便利，那末，我们要请当局注意的，凡是政府机关都有实施新式组织、增进办事效率的必要。政府既知旧式的组织不适于现代的新事业，就应该实行彻底的改造。如其政府当局不知如何改造的方法，那末，何妨直捷爽快的请教国联的行政管理专家，先从整顿我们的政府机关入手？

我们的主张，不但计划新事业，改良旧组织，要欢迎国际专家的合作，于必要时，并且可以请他们来监督这些计划的实行。因为我们那些滥用私人和为人设事的坏习惯，要我们自己改除则甚难，叫他人来替我们改除则较易。读者或许要惊疑，以为这样一来，岂不是丧失了我们的主权吗？其实这种任用客卿的办法，与主权绝对无关，我们上面已经说明过。若用合作的方式雇用客卿，只能算如明清两朝的用利玛窦、汤若望掌钦天监，尚不能比于前清晚年的用赫德做税务司。即以税务而论，设如不给外国人以管理一切的大权，恐怕还没有目前的成绩，而且只要自己有相当的能力，税务的主权也未尝不可渐渐的收回了。果然这一层能够做到，不但君达先生所提出的组织问题可以解决，就是所谓人的问题，也可以解决一大部分。

孙中山先生的《建国方略》，是先之以军政时期，继之以训政时期，方归到宪政时期，这个方略在理论上是千稳万妥的。但实行起来，劈头就碰到一个困难，那便是所谓训政时代的政治，是不是真够得上做先生的资格？譬如说罢，我们要训练人民遵守法律，先得要看看政府是不是依法行事；我们要训练人民洁己奉公，先得要看看政府是不是廉洁无私。若其不然，政府先无以表率，那能望人民程度的长进，结果便是训政时期的无限延长。目下虽然党外有取消训政的要求，党内有缩短训政的拟议，但此事如果实行，我可以说决不能算为训政的成功，只等于宣告训政的失败。失败的原因，与其怪"阿斗"的太不成材，不如说先生的教导无方。那末，何不大家承认事实，大家去请教几个高明先生，一同受一点训练呢？我想现今的党国诸公，都能公忠体国，必不河汉斯言！

论所谓择师自由 *
（1934 年 1 月 22 日）

近几星期以来，南北各大学内似乎发生了一个甚么运动。运动的形式最激然的，要算暨南大学。据报载暨南中学部的学生们，因为不满意中学主任邝嵩龄办事严厉，拿着宿舍内的铜床铁柱，一直把邝先生赶出校门。后来大学部学生也起而响应，暨南校长郑洪年出来干涉，他们便又如法炮制，要赶郑校长。这个风潮，听说最近还不曾解决。

在新历年前，北京大学的学生会议决了一个议案，向学校当局提出了几个要求。这些要求中最重要的一个，便是学生应有择师的自由。听说其他大学的学生们，也有同样的举动，只是还未至于表面化罢了。

"择师自由"这四个字，可以代表许多学校风潮的动机，虽然他们的动机不一定是纯一的，他们表现的方式也不定是一致的。这个题目，看来既是新鲜，自然很容易引起青年的热情，不知不觉的起而为它奋斗。不过它在理论上是否讲得通，在事实上是否做得到，似乎值得我们研究一下。

说也奇怪，我们中国人神龛上供的五位尊神，只有师的一位，是有选择的余地的。天地与亲不消说了。古人对于君，虽在列国并立的时代，便有"君命天也，天可逃乎"的信条，便有"一旦委贽，终身不改"的道德观念。所以虽说"良禽择木而栖，良臣择主而事"，但这个择的自由也就有限得很了。独至从师一道，我们自来不闻有限制选择的规定。所以陈良之徒陈相见许行而大悦，可以尽弃其学而学焉。孟子说"逃杨必归于墨，逃墨必归于儒"，都可以证明自来求学之士，对于择师是绝对自由的。择师既然本是自由的，所以向来就没有人想到"择师自

---
* 录自《独立评论》，第 87 号（1934 年 1 月 28 日）。署名"叔永"。——编者注

由"的话。如此说来，"择师自由"这一句话，即使不是舶来的物品，至少也是近时的发明。

择师自由这句话，既是近代的发明，我们要问它究竟是从什么地方发生的。这无疑地，是有了近代学校之后，这个问题才会发生。因为学校的组织，一方面固然是代表国家或社会的意志，要给社会上将来的分子一个受教育训练的便利，一方面包罗众派，荟萃群流，又如大都会的百货商店，把各种商品都陈列在玻璃窗内，让顾客去自由选择。所谓择师自由这句话，如其还有相当的意义，必定是与学校的组织不能分离的。但是一说到学校，我们不要忘记，由小学以至大学，都在学校范围之内。如其大学的学生有争择师自由的必要，我们以为小学的学生更有充分的理由来争这个自由。这是因为：

一、小学教育多半是强迫的。教育既不自由了，不得已而思其次，唯有得到择师的自由，还可以使学生们有一个调剂的地方。

二、小学教育多尚兴趣，教师与学生既有成人与儿童的分别，他们的兴趣自然彼此冲突的更多了。因此，学生对于教师，愈有选择的必要。

可是我们最奇怪的，乃是所谓择师问题，绝不发生于初等小学的强迫教育，而常常发生于中学以至大学的自由教育，这又是什么原故？

小学生有择师的必要，而不发生择师问题，这是因为小孩子容易压制，使他们不敢有自由表示意志的机会吗？我想这未必然。实际上说来，我们若承认小学生们有自由择师的权利，我想他们也能闹得不亦乐乎。不过无论怎样持放任主义的教育家，从来不闻有主张小学生要有择师自由的。这不是剥夺小朋友们的权利，这是直捷了当的不承认他们有选择的知识与能力。同样的理由，可以应用于中学及大学的学生。因为中学与大学的学生与小学生比起来，他们的知识程度自然高得多了，可是他们对于他们要学的学问，对于他们的教师，其无能力去加以判别选择，也和小学生对于他们的学问教师一样，所以我们可以说，中学或大学的学生尽管有择师的自由，但他们能择不能择，乃是一个事实的问题。

我说这句话，也许有些大学及中学的学生不能承认。他们可以说，他们对于教师学问的深浅，虽然不能判断，但教师教法的良否，是他们直接经验的，应该有判断的权利。我们以为这话有对有不对。对的是在大学高年级以上的学生，他们不但能判断教师的良否，并且能知教师学问的底细。不对的是大学低年级及中学的学生，他们不但不知教师学问的底蕴，并不能判断教师的良否。这有以下的理由。

第一，大学高年级及研究院的学生，他们功课已渐进于特别专门，他们对于所从学的教授，平时也有了相当的知识与信仰，所以说他们对于教师不能有一个相当的判别是不对的。不过在这一类的学生，他们对于自己的学问前途早已经过了相当的考虑，择师的问题，可以说是早已解决的了。我们只看近年来学校的风潮，从没有由大学高年级或研究院发生过，便可明白我们此言不是随便说的。

第二，大学低年级及中学的学生，他们的功课，不外乎各门科学的引论及某种功课的练习。关于引论的功课，他们不容易知道教师的深浅，这是自然的道理。我们不难举出许多有名的科学家而同时又是很坏的讲演家的例子。设如让低级的学生去选择，这一类的学者必定在应该排斥之中了。然而同时在指导研究及帮助学业上，他们是识途的良马。又如关于练习的功课，学生们每喜欢宽大松懈，而厌恶严厉认真的教师。设如拿这样的标准去择师，那岂不是与教育的目的背道而驰吗？我们只要看看许多不主张严格训练的学校，教员与学生倒可相安无事，而闹风潮的每每出于比较认真的学校，这中间的原因何在，可以推想过半了。

照上面所说的看来，择师自由这件东西，用得着的似乎已不必要，而闹着要的似乎又用不着。这大约可以说明，无论在我们不自由的古时代，或在现今极自由的任何国度内，这一种自由，还不曾被人提出为争人权的一种口号罢。可是，自由是好东西，若是现今的学生们觉得现今学校的组织不能满意，教师的选择，实于个人的学业前途有不可分离的关系，那末，我们不妨提出一两个择师的方法以供参考。

第一，择师自由，既系因有学校组织而后发生，那末，我们以为与其择师，不如择学校。因为在现今学校林立的时代，某校长于某种课程，大概在社会上是有定评的。而说某校长于某种课程，即无异说某种功课有某某著名学者在那里担任教课。一个学生要投考什么学校，完全是自由的。所以以选择学校为择师的手段，即是行使择师自由的一个最简便的方法。这个方法，在外国的学生间，可以说是日用而不知的。所以他们没有什么择师自由的口号，他们却实实在在享受了择师自由的好处。我们国内像样的学校已渐渐多起来了，大可供学生们的选择，我们何妨试行一下呢？

第二，如进了学校之后，再发见教师的怎样的不行，这当然还可以向学校当局提出合理的要求。如其学校当局不听我们的话，我以为唯一的方法是退出学校，然后在校外以个人的资格，发表学校的腐败或教师的不称职，以求社会上的公正评判。这样，在个人方面固可以达到择师的目的，在学校方面也不至演出学生选举教员的怪现象。至少不至于如罗兰夫人所云："自由，自由，天下许多罪恶，假汝之名以行。"

二十三，一，二十二

科学与国防[*]
（1934 年 3 月 18 日）

　　几天前，我看见一月二十日英国出版的《自然界》周刊，谈到他们科学工业研究部的工作和它与英国工业的关系，使我回想到二十年前欧洲大战时各国为生存而竞争，朝野上下一致努力的情形。又使我感到立国于现今的世界，如要不怕强邻暴敌随时发生的侵陵压迫，除非平时自身有充分根本的准备。所谓"根本的准备"，除了直接有关联的政治经济问题而外，便是科学和工业的研究。

　　当一九一五年欧洲大战正在打得起劲的时候，英国有名的皇家学会和别的几个科学及工程学会联合向政府上了一个条陈，请政府设法帮助科学与工业的研究。政府依据了这个请求，便设立了一个参议委员会，并请了许多科学家和工业家来充顾问。这个委员会的职责是：（一）对于政府各部的科学事业或科学研究尽辅助指导之责；（二）与各科学机关及工业家合作，谋科学对于工业之实际应用；（三）辅助教育当局设法造就有能力之学者，以增进科学研究的工作。

　　这样一个组织，似乎不过是平时发展工业学术应有的计划，不见得有什么应付国难的色彩在内。然而根据科学工业研究部的报告，则知这个委员会对国防的贡献甚为重要。它的办法是这样：自一九一七年，它得到国会通过的一百万镑的经费，便用了一大部分去组织国内的工厂，使凡是同业的都联合起来成立一个研究所。这样参加组织的工厂不下五千家，他们捐出来做研究的经费也有一百七十余万镑。他们研究所及，由制毛、纺棉，以至冶铁、合金，无不有显著的成绩。据他们的报告说，在蓝开色地方的一个研究所，每年因研究而得到的利益，不下三十

---

　　* 录自《大公报》，1934 年 3 月 18 日。——编者注

万镑。又关于地下电线的导热度，经过一度研究之后，可省电线约值四百万镑。这个科学工业研究部在它国内所发生的影响，可以概见了。

像这样一类的组织，不是英国独有，凡在欧战时参加战争的国家，差不多都是有的。如像美国的国家研究参议会（National Research Council）就是一例。我们的东邻日本也有同样的组织。这种组织，虽然是因为应付欧战的特别局面而发生，但从欧战完结以至现在，大半还依然存在。其所以存在的理由，便是因为：（一）现今的工业，已经与科学有不能暂离的关系。在和平时代，奖励科学研究，是改进工业最有效的方法。（二）现今的军备，又与工业有不能分离的关系。所以有事时有效的组织，无事时仍有保存的必要。

目下的中国，提倡科学的声浪，虽然是甚嚣尘上，但科学是什么，恐怕还没有真正的了解。平时对于科学既没有设法与它熟识、交结，临时有事的时候，要想它来替我们解危救难，当然是不可能的。我们听见某次的战事，有人送了几架新式望远镜与作战的军队而不能用，反不如我们小说传记式的大刀队，还可以大大的出一个风头。不过，此后的战争，如限于对内则已；如不限于对内，则必定为科学的战争，而非人与人的战争，可以断言。在这个时候，除非我们对于科学有相当的认识，将来断难有翻身的希望。所谓相当的认识，单简说来，有下列两点。

一、科学不是器械。在五六十年前，曾国藩李鸿章的时代，以为西方强国的本领，不过在他们的船坚炮利。于是他们设制造局、造船厂，要想在船、炮几件器械身上找到救亡图存的秘诀。这个观念的错误，甲午一役把它暴露无遗了。此次国难发生，经过几次强寇的侵陵，使我们充分了解飞机炸弹的重要，于是又全国一致的以购买飞机为救亡之道了。其实飞机在作战上虽属重要，但它的不能代表科学，也正如坚船利炮不能代表科学一样。我们在五十年前忽略了根本的科学而抓住机械的船炮，终于弄到一蹶不振的结果，现在我们又专心注意于飞机，而忘记了根本的科学，其结果能比五十年前好些吗？

二、科学不是语言。十年前，我曾到长沙去调查过教育，颇怪长沙城内私立中小学校的众多。当时有人告诉我，这是因为甲午败后，爱国志士要救国的便去办一个学校。此次国难发生，国内忽然添出了无数的大小杂志，使我感觉到目前爱国志士要救国的便是去办一个报。这在国难当前，人情激昂的时候，本来是应有的现象。不过这个风气，若是波及到科学事业上去，那便是不幸之至。我们晓得，科学应该脚踏实地，做一分算一分的。若是科学家一天到晚，忙着写文章，闹什么"化"的运动，把杂志讲台上的口号，当作真正的科学事业，那便非徒无益而又害之了。以上的几句话，虽不足概括一班科学家的态度，至少可以表示我们一部分当局者对于科学的了解到什么程度。

根据以上两个认识，我们可以试谈一下国防与科学的关系。

第一，国防的基本，应注重于重要的基础工业。现代军备与工业，已成不可分离的连锁。这由于：（一）军器的原料，都非各种工业产品或副产品不能供给。如钢铁，如酸碱，其本身固是重要工业，而炸药原料的煤膏，则为煤气工业的副产物。（二）军械的制造，须精细的机器与大量的出产，这两样也与近代工业是一致的。换一句话说，军备工业，不过是近代工业的一种。所以只要国内工业发达，不愁军备无法供给。反之，如无各种工业的帮助，要想军备的独立，是不可能的。

第二，要求工业的发达，其第一步骤就是提倡科学研究。近人每每说，我们要办的工业，都是有成法可循的，似乎用不着特别研究。不知天下没有完全相同的两个情形，也没有可以完全抄袭的便宜事体。同样的工业，因为原料或环境的些微不同，往往有改变方法的必要。在这个情形之下，设如没有科学研究来做一个顾问，那便除了失败之外再无其他出路。何况许多新工业，都是从科学研究室发生出来的呢！

第三，提倡研究，应当把研究的责任分赋于各个大工厂或大学之中，不必甚么都由几个政府机关包办。我们这种主张的理由很单简。（一）政府机关，自其性质上即与一般工业情形相隔阂，实际上工业的问题，自然不容易钻到他们的研究室去。（二）政府机关的效率，往往不及私人组织，研究事业当然也不是例外。（三）因私人组织之研究事业，近来还不十分发达，愈有加以提倡的必要。

国难迫急，我们应付的方案也风起云涌。但一个方案的重要，不在乎收效的迅速，而在乎眼光的远大。传云："君子务知大者远者。"我们能有像英国科学工业研究部和美国国家研究参议会那样一个远大计划吗？

为全国小学生请命[*]
(1934 年 7 月 9 日)

最近两个月中，南京的教育界忽然发生了一个小学教科书文言白话的论战。这个论战的起源，似乎是由讨论湖南、广东命令小学读经发生的。我对于两方面的文字，虽然不曾通通拜读过，但就所看见的大概来说，似乎包括下列的几个问题。

一、小学教科的用文言或白话问题。

二、小学教科的选材问题（即内容问题）。

三、小学教科的编制问题（即文字问题）。

四、小学的读经问题。

我以为这四个问题中，只有第二第三是我们讨论的中心。第一文言白话的问题，我们可以认为早已解决了，此时即对于小学教科不满意，不能再引起文言白话之争。不但如此，我们若以为小学改授文言，便可以解决一切问题，仍是陷于偏重文字，忽略内容的弊病。所以我们不承认小学教科有文言白话之争，决不是仅以教育部的法令为根据，而是从实用、教育价值上着想。至于小学的读经问题，我们不必讨论，理由也和第一个问题一样。即使允许读经，也不能代替其他的问题。

明白了这一点界限，我们可以讨论一下小学教科书的问题。根据汪懋祖、柳怡［诒］徵两位先生在《时代公论》所发表的亦见，小学教科书内容的不令人满意，有下列几点：

一、态度的欠庄重。如鸟言、兽语、"花猫先生"、"妖怪吃人"等等故事，"使儿童思想为滑稽性所蒙蔽，不暇推索其真趣"。

二、设境的不自然。如"三只小松鼠"的着衣裳、换颜色，其目的

不过是要说明配色合色之理，但何必造出红尾巴绿眼睛的怪物，使儿童发生极不自然的感想。

三、选材的恶滥。如骂人的词句、欺骗的故事，以及崇拜与恐惧外国的心理，如柳先生所指出的几课。

四、用字的不适宜。如汪先生所指出的"咽咽咽"、"叽叽叽"。

关于这些例子我们认是真正的教育问题，不能说是吹毛求疵。而且像这样的例子，恐怕还多得很，只是无人详细的统计调查一下罢了。我个人对于以上四种缺点之外，还想添上一项，就是这些教科书白话文章的恶劣。我们自己有小孩子的人们，三不两时，总不免与这些小学教科书发生一点关系。但我很难记得有一次看了这些教科书的课文不觉得它的文字有修改的必要的。现在随手把小孩们用的教科书拿来做一个例子。如世界书局出版的小学初级学生用《新主义国语读本》第五册第十课，开头有这样的一段：

"司马光拿了一个胡桃，叫姐姐替他剥去皮。姐姐剥了好久，也剥不掉，他就走开去。"

我要请问看了这一段文字的人，司马光拿的胡桃是一个整胡桃？还是胡桃仁？他就走开去的"他"，是司马光？还是司马光的姐姐？照本文看来，似乎"胡桃"是整个的胡桃，"他"是司马光。可是就下文看来，"胡桃"正是胡桃仁，"他"正是司马光的姐姐。这样糊涂的文字，可以拿给小学生当作金科玉律的念吗？至于"叫姐姐替他剥去皮"，应该说"请姐姐替他把皮剥去"，方合于普通的语法，是稍稍会说话的人所知道的。拿这样的文字来教小学生，恐怕教成之后，小学生连话也不会说了。

再举一个例。商务印书馆的《复兴国语教科书》初小第四册有以下的一段会话：

国强：怎么好！敌人常用飞机来破坏我们的土地，怎么好！

民强：那不用怕！我们难道不能用飞机抵抗吗？

国强：正因为我们没有飞机啊！

民强：只要有钱，那怕买不来飞机。

国强：钱从那里来呢？

民强：全国的人，个个都捐一块钱，已经很多了。

……

民强：我们还去劝别人也照这样做，才能成就。我想，一个人出一块钱就得救国，大家总欢喜答应的罢！

这一课的意思，自然是要宣传飞机救国和小孩子们也可以捐钱买飞机。我们姑不论"敌人常用飞机来破坏我们的土地，怎么好"一类的怯懦心理，和"只要有钱，那怕买不来飞机"，"一个人出一块钱就得救国"一类的浅薄心理，是不是应该输入小学生的心中，我们单就文字来说，也是糊涂不清之极，若是高小毕业的学生，做出这样的文字，我们还得大大的加以指责。我们不嫌烦琐，略略指出一二点以说明我们的意思。如说"敌人常用飞机来破坏我们的土地"，这句话就有不少的毛病：飞机并不能"破坏"土地；飞机所能残害的也不止"土地"一项。如说，"全国的人，个个都捐一块钱，已经很多了"，似乎是已经成功事实的说法。应改为"假如全国的人，个个都能捐一块钱，那就有很多的钱了"，方合文理。至最后一段中的"才能成就"、"就得救国"等句，都得要改易一二字，才像一句话。我真想不到这样的教科书，怎么能够编出，怎么能够发行，又怎么能够经过教育部的审定的！

现在要说明我们所要为全国小学生请命的地方。

我们以为小学教科书的好坏，关系整个的教育，既不仅是所谓文言与白话之争。我们的教育当局，便不当仅以能维持法令所规定的小学不得教授文言文为已足，而必须进一步考察所谓白话文的教授是不是能够达到小学教育的目的。因为这个原故，我以为教育部应组织一个特别委员会，延聘国内有经验的教育家，著名的文学家（古文学及白话文学两样都要）各二三人做委员，把国内现行各种小学教科书搜集起来做一个总审查。审查的结果，若认为太不可的，固不妨禁止发行，其大体尚可，而材料与文字有不甚妥当的，即可由委员会为之修正改定，然后发行。原来民国十六七年国民政府成功的时候，一般书局人人都想利用时势的变迁与事实的需要来作营业竞争的投机事业。于是粗制滥造的小学教科书，也同投机的小报小说一样，充满了各处的市场。只要混得过教育部的审查，卖得到学生的金钱，那管他教育不教育。在几年以前，国民政府百事草创，日不暇给，自然不能希望它处处都照顾周到。但在现在政局比较的安定，各事都渐有条理的时候，对于这些粗制滥造的小学教科书，还是一味放任，不讲求一点改良的办法，恐怕有些说不过去罢！

其次我希望的，便是我们以提倡白话为责任的一般朋友们可以自动的集合几个人，来把现行的各种小学教科书审查改正一番。书店老板们所注意的，虽然只是钱不是教育，但我相信他们对于这种自动的服务，必定以十二分的好意来接受。这样，岂不是不费多大的力量，而可以替全国的小学生造下无量的幸福吗？

廿三，七，九

甚么是救国教育[*]
（1934 年 10 月 28 日）

"九一八"的国难，在我们毫无准备的当儿发生。我们经此意外重大的打击，弄得手足无措，要从任何方面抓住一个自救的办法。及至外交、武力，种种手段全归失败之后，我们才反观内省，感觉到外势的不竞，实由于内力的不充实。于是我们把目光转注到教育身上，说我们近来种种的失败，教育要负一部分责任；将来国运的挽救，也要靠教育来做一个转枢。这个意思，不但存在社会一般人的心中，就是政府当局们的言谈中间也常常听到。我们对于这个意思，当然表十二分的同情，因为我们对于教育的责难多一分，正是对于教育的信仰大一分的表示。但是过去教育的失败原因在甚么地方，我们应当大略加以研究。

第一，从民国以来，政府对于教育并未十分重视，这可以拿教育经费和国家岁入的比例来做一个说明。案民国五年全国岁入的预算为四万七千一百余万元，教育经费为一千二百六十余万元，约国岁入百分之二零六。本年政府发表岁入的预算为七万七千七百余万元，教育经费为一千九百余万元，约国岁入百分之二零五（此数最近略有变更）。教育经费所占国家收入成数之小，与历年来的些少增加，和军费的一跃千丈相比较，真有望尘莫及之感。所以政府对于教育的漠视，是不言自明的事实。

第二，自民国政府成功以来，教育受了党治的影响，不但学生可以拿政治活动当功课，而且政治活动的出路比学校毕业要高明得多。在这种情形之下，除非上智与下愚，谁愿意在学校对着书本做呆子。在这种风气下造成的人才，自然是浮夸、巧伪，能出风头而不能吃苦。这种风

＊ 录自《大公报》，1934 年 10 月 28 日。——编者注

气，至"九一八"请愿的大风潮而告一大结束。所以"九一八"以前的教育的效果已发挥尽致了，"九一八"以后的教育效果，则要看此后方向转变的如何。此时便要奢望教育界呈一个特殊有效的学风，恐怕还太早计罢。

可是所谓救国教育，必定是一种特殊有效的教育。这个教育从何处入手，是我们要讨论的问题。

我说特殊，因为我们要急切去应付当前的环境。我说有效，因为我们必须找到适当的方法来求实现我们的目的。换一句话说，救国教育，第一要认清目标，第二要找着适当的方法。

过去教育的失败，就在误以目的当作方法。例如救国是我们的目的，但救国不是空喊"救国"、"救国"可以成功的，也不是空言抵御外侮，或打倒甚么主义可以成功的。我们国难闹到如此严重，根本上因为我们民族没有力量，所以以救国为教育的目的，必定以养成实力为教育的手段，这是浅而易见的道理。照这样说来，我们以为目下最需要的教育不外两种：一是生产教育，一是科学教育。目下我们国内的这两种教育，果然得到了相当的注意吗？我们以为还大有问题。

生产教育，是一个较新的名词。在旧式一点的名词，叫做职业教育，可是职业教育与生产教育并不是同义而异名。比如说罢，许多职业教育，如打字、图书、记账等科，虽然能给人一个职业，他并不能自己增加甚么生产。我们中国是农业国，据专家的估计，我国农民的成数，要占全国人口百分之八十。可是普通的职业学校，并不包括农业在内。固然，许多地方，农业与工业分立，同为职业学校之一种。但拿农业的主要和范围的广大与工业比较，农业学校应该比工业学校多出若干倍才是道理。但是事实并不如此，这是人人知道的。其次，农业学校，如其希望他对于生产发生直接关系，必定与地方情形极端接近。可是我国的农业学校，上自大学程度的农科学院，下至中级的职业学校，无一不设在繁华城市之中，在实际和精神上，都与农民相去有数十百里。这样的农业学校，除了制造出许多穿长衫、戴高帽、四体不勤、五谷不分的高等游民以增生产问题的严重性外，还有甚么用处？现在我们把这个复杂的问题用单简的方式表达出来，不外乎下列两点：

一、职业教育应以农业教育为中心。

二、农业教育应在农民生活中找问题，解决的方法应立刻可应用到农民身上去。

要达到这两个目的，我们可以提出一个最单简的建议，便是凡关于农业的学校都应当离开城市，设在农民中心的乡村。

说到科学教育，事情自然要格外的复杂困难一些。因为东方人的性质，自来是不科学的，我们主张科学教育，不但要给学者一点管理天然的技术，简直是要改造我们生来糊涂的天性。话虽如此，我们不要忘记当世教育家的名言：教育为材料所限，而同时亦能改造材料。唯其我们对于科学的信仰与兴趣太薄弱，我们愈不能〈不〉加倍的培养。要培养科学的信仰，我们以为以下的几件事值得注意。

一、我们希望政府及知识界的领袖们，对于涉及宗教迷信及一切反科学的行动，极端慎重。我们以为处现今的时代，甚么是科学真理，甚么是宗教迷信，已经有了显著的分别。科学与迷信不两立，正如佛学与孔子的学说不能两立一样。但眼前不少一面皈依佛法，一面崇奉孔子的人，在科学与迷信的方面，这个现象也不幸的存在着。这是我们为科学教育要第一打倒的。

二、在学校方面，应该在可能范围内，使科学的精神贯彻到教科上去。我们晓得现在的学校，课程上总少不了几科物理、化学、生物学，设备上总少不了一些发电器、试验管、动植标本。但是学校的功课是否能养成科学头脑，完全是另外一个问题。设如学校中的仪器，只是拿来供陈设，当玩意；设如学校的功课，还是注重于文字的研究，教科的背诵，那末，我们晓得科学的风气是不会养成的。

三、我们还要希望，最近举行的学校会考制度，不要发生意外不良的结果——反科学的结果。会考为考核学校成绩而设，这是教育部的本意，也是人人所公认的。不幸考试的方法，只凭着试题与笔答，于是这个考试，便慢慢有变成科举考试的可能！我们已经听到许多学校从开学之始，便命令学生聚精会神的应付考试而用功了。这在文科一方面还不算最大的灾难，因为文科总少不了若干记忆与练习的。在科学方面，便会很容易的把试验的功夫变为记诵之学。这是科学的致命伤，我们为科学教育计，不能不唤起全国教育界的注意。

我们谈救国教育，不觉把科学教育谈了一大阵。这并非跑野马。我们要晓得将来中国的能不能得救，须看科学教育的成功与否为定。因为无论是生产、工业、军备、交通，无一样不靠科学做他们的背脊。近来乐观派的人，也有拿民国十几年来我们所有一点科学的贡献聊以自慰的。对于这一点我也同意。不过我们要晓得以中国之大，待办的事之多，这一点科学成绩，是不够起死回生的。我们必须加倍的向这一方面努力。

或者又有人说培养爱国的热情和牺牲的精神，是救国教育的职任。这个话我也不反对。不过属于感情一方面的，鼓励起来比较的容易，但是单有热烈的感情而无实力，无论是御外侮，救中国，都是不够的。"九一八"以后的请愿风潮，已经给与我们一个最明显的例，我们是应该引为前车之鉴的。

保存古物做的甚么?*
(1934 年 11 月 3 日)

这几天来，似乎世界上保存古物的空气特别浓厚。日内瓦的国际联盟既然在世界政潮崩腾未已的时候，拿出一些闲情逸致来成立一个古物保存委员会，我们的中央古物保管委员会也应时在内政部正式成立（见十月二日各报南京专电）。这可见中外的政治家都在那里大发思古之幽情，要为人类保存一点文化的遗迹。我们为文化前途计，为古物本身计，是应该欢喜赞叹的。可是就我们的经验看来，觉得纸片上的古物保存是一事，实际上的古物保存又是一事。这已经够使人对于报纸的宣传，有隔靴搔痒之感了。再坏一点，有些古物简直为有保管之名，而得到毁坏之实，则我们对于保管委员会的组织而愈加要替古物担心。这并非无病呻吟，让我举一个眼前的实例来说明。

在北平的古建筑，在历史上富有意义，在美术上特出不群的，自然要推天坛了。这地方，是世界各国到北平游览的客人，无一个不前去观光的。但是这个地方近年的荒芜、败坏，简直使人感到它是不是一个荒村野寺，除了樵夫牧童之外，曾经有人加以注意？不，我说无人注意，实在不大准确。我们记得在三四个月以前，曾经为天坛内的古柏被人盗伐了若干株，内政部特派一个司长前来密查，甚至监察院的委员也有提出弹劾案的传闻。这个案子的结果怎么样，我们未见政府的公布，不大明白。可是我们所大惑不解的，是天坛几株古柏的盗伐，虽然曾邀政府的注意与查究，而天坛全体几千株柏树的枯死，反而不能得人们的注意。这难道真是孟子所说的"明足以察秋毫之末而不见舆薪"吗？读者若是对于我上面的话还有疑惑，我现在可以把我亲身的经验再来叙述

---

* 录自《独立评论》，第 126 号（1934 年 11 月 11 日）。署名"叔永"。——编者注

一下。

我有两三年不逛天坛了。本年的双十节，天气很好，我于是同了太太，带着小孩们到天坛去赏赏秋色。到了那里，第一件使我们惊骇不置的，便是那些自来青翠欲滴，一望无际的古柏，现在都叶落枝枯，现出一种憔悴可怜的样子。大概说来，你若不详细的观察，你几乎要疑心柏树的数目减少了一半。这些柏树若是没了，所谓天坛的名胜也就要扫地无余了。我于是急急忙忙的在祈年殿、皇宫［穹］宇等处旋绕一周，发见枝叶青葱、生气蓬勃的古柏实在少数又少数，其余的可以说都是奄奄待毙的了。我想这些古柏的寿命，多则几百年，少亦数十载，何以到了此刻，忽然来了一个大瘟疫，竟没有几株能作一次生存的竞争？我几乎不能信自己的眼睛，回来又托了生物调查所的几位专家前去观察一番。据专家的意见，这些树木，的确是害了一种虫病。这虫由树皮钻进去吃了皮底的树脂，那树的枝叶便不能不萎死。现在天坛的树木受病已深，若不设法救治，大有同归于尽的危险！

我们特别提到树木，一则因为树木的受病，是我们此次首先发见的；二则因为树木是活着的东西，要保管应该不算很难，现在树犹如此，其他待人培补修理的建筑物更可推想而得了。天坛是游踪屡及、观瞻所系的地方，天坛犹如此，其他的古迹更可想而知了。

我们看了这些古物的毁坏，不能不问一问负保管之责的是谁。我们晓得，北平的许多坛庙，虽然在北平市区内，而是归内政部特设的坛庙管理处管理的。为了故都的几处坏庙，要特设一个机关来管理，已经够不合理了，至于管理的成绩，又坏到如此，我们真不晓得要这个机关何用。老实来说，若内政部把这个机关裁撤了，而把在北平内的坛庙通通交与北平市政府管理，不但内政部可减省一笔经费，而且管理的成绩一定还比内政部管理好。我们这一个主张，根据以下的理由。

一、地方政府对于本地古物的保存有直接利害关系，不如中央政府有鞭长莫及、漠不相关的感觉。

二、地方政府对于管理的善否，可以随时监督，不如中央政府名为直接管辖，实则委托一个不负责任的小职员，难望其尽心任事。

三、由地方管理，地方人士对于古物保存的情形，可以随时向地方政府建议，不如由中央政府管理，则地方人士大有呼吁无门之苦。

根据以上理由，我们以为要保存北平几个重要古建筑，则改组管理机关，由中央依归地方，实为第一要义。

我们以为保存古物一类的工作，看去虽似不关重要，实则我们若要向世界证明我们中华民族还不完全如有些外国人所诋毁的半开化或未开化，我们若要向世界证明中华民族还没有堕落到连先人的一点手泽都不肯保存，不能保存，则保存这几件撑持文化门面的古建筑物，亦不失为一个简便而便宜的方法。

我们趁内政部成立古物保管委员会的机会，郑重的提出一个实际具体的建议，希望诚意保存古物的大人先生们加以注意。

二十二，十一，三

大学研究所与留学政策[*]
(1934 年 12 月 23 日)

近两年来，我们教育当局对于高等教育的设施，有两个重要方案：一是大学研究所，一是派遣高级学生出洋留学。这两件事，后者已见实施，前者方在筹备，但它们都不失为近年高等教育的重要计划。它们实行起来利害关系如何，值得我们讨论一下。

本来一个大学应该是造就人才的完全组织。那便是说，如其一个人的聪明才力和他的物质环境都能允许，他可以在这里养成治学的能力，使他成功一个独立的学者。这在外国有历史的大学是显而易见的。举一个例来说明。比如一个学生在大学本科毕业之后，他的成绩既不算坏，他的志愿复倾向于造就学术一方面，则他必定在大学里继续他的学生生活。他可以入毕业院做研究生，也可以在某学系某教师手下做助手，但他与他的专门学问便在此开始了相知之路，结下了不解之缘。如此几年之后，他可以渐渐的有研究结果发表。他的研究结果越来越精，他的地位也就越来越高，久而久之，他便也就成了此道学术中的威权者，而大学造就人才的职责才算于此告毕。所以就大学本身说，除非有毕业院的组织与高深研究的设备，不能算是名副其实。严格说来，凡没有设立毕业院或研究所的都不能称为大学。这个定义，可以说是竖的定义，它是以程度的高深来定大学的标准的。我们教育部近年规定大学的组织，要有三个以上独立学院的方才可称大学，其余凡只有一个独立学院的都只能称学院。这是以范围的广狭来定大学的标准的。这可以说是横的定义。横的定义，虽然可以革除许多组织不完、规模不备的野鸡大学，但对于提高大学程度的一层并不发生影响。不特如此，有许多学校，因为

---

[*] 录自《大公报》，1934 年 12 月 23 日。——编者注

要勉强适合教育部的规定而保存一个大学的名称，于是本是工科学院，而无理的添上些文科理科。结果，大学是成功了，而学科程度则毫不加高，甚且因经费少而设科多的原故，大学的学科反而比专科的程度低。这不能不说是当时规定学制者千虑中的一失。

从这一点看来，我们教育当局现在积极的提倡大学研究所的设立，不能不说是教育政策的一个转变与进步。因为我国办了几十年的大学，毕业的学生虽然一年比一年的多，但造就的人才却不能与大学的毕业生作正比例。这岂不能告诉我们从前拿范围的大小来作大学标准不是一个根本与切实的办法吗？

在我们的大学还没办到设研究所的程度，派遣留学自然是一个不得已的补救方法。因为在这个当儿，凡是不能在国内大学得到的训练，只好在外国去充补。但这个情形，如长此继续下去，则国内的大学只能永远给外国大学做一个预科。而且能出洋留学的人数究竟有限，将来我国各项建设需才甚多，也不能靠外国大学来替我们供给。所以在我们的大学已渐次发达，大学内设研究所已渐到可能的时候，遣派留学与设立研究所便多少含有一种矛盾性，而不容我们不做一个于斯二者何先的选择。

说到此处，我们以为第一当考虑的是研究生的问题。我们晓得大学研究所的成功，不单是靠有设备与导师，而且还要有研究的学生。在目下留学政策盛行的时候（有中央派遣、各省派遣及各庚款机关派遣种种的不同），凡在学校成绩较优，学问欲较高的毕业生，谁不愿意去应留学试验，而偏要死心踏地在本国学校中做一点研究工作？这是近两年来清华、北大招收研究生所得到的经验，也是我们所听到的国立大学教授们一致的叹声。本来我们大学造就的优秀人才实在有限，每年几十百个留学生的派遣，已有伯乐一过冀之北野而马群遂空之感。设如放低程度，勉强收几个研究生来凑成门面，又与设立大学研究所的用意恰恰相反。所以我们以为留学政策，直接的是有妨于大学研究所的发展的。

第二，我们要考虑一下经济问题。我们记得教育当局有一次在某处发表一个统计，说民国二十二年一年的留学经费约须九百九十万元，这个数字已足惊人。又据《教育杂志》上王云五先生的计算，民国二十年出洋学生七百二十八人，设定每人留学四年，所须的费用不下八百万元。又设这样情形继续十年，则此项费用为八千万元。因每年留学生的数目都有增加，前后搭计，每年的留学经费决不在一千万元以下。这笔经费若拿来办大学研究所，固可以开办一二十个而有余，即用它的半数，也有十个八个不愁设备费与经费的无着了。

根据以上两个考虑，似乎自然的结论便是停派留学生与速办大学研究所。但是事情没有那样单简。设如国内没有可以代替外国大学为我们制造专门人才的机关，则停派留学生即等于断绝了自己上进的道路。我们以为三十年前请外国学者来中国讲学的风气，此刻还有恢复的必要。从前因为国内无人，不能不请外国学者来教我们初步的学问；现在因为国内已有相当的人才，尤其要请外国学者来引导我们做专门的研究。从前的请外国学者，可以说是浪费；现在的请外国学者，可以说是经济政策。问题是我们所请到的是不是真正的学者，能不能做我们的导师罢了。能够做到这一层，我们的大学当然可以渐渐的提高程度而达到大学的目的，而留学生的派遣也可以减少到必不得已的至少限度。留学的政策是已经试验过的，借材异国提高大学程度的办法，是还未曾试验过的，我们希望负高等教育责任的人注意这一点！

再论大学研究所与留学政策[*]
（1935 年 1 月 12 日）

　　《大学研究所与留学政策》，是十二月二十三日我在《大公报》发表的一篇星期论文。想不到这篇小小的论文能引起国内学界多数的注意。据我所晓得的，《大公报》记者在这篇论文登出的次日即发表了一篇《出洋留学与考察》的社评，指出目下留学界的种种流弊。在本刊上有姚薇元先生的《大学研究所与学术独立》一文，则是补充大学研究所设立时应该注意的一些情形。这些可以说是赞成我们的主张的。此外尚有汪敬熙先生一篇《也谈谈大学研究所与留学政策》（见一月三日《大公报》）对于我们主张"借材异国以提高大学程度的办法"，大大的表示不赞成。因为汪先生说："这种（办研究所的）苦力，是应该由本国人担任的。如果我们没有这样的人材能创办大学的研究所，我们这民族就不配有高等教育。如果有而偷懒不肯下这苦力，反而希望他国人来代做，这种民族也是下流的。"汪先生的全篇论文，并非不赞成办研究所，而是不赞成请外国学者来办，所以我们不妨再就此点加以讨论。

　　我现在第一要声明的，是在我那篇星期论文里面，不但没有请外国人来代我们做研究的话头，也没有请外国人来代我们做研究的意思。我只是说："现在因为国内已有了相当的人才，尤其要请外国学者来引导我们做专门的研究。"外国学者既然居于引导的地位，那末，研究的工作当然还是我们自己做的。至于请外国学者来指导我们研究是否便成了"下流"，便"不配有高等教育"，这个断语恐怕除了汪先生之外是没有敢下的。

　　第二，国内的人材是否已有办研究所的程度，似乎也是我们和汪先

　　* 录自《独立评论》，第 136 号（1935 年 1 月 12 日）。署名"叔永"。——编者注

生争论的一个问题。我们的意思，以为国内的人材不够用，所以要办大学研究所，便有借材异域的必要。汪先生也说："人的数目只够办一两个大学的，现在国内大学如此之多，把这些人都抢散了。"所以国内人材的不够，也是汪先生所承认的。我们争论的上半段既没有问题了，问题在下半段，那便是：办大学研究所是否有借材异地的必要？关于这个问题，若是汪先生承认所谓借材异国，只是来做我们的指导而非代替我们研究的话，则此问题又可以分析成两个问题：一是在外国学者指导之下，是否能促进我们的研究工作？二是能做我们研究导师的外国学者是否请得到？现在我们先从第二个问题讲起。

诚如汪先生所说，请外国学者不是一件容易的事，但这个情形也未尝没有例外。第一，我们晓得外国的教授大概都有几年一次的休假，而这个休假，他们大概是愿意在国外利用的。其次，则尽有因为特殊的情形，有些大名鼎鼎的学者也愿意把他们的毕生事业放在未曾开始的筚路蓝缕工作上。眼前在我们左右的古生物学者葛利浦先生是一例；曾在中国数年，对于中国农业有大贡献的洛夫教授又是一例。至于如德国因国社党执权，排斥犹太籍教授，致许多举世宗仰的学者都要避地他适，尤为可遇而不可求的机会。倘使我们早有政策与准备，这个机会，又未尝不可大大的利用。所以我们不必担心请不到外人，问题还是我们自己有没有请人的决心与准备。

第二个问题——在外国学者指导之下，是否能促进我们的研究工作——我们以为这是不成问题的。成问题的，乃是外国学者来到中国，他自己能否工作。因为要他自己能够工作，然后指导研究的工作方能着手。汪先生说："外国人不是傻子，他们不在他们国内已经组织好的研究所工作，而来到中国经过一番苦工方能做到工作的程度，并且工作时有许多不可免的不方便呢？"这个话固然不错。不过，我们不要忘记，我们所讨论的是大学研究所。这种研究所，一方面固以施行研究为重要职务，一方面又以训练人才为应有的责任。如其训练人才的责任心和开创事业的冒险心，有时能使他们轻视一点研究上的不方便，也不能就算是傻子。况且如汪先生所说："自一九二五年以后，中国人发表的在国内做的工作渐渐多了，这是一个好现象，表示国内在各种学问上能工作的人渐渐多了。"我们要问：如其在目下情形之下，中国人能工作，为什么外国人来就不能工作？唯一可能的答语，是外国人不及中国人肯吃苦，这一层乃是肯不肯的问题，非能不能的问题，我们上面已经讨论过了。

以上把汪先生不赞成我们主张的几点大致交代过去，现在让我们再来讨论一下请外国学者的是否需要。

一、中国人材尚不够办研究所，是汪先生同我们所公认的。汪先生虽然又说在国内各种学问上能工作的人渐渐多了起来，但若切实按之，我们便觉得这所谓多也实在可怜。我们晓得国内科学实在算得能够自己工作的只有地质、生物两门，它们发表的成绩较多，数量较富。其次便是汪先生有关的生理科学及极少量的物理、化学而已。但是这几种科学已是经过了十年、二十年的提倡，其中且有不少外国人的帮助。如其我们情愿再等十年、二十年方看研究所的成功，当然还可以耐心的做去。如其不然，则取材异国以帮助我们研究事业的发展，恐怕是不可少的步骤。

二、派遣留学生，固然是造就专门人才的捷径，但这能够解决我们研究所的问题吗？决乎不能。我们不必一概抹煞的诅咒留学生不好。从好的方面看，我们不能不承认近年留学成绩的优美，学成归国的专门人才亦所在多有。但这些人自己工作也许可以，指导研究便成问题。因为计划及指导研究工作，不但对于某种学问要有精深的知识，而且要有博大的了解，这些不是初回国的学生所能有的。我们上面所说的国内已有相当的人材，正是因为他们还在学习而非可教人的程度。我们现在的问题，是叫他们怎样的不致生锈，至于要他们自己发光，恐怕还需要相当的磨炼吧。

三、一个真正的外国学者能与我们的兴奋与影响，不是任何多数的本国学者可以代替的。两个月前，美国的物理化学家诺贝尔奖金领受者朗穆尔博士来华游历，在北平讲演两次，当时北平科学界人高兴极了，大家都有愿从受业的感想。设如有这样的人一个在研究所，则不但学生会受其感动工作不懈，即其他教授亦必能引起无穷的问题与兴趣。一个研究所最重要的条件，是勤奋的精神与商探的兴趣，而这种空气，大半是靠一二个人造成的。

讲到此处，我想我们和汪先生的意见并无什么不同之处，我们的问题，是如何利用人材（中国或外国）以促成研究所的实现而已。不过我们因为中国人材不够用，所以有借材异国的主张，汪先生则主张先有研究所然后请外国学者。这一点分别，也许可以使中国的研究事业迟缓几十年！

十年来中基会事业的回顾[*]
（1935 年 3 月 1 日）

　　我们中国是穷国，说到办教育文化事业，则更穷上加穷。我们试看直至民国二十三年以前，教育经费不曾占过国家岁出百分之十五以上，而且固定的经费还时时有拿不到手的危险，就可知道教育界穷困的程度了。自民国十四年美国第二次退还庚款的消息传出以后，全国的教育界都感到一个异样的兴奋。其原因就是因为在中国教育文化经费常闹饥荒的时代，这一年百余万的款子，就好像一枝生力军，人人都希望它能发生一点奇迹。

　　光阴荏苒，十年的岁月，一倏的过去了。究竟美国退还的庚款做了些什么事，似乎值得我们来回溯一下。

　　说到美国的退还庚款，不能不先提到管理这个庚款的机关——中华教育文化基金董事会（简写为"中基会"）。这个机关的组织，是美国退还庚款的一个条件。当时国民政府尚未北伐，北方的军阀又濒于崩溃，美国政府不把这笔款子直捷了当的交还中国政府而要求成立一个中美合组的董事会来管理，老实说，就是表示对于当时政府的不信任。不过这会的名称，不为"中美……"而为"中华……"，还表示这个机关完全是中国的。这不能不说是美国人对于我方的尊重。

　　话虽如此，这笔款子终是有条件的退还的。既是有条件的退还，自然要受条件的限制。限制的条件有两个，一是管理的限制，这笔款子，根据两国的了解，只有中基会有支配的全权；二是用途的限制。根据中基会的章程及议决案，只有在某种事业范围之内得支用这笔款子。这是

---

　　* 录自《东方杂志》，第 32 卷第 7 号（1935 年 4 月）。——编者注

就款项性质而言。就中基会本身说，它的责任显然有两重：一是保管基金，按照章程，该会应"酌量保留该款（退还庚款）之一部分为基金，以其收入充本会目的事业之用"；一是支配款项，在章程上也有"使用该款于促进中国教育及文化之事业"的规定。关于第一层，是一个特殊的问题，我们留待以后再说。关于第二层，是全国教育学术界所最关心的，我们试略为叙述一下。

教育文化这四个字，是两个很宽泛的名词，设如没有明白的界说，我们便不免要望洋兴叹，无所措手。所以中基会在民国十六年开第一次年会的时候，第一件事便是通过一个议案，规定所谓教育文化的范围。这个议决案说：兹议决美国所退还之赔款，委托于中华教育文化基金董事会管理者，应用以：（一）发展科学知识及此项知识适于中国情形之应用，其道在增进技术教育，科学之研究、试验与表证，及科学教学法之训练；（二）促进有永久性质之文化事业，如图书馆之类。

观此议决案，则此中基会所谓教育文化事业者，质言之，即等于说科学事业而已。这样的界说，似乎已经把事业范围限制到一个狭窄的区域了，其实它的范围犹嫌太宽。因为即就科学而言，它还有自然科学、社会科学、应用科学种种的分别，何况科学事业之外，尚有文化事业呢？因为如此，所以随后中基会再加限制，把科学的范围规定为自然科学及其应用，社会科学事业虽然偶尔也有阑入，但已不是中基会事业的重要部分了。

事业的范围决定以后，第二个问题便是用什么方法来达到提倡科学的目的。读者若非善忘，应还记得当民国十四年孟禄博士来华接洽退还赔款的时候，教育界中提出用款计划的情形，真可说是风起云涌。当时提出的计划，有的要设立一个像美国麻省理工大学一样的理工学院，有的要设立一个中央博物馆，有的要在全中国的州县中，每县设立一个民众图书馆。这些事业自然各有各的好处，但其目的都过于单纯，都不足以适应当时中国的需要。中基会在这种情形之下，决定了一个"为而不有"的原则，它的目的，只是要以"有限的财力，谋最大最良的效果"。这个目的，唯有补助已有成效的机关，方容易达到。所以在它的分配款项原则中有下列的两条规定：

（一）本会分配款项，概言之，与其用以补助专凭未来计划请款之新设机关，毋宁用以补助办理已有成绩及实效已著之现有机关。

（二）有因本会补助，可以格外努力前进，或可以多得他方之援助者，是种事业，本会更应重视之。

这个原则，消极方面，固可以阻止以要钱为目的的投机家；积极方面，也可以使成绩优良、信用昭著的机关，愈容易得到发展的机会。严格说来，虽然近于锦上添花，大体上看，还算是"因材而笃"。基金会本非慈善机关，这样的一个原则，不但是必要，而且是应该的罢。

以上是大概说明中基会办事的原则，现在要详细叙述一下事业的本身。

上面曾经说过中基会事业的范围，简言之，即科学事业而已。科学事业的范围，照上举的议决案，又可分为下列三类：

（一）关于科学研究的——即所谓科学之研究、试验及表证。

（二）关于科学应用的——即所谓增进技术教育，包括农、工、医等科在内。

（三）关于科学教育的——即所谓科学教学法之训练。

以上三类，就科学本身看来，无疑地以科学研究为最重要。因为设如没有科学的研究，便不能有科学的应用。而且科学的应用，也时时要经过一番研究工夫。至于科学教学，虽然也是科学的根基，究竟是科学前期的训练。所以我们不能忽略科学的教学，但不能以科学教学为提倡科学的止境。根据以上的理由，我们对于以上三类事业，不必作横的分叙，而先作一个纵的说明，想亦是读者所允许的。

科学研究的先决问题有两个：一是人才，一是设备。中基会提倡研究事业，即从此两方面着手。关于人才一方面，中基会努力的方向可简括言之如下：

一、使已有成绩的学者得到工作的机会。

二、使有希望的青年得到造就的机会。

为达到此项目的，中基会则设有研究教授席，及科学研究补助金及奖励金。研究教授席，由中基会聘请国内成绩久著、学界共仰的学者，就设备完美的机关，从事于他的专门研究。这种设置的好处，是受者可以关起门来，不问世事，而潜心努力于他的研究工作。在这种情形之下，研究的成绩与贡献是不难操券而俟的。我们现在只把曾任或现任中基会研究教授的几位学者姓名列举于下，他们的成绩便用不着我们缕述了。

姓名	学科	研究地点
翁文灏	地质学	实业部地质研究所
李济	考古学	中央研究院历史语言研究所
秉志	动物学	中国科学社生物研究所
庄长恭	化学	中央研究院化学研究所
陈焕镛	植物学	中山大学植物研究所

科学研究补助金及奖励金设置的目的，一部分为奖励科学的贡献，一大部分为造就专门研究的人才。补助金分三种：甲种金额较巨，为有成绩能独立研究的学者而设，与研究教授的位置相等，但期限较短而已。过去如丁文江、严济慈、刘树杞、侯德榜诸君，皆曾得过此种补助。乙种为方在大学毕业，进而从事研究的青年学者而设，其重要目的，在使学者得到研究的训练。接受这种补助金的，以曾在国内外大学毕业而有志深造的学者为多。丙种金额较少，但有许多研究并不需大量经费者，得此亦可进行。接受此项补助的，大学教授及毕业学生俱不在少数。以上三种研究补助金还有几个特殊之点，便是（一）请求者只要提出成绩，不须考试，所以无论何处的研究者都有得到这种补助的机会。（二）研究地点，并不限于外国，更不限于一国，故可以得到世界所有大科学家与研究室的好处。因为以上种种原故，故自民国十七年设立此项研究补助金以来，收效之速，成材之众，恐怕不是自来所有留学办法所能比拟的。现在国内大学的教授及研究所的研究人员，由中基会此种补助而成功的，已是更仆难数了。我们且把历年接受研究补助金人员的学科分类及研究地点分列两表如下：

表一　　　　　　　　　科学研究补助金接受者学科分类表

年度＼学科	天文气象及地学	算学及理化科学	生物科学	总计
十七年度	2	7	11	20
十八年度	3	11	21	35
十九年度	5	15	26	46
二十年度	4	19	20	43
二十一年度	3	19	22	44
二十二年度	4	19	23	46
二十三年度	6	20	23	49
总计	28	110	146	283

表二　　　　　　　　　　科学研究员研究地点国别表

年度 ＼ 国别	本国	美国	英国	法国	德国	其他欧洲各国	总计
十七年度	11	6	1	2	0	0	20
十八年度	20	7	1	5	2	0	35
十九年度	18	11	3	6	7	1	46
二十年度	18	14	1	6	3	1	43
二十一年度	18	14	4	4	5	3	46
二十二年度	16	14	4	4	5	3	46
二十三年度	17	77	15	35	25	13	283
总计	118	77	15	35	25	13	283

关于科学设备的改进，中基会定了两个办法：（一）是在相当的学校设立科学讲座，每一讲座又附带若干设备费。接受此种讲座的计有：

国立北平师范大学
东北大学
国立中央大学（前东南大学）
国立武汉大学
国立中山大学（前广东大学）
国立四川大学（前成都大学）

每一学校计得讲席五座（物理学、化学、动物学、植物学、教育心理学），每座继续六年。又规定接受此项讲座的学校，除得有中基会的补助费外，同时须腾出所省教授薪俸的数额，作为添置设备之用。故此项讲座的设置，于学校设备的增进大有补助。（二）为斟酌各机关的需要而给予设备补助费。此项补助，占中基会用款的大部分。兹将自民国十五年以来，中基会支出此种补助费的大概列表于下：

表三　　　　　　　　中基会历年支出各种团体补助费表

年度	学校	学术团体	教育文化团体	其他	数额
十五年度	13	2	5	2	国币 419 905.95 元
十六年度	6	3	7	0	国币 277 547.06 元
十七年度	13	4	7	1	国币 467 350.00 元
十八年度	7	6	7	1	国币 922 200.00 元
十九年度	12	12	6	1	国币 568 214.20 元 美金 16 500.00 元

续前表

年度	学校	学术团体	教育文化团体	其他	数额
二十年度	20	13	9	3	国币 1 068 650.00 元 美金 9 500.00 元
二十一年度	9	11	6	0	国币 782 800.00 元 美金 6 000.00 元
二十二年度	9	5	5	3	国币 685 500.00 元 美金 6 000.00 元
二十三年度	10	5	3	8	国币 552 860.00 元 美金 6 500.00 元
总计	99	61	55	19	国币 5 748 027.21 元 美金 44 500.00 元

又就学科性质分之，则各科历年所得，约如下表：

表四

普通科学设备	国币 1 203 000 元
物理及化学	国币 445 000 元
生物学	国币 366 838 元 美金 6 500 元
地质学	国币 525 000 元
气象学	国币 29 000 元 美金 8 000 元
工程学	国币 427 500 元
医学	国币 375 000 元
农学	国币 446 250 元 美金 3 500 元
文化事业	国币 684 750 元
教育事业	660 750 元
其他	402 525 元

（注）此表内所举的学科与数目，有的是可以分别清楚的，有的是没有明白界限的。如对于农学、医学等的补助，可以拿受补助的籍贯作分别；至于物理、化学、生物学等，则往往在同一学校之中，不能划分得十分清楚。上表不过指示一个大概。

以上为关于补助事业一方面的说明。至于不属于补助范围而由中基会创办的事业，也有几种：

一、北平图书馆。根据中基会的议决案，图书馆为中基会所拟办的文化事业之一。在北平图书馆未成立以前，以偌大的中国，竟没有一个能称为现代式的公共图书馆。中基会在这一方面的事业，可以说是一种创造。此馆的建筑设备，俱由中基会独力担任；其藏书则因有从前京师图书馆的旧籍，又加以该馆历年的搜罗，故在国中现当首屈一指。目下每日往该馆阅书的达千余人。此馆与教育文化的关系是不难推想而得的。

二、生物调查所。这个生物研究机关，虽由尚志学会纪念范静生先生而设，但在它的基金未积到一定成数，一切经费都由中基会担任。中基会的愿意承担这个责任，并非偶然，而是要在北方设立一个生物研究机关，以便与南京的生物研究所、广东的植物研究所（这两所也受中基会的补助）联络一气，以完成中国整个的生物研究计划。中基会对于生物学的贡献，即此可见一斑。

三、社会调查所。这个调查所的成立，是因为收到美国的一笔捐款作引子。但在此所成立以前（民国十八年），国内关于社会问题的研究机关，尚如凤毛麟角，近年方渐渐地多起来了。所以除了本身的贡献之外，这个调查所还有提倡风气的功用。

四、编译书籍。与科学教学有关的，便是学校所用的参考及教科书籍。中基会起初设有科学教育委员会，其目的专在审查现行的科学教科书，并设法供给较好的中文科学书籍。后来这个委员会改为编译委员会，它的译著范围，也由纯粹的科学而推广到一切历史思想材料科目去了。这不消说，于帮助各学校教课的改进是很有益的工作。

五、供给科学仪器。我国中学教育，科学最弱，为观察我国教育者的公言。至于科学教育所以不良，其最大原因，是教学缺乏仪器，只凭空言讲说，引不起学生科学的兴趣。目下中央研究院物理研究所工场设备渐臻完备，有制造中学用试验仪器的可能。中基会正与物理研究所接洽，定制此种仪器若干套，用半价分给于需要的高中学校。至于生物标本的供给，中基会早于东吴大学及厦门大学的生物材料供给所有所补助。将来对化学的仪器药品，也可采同样的办法，那末，中学理科的仪器问题，不是可以大半解决了吗？

中基会对于科学研究的提倡，用钱不为不多，用力不为不勤，它所得纯净结果是什么？这个话自然很难说，因为科学的结果，不是可以表面看见的。不过我们若是把眼睛张大一些，也可以看出一点普通的现象。

一国科学的发达，总不免有地方关系的在先，有世界性质的居后，我国当然不是例外。而中基会对于地方科学的进展，曾有极大帮助，也是显著的事实。我国比较发达的，当推地质学为第一，其原因，是因地质调查所成立最早（民国元年），而最初主持所务的几位地质学家（如丁文江、翁文灏）又是有计划、有远见的领袖人才。但直到中基会成立以前为止，政府所给予的经费，几几乎欲维持所内人员的生活而不能，那里还有多少力量去做实际调查的工作。中基会感觉到地质调查在中国科学上、经济上关系的重要，十年来补助经费有加无已，于是地质调查所在学术上的贡献也日进不息。我们只要看看民国二十二年度地质调查所在各地调查的派遣队多至十二起，其地点，由西北的绥远、陕西、甘肃，中部的皖、赣、苏、浙、两湖，以及西南的四川，东北的山东，无不达到。其室内研究，除原有之古生物研究室之外，又添设有矿石、燃料、地震、绘图等研究室。该所是年内出版的刊物，计五种，共三十册。在国内学术机关中有如许贡献的，恐怕没有第二个了。再则土壤调查，在中国还没有办过。五年前中基会创办此事，特委托地质调查所办理。五年以来，调查的范围已遍及于江苏、浙江、河南、河北、安徽、湖北、四川、陕西、新疆、绥远诸省。此种工作，与地质调查同，与中国农工各业及经济复兴有绝大关系，是无庸我们致疑的。

其次，中国的生物科学，也步着地质学的后尘，有骎骎乎成为独立科学的形势。这是因为生物科学和地质科学一样，都带有地方性质，非先经过一番调查的工作，不能得到当地的材料以成为本国的科学。上面已经说过，中基会在北方既已设立生物调查所，在南方及西南方面，则又补助生物研究所、植物研究所、西部科学院及沿海的海产的生物学会。这样一来，中国各方面的生物学研究，便成为有联络有组织的工作了。而且各方面双管齐下，同时进行，所以这一类的科学发展极速。我们只看在中基会未加入它的臂助以前，国内的生物科学，还没有脱离当时博物科的旧观念。几年以后，各研究所的成绩，论质论量，便都差不多与国内的地质学相颉颃。学校的教科及实验，也渐渐有中国的材料可用。中基会对于这方面的贡献，又可见一了斑。

除了上举的地质及生物科学之外，中基会用于其他科学的补助费，数目亦颇可观（参观表四）。但或因学科性质的特殊，或因事业办法的各异，所得结果，甚难一概而论，此处也暂从省略了。

现在要问中基会所定"以有限之财力，谋最大最良的效果"的原则，如在过去十年中曾有几分之几的实现？其实行的条件是什么？我们从办事的经验归纳起来，可得两个条件如下：

一是集中款项。本来教育文化四个字的意义非常宽泛，上面已经说过。单说教育，从幼稚园、小学以至大学、研究院，何一不是教育？说到文化，从吃饭穿衣以至音乐美术，那一样不是文化？中基会把教育的范围限定在高等教育，教育的意义限定在提倡科学，文化的事业限定在图书馆之类，自然不免有许多偏枯，有许多处使人失望。但即照此办去，已经有力小任重之嫌，若再把中小学的教育及一切美术文化包括进去，那末，真所谓杯水车薪，于事何补？我们要承认有限的款项，只可以办理几项审慎选定的事业。无目的的浪费与不分轻重的一切敷衍，结果都是于效率原则不相容的。

二是注重合作。中基会的大部分事业，都以与人合作为原则，这实在是以少数款项求最大效果必不可少的条件。例如北平图书馆的设立，则与教育部合作；科学教席的设立，则与各国立大学合作；研究教席的设立，则与各研究机关合作；地质科学的发展，则与实业部地质调查所合作；生物调查所的设立，则与尚志学会合作；以至农、工、医、职业教育、教育科学等的研究，那一样不是与各关系学校或机关合作？我们近来似乎听见有人说中基会对于政府主办的事业，颇持一种不合作态度，这样的说话，大约于中基会已往的事业未加深考罢！

说到此处，我们觉得现时讨论庚款问题的，颇能注意合作，而忘记了分工的必要。我们所谓分工，并不是指美庚款的研究生应专往美国，英庚款考取的学生应送往英国，法庚款的事业限于与中法文化有关，而是指各庚款机关所办的事业，在中国整个的教育文化计划中，应各有一个相当的地位。照这样说来，如美庚款注重在高等教育，英庚款便可注重在初等或中等教育，法庚款可注重在美术职业教育。如嫌款项太少，则可在一种教育中分别担任其各部分，如美庚款担任纯粹科学，英庚款担任应用科学，法庚款担任社会科学之类。无论如何，总比现在的人自为谋或各不相谋好些。我们须晓得分工即是合作；而在目下中国的情形，分工也许比合作容易办到。这只要各庚款机关能放弃其各个利益的偏见（此层并非甚难）及我们政府能有一个详审周到的教育计划就行了。

（附注）此文并非正式报告，故叙述中有详略失宜，或事实偶误之处，俱由作者负责。欲知中基会事业之详细情形的，请看该会历年的报告书。——作者。

二十四年三月一日

介绍几句被人忘记了的旧话[*]
（1935 年 3 月 5 日）

我们近来谈到中西文化问题的时候，常常听见两句历史上有名的成语——"中学为体，西学为用"。这两句话，大家知道是见于张之洞的《劝学篇》中的。我们听了这两句话，只觉得它是一种过去时代的谬见，谁也不愿意多加以注意。前日春节无事，作者偶游厂甸，在旧书摊上拾得《劝学篇》一册，以一角钱购归读之。我们发见张之洞的意思，还不至于如一般想象的那样颠顶糊涂。现在我忍不住要绍介他的几句话来作我们当前的鉴戒。

他在《劝学篇》外篇《益智》篇内开口便说"自强生于力，力生于智，智生于学"，这和近人所常常征引的亚里士多德［培根］的名言"知识即权力"有何分别？但在当时中国人的口中说出，尤为难得。他接着又说："夫政刑兵食，国势邦交，士之智也。种宜土化，农具肥料，农之智也。机器之用，物化之学，工之智也。访新地，创新货，察人国之好恶，较各国之息耗，商之智也。船械营垒，测绘工程，兵之智也。此教养富强之实政也，非所谓奇技淫巧也。"

这些话，都可以证明张之洞所见到的"西学"并不算十分错，然而以若所见，求若所欲，即使不在前清末年的混乱情形之下，也不免犹缘木而求鱼也。这是什么原故？

一、世间上只有一种学问，那便是凡以求真理为目的的，方能当得学术这个尊称。这个原理，无论中西学人都是要承认的。换一句话说，学问无所谓中西，唯其是而已，唯其真而已。而张氏把它硬分中西，意好抑扬，则是他的主张，自始即已失掉了立脚点，那里还有成功的

---

* 录自《科学画报》，第 2 卷第 3 期（1935 年 3 月 5 日）。——编者注

可能？

二、张氏所谓士、农、工、商、兵的"智"，其实只是一个科学的应用。他眼看不见科学，而心心意意偏要求科学的效果，这正如古人所说的，"无本而求木之茂，无源而求水之长"一样，无怪乎他的希望也始终没有实现的一日。

张之洞的书已出世三十七年了。现在虽然时过境迁，我们能保证我们的见解一定比他进步到如何程度吗？我们自然不再说"中学为体，西学为用"一类的话，但是我们常常极力的称颂东方文化，与短见的求科学事业的速效，恐怕我们对于西方学术——特别的科学的了解，比了彼时的张之洞，未见得高出几多吧！不但如此，张之洞在甲午中日战败之后，知道非发愤求学，不足以自强而图存，所以在他的《劝学篇》中，常常有沉痛激励的说话。我们当前的国难，比三十七年前要严重十百倍，觉得他的说话还有一听的价值。现在再引几句如下："国之智者，势虽弱，敌不能灭其国。民之智者，国虽危，人不能残其种。求智之法如何？一曰去妄，二曰去苟。固陋虚骄，妄之门也。侥幸怠惰，苟之根也。二蔽不除，甘为牛马土芥而已矣。"

廿四，三，五

国立大学的合理化问题[*]
（1935 年 7 月 1 日）

在本期的本刊中，载有王伏雄先生的《合并国立大学刍议》一篇文字。王先生这篇文章，作于两三个月前，当然不曾预料到目下有所谓合并国立大学的谣传。同时在两三个月以前，王先生便提出这个问题，也可见此问题自有讨论的价值，不是偶然因环境的关系而生灭的。我们因为此问题关系的重要，而王先生的文章似乎还嫌过于简略，未能把实际的问题发挥尽致，所以再来充补几句话。

所谓大学的合理化问题，本来是大学教育的全体问题，而不是某种大学的独有问题。不过在像中国这样一个复杂的国情里，要把各种大学归于一冶而受一个统系的支配，是不可能的。譬如说罢，我国官立的大学，有所谓国立与省立之分；私立的大学，有所谓国人的私立与教会私立之分。如此，要把国立与省立，或私人立与教会立作一种考虑的单位，已属不可能，何况官立与私立鸿沟远隔，界限分明，岂能并为一谈呢？所以王先生把他的论题，限定于国立大学一类，我们以为不失为聪明而且必要的办法。

国立大学的合理化，我们以为至少有三方面应当考虑：

（一）学校的地点。

（二）学校的组织。

（三）学科的分配。

以下我们依次大略加以讨论。

（一）学校的地点。我国大学校地理分配的不当，在民国二十年国联教育考查团的报告中即已充分表示此点。他们说：

---

* 录自《独立评论》，第 158 号（1935 年 7 月 7 日）。署名"叔永"。——编者注

就吾人所能确知之事实……在一九三〇—三一年中，十五国立大学，有十一校设于三个城市之中；省立大学十七校中，有九校设于另外三个城市；又有三个城市，除国立大学外，复有二十七个立案私立大学中之十九校。在北平附近，有国立大学四校，立案之私立大学八校。上海有国立大学四校，立案之私立大学九校。天津有国立大学一校，省立大学四校，立案之私立大学一校。（以上所引，见《中国教育之改造》第六〇—六一页）

这个调查所表示的是：我国大学地理上分布的不合理，不但国立大学如是，即私立大学亦未尝不如是。如把两种大学的合而计之，这个不合理的程度便愈深刻化，同时，若对于某一类学校有了办法，也可以说解决了问题的一部份。他们的结论是："中国大学在地理上之分布，杂乱无章，在同一区域内，常有多数大学，其所进行之工作几全相同。"又说："今欲将良好之结果保留，恶劣之结果消灭，其所需要，不在大学之扩充，而在大学之合并。"

大学所在地点的问题，至今并没有什么变更，所以国联教育调查团的结论，至今仍然有效。

（二）学校的组织。国立大学的集中于少数城市，虽然有许多环境上或物质上的理由，如人口的众多，交通的便利，商业的繁盛等等。但此外还有一个历史的理由，即许多今之所谓大学，都由昔日的专门学校蜕化而来。凡稍稍留心我国教育史的，应记得前清末年的教育制度，一方面采自东邻日本，一方面又沿袭我国"国有学"的古制，全国只有一个大学，便是京师大学堂。其余各省省会，只设高等学堂，等于大学的预科。辛亥革命以后，把这个统于一尊的学制废除了，各省的高等学堂本来有改为大学的可能。可是当时全国的教育程度，自然还够不上有许多大学，而且日本专门学校的制度，在我国教育当局心目中还是一种金科玉律。于是从前只有一个高等学堂的，现在便改成了数个专门学校——如高等师范、高等工业、高等农业、高等医学之类。到了民国十至十一年之间，我们又改学制了。当时废除大学的预科，而把中学改为三三制，即所谓初级中学与高级中学。于是在学制上，中学与大学之间，不容有专门学校的存在，而昔日所称为专门学校的，因为收纳高中毕业学生的原故，而一律改称为大学了。这在学制的表格上，自然很是整齐划一，可惜从此以来，便发生了许多不成名词的单科大学（大学原为许多学术集合成一团体的统称，若于大学上冠以某科，在西方原意看来，是为不词），而大学的数目，也就有"貂蝉满街走"之观了。这个短短的历史叙述，可以说明何以在几个城市中，国立大学独占多数的原因。如像北平一城，有国立大学四个，其中两个（北平大学及师范大学）便是由专门学校改组的。不但如此，设如我们追溯历史至民十七以前，当时在北平一城的，有所谓国立九校，其中的八校，即今国立三校的前身，而在当时皆各为一独立大学（除艺专一校是例外）。设如国联教育考查团在彼时来考查，不晓得他们惊异的心理还要增加几倍呢？

这些组织上的不合理，经过国民政府几年来教育当局的努力，已经得到相当的改善。例如教育部规定凡有独立学院三个以上的方才能称大学，于是不甘以独立学院自终的，都可以集合起来，取得大学的称号。北平大学合五个独立学院而成一个组织，即是一例。不过这种组织的改变，仍以属于名义上的为多，实际上不过于原有各校之上，加上一个不必需要的办事处而已。其结果，不但质的方面不见有什么进步，即量的方面也不见得有甚变动，而有些国立大学的组织，至今还是成为一个不曾解决的问题。

（三）学科的分配。设如两个在同一城市的大学，他们所授的学科完全不同，那末，在每个学校以内，它的组织是否合理，虽然尚有问题，而所谓重复的问题总不会发生。不幸这样的一个条件，实际上是不易遇到的。因为凡是普通的大学，都有它必须设立的基本科目。我们且把十一个国立大学所有学院名称列表如下：

	文	理	法	农	工	医	商	教
中央	×	×	×	×	×			×
中山	×	×	×	×	×			
北京	×	×	×					
北平	×	×	×	×	×	×		
北师	×	×						×
清华	×	×	×		×			
武汉	×	×	×		×			
山东	×	×		×	×			
四川	×	×						
浙江	×	×		×	×			
暨南	×	×					×	

从上表看来，文理两院是每一个大学都有的（其中浙江大学及北平

大学是文理合院）。所以如一城有四个大学，便有四个同样的文理学院。其次共有最多的为法学院。至于农、工、医等学院，本来已经不多，重复的机会当然更少了。

从上表，我们还可以看到一个事实。即在十一个国立大学中，发展到六个学院以上的，不过中央、中山两校；到四院以上的，不过清华、北平、武汉、山东四校；其余的都只有三院。自然，一个学校的价值不能以它的规模大小作标准，但这总可以表示我们国立大学的数目虽然很多，他们的发展过程都不算很高，换一句话说，就是还很有发展的可能。限制这些大学发展的因素是什么？最重要的，不消说是人才与经费了。我们要求免除不必要的重复，腾出人才与经费，以求进一步更大的效果，想来不算无病呻吟罢！

从以上种种方面看来，似乎通盘筹画一个国立大学分布的地点，整理现有的组织至最经济、最有效的限度，而且注意学科的分配，使各大学能因应时势的需要，得到平均的发展，方不失"合理化"这三个字的意义。不过这样一个阔大而严重的题目，决不是本文所能讨论的。我们试提出一具体狭小的题目，以见问题之一斑如何？

我们晓得北平城内外有四个国立大学，它们的经费合计起来每年当不下四五百万。这除了前面所说的历史关系外，绝对没有必须的理由。师范大学，因为是特种学校关系，我们可除外不论，其余北平、北京、清华三大学，可以说大半是重复的设置。今欲免除重复，和求一个较为合理的分配起见，我们以为有以下几个方案可借考虑。

（一）北平大学，本来无一定统一的组织，我们以为宜将各个学院分属其他尚未设置此种学院的国立大学中，一方面可帮助其他大学的发展，一方面可减少组织上的浪费。如其不然，在目下全国高唱生产教育的时代，这个学校尽可以缩小范围，降低程度，老老实实的办成几个像样的职业学校。这比一年花上一百四五十万的巨款，办上几个【二三个的】专门学院，对于时局的贡献总应该大些。

（二）北京大学与清华大学，这两个大学虽然各有各的历史与成绩，但北京大学的文理法三院，与清华大学的此三院性质完全相同，我们看不出有什么理由不可以合并办理。况且清华大学历来的政策本是趋重于理工一方面，然则让北大专办文法，而清华专办理工或农，岂不是相得益彰吗？不，我的意思是说，北大与清华，大可以合为一校，那末，它的文、理、法三科的教授人才立刻可增加一倍，加上清华已有的工或农科，岂不成了一个最完备的大学？而且两校的经费合计起来在二百万以上，在最近的将来一二十年内，决不至发生经费的恐慌，这不是两利的事吗？至于清华需要北大文科的风气，北大需要清华理科的精神，那更是不言而喻的。

说到此处，我晓得有人要说："你这些话，说来容易，绝无实现的可能，岂不等于痴人说梦？"我的回答是："梦固是梦，但我相信它表示的是一种超然的见解与健全的希望，绝没有一点其他的用意。"读者如对于这个重要的问题愿加讨论，那是我们最欢迎的了。

二四，七，一

国格与人格 *
（1935 年 7 月 15 日）

　　一个国家是有国格的，正如一个人有人格一样。一个人的人格，有种种方面可以表现：它可以由社会的地位、朋友的交际和一般的待遇表现出来。同时，他自己的行为、动作、品格、态度，也是决定他的人格的重要因子。一个人尽可以受外来的欺侮，但如外来的欺侮，是如天灾的不可避免的；或如孟子说"自反而仁矣，自反而有礼矣，其横逆犹是也"的无妄的灾难；那末，这个人的社会的地位，虽然因为横逆之来而受到影响，他的人格是不会发生问题的。反之，设如一个人仗恃着自己的强有力，横行无忌，目空一切，把一切人与人的交际礼节，一咕噜抛弃在脑背后，这样，虽然他所蹂躏的是他人的人格，也许因为此种行为还可以得到相当的利益，可是他自己的人格，也就要受到旁观者的疑问。因为我们曾经说过，人格不但由社会的地位，并且是由自己的行为决定的。这是很平常的社会现象，是人人所知道的一点普通常识。

　　国家与个人，在有格的一方面，固然彼此相同，不过他们有一个不同之点，那便是：人与人在一个国家内，在法律的原则上，是天然平等的；而国家与国家，在现今的世界上，还不曾有一种组织或一个法律，使所有的国家在它底下一律平等。因此，在人与人之间，我们一说到人格两个字（如今人常常说的"人格作保"、"侮辱人格"等话头），绝对不发生有无的问题；而国与国之间，强者便可以故意忽视或抹杀弱者的国格，以遂其逞强的心理。换一句话说，在人与人之间，人格是自己的问题，不须与人争而可得到。在国与国之间，国格的大部分要视外界的情形为转移，是必须奋斗而后可得的。这也是极浅近的道理，可惜有

---

　　* 录自《独立评论》，第 160 号（1935 年 7 月 21 日）。署名"叔永"。——编者注

些时候被人忽视，以致酿成不可挽回的大错，所以我们要提出来说。

三四年来，我们整个的局势，是由司空见惯的国耻而陷入空前未有的国难。我们天天嚷着挽救国难，而国难之来，愈是有加无已。我们直到现在，还不知国难的推演要到甚么个程度，我们不知道在最近的将来，横着在我们面前的暗礁是甚么。我们自诩"纳闷"忍耐的本领，可是黑暗中的摸索，实在是可怕而危险的旅程呀！

我们若把土地、人民、权利、政事种种的损失暂置不论，而从大体上抽象上观察我们的伤害，我们以为人家故意的或者可以说有计划的不承认我们国格的存在，是这几年继续不断发生事件的大结论。读者若不信这个话，我们可以举出几件事来说明。

一、在一九三一年冬天，日内瓦国际联盟会讨论"满洲事件"的时候，彼方代表曾明言中国是无组织的国家，所以近代国际条约的约束，在中国不适用。

二、在一九三二年春天，上海"一二八"事件发生的时候，彼方不宣而战，这等于说明近代文明国的宣战常规，在中国为不适用，实际也就是不承认中国国格的存在。

三、在本年春间，所谓冀察事件发生的时候，我方拟用外交的途径折冲坛坫，彼方竟藉口于地方事项，由军事当局与我地方当局直接交涉。尤可怪的，两国方在交换大使，一方面雍容揖让，互致亲善的颂词，一方面又剑拔弩张，极尽威胁的能事。这样矛盾的现象，除了我们承认对方不以普通国际的行为相待外，是不能理解的。

从以上三件事看来，可见对方蔑视我们的国格，政策是一贯的。不但是政策一贯，而且是次第由言论而进于实行的。他人的政策如何，我们原来没有批评的必要，我们叙述上面一段事实，也正如李顿爵士在美国演说"远东问题与世界和平"的态度一样，是不以批评为目的的。不过我们应该自省，我们堂堂一个国家，为甚么为人所蔑视，不以相当的资格相待？这是因为我们没有坚甲利兵，够不上列于强国之林吗？现在世界的小国有的是，但受着我们这样待遇的却也少有。

话又说回头，一个人的人格，固然由社会上的地位和朋友间的待遇来表现，同时他自己的行为动作，也是决定他的人格的重要因素。个人如是，国家亦然。国家的国格，如发生了问题，唯有靠了国家的行为可以挽救。国家的行为是甚么？大言之，固有军事、外交、国防设备等等。小言之，则政治的修明、人心的团结、地方事业的整饬、大小官吏的奉公守法，都可以代表国家行为的一部分。我们可以想象，设如国难发生以后，我们南北各地的军事政治首脑，果能放弃夙怨与成见，同心一德，共赴国难，国难的程度也许不至于演到现在的严重。我们又可以想象，设如在野不得志的军人政客们，略略的多甘一点岑寂，不必冒着汉奸的大不韪，去图一时的快意，那末，许多为民族丢脸的活剧，也可以不至发生。单简的说一句，我们的国格既然发生了危险，唯有用国民的人格去挽救，是最有效的办法。我们的对方要蔑视我们的国格，我们把他无可如何。我们的政府要培养国民的人格，使国民对于国家，发生一种休戚相关的意识与情感，那无疑地是做得到的。

廿四，七，十五

四川大学的使命[*]
（1935 年 9 月 16 日）

今天是开学的第一日，也是本学年举行纪念周的第一次。我想借这个机会来和诸君一谈四川大学的使命。

凡是四川人应该记得历史上有两句名言，是"天下未乱蜀先乱，天下已治蜀未治"。这两句话可以说是由历史事实归纳得来的。我们只看明末及前清末年的历史，便可证明这个公例的不谬。

这个历史公例成立的理由，第一，是因为四川地形四塞，容易与外界形成隔绝，所以许多揭竿而起的乱事，在外间不会发生的，在四川则可闹得天翻地覆。第二，因为四川全省被许多高山大川分割，一旦发生了乱事，便容易分成许多小部落，彼此互争，各不相下，所以战事也就不容易平息。第三，因为地理的关系，人民的知识程度常常在水平线以下。既然知识不高，就不明白社会的需要，而常常为自私自利的引起战争。

以上是四川易乱难治的一般情形。同时，我也应该看到历史的另一方面，即因为地理的特殊，物产的丰给，历史上也常常有外间尽管在乱，而四川仍然得到小康的时候。这如三国时代的蜀汉、五代时的后蜀，都是好例。所以，我们做四川人的，尽可不必悲观。只要我们有开明的领袖和有相当知识的人民，四川不但不会先天下之乱而乱，而且还可以先天下之治而治。

说到此处，我们可以说，四川大学的第一大使命，就是要输入世界的知识，使我们睁开眼睛，晓得世界的进步到了甚么程度，人类的大势

---

[*] 录自《国立四川大学周刊》，第 4 卷第 2 期（1935 年 9 月 23 日）。本文为作者在四川大学本学期第一次纪念周的演说词。演说日期据党跃武主编：《川大记忆——校史文献选辑》（第一辑），成都，四川大学出版社，2010。——编者注

是个什么情形。那末，我们从前所有蛮触战争、部落思想，都可以不攻自破。换一句话说，我们要拿知识来开通，来补偿地形的闭塞。第二个大使命就是要建设西南文化的中心。大家晓得，西南这两个字，近来被用来做特别区域的代表，我们决不赞成。我们从文化方面来看，以为中国的文化，都偏于沿海口岸。即就黄河、扬子江两个流域来说，也是下流近沿海的地方文化比较发达。我们现在所谓西南，是指黄河、扬子江两水的上流省分而言。大概说来，黄河流域，要包括陕西、甘肃、青海；扬子江流域，要包括四川、云南、贵州。在这个广大流域之中，只有四川土地比较肥饶、物产丰盛，有做文化策源的资格。这个文化中心的要求，四川大学当然是责无旁贷的。第三个大使命，当然是在现今国难严重之下，我们要负的民族复兴责任。四川在过去革命的时期，民族精神最为发达，所以，参加革命工作的人士也比较众多。这是我们最引为庆幸的。不过，从前革命的时代，我们奋斗的对象不过是腐败的政治阶级，比较的容易成功。目前，对于我们的使命加以最威胁的敌人，确是世界上有数的强国。我们不能望拿从前对抗腐败政府的准备来抵抗他而希望成功。我们要抵抗目前的侵辱，挽救当前的国难，必须要有较大的能力与深厚的准备。这些除了在学问上去研究、去学习，是没有法子得到的。所以，我们有一天要民族复兴，就不能不向大学去做预备工夫。反过来说，四川大学对于民族复兴的责任，是非常的重大，我们虽欲委卸而不可能的。

说到预备的工夫，似乎有什么特殊的举动。其实不然，在我个人的意思，如事情还未到十分紧急的时候，最好的预备的办法，还是按部就班、各尽其责要紧。那就是说，做教员的还是尽心的教书，做学生的还是专心的求学。不过有一件我们必须留意，我们现在学习的方法，是不是和我们的目的背道而驰。譬如说吧，我们学习的时候，若所用的方法，完全是被动的，那末，要他毕业之后忽然会自动起来，对于所作所为有独立而前的发展，是绝对不可能的。又如，学的时候，注意在理论的探讨与文学的训练，那么，学成之后，要他去利用所学做实事的改进，也是不可能的。

因为如此一个大学，对于他的使命，是否能够完成，对于他的目的，是否能够达到，不必等到他的毕业学生已经出了社会任事之后，而在他学科的教授方法中，早已多少明白了。我个人因为说到此点，想把今后的四川大学实际应用方面发展，把大学各科的教法从自动方面发展，关于这两方面实施办法，现在有一件可以先为报告：

一、关于实际应用问题。我们很想把学校的功课，在可能范围内，使能与社会事实发生关系。如学政法的，我们可以使他们去研究地方政治或县政实施；学经济的，可以叫他们去调查商业状况与农村经济；学农业的，可以叫他们改良农作种□；学物理化学的，可以教他们调查及改良土工业之类。

二、关于自动教法。我们想在可能范围内，渐渐的废除讲义制而代以参考书或概要制。用书或概要制的好处，就是至少使学生得自己寻一点材料或一些书籍来完成他们的讲义，而不至于死守一部讲章，其他一切都可不必措意，这种懒惰的心理最为害事，我们是必须打倒它的。

从本学期起，我们把各门的课程标准，已有相当改革了。本来课程不过是一些材料，要这些材料真正成为有用的物品，还要如何的运用方法。上面所说的两层，是使这些材料成为有用物品的必须条件，我们希望以教员及学生的合作今年能够慢慢的办到。

还有一层，我上次在欢迎会中也曾说过，我觉得四川的青年学生们身体太不康健。它的证据，除了在校医处看病的人数众多之外，每天得到学生假例的信也不在少数。我希望，同学们对于身体的卫生及运动格外注意。大家要记得，没有强健的身体是不会有强健的头脑的。

在国立四川大学全体学生
欢迎校长会上的演讲[*]
（1935 年 9 月 18 日）

今天承四川大学全体同学欢迎我兄弟及各教职员，我们很感谢你们的盛意。我记得北大有个习惯，凡每期教员初来校，必须讲演一次，这是拿作见面礼的。今天川大开欢迎会，使我与诸位同学得一个初次见面谈话的机会。如此彬彬有礼，使我尤为高兴。我和四川大学的关系，最初是在民国八年熊锦帆先生的时代。当时，我虽拟一个办理大学的计划，卒以环境关系，未克成功。民十一年高等师范学校时代，曾来此地讲话。第二次讲话是民十九年在南校场成都大学。此次算是第三次了，而各次学校的情形各有不同。这可以表示四川高等教育的进步。川省教育组织，虽有进步，但拿大学来说，则去理想尚远。今天我把来此后所得各种感想拿来讲，想来各位也有同感吧。

第一讲到校舍。四川大学校舍的朽坏，首先就使人得到不好的印象。记得《大公报》记者张季鸾来蜀，于川大很失望。他说，川大不惟不及国内各国立大学，即私立大学亦不如。再如，李仪祉先生来川参观也说川大远不如山西大学。这可见到川大给一般人的印象是怎样。四川大学的校舍分两部，一皇城，二南校场。除皇城内的办公处及南校场旧有的尊经书院外，其余的房屋大半均朽坏，不蔽风雨。昨天我们去接收农院，看见那里的讲堂、寝室，有些长几尺高的树子，更是稀有的笑话。这也是四川大学的一部分，将来必须改建的。

第二讲到设备。文法两院的书籍杂志及理学院的设备，都不够。前

---

　　* 录自《川大记忆——校史文献选辑》（第一辑），原文载《国立四川大学周刊》，第 4 卷第 1 期（1935 年 9 月 18 日）。——编者注

几天，我根据教育部的视察用报告发表谈话，听说理学院杂志不过十一种，内尚有一种英语周刊。后来知道这个报告有错误，但书籍杂志的不够用，则仍为事实。至理学院因房屋太坏了，屋顶常有倒塌之虞，许多仪器都不敢搁在外面，如此将何以做实验。

第三讲到学科及为学的方法。关于这方面，似乎有一个很矛盾的现象。同学一入学校，似乎就是专门人才，所有课程都完全是专门的功课，如国文系则教文字学、音韵学，史学系则教各国史，英文系则教莎士比亚，理院物理系则教高等物理。这自然是很好的，不过关于很重要的科学〔学科〕，如像国文、英文、算学等，普通训练太觉缺乏，即学专门学科，收益必定很少。往日有此种课程标准，不过他们中间经过多年的高中阶段，我国的中学尤其是四川的中学如何够得上。同时，我们讲授的方法是注重讲义。各教授讲义给同学念念，试验室照讲义写一次，算是毕业。这样被动式的教育，在小学中犹当改良，何况大学。这种矛盾如不改良，将来毕业同学出外求学任事，必有很多困难地方。这是我们在外常常看见的。

以后改良的事，本人到此未久，不能有确定的计划，但是现在所见到的，可述之如下。以后的计划可分为两种，一是永久的（长远的办法），一是临时的（眼前的办法）。永久的计划，如武汉大学，由中央及地方筹款，在校外另建新校舍，不惟校舍问题解决，而且延聘教授及学生学问也同时解决。我们也不妨仿照武汉大学办法，立一个五年计划。此种计划实行之后，我想川大一定很有成绩。此是永久的。至临时计划，今年图书设备仪器，增加的增加，改革的改革。如文法两院的图书馆，既嫌狭小，又地远不便于看书，我们想另建一个图书馆。理学院方面的试验室，也应设法添盖。

此外，就是科学方面，物色教授人才颇不容易。一因川大设备不够，他们恐怕到此地不能研究他们的学科。今天来到的几位先生是很有牺牲精神与决心，才得同兄弟到来的。我把他们介绍一下，有文学院院长杨伯屏先生，法学院院长徐敦璋先生，秘书长孟寿椿先生，训育主任钟行素先生，文书课主任郑颖孙先生，会计课主任刘立之先生，还有文法农各院诸先生。这是兄弟短时间内所能约到的。

至课程标准，我们现在重新改定，由一年级新生起逐渐施行由浅入深。以前课程太多，现在我们把各系课程减少。但这是给你们一些时期去自动研究或读书，不是给你们玩耍的。教授担任钟点也相当的少，使教授与学生有多的时间去讨论与研究。

课外运动，我们以后特别注重。据查各院同学每日有病求医的常有三四十人之多，约占学校人数十分之一。这可以表示同学身体的不健康，是很不可忽视的现象。我们打算以后特别注重体育，添运动场与运动器具。希望靠了运动的力量，使川大同学身体格外强健。此外，各种团体的组织（是学术文艺团体，不是政治团体）也当特别提倡，使同学得到一些合群的训练，及明了会的组织及规则。这样，我希望同学不但有强健的身体而且有活泼的精神，将来方能担任国家大事。

最后，我还要申明几句。兄弟此次放弃外间的事业，入川来办这个大学，除了想替社会贡献一点心力，替川中青年立一点教育基础外，别无所图。希望大家向着这个目的进行，那么，四川大学的发扬光大，是不难计日而待的了。

对于读经问题的意见[*]
（1935 年 10 月）

　　《教育杂志》主笔以读经问题征求国内教育界同人的意见，我以为这个是最有意义的工作。我个人既非教育家，更于经学素乏研究，本来说不上有甚么主张。不过因为这个问题的重要，既承明问，也愿意发表一点外行的意见。

　　我不晓得主张读经的，其真正目的在那里。不过我们记得几月前白话文言之争，曾经牵涉到读经问题。最近所谓读经问题，更与某省的复古运动常常并为一谈。照此说来，似乎主张读经的动机至少当有两个：一是拿读经来做打倒白话文学的工具；二是拿读经来做复古运动的先声。至于反对读经的，虽然说的道理很多，其真正理由，也不过恐怕以上两事的成功而已。我们若把以上两事的可能性看得清楚，似乎可以减少许多无谓的争论。

　　第一，我们要问读经可以代替文字的训练吗？这个答案当然是"不能"。单简的理由，是读经的文字，在中国总算是古而又古的。这种文字，不但训练初学发蒙的小孩们不适用，就是预备成年的人们入世应用也不合式。那末，除非科举复兴，大家又靠着经义八股来做进身的敲门砖，我想决不会有人以为读经可以代替中小学生的基本文字训练罢！这一层既做不到，要拿读经来打倒现今的白话文学，自然更不可能。

　　其次，要问读经是否即可以成功复古运动，我们的答语也是"不能"。关于这一层，我们要问主张读经的想复的是甚么古？是社会组织吗？我们要晓得社会正受着时代的潮流变动，这些社会力量都非常之

---

　　* 录自《教育杂志》，第 25 卷第 5 期（1935 年 10 月）。原题为"任鸿隽先生的意见"。——编者注

大，决非几千年前圣贤遗留的几句空言所以抵御或挽回。是伦理道德吗？我们又晓得伦理道德的观念，也和社会组织同在演进之中，而且人们的行为能有几分受着经训的支配，本来便是问题。所以要想拿读经来做复古运动，等于白日做梦，其结果也非归于失败不可。

以上所说，都是拿读经来做达到某种目的的手段，我们既断定他必归失败，便可以不必过事张皇。若从教育方面来看读经问题，我以为章实斋"六经皆史"之说，大值得我们注意。我想章氏所谓史，不但古代的文物典章，就是古人的嘉言懿行，也应包括在内。我们要造成民族的国民，不但要有文字生活的训练，还应该有历史种性的认识。这种认识，只有诵读古人原文的书籍可以得到。自然，这种书籍，必须经过一番选择，使适合于读者的时代与理解。

再明白痛快的说一句，我们对于有某种目的而读经的主张，绝对不敢赞同。不过如从前许多教育家的主张，中国的经书，完全让给大学院的专门学者去研究，而多数未进大学或非经学专家的国民，便与它终身无一面之缘，我以为也不是教育国民的道理。我们觉得经过相当的选择与注释之后，在中小学的课程里加入每周一二小时的读经，使学生们了解一点先民的历史与思想，至少不见得比令学生背诵近人的小说或游记是时间浪费。

中国科学社二十年之回顾[*]
（1935 年 10 月）

　　中国科学社之成立，迄今已二十年。此二十年中，经过空前之世界大战，经过中国之国民革命，经过无数无数社会思想之变迁，然而本社事业不唯未受此等影响，且继长增高以有今日之规模局面。吾人回顾之余，固不仅为本社庆，且为中国科学前途庆也。

　　溯二十年前本社成立之始，不过少数学子，目击西方文化之昌明与吾国科学思想之落后，以为欲从根本上救治，非介绍整个的科学思想不为功。于是秉毛锥，事不律，欲乞灵于文字的鼓吹，以成所谓思想革新之大业。此《科学》月刊之作，所以为吾社所最先有事也。此报今已出至第十九卷第十期，于宣传科学进步与提倡科学研究不无微劳足录，当亦吾国学界所共认者。

　　其次则以为欲图科学进步，与其载之空言，不如见诸行事之深切著明，于是民国十一年秋乃有生物研究所之设立。此所成立，实为国内私人团体设立研究所之嚆矢。然当时吾社竭蹶经营之情形，言之有令人失笑者。此研究所成立之始，研究员皆无薪给，常年经费不过数百元。今则合社外之补助与社内之经费计之，每月支出当在五千元以上，至该所之出品与成绩，在世界生物学界中已有定评，无须吾人更为申说。今所欲言者，吾社提倡科学，而以研究所树之规模，或与其他之空言无实者异其趣耳。

　　更次则欲发展科学与便利研究，图书馆之设，实为必不可少，而亦学社所首当注意者也。吾社于民国八年开始组织图书馆，其时仅就南京社所辟室数椽，为社员公共庋藏书籍之所。今则上海建有明复图书馆，

　　* 录自《科学》，第 19 卷第 10 期（1935 年 10 月）。——编者注

藏科学书籍以万计，藏中外科学杂志种类以百计，俨然为东南文化添一宝藏。近更添设科学图书仪器公司，努力于出版及供给仪器工作，将来对于发展科学之贡献正未有艾。如近年出有《科学画报》半月刊，为出版界满足一久经感到之需求，其一例也。

然则本社以一私人学术团体，而能继续发展至二十年之久，且能蒸蒸日上，若有无限前途者，其原动力安在？约而举之，厥有数端。

一、社会之同情。本社发起之时，作始甚简，设非社会上先觉前辈优予同情，其不易于发荣滋长明矣。举其要者，如蔡子民、吴稚晖诸先生自民国四年旅居法国时，闻本社之发起，即来函加以鼓励。稍后则梁任公、马相伯、汪精卫、孙哲生诸先生亦于精神物质各方面各有重大尽力。而历年以来，各方友人以金钱或书籍赞助本社者，尤为指不胜屈。吾人敢断言，设无社会上许多深厚之同情与鼓励，绝无今日之本社，此吾人所当铭记不忘者也。

二、社员之努力。本社成立伊始，即以各个社员之努力奋斗为唯一自存之道。记在美国时，亡友杨杏佛君为《科学》总编辑，常以打油诗向赵元任君索文，赵君复以一诗云："自从肯波（Cambridge）去，这城如探汤，文章已寄上，夫子不敢当（杨原诗有'寄语赵夫子，《科学》要文章'之句）。才完又要做，忙似阎罗王（原注云：Work like hell），幸有辟克历，届时还可大大的乐一场。"犹可想见当时情趣。又胡明复君以天才绝学，以科学事业故，宁固守沪上，效死而勿去。稍后则研究所成立，努力于研究事业者更多。如秉农山、钱雨农诸君，无冬，无夏，无星期，无昼夜。如往研究所，必见此数君者埋头苦干于其中。迄今社内外工作人员所为孜孜矻矻穷年不已者，盖犹是此精神之表见耳。

除上二者之外，吾人以为尚有一较为重要之原动力，有以驱策社外之赞助人士及社内之工作人员共同努力于发展科学之途者，则以科学真理浩如烟海，凡具有文化之人类，即有向此烟海探求奥藏之义务，而且生存竞争，演而愈烈，凡生存繁荣之民族，必与其发见此奥藏之成绩为正比例。此真理朗列吾人目前，无论对于科学为崇拜，为怀疑，均不能加以否认。又况空前国难，相逼而来，吾人必须以研究科学者为解决民族问题之一重要途径。然则吾人二十年以来之努力，其未可遽以为满足，而必须再接再厉，以求更重大之贡献，岂待言哉！岂待言哉！吾人甚愿就本社举行二十周年纪念之机会，以此意为本社祝，更为社内外工作之同志勉也！

四川问题的又一面 [*]
（1936 年 8 月 9 日）

自国难严重，一般的注意都转向内地去以求一个民族复兴的根据，这个倾向是对的，也是必然的。四川就是这种目的地之一。自去年中央军队入川以来，四川的各种事业已有相当进步，尤其是公路的延长与整理，币制的统一，以及地方秩序的安定，使其他建设事业渐渐有进行的可能。这是凡到四川游历观察的人所一致承认的。目下正在计划与进行的两大建设，在物质方面则有成渝铁路的修造，在精神方面则有四川大学的改革。这两件事业，如能顺利进行，在两三年之内皆能如期完成，我们可以断言，两三年之后四川的物质环境与精神生活必定焕然改观。这也是凡留心四川前途的人所热心期待的。

可是，凡是改革，皆有它的障碍与困难。铁路的建设是好的，但是我们不要忘记，在民智闭塞、知识落后的地方，尽有为反对铁路而发生风潮的事体。教育的改革也是好的，但在文化程度未到真知灼见教育与学术的使命时，也许以为这些精神上的刺激是不必要的过程。目下四川的情形，就物质方面，已经越过反对铁路建设或与此相类的事情的时代了，因此，铁路的建设是可以不发生问题的。就精神方面而言，对于教育的改革与学术的需要，是否有真知灼见，则尚成疑问。这个情形很容易了解，因为物质建设影响所及只是一个人的物质环境，要调和起来比较容易；学术建设影响所及的是一个人的精神生活，它有一套心理疙瘩（Complex），在不知不觉之中与人作怪。这种心理疙瘩的除去却最是困难不过的。

照上面所说的看来，四川的学术建设，至少有两种困难。一是见识

---

* 录自《独立评论》，第 214 号（1936 年 8 月 16 日）。署名"叔永"。——编者注

上的困难。他们以为一个大学或是一个甚么学术机关，与其他的公事机关组织没有甚么根本不同的地方。聘请一位教授，你得要先问他的背景，他的党派关系，甚至于他的生活情形，但他的学问成绩，你可以不必多问。设一门学程，你是因为要安置几位某某大师的门徒或当地尊敬的绅士，至于学程的内容是否充实与适当，你可以不必过问。我还记得去年初到川大的时候，见到的朋友，不是荐人，就是指摘某人的薪水少些，位置低些。我后来急了，不客气的说："我不远千里来川办学，朋友们不指示我以教育的大计，而斤斤于几个人的位置与薪水，何所见之不广也？"这样才把这个饭碗的战争结束过去。我说这些话，见得内地的知识界，所见的大学问题，高等教育问题不过如是，其余自郐以下的平常人更不必说了。因此，你要拿改革教育提倡学术的旗帜来引起一般人的同情是不容易的。

其次是心理上的困难。我上面已说过，越是在僻地的人们，心理上的疙疸越大。这种疙疸的存在，使他们对于真实的批评，不但不能虚怀领受，而且容易发生误会。因为误会真实的批评为轻视，于是自己先存一个抵抗的心理。同时又因为种种私人利益的关系与不便，都可以不知不觉的增加他们对于好意批评的反感。这样一来，一切新的计划与事业便不容易进行了。然而新事业与新计划，必须拿新的态度与心理做基础，方才有发展的希望。所以我们对于这个困难也须有一个真切的认识。

让我们先举一个实例来说明上面一段话的意思，然后来提出两个解决这些困难的方法。

在四五个月前，本刊上曾发表了陈衡哲女士的《川行琐记》。这原是几篇游记，除了叙述一些个人途中的经验和生活情形外，有时对于四川一般的社会与有趣味的故事，自然也加以记载与批评。但是记载的本意，是希望四川人的注意与改善，这是凡读《川行琐记》的人所得到的共同印象。不意到了六月下旬——即是学年将要完毕，也是西南问题发生之后——成都的报纸忽然对于这篇文字大肆攻击。攻击不够，还要利用对方是一个女子，捏造许多不相干的事实，用极秽恶的言辞来加以诋毁。这在对方，一个有地位有声望的女子自然不屑与计较，而那些秽恶的言辞也不能损到对方的毫发。不过这件事所引起的却有几个严重问题，使我们不能不加注意。

一、到僻地去工作的自然是甘心吃苦的人，不过也希望以身体上的苦痛，来换一点精神上的安慰。如其当地的人们对于这些"送礼"的人们，根本上不但不能谅解，而且还要施以侮辱，那末谁能不寒心与裹足呢？将来到那些地方去工作的人员就更不易得了。

二、上面说过，一切新事业，要以新态度、新心理做基础。如其当地的人们认一切旧的生活与习惯都是神圣不可侵犯，或是讳疾忌医，有人偶然提及，便不择手段的与他为难，这样，改进的工作是否还有进行的可能？

所以成都报纸为了《川行琐记》发生的一段纷扰，我以为不能看作小事，而实是改革社会的一个重要问题。我们如其不愿让小我的私意或地域的成见来妨碍百年的大计；我们如其不愿让一两个无赖的文氓来代表一般舆论或社会的良意识，则我以为至少有两个方法可以用来解决这个问题。

一、是多请学识广博、品格高尚的人到四川去，拿人格的光明来扫除偏隅的黑暗。我常常说，四川人尽管有许多短处，但排外却不是他们的短处之一。但近来也觉得他们如其不积极的排外，也许消极的排外，那就是说，于他们的面子或特殊利益有关的时候。我以为这种狭小的见解，只有充分的知识及远大的眼光可以解除，所以我们希望有更多的学者通人到四川去，那末，也许慢慢的可以做到移风易俗的地步。不过，我们若希望这个情形的实现，却须先有下面的条件。

二、是四川社会上有知识有见地的领袖们应该多管闲事，多说几句话来主持公道与正义，不要做鸵鸟式的自了汉，使金壬得志，造成一个黑白不分的世界。本来，事不关己不劳心，是中国人历代祖传的人生哲学，何况在比较黑暗的内地。不过这些是为常人说法，自居于知识领袖的，似乎对于社会全体的前途不能不负几分责任罢！

末了，我们请引美国某君讨论大选竞争时关于个人攻击的言论以作此文的结束。他说："捏造的谰言，不能伤害一个有人格的男人或女人，不过它可以使一个人的忍耐心到了限度之外，使他永远不愿意再为公家服务。"这样于国家的损失就很大了。

廿五，八，九

关于《川行琐记》的几句话[*]
(1936 年 8 月 16 日)

陈衡哲女士此次到四川游历，发表了几封致朋友的公信，总名之曰《川行琐记》。她的目的只在记载个人的经历与观察，如其在行文中间有所批评，也只是出于希望川人改良的意思，所谓言之者无罪，闻之者足戒。我们相信如其川人以虚心的态度和幽默的眼光来读，决不至有发生误会的可能。不幸的很，她的第二次公信发表以后，竟引起了许多无谓的纠扰。最奇怪的，是成都有几个报纸，竟把这件事当作当今无上的重要问题，每日连篇累牍的攻击不已，自己著论不够，还要假造外面学生们的来信；讨论本问题不已，还不惜捏造黑白以污蔑个人的人格。这种行为，使人不能不疑心他们是别有作用。对于别有作用的人，我们自然无话可说。不过对于一般只读川报而未见原文的朋友们，他们受了十几天的肤受之诉，或者以为陈某真真"侮辱"了四川七千万同胞，那就不免有些"好肉上生疮"的苦痛。我们为免除这种误会起见，似乎有说几句话的必要。

一部分川人对于《川行琐记》的攻击，我们分析起来，约可分为五类：（一）是对于天然状况的辩护；（二）是否认各人身历的经验；（三）不肯承认自己的短处；（四）不明作者的用意；（五）是故意断章取义，舞文弄墨，以期挑拨读者的恶感。现在我们每类举一两件实例来加以说明。

关于第一类，如说到四川冬天阳光的稀少，云雾之浓多，以及寒冷的意外长久等等。这些都是天然状况，正如保险公司所云"不可抵抗"，也不是任何人所应当负责的。但川中报纸对于这一点也晓晓的辩论不

* 录自《独立评论》，第 215 号（1936 年 8 月 23 日）。署名"叔永"。——编者注

已，代天负责，一何可笑。

关于第二类，如说到四川房屋建筑的不合卫生，如门窗的多罅缝，地板的动摇，以及冬天取暖的困难等等，这些都是各人本身的经验，也是铁板的事实。但辩论的人却要说："我不信一个大学校长的住宅，连一个可以避风的房子也没有。"好像以上的话都是故意说来侮辱四川人的样子。可是事实自事实，不是他人的理想所能否认的。本来这些居家小事，《琐记》的作者把它提及，无非是想使朋友们知道一点成都生活的情形而已，并无褒贬的意思存乎其间。若说这是侮辱，那末，叫姓张的为"张先生"也可以说是侮辱了。

关于第三类，如说到水果的不够甜与兰花的不够香等，也引起了川人的不满。而他们所举出来做反驳理由的，不是说四川的水果怎样好，就是说我们不应该在这些地方讲究。我以为一个人要知道自己的短处，才能有改良的希望，而一个东西、一件事情的好坏，每每是非经过一番比较不容易明白的。生长在四川而未出夔门的人不知道四川物品的优劣，是可以原谅的事体。老实说，我自己在三十年前也是极力恭维四川水果的一个人。后来多走了一些地方，多开了一点眼界，才知道不是那末一回事了。这种经过比较而发见的不满足，正是我们求进步的起点，现既有人指出，四川人正应该欢迎，不应该反对。

关于第四类，如说到"蜀犬吠日"的新解释，四川应改称为"二云省"，以及药方中所举的太阳灯一百万盏，鱼肝油七千万加仑之类，这自然是行文中间穿插的一点小幽默，要借此来松一松读者的脑筋的。不意竟有些川人一本正经的来辩论甚么省名不能由私人擅改呀，太阳灯、鱼肝油都是外国货，四川人不推销外国货呀，世间有此笨伯，岂不可笑可怜！

关于第五类，乃是比较重要的一点，也即是成都新闻报纸所指为侮辱川人最重要的一点，即鸦片烟与姨太太问题。据成都报纸的言论，似乎《琐记》的作者骂了四川七千万人都吸鸦片，四川的女学生都愿意做军人的姨太太。不过我们翻遍了《琐记》的原文，却找不出这样一类的话。《琐记》上说："铲除鸦片烟苗铲子七千万把"，这是说四川每一个人都应该负起禁烟的责任来，与说四川七千万人都吸鸦片，恰恰相反。《琐记》又说，"有些女学生不以做妾为耻"，并且希望优秀的份子能想一个办法来洗一洗这个耻辱。注意"有些"两个字和下文的希望，则知道《琐记》的作者对于四川的女学生是怎样的表同情。而川中报纸却要断章取义，举出这两件事来作侮辱川人的证据，也可为尽舞文弄墨、捏造黑白的能事了。

以上是就讨论《琐记》的文字的范围以内的话来说，可见所谓误会，不是由于读者程度幼稚，有意或无意的不了解，便是由于奸人故意的挑拨。我相信凡以四川整个社会问题为前提，平心静气来读《琐记》的人，是不会有甚么误会的。至于别有用意，或是借题发挥，更或利用对方是一个女子，以不堪的言语来加污辱，其结果止能暴露自己人格的卑污与程度的低下，而造成对于法律上应负的责任，于对方的人格是丝毫不能损害的。

末了，还要特别向四川的读者说几句话。一个人讨论社会问题，最要紧的是要有自信心。有了自信心，方能离开自己去辨别社会上的是非善恶。否则疑惑丛生，看见一点不如意的话，便都以为是在讽刺自己。这在心理学上叫做"劣贱疙疸"（Inferiority Complex），有了这种疙疸是最容易发生误会的。可是误会愈多，越足以暴露他的劣贱疙疸。所以我们若要他人的看重，最好是先除去自己的"劣贱疙疸"。第二要紧的是虚心。所谓虚心，自然是指容纳逆耳之言。若阿谀之词，人人都喜欢听的，用不着格外虚心了。四川的朋友们近来习闻民族复兴根据地一类的话，以为我们的一切一切都已尽美尽善，如其有人再把我们的缺点搬弄出来，我们便非把他打倒不可。这样讳疾忌医，正是民族复兴的大阻碍，真正以民族前途为念的，应当痛加革除才是。

二十五，八，十六

进步的基础[*]
(1937 年 6 月 15 日)

　　诸君：我今天要讲的题目是进步的基础。因为我新从内地出来，晓得大家希望知道一点内地的进步情形，同时我觉得进步要有一个基础，方才不至于三前两却，永远达不到目的所在。我所以选择这个题目，是要想趁这个机会来讨论一下进步的基础在甚么地方？

　　我现在暂且把四川来做一个内地的代表，来讲一讲四川的情形。

　　我们要讲目前的四川，不可不回顾一下过去的四川是个甚么情形。过去的四川，大家都知道是混乱，黑暗，战争频仍，民不聊生。至于产生这些祸害的原因是甚么？大概说来有以下几个。第一，是防区制度。甚么是防区制度？就是一个地方由军阀派兵前去驻扎。在那个区域以内，无论是师长也好，旅长营长也好，对于当地人民的生命财产都有生杀予夺的自由全权，而且对于上官与国家也不负任何责任。所以每一个防区，就等于春秋时代的一个小诸侯。在一省的区域以内，要供给几十百个小诸侯，民力焉得不枯竭？生活焉得不困苦？不但如此，因为防区就是军人敛财致富的宝山，扩充势力的地盘，所以每一个军人都要拼命争到一个防区，以便满足他们的欲望。这便是民国以来四川的战争独多的一个大原因。第二，是人们负担的繁重。我所谓的负担有两种：一是田赋。大家晓得外间的田赋是每年一征的，四川的田赋在防区制度时代是每月一征的，那就是说，每年要征十二次。所以本年是民国二十六年，四川的田赋有已经征收到民国百年以上的。如其四川在旁的方面不免落伍，在纳税方面却比其他省份前进了几十年，这是一个奇怪的现

---

　　* 录自《独立评论》，第 242 号（1937 年 7 月 4 日）。原题下注明"民国廿六年六月十五日在南京中央广播电台讲演"。——编者注

象。二是苛捐杂税。四川苛捐杂税的众多，只要举一个例便可以明白。我在成都看见民国十九年某商家的一张纳税单，由嘉定到成都不过四百里的路程，这个商人便上四十几次的捐，而且因为沿途留难也走了二十几天才到。请问照这情形，商业如何进行？第三，是鸦片的祸害。我们晓得四川原是产烟的地方。清末民初，经过几次严禁才渐渐有消灭的希望。后来在防区制度时代，经过军阀的提倡，又回到从前繁荣的状况了。记得民国十九年，宜昌关一个地方出口的烟税有四千万元之多，其出产的数量也就可以想见。现经中央禁烟委员会严厉管理之下，听说种烟可以分年禁绝。不过种烟能否如期禁绝尚是问题，而吸烟的人则不但不会减少，而且还有增加。这是甚么原故？因为四川的鸦片是公卖的。公卖即无异于公开的推销。我曾经在内地的一县旅行，看见城内的"特许店"，"吸户管理处"随处皆是。这些都是烟馆的别名，即是官办的烟馆。在这种情形之下，要禁止人民吸烟，岂不等于掩耳盗铃？第四，是交通的闭塞。四川的许多祸患，如像军人的横行，政治的腐败，社会事业的不发达，人民知识的落伍，都可以说发源于交通的不便。交通的闭塞，虽然大半得之于天然，但天然的缺陷正要人为的力量去征服或改善，方可以谈到进步。

以上所说的四件事，我们认为是四川黑暗混乱的原因，目前因为中央的力量到了四川，都有了相当的解决与进步。如防区制度，自川政统一，督察专员制度推行以来，已算废除了。但防区制度起原在于兵多。除非把军队裁减到某种程度以下，这个制度的威胁依然存在。如田赋的负担，虽然由十二征减到四征，但加上各种地方的附加税，仍有八征之多，这在饥馑荐臻的人民是负担不起的，还有减轻的必要。如鸦片公卖，即是公然推销，这简直是拿民族做牺牲品以图从中取利，与复兴民族的政策背道而驰，非立刻改正及撤销不可。如开发交通，现在虽有了四省公路的完成及成渝铁路的开工，但非把川湘或川陕铁路联络起来，四川的交通问题不算解决。

讲到此处，我们以为一个地方的进步有自动的与被动的不同。被动的进步，并非出于真知灼见，或甘心情愿的要做，而是由于外力的压迫不得不做。压力一去，便可立刻回复原状。这种进步，是敷衍一时的，是靠不住的。自动的进步，必须对于环境有明白的认识，对于事情有深切的了解，而且经过审慎考虑的结果，然后按着计划逐步进行。这种进步才是真的进步。换一句话说，真的进步，有几个心理的条件做基础。

这几个条件是甚么，我们在下面略为说明。

第一，正确的人生观。一个人在黑暗的社会中处久了，最容易发生一种同流合污、得过且过的人生观。理想主义几次碰壁之后，便使你起一种滔滔皆是、何必自苦的感想。这样你的行为便不知不觉的，由进步的而归到保守的了。其实社会上自有真是非，真善恶，除非你把是非善恶认得清楚，如何能舍非而取是，去恶而就善呢？譬如军阀是一切罪恶的泉源，我们不能当学生时便狗血淋头的骂军阀，回头军阀给你一官半职，你又神圣文武的恭维他了。小而至于对人接物的信用礼貌，我们都应该有一个不容假借的标准，不要图一时的便利，甚么都可以不顾。孟子说："无是非之心非人也。"孔子说："见义不为无勇也。"我们要能辨别是非，而且勇于为义，才能说到进步。

第二，充分的现代知识。现在的事业，可以说百分之百都需要特殊知识，没有现代的知识而想把社会现代化是不可能的。譬如说吧，我们常常听见人说，四川的水力怎样的多，但却无人指出水力究竟在甚么地方。又常听见四川从古相传的谚语说："打开雷马坪，世上无穷人。"但却无人知道打开雷马坪的方法是甚么。有人说，中国今日的大毛病，是以十八世纪的方法生产，二十世纪的方法消耗。这个话前半句在四川是绝对正确的，后半句在四川也有一部分正确。根本上都是由于现代知识的缺乏。现在要促进落后的生产，革除谬误的现代的生活，都非有充分的现代知识不可。

第三，虚心从善的态度。一个人要求进步，必须先发见自己的缺点。一个社会亦然。要求社会的进步，必须先发见它的不完备，不满足。所以容纳批评的虚心，是社会及个人进步的基础。我对于四川一切的批评，是甚么都有，甚么都不见得好。换一句话，就是甚么都有改良的余地。这一句话，决不是鄙薄四川，而是对于四川抱有绝大的希望。但是要改良，必须先承认它的不良。若是没有这一点容纳的虚心，那只好让井底之蛙去夜郎自大了，还说甚么进步。

以上三项，一正确的人生观，二充分的现代知识，三虚心从善的态度，我认为是任何社会进步的基础。尤其是文化落后的内地，应该特别注意。我们希望内地进步，不要忘记了培植基础的工作。

毕业典礼校长训词[*]
（1937 年 6 月 25 日）

各位来宾，各位先生，各位同学：

今天本大学举行第六届毕业典礼，承各位来宾光临指导，我们是非常荣幸！

国立四川大学成立，在时间上不算久。可是因为系三大合并之故，第一届即有毕业生，现在已经是第六届。本届毕业生共有一百七十五名，去年有三百三十人。两年相较，则本年差不多只够去年二分之一。不过去年毕业同学中，很多是由其他的学校转来的，而本届毕业同学中转学生极少，故本届毕业诸同学，将来在事业上成功或失败，对于社会国家有功或有过，均颇足代表本大学成绩。希望诸位能努力为母校增光。

本人业经辞职，并蒙中央照准，教部已令由张真如先生继任。本人来校两年，深察中国当前大学教育之所急，力求学术空气之养成，专门人才之造就，而使本大学跻于当代大学之林。想诸位当亦知之审而听之熟。本人现以行将离校，适值第六届诸位毕业同学结束之时，愿以数言为赠。

我们知道在学校里毕业，正是社会始业，为一切事业之起头，所以毕业二字之英文为 Commencement，意思正是始业。在学校中所习者大多为理论，投身社会，则犹由教室中而至实验室，应以曩日所学之理论，作今日实验之根据；以今日之实验，作曩日所习理论之证明。相互辩证，必有所得。然曩者之所学，未必足应今日之用。欲在社会上谋有

* 录自《川大记忆——校史文献选辑》（第一辑），原文载《国立四川大学周刊》，第 5 卷第 34 期。——编者注

所建树，尤非易事，故本人欲以下列三点为诸君勉。

第一，应忠于所学。

在学校中学习数年，于所学粗具基础。到社会必需用其所学，方可望有所阐发。若以一时之环境关系，弃之中途，则于学业于事业必两无所补，故应忠于所学。

第二，要有所不为。

世无完善之社会，均待有不断之改良。青年初入社会，最易为社会不良之习尚所熏染。故必立定主张，分其善恶，判其缓急，权其轻重，要有所不为。孟子说："人有不为也，而后可以有为。"即是此意。

第三，要继续求学精神。

在大学四年，为时颇暂，所学自难足用。曾有人说过："在大学毕业不过仅仅是得到一把开图书馆的钥匙。假如你不用或不善用这把钥匙，你决不会获到事业上的成功。"所谓善用，是要继续求学的精神，随时随地留心，不断的努力，则无论作事或读书，将必有很大的成就。

四川人口近七千万，仅有三个大学，学生总数不过一千四五百人，则约五万多人中仅有一个大学生。其责任之重大，于此可以概见。本大学前后毕业之学生已一千有奇，合其他大学总计之，至少亦有二三千人，则川中每县应可分配一二十人。如均能用其所学而为社会谋改进，未始不可立见宏效。希望诸君好自为之，将来功成业就，才不辜负诸君多年之辛苦，才不辜负国家的培植及诸位先生的指导！

五十自述[*]
（1937 年 12 月 29 日）

　　余先为浙江归安县（今为吴兴县）菱湖镇人。同治初年（二年？），太平天国陷湖州，吾祖轶才公始奉曾祖母沈太夫人率吾父章甫公入蜀，依叔祖秋苹公。曾祖诚斋公有子四人，长即吾祖轶才公，次不详，或幼即殀；次秋苹公游幕在川；次某已长成，洪杨之乱为贼虏去，竟不返。故当吾祖避乱入川时，祖孙三辈三人而已。吾父生于道光二十二年（一八四二年壬寅），至同治二年入蜀，盖年已二十矣。是时秋苹公在川就某臬宪幕，故吾祖等入蜀即居成都。未几曾祖母、祖父相继下世，而秋苹公无子，故吾父即兼承两房之祀，且从秋苹公习刑名焉。

　　浙湖为蚕丝出产之区，菱湖镇居民数万，以业丝者居其大半，吾家大约亦此中之一。但虽业丝而不废读，三祖秋苹公曾入邑庠，后复游幕，则犹是浙人之旧业。吾尚有一姑，适菱湖唐氏，亦业丝者。闻唐氏贸易颇盛，洪杨乱后亦式微矣。犹记少时见唐氏姑丈所送吾父寿联，及姑母所赠吾兄弟姊妹初生时之小绣鞋，皆精致绝伦。年时则陈列玩弄以为娱乐。

　　秋苹公曾参四川总督吴棠制军戎幕，不久亦下世。死之年月及享寿若干，皆不可考，唯记真容所绘须发皤然，家人指谓叔祖享年非高，而容貌耄老，殆因幕务过劳所致，理或然欤。秋苹公故后，吾父即弃幕而宦，纳赀为佐贰职。未几选授垫江县典史，于同治十一年到任所，遂以此终其身，而吾兄弟姊妹皆于是长养焉。

　　吾母氏闵，其先亦浙人之游幕来川者，以何时入蜀则不可考。吾母

　　* 据任锡畴（作者之侄）藏任鸿隽手稿复印件排印，原件为作者之女任以都收藏（1937年 12 月 29 日）。——编者注

少于父七岁（生于一八四九——己酉），来归吾父当在二十许时。生吾兄弟四人，长伯兄鸿熙生于光绪元年（一八七五——乙亥），次仲兄鸿泽生于光绪六年（一八八〇——庚辰）。吾次居三，生于光绪十二年（一八八六——丙戌）；再次为季弟鸿年，生于光绪十四年（一八八八——戊子）。姊妹三人，大姊最长，适四川涪陵舒自铭。次姊早世，三姊在家未字。吾生时，吾父年已四十四，吾母年三十七，故吾父母少年生活之情形已非吾所及知。唯自吾有知识以至两亲见背之时（一九〇二）为止，吾记忆中所留者，为一雍睦快乐之家庭及和平宁静之生活而已。

吾兄弟姊妹幼时皆延师在家教读。垫江偏隅小邑，固不易得通人为童子师。记有徐甫唐先生，余等从事最久。先生于平常诵读外雅好吟咏，吾少时耳濡目染，中年以后，虽人事牵绕而不废吟咏，或即以此。

吾十四岁时毕四书五经，于四书且尽读《朱子集注》，盖吾父欲吾还乡应试，当时习举业者未有不习朱注者也。顾吾作八股文终未完篇。戊戌（时余年十二岁）维新之际，废八股考试策论，吾作策论文颇为当地耆宿所惊服。是时有某省进士赵哲浚来令垫邑，锐意兴革，修复书院制度，聘江北廪生艾缉光、巴县庠生胡成章两先生来长院，余亦报考为住院生。艾先生为重庆东川书院吕翼文先生高足弟子，治小学及词章有声；胡先生以算学为教，此在当时已属破天荒之举。余与季弟同住书院，始从艾先生治文字训诂之学，并点读《十三经注疏》、《资治通鉴》等书。余是时为文既少年英发，治学亦极勤奋，艾先生极爱重之。每月考试必列第一名，终岁无改。余家既以宦游在垫，垫邑人士恐余等占其学额，常刺刺争闹不已。于是艾先生劝余往巴县应试，以为巴县考生在一万以上，"大而能化"，绝无攻击冒籍之恶习也。会甲辰（一九〇四）之岁为未废科举前最末一次考试，艾胡二先生为吾于县府试时各"代"一名。（注："代"者，谓县府试时，命人代作一卷，俾于院试时有一名字而已。）至院试时，吾已考入重庆新立之府中学堂，不忍过拂两先生厚意，前往应试，结果以第三名被取为府学生，此吾占籍巴县所由来也。（吾父在时，无日不思返浙江原籍。吾辈则乡土观念较轻，以为吾中国人自命为中国人足矣，于此中复自画为某省某县人，有何意义？故遂听之，此逢场作戏时所不曾注意之一端也。）

光绪三十年（一九〇四，甲辰）废科举，兴学堂，实则是年犹科举与学堂并行。余所进之重庆府中学堂，则废科举后创办之第一中学也。

虽名学堂，科举气习仍充塞堂中。次年科举全废，始渐成学堂形式。是时监督为杜少瑶先生，巴县举人而湖南候选知县也。教习则有梅黍雨、孔保之、杨沧白诸先生，皆一时知名之选。梅先生授外国史、世界政治、世界地理诸科，孔先生授国文、伦理等科，杨先生授英文。梅先生所授诸科，仅及导言，然上下古今，清辩娓娓，实有以启发智慧、开拓心胸之效。当时从学诸人之感想如何吾所不知，吾个人之略解世界大势，梅先生启之也。孔先生之国文则授《马氏文通》，伦理则授严译《群己权界论》，于西方文字思想之大概，亦略有所得。杨先生年最少，来较晚，吾虽不获直接从事问学，然先生慷慨好谈国事，隐然以革命思想为青年领导。吾尤好从杨先生游，故吾之革命思想亦于此植其基矣。

是时当壬寅癸卯之后，《新民丛报》之势力渐侵入内地，但为政府所禁，学者得此报往往于深夜闭户读之。有人翻印梁任公之《灭国新法论》，读之尤令吾感动。因是种种感触，吾与同学在校，渐不以校课为满足，而时时作改革运动。学校当局亦深感吾侪不易受制而思所以除去之。于是设短期师范班，令吾侪以一年半毕业。吾亦无意久居于此，遂以乙巳（一九〇五）毕业此校。丙午（一九〇六）在重庆开智小学及私立重庆中学任教一年，略储资斧，以备出外留学。是年之冬，校课既毕，余挟积蓄一百二十元，与同学友周君秉鲁、罗君锦章搭宜渝间之盐船东下，就学于上海之中国公学。吾自两亲见背，来重庆就学，处境极窘。在中学堂时，尝数月无钱付食费（是时食费每月仅二千四百文，约合银元二枚），承学堂监督杜少瑶先生借款偿付。又尝以三百文一万字之代价为人佣书。然无论如何困难，终不放弃求学计划。最后以教读所蓄，决然出游，吾所倚赖者，特百折不回之志气与患难相助之朋友而已。

中国公学者，日本明治三十七年发布取缔中国学生命令，留东学生归国所组织，以自为讲习之所者也。余至上海时，其校成立已年余。其程度仅为中等，而政治改革空气却极浓厚。余乐其与己见相合，故即居之。入校后之第一事即剪发易装，虽由此冒革命党之嫌疑，不顾也。校中设大学预科甲乙班及普通科数班，余入校即居预科甲班，其课程为英文、数学、代数、几何、图画、音乐等。代数、图画由日本教习经翻译教授，盖当时理科教师人才之难如是。同班学友后有名于时者，有胡适之（原名胡洪骍）、但懋辛、苏鉴轩（原名苏明藻）、朱经农（原名朱经）诸君。不同班而交谊特厚者有朱苕煌、邓胥功诸君，不同校而同在上海时相过从者有傅友周君，后三人又重庆中学堂同学旧友也。

在上海一年，所学虽较内地为满意，然有两问题迫吾加以解决。（一）吾之出游仅挟资一百二十元，彼时沪渎生活虽视今稍廉，然此数决难支持甚久，过此更无办法；（二）则学课方面仅为中等程度，必不能就此即为卒业。故在是年之末，吾即亟亟谋所以继续就学之方。会是时邓君胥功已先去东京，与留东各友谋，由李雨田、李竹君两君每人每年借日币百元，为吾来东留学经费，至能考入高等学校得官费为止。余得是意外资助，遂于丁未（光绪三十三年）之冬，偕佘君耀彤东渡。设无此数君之助，吾真不知何以自了，而数人中之李君雨田，吾固素昧平生，乃不惜声应气求，倾囊相助，弥可感已。

余在沪时，所学以英文为主，东渡后乃改习日文，尽半岁之力，略能读书听讲，乃于次年秋进日人特为中国学生设立之同文中学，取得一中学毕业文凭。次年（己酉）夏遂考入东京高等工业学校，习应用化学，于是吾之中学阶段乃告一结束，而此后既为官费生，学费学业皆可以无劳筹画矣。又在此期间尝从章太炎先生讲习国学，于形声训诂及诸子源流之学略窥涯涘，顾亦可谓意外之收获也已。

吾何以习应用化学？其动机则甚单简。盖自吾留东之次年，即已加入中国同盟会为革命党员。同盟会之誓约曰"驱除鞑虏，恢复中华，建立民国，平均地权"，此非先推倒满清政府不可。然当时之革命党员，大部份为未离学校之青年分子，于何处得此武力以推倒满清？于是激烈者则趋于暗杀之一途。暗杀必须炸弹以作武器，于是党员中有自行制造者，蜀人之喻培伦、黄复生，皆曾以制造炸弹受伤者也。余既获交喻、黄两君，亲见其断指伤目之状（皆以制造炸弹受伤），思有以继其事。且以为从事制造而不明化学，必且事倍而功半，于是决计学习应用化学。质言之，吾此时之思想行事，一切为革命二字所支配，其入校而有所学习，不能谓其于学术者所企图，即谓其意在兴工业，图近利，仍无当也。

同盟会之成立，远在壬寅癸卯之交，是时吾方在重庆读书。犹记当时得先由东京寄来孙中山先生在锦辉馆欢迎会上之演说词小册子，兴奋之情不容自已。迨丁戊之际，吾东渡留学，孙先生已不在东京，时则章太炎先生主《民报》，章先生而外，黄克强、张溥泉、陶焕章诸先生犹时于会议中见之。汪精卫、胡汉民则始终未见，想亦随孙先生他去矣。同盟会之组织，全国有总会，国内外各省区有分会。吾所加入者，为四川分会，后渐任四川分会书记、会长等职，与各省分会长同参与总会事务。犹记辛亥黄花冈之役未起事前，曾从日本志士宫崎寅藏谋购买军火，辛亥武汉革命事起以后，由总会资助留东同志归国者若干人，皆吾为之经纪。吾是时所最感快乐者，即平时好友不知其同属革命党人，偶于秘密会中遇之，于狂喜之余，交情亦愈浓厚；最痛苦者，广州之役，亲送许多至友前往参加，一旦败耗传来，真如天崩地裂，万念皆尽。而武汉事起后，吾经理各事略已完结，最后乃抛弃一切书籍行李，挈小箱萧然上船，为归国投军之举，尤平生未有之乐事也。

当辛亥革命事起，吾弃学返国时，革命军在武汉已失汉口、汉阳，处于不利地位。而川中自争路风潮发生后，端方带兵入川，尚成官民相持之局面。于是川中革命党人在沪者，群议组织蜀军，入川赴难，推熊君克武为统帅，而余与季弟皆参戎幕。然入川必经过武汉，北军乃敌人，不可与谋，可与谋者唯当时武汉军政府，于是余与另一川人李君某（其名今已不复记忆）被推至武汉接洽蜀军返川事宜。余等抵武昌，适值汉阳冯军炮轰省议会（当时军政府设是处）之后，黎元洪都督避居城外洪山寺。余等追随而至，是夜即宿黎君卫队长川人冯君忠信处。冯君告余等是日适值杀羊犒士，故饮食颇丰腴。又当时卫士皆作汉装，宽袍岸帻，执刀而立，与戏台上之武士装束无异。余是时亦颇致疑，以如是军人其果能成革命大业耶？是夕军政府得重庆电，知四川已宣布独立，推张君培爵为都督，此吾后来作《哀张列五》诗所谓"小子敢遑息，扁舟谒大汗。朝食从驺卒，夕卧杂曹椽。夜阑方秉烛，一纸出中翰。伸纸喜欲舞，独立布长电。电尾署君名，渝都督印按。固知豪杰士，乘时有胜算"是也。于是黎君及军府中人皆力劝蜀军不必返川，即留长江下游共御北军。余乃与李君返旆而东，仍居沪上。

是时武汉局势虽颇危急，而浙沪之革命军则已会攻南京，取为根据地，于是各省代表及革命党人麇集南京，谋组织政府以与清廷对抗。适是时孙中山先生自海外归，被举为临时大总统，将以一九一二年元旦赴南京就职。胡汉民先生任总统府秘书长，征选僚佐，遂及不才。余乃以一九一一年十二月卅一日随中山先生及新政府人员赴南京。记是晨上海北车站由沪军戒备，站中军队密布，每一军士之枪上皆插是时沪军主用之五色小旗一面，弥望如云，气象森严而壮丽，印象至今不灭。

临时政府成立期间为一九一二年一至三月，此期间余在总统府秘书处任总务，于撰拟文告外，时亦参与政务处理，故得于政治情形略有所见。当时同在秘书处任职者有川人李伯申、熊斐然、吴玉章、李骏，前二君皆兼任参议院议员，担任议会与行政机关之联络；鄂人石蘅青（瑛）、但植之（焘），陕人张季鸾，粤人易廷熹、萧友梅等，相处甚洽，而于汉民先生之处事明敏尤极叹服。

临时政府既解散，曾任政府职务诸人，在势可北上继续其作官生涯。余以学业未成，应继续留学，为将来国家储才备用，乃倡议请政府资送西渡留学美国，此即民国元年稽勋局大派东西洋留学生所由来也。时留学之议虽得政府允可，而政府中如蔡孑民、胡汉民，朋辈中如李伯申诸先生力挽余留国内从事政治及言论事业。余虽未能改变素志，而于诸先生盛意则颇感激，出国前，仍北来任唐少川总理国务院秘书及天津《民意报》总编辑各数月。唐少川内阁为南北统一后第一任内阁，是时内阁总理为唐绍仪（少川），财政熊希龄，陆军段祺瑞，海军刘冠雄，外交陆征祥，内务赵秉钧，交通施肇基，教育蔡元培，农林宋教仁，工商陈其美（未到任，由王正廷以次长代理），皆一时人才，极南北之选。余在国务院任国务会议纪录事，每会议则列座纪录，得闻阁员诸公言论。当时感想，以为以全国仰望之人物，论道经邦，而所表现者不过尔尔。然则所谓总理总长，岂足为哉。吾厌弃作官之念乃益坚决。《民意报》者，当时北方革命党人之机关报也。名义上之总编辑为汪精卫。汪先生既不能躬亲其事，乃由赵君铁樵为总经理，约吾与李炳英、丁毅音诸君共负编辑责任。是时袁世凯虽号称赞成共和，而行为跋扈，于同盟会党人尤多方妒害，余等在《民意报》中首发其奸，严词斥责，卒为袁氏禁令停版乃止。

吾以民国元年（一九一二）冬间出国，到美恰为耶诞前后，同行赴美者凡十一人，同到康乃耳大学者则唯杨君杏佛一人。吾等何以独赴康校？以同行诸人志习政治、经济及社会科学者为多，独吾与杨君志在科学。康校在美国，固以擅长科学著称，且是时胡君适之已先在此校，时时绳康校风景之美以相劝诱，吾等遂决计就之。及今缅想前事，吾固甚幸决策之未谬也。盖吾人出外游学，于所学功课外，尤应注意两事：一为彼邦之风俗人情，一为朋友之声应气求。是二者皆于每人之学成致用有绝大关系，康校于此二者皆曾与我以难得机会，此可于以下各段所述明之。

当前清末年，留学之风盛行，然留学东京者每不以为满足，而必以远历欧西为鹄的。此在浅见者流，或以为当时世论以为东洋学生不为西洋学生之有价值。其上者以为东洋学术既皆从西洋贩运而来，则何如直探源头之为得。此言似矣，而未得其至也。不知人类文化之分途，社会组织之基础，东西洋实有其绝不相同之点。东洋文化，吾中国为一大宗，日本不过拾中土之唾余，倚西学为灌溉，以此骄人，已足汗颜，新意启予，夫岂可得。一至西方，耳目顿易，以西与东较，正如南北两极，方向相反而同不失为一种准则。例如家庭组织，东主合居，西主分处；男女恋爱，东主防闲，西主放任；个人发展，东主裁制，西主自由。凡此皆非远涉重洋，身入其境，不能收观摩之效。故未到西方即侈言东西异同，甚且评论得失，固不免扪籥谈日之病，既到西方而徒摭拾其一技一能，侈然自以为是，尤不免宝山空回之感。吾等当日向往西洋，千回百折，有不到黄河心不甘之慨，固不在博士硕士头衔资格间也。

吾居康校三年有半，毕业于文学院而偏重科学中之化学、物理等科。于功课成绩吾不敢自谓有异于常人。顾吾此时于西方学术之本源略有所见，以谓西方学术乃至西方文化之所以异于东方者，一言以蔽之，西方有科学，东方无科学而已。所谓科学者，非指一化学一物理学或一生物学，而为西方近三百年来用归纳方法研究天然与人为现象所得结果之总和。故所谓科学者，决不能视为奇技淫巧或艺成而下之事，而与吾东方人之用考据方法研究经史无殊，特其取材不同，鹄的各异，故其结果遂如南北寒燠之互异耳。同时欲效法西方而撷取其精华，莫如绍介整个科学。盖科学既为西方文化之泉源，提纲挈领，舍此莫由。绍介科学不从整个根本入手，譬如路见奇花，撷其枝叶而遗其根株，欲求此花之发荣滋长，继续不已，不可得也。以此考虑，吾于一九一四年（民国三年）夏间在康乃耳大学与同学十余人发起中国科学社，其目的在以提倡研究谋吾国科学之发达，其入手方法则发行一《科学》月刊以为传播鼓吹之工具。当时草拟章程，编辑文字，以杨杏佛、胡明复、秉农山、赵元任、周子竞、邹秉文诸君为最热心，一经发表，响应赞助之声乃遍于国内外与朝野上下。故此社自成立迄今已二十余年，民国三年一月创刊之《科学》杂志，今尚继续出版。社中事业则有图书馆，有研究所，有科学印刷公司。至出版物，则除上述之《科学》月刊外，有每年一次之论文专刊及每半月一次之《科学画报》。说者谓吾国近年以来，对于科学在西方文化之地位及科学本身之重要渐有真知灼见，微此社之强聒疾呼不及此。藉曰有之，斯固得于社员诸君之努力与社会一般之同情，而为吾发起此社之十数人所始愿不及者也。

康校所在地为纽约省之伊萨卡城。此城人口仅一万余而康校之学生人数已占五六千，盖美国普通之所谓学校城（College town）也。其地风景既佳，人民淳朴，无贫富阶级之悬殊，故常能路不拾遗，夜不闭户。吾等居此时时尚想黄虞，以为吾人昔时所蔑视之野蛮人乃能有此，然则吾炎黄神胄不当愈发奋自勉耶？既思此邦之人所以能如此者，非必其性独善，盖以家给人足，无衣食冻饿之忧故耳。故吾当时治学之目的，仍以化学工程为归，唯异于在东京时者，此时思用化学以兴工业，不为制造炸弹之用矣。以此之故，吾于一九一六年在康乃耳毕业后，即改赴哈佛及麻省工科大学，最后至纽约之科仑比亚大学，盖以此数校之化学工程课程皆较康校为优耳。

在康校时尚有一事虽不必与吾有直接关系，而世论往往以吾名附于骥尾之末者，则所谓文学改革之白话运动是也。此事之起源，盖由一九一六年夏间与梅迪生、杨杏佛两君在伊萨卡歇夏，胡适之君时已去纽约，时时以白话诗相示，余等则故作反对之辞以难之，于是所谓文言白话之争以起。平心而论，当时吾等三人虽同立于反对白话之战线上，而立场殊不尽同。迪生之反对白话盖为全般的，凡以白话为文者皆在其反对之列。吾则承认白话有其用处，但不承认除白话外无文学，且于白话诗之能否成立，为尤断断耳。然白话文言之论战，由吾等数人开之，则确无疑义。

在离康校以前尚有一事与吾关系最大，不可不纪者，则为一九一六年夏与陈衡哲女士遇于伊萨卡是。余读陈女士之文而识其名，盖自前一年余主编《留美学生季报》得陈女士投稿始。当时女士所为文曰《来因女士传》，盖传孟河女子大学创办人来因女士而作也。文词斐然，在国内已不数观，求之国外女同学中尤为难得。余心仪既久，一九一六年夏与陈女士遇于伊萨卡，遂一见如故，爱慕之情与日俱深，四年后乃订终身之约焉。结婚后吾尝为联语以自贺云"清香合供来因传，新月重填百字词"。上联指订交所自，下联则记吾人文字唱和时曾有百字令新月之作也。

一九一七年春间余已就学科仑比亚大学，与陈女士所住之瓦沙女子大学为程火车三时可达。会胡君适之亦与陈女士订交而未晤面，余乃于春假之暇约适之往颇基卜舍为访陈之行。此后吾三人邮筒往返几无虚日，朋友之乐，于斯为盛。此适之《尝试集》中所以有《我们三个朋友》之作，吾亦作减字木兰词以答之。

吾以一九一八年（民国七年）秋间返国。是时欧战方终，世界民众暂得苏息。吾国则南北对立之势已成，北举徐世昌为总统，南则于广州设护法政府。吾回国后，首愿遍历南北以观国中局势，并为科学社募集基金。是年之杪至广州，晤当时广州政府抚军长岑春煊、外交部长伍廷芳。此二人皆吾自有识以来所耳而目之，以为大人物者也。是时汪精卫先生方养病长堤一教会医院，既彼此多暇，因得时时往见。次年开岁至北京，得当时教育部长傅沉叔先生之赞助，于科学社基金颇有所获。在沪时则时时造访孙中山先生。是时先生居莫利埃路私宅，方造述《孙文学说》，历举平常生活知识以证所谓"知难行易"之有据。承先生以有关科学部分属为校读，并力言留学生应自有组织以图于国家有所贡献。余因为先生言科学社之组织，先生亦颇谓然。此后此社事业国民政府多所佽助，盖承孙先生之志也。

民国八年春余返四川，盖距吾离川时已十二年矣。是时季弟已殁（民国二年在西湖闻袁世凯窃国，发愤投葛洪井死），伯仲两兄犹健在，居重庆。而熊克武君适任四川督军，故成渝要道多留东故友。是年夏余首至成都。适熊君欲办一炼钢厂，余意苟能以钢铁两厂相辅而行，为四川立钢铁工业之基础，亦事之可行者也。熊君亟然吾言，于是是年之冬，复偕周子竞君渡美，为调查炼钢方法之举，而以筹办铁厂事属傅君友周、姜君荣光。是二君者皆川人，而在美国加洛纳多矿冶学校以高材毕业者也。余与周君在美调察之结果，决定用电炉法制钢，因为购订发电及电炉各机件。次年返国，值川中有一二军之战，熊君去位，继任者未遑远略，于是吾之钢铁厂计划遂归停顿。然十余年后，中国有倭寇之难，当局汲汲图兴基本工业，于四川设钢铁厂，其炼钢机器仍取资于吾当日所购者。周君子竞后任中央研究院工程研究所所长，以制造特种钢料有声于时，其学力仍得自在美调查之功云。

吾第二次自美返国，为民国九年之夏。是时西南各省颇多纷扰，钢厂事既无法进行，北京大学校长蔡子民先生、教育部长范静生先生闻吾暂不西去，乃以教育事业相挽。而陈衡哲女士（是时吾人已订婚）亦受北京大学历史学教授之聘。余乃决计北上。初任北大化学教授，嗣范先生挽余任教育部专门教育司长，余于是辞北大教授而专任部职。余平生作事有一信条，即一时只任一事，必不脚踏两只船以自便而误事。盖吾见当时事业之败坏，由于一人之包揽而不负责者占其大半。此在精明强干智力过人者犹不克免，况余屡力薄材而敢效尤以负社会耶？此信条吾至今仍信守之。

任教部事不及一年，会范先生以教育经费风潮去职，余亦舍去。民国十一年夏间返川，冬间出川居沪，任商务印书馆编辑。十二年冬至南京，任东南大学副校长。东南大学者，承江南优级师范及南京高等师范之后，尝为江南教育界新旧势力角逐之场。当时校长郭秉文君与江苏教育会接近，甚为新派诸人所不喜。会民国十三年冬，南方民党势力浸入北方，素不慊于郭者遂因而倾之，浸以酿成民十四春间殴辱新校长胡敦复之风潮。余既不善两派所为，又无法加以阻止，乃辞去东大职务而闭户著书，成《科学概论》六万余言。

十四年夏，范静生先生出任中华教育文化基金董事会（简称中基会）干事长，复以该会专门秘书见征。中基会者，美国第二次退还庚款赔款所组织，以发展我国科学事业为职志者也。吾自民国七年返国，以发展科学之重要强聒于国人之前，顾响应者寡，尝苦无力以行其志。今得此有力机关，年斥百余万金钱，以谋科学事业之发展，是真吾所寤寐以求，且以为责无旁贷者也。于是欣然应召，于十四年八月重至北京。由此时起直至二十四年秋入川任四川大学校长为止，吾皆在北京致力于科学及文化事业。在此时期中，吾由专门秘书而执行秘书而副干事长而干事长，中基会之事业，由纯粹保管款项机关进而为推进科学文化之有力组织。吾尝闻范先生言："美国退还庚子赔款将为各国退还赔款之先声，故中基会不可不为将来此种组织树一模范。"吾又尝自思，吾国近来教育事业之无成绩，率委过于经费之不足，今既有款矣，吾人将拭目以观事业之成绩。中基会之事业，每年具有中英文报告，公诸世界。其所建树是否合于该会组织之目的，愿明眼人平心论之。

使吾生当承平之世，得尸位一基金会之执行领袖，目击所创办之教育文化事业，继长增高，日就发达，亦可以自慰余年。顾自民国二十年秋"九一八"事件发生，全国命运忽然入于惊涛骇浪之中而莫知所措。吾乃自计，中基会之事业既已规模大备，此后虽有润色，后贤其必优为。内地鄙塞之乡，其有待于吾人之努力，必且较大都市之文化事业十百倍之。于是民国二十四年秋政府以四川大学校长见征，余遂毅然辞去中基会事务而就川大校长。

昔读陶渊明有云"昔闻长者言，掩耳每不喜，奈何五十年，忽复亲此事"，尝有"五十之年忽焉已至"之感。吾生于光绪十二年（一八八六），迄民国二十五年（一九三六），恰为五十年。是年又适为吾任职中基会之第十年。余本意欲于任事十年期满时请资出国游历，为已往告一段落，为未来别图建树。不意民国二十年秋"九一八"事件发生，民族命运忽然陷于惊涛骇浪之中。小子何人，敢违暇逸。故民国十七年政府以四川省政府委员及教育厅长见委，二十一年复以中央大学校长见征，吾皆谦让未遑者，至二十四年再被四川大学之命，乃不得不奉命驰驱。计任职两年，为定改建学校计划，筹定建筑费三百万元，复厘定课程，改正学风，期以三数年之努力，跻是校于当今学校之林。虽以意外事故，使吾不能不拂衣而去，然吾窃顾以此两年工作殿吾五十年之生命而自慰焉。

余生性淡泊，不慕荣名，于博弈饮酒驰马试剑之事都无所好。唯于山水胜游则乐之不疲，问学奉职之暇即尽力为之。计国外名胜，如日本之箱根、日光、镰仓、江之岛、西京岚山，美国之奈雅阿那大瀑布、白山、大峡公园、施落跨洛米大瀑，皆曾躬探其盛。国内则长江三峡之雄奇，自吾泛舟东下即先已领略。自后展转东南，如西湖、莫干、无锡惠泉、太湖三万六千顷之烟波、秦淮六朝五季之花月，亦复偶引清兴，时驻游踪。中部则匡庐胜境，驾已三税，泰岳频过，特奋孤节。而东方之崂岱，亦随会众之后得尽登临之兴。西川胜境以青城、峨眉为最有名。吾于青城尝两至，于峨眉则于今年出川之际始偿揽胜之愿焉。中国本部为吾足迹所经者，除西南之云南、贵州（后注：此二省在抗战时亦居驻三四年），西北之甘肃外，为省十有五，即四川、湖北、江西、安徽、江苏、浙江、福建、广西、广东、湖南、河南、河北、山东、山西、陕西是也。回忆吾十数岁在重庆中学堂读书时，每坐校外城垣上，目注江内上下水船，心与俱远，固不料后此数十年中尚有如许奔波也。

吾以过渡时代之人物，初时沉没于科举学校之潮流，继乃展转于普通中学之限制，迄至生年二十有九，始正式在外国大学毕业。是时已人事复杂，聪明消磨，学业之终无所成，此亦一原因。又因吾毕业较迟，故成家亦晚。吾三十四岁始娶，次年得女以都，又五年得次女以书，又三年得男以安。此时儿女皆尚幼小，成材与否尚难逆睹。然彼辈之母，既非常人，平时教导有方，他日或不至为社会之赘疣乎。

余平生作文，或偶发胸中蕴蓄，或应出版家请求，脱手即散去，不复留意保存，计所作者以发表于《科学》杂志中讨论科学之文为多，其次则偶应上海《申报》及天津《大公报》之请为作社论文字。近年国事危急，与北平教育界朋友发起《独立评论》，亦时时为之作文，然多论列时事，殊无永久价值。至以成书形式正式出版者则有翻译斯宾塞尔《教育论》及所作《科学概论》两书。二书皆仅及半即被人逼拶出版，他日有间固当卒成之。

凡自传者必须其人曾经做一番大事业，足以信今而传后，故其自传即成为历史之重要材料。吾于当世既无重要贡献，自不敢作名山万世之妄想。兹为此述，聊以记载吾个人之身世行事畀之后世子孙，俾有所考据云尔。

民国二十六年十二月廿九日于庐山古青书屋写竟

国立四川大学改革大概[*]
（1937 年）

四川大学是民国二十年十一月，由成都旧有的公立四川大学、成都师范大学、成都大学合并改组而成的。在五年前四川的政治还未上轨道，四川的教育也就非常混乱。单就大学而言，在同一城市之中，公家设立的大学竟有三个之多，不能不说是一个奇异的现象，这种现象，几乎可与故都北平的大学林立媲美。所以，如北平可称为中国的文化城，那末，成都也可以称为四川的文化城而无愧色了。

不过，大学与文化的关系在其实不在其名。如其大学能尽它研究学术、作育人才的责任，那末，大学愈多，愈足表示文化程度的高超。反之，如其仅有大学之名而无大学之实，那末，大学的数目愈多，愈足表是我们对于大学认识的缺乏和对于教育学术的不了解。从这一个观点看来，民国二十年三个大学的合并成立四川大学，自然是代表四川教育的一种进步。

现在话又说回头了。民国二十年三大的合并，虽然可以表示一种进步，但这种进步仅在名的一方面，至于实的一方面，还有待于以后的改进。换一句话说，五年以前川大的成立，只是一种组织的改革，至于内容的充实与真正大学的建设，还有待于此后的努力。

两年以前中央的力量到了四川，四川的军事、政治、经济，以及各种事业都得到一个新生命，教育当然也不能例外。所以自民国廿四年秋间以来，四川大学虽然在组织上并没有甚么特殊的变更，在实质上精神上却已走上一个新的方向。现在我们把这一年以来川大的改革撮要报告一下。

---

[*] 录自《新四川周报》，1937 年第 1 期（日期不详）。——编者注

在未报告这些改革以前，我们先得说明本校的院系组织。川大本来只有文、理、法三院，到了廿四年秋间，才把省立农学院加入，成为文、理、法、农四院。文学院中有中国文学、外国文学、历史、教育四系；理学院中有数理、化学、生物三系；法学院中有法律、政治经济两系；农学院中有农艺、森林、园艺、病虫害四系，各系的专任教授一共有七十位，各院的学生一个有七百十一人，去年学生的藉贯只有四川、湖北、湖南、贵州四省，今年有十六省，这是本校学系及教员学生的大概。

关于改革前的情形，我们可就一学舍、二设备、三课程、四教授、五学生这五方面来说。

一就校舍方面说，川大校舍的残破与不适用，是在全国各国立、公立、私立大学所仅见的。我们不是说教员学生必定要在高大洋房之内方能读书或研究学问，但一个学校对于图书仪器，至少应该有坚固妥当的房屋来保存，与适当的处所来应用。至于学生的宿舍要适合卫生，讲堂要足蔽风雨，那也是不用说的。而原来川大校舍对于这几个起码条件似乎都不能满足。现在好了，中央与地方政府已决定于三年之内，拨款二百二十五万元来做川大的建筑及设备费，我们希望在三年之内可以把川大的全部校舍改建起来。将来造成之后，虽然不希望赶上北平的清华大学或湖北的武汉大学，但在西南各省，是应当首屈一指的。

说到建筑一方面，我顺便报告一句，我们现在的计划，是把文、理、法三院建筑在城内的皇城，农学院建筑在城外的旧地址。我们的建筑，力求朴实坚固，作百年的大计，不愿意苟且敷衍。目下重要的建筑，如图书馆、化学馆、农学院及办公楼等皆已签订合同，一年以后，即可完成。

二就设备方面说，最重要的莫过于图书仪器。在民国二十四年以前，川大约有中文图书九万册，西文书三四千册，其新书的缺乏可想而知。至于购买书费，在民国二十四年以前每年不过数千元，民国二十四年以后，去年的购书费为八万元，今年的购书费为六万元，比从前增加到十几倍。仪器方面，去今两年各有十余万元的购置，所以理学院的数理、化学、生物各系，两年来实验功课皆逐渐增加与充实。农学院更是赤手创业，本来一无所有的几椽破屋，现在也居然变为像样的课堂与实验室了。

三就课程方面说，川大近两年也有彻底的改革。改革的目的，一方面要使学生得到基本的训练，一方面要使学生得到有统系的知识。关于基本训练，我们利用"多读多做"的旧方法，要在一二年内把学生的国文、英文都训练到能写能看的程度，这样为他们打下了一个稳固的基础，到了毕业之后，无论继续求学或出而应世，庶不至毫无把握。关于专门知识，务使各科课程都有一个系统，每种学术都能由浅入深，依次讲授，而不需要的功课则宁缺毋滥，以免学生徒耗精力，泛滥无归。

四就教授方面说，教授是课程的灵魂，没有好教授，就有好课程也是徒然。川大在此两年中由外间聘请入川的教授不下四五十人，大多数皆是曾在国内著名大学或研究机关任过职和有成绩的学者。目下校内学术空气日趋浓厚，师生合办的定期刊物，不下四五种，都斐然可观。

五就学生方面说，过去因教课皆用讲义，学生下课后不必自己用功，故多在校外游荡，甚且有坐茶铺的。自去今两年以来，讲义制已大半废除，且图书馆的书籍已逐渐增多，运动场的设施已渐次完备，同学中读书与运动的习惯，也就慢慢的养成了。去年本城某报言：川大学生的口号已由"到公园去"而转为"到图书馆"或"运动场"，当非虚语。

以上是就学校的内容方面说。但一个大学的任务，决不能以在课堂内教完学生功课便算满足。自由研究与社会服务，在近代大学也占及极重要的地位。我们现在谈谈川大在这一方面的建设：

（一）设立西南社会科学研究处。这个机关的组织，是要利用教员与学生的课余时间，对于社会问题做一种实际的调查与研究，以期使教室内的理论与社会上的事实发生关系。目下正在进行的问题，有川东西米粮产销情形的调查，重庆批发物价指数及成都零售物价指数的调查，成都手工业情形的调查，地方行政的调查，地方财政的调查，及农民生活的调查等等。

（二）设立民众法律顾问处。这个机关的用意，一方面要把法律的知识灌输到一般民众，一方面要搜集社会上的诉讼材料以供法律系学生的参考。成立以来不到一年，收到顾问的案件已达四百余起，可见这个组织，实足以符社会的需要，不但学校方面得到研究材料而已。

（三）成立小学教育通讯研究处。这个机关的意思，也和民众法律顾问处一样，一方面帮助小学教员解决教育中的困难问题；一方面可以搜集实际材料供教育系师生研究之用。设立以来不及半年，收到的通讯亦有二百余通，已分别研究答复。

（四）最后而且最要的，本省建设厅有许多改进农业的事业，皆与本校农学院合作进行。最重要的是与建设厅合组全省稻麦改进所，于将来全省民食的贡献必定很大。又如蚕丝改进所、家畜保育所、甘蔗试验场等，皆与川大有合作计划。我们本着服务社会的精神，无不竭诚合作，以期实现大学的任务。

以上所说的是川大一年来改革的大概。

一个科学界自觉的运动[*]

（1938 年 3 月 16 日）

人类的进步是永无止境的？还是有一定限度的？这是在世界思想家心中常常出现的一个问题。乐观派的思想家，对于这个问题自然赞成第一个看法，他们不难列举历史上的许多事实来证明人类进步的继续不已。反之，偏于悲观的思想家，对于人类的前途便不能怎样乐观。他们以为人类的进步到了某种程度，是更被自己的力量来毁灭了的。如美国先哲爱谋生有言："人类的终局，毕竟要葬送于文化之中"，即代表此种看法。

近代人类进步的原动力是甚么？我们可以单简地用一个字来回答："科学"。同时，阻止人类的进步，摧残人类文化的势力是甚么？我们也可以单简的用一个字来回答："战争"。科学与战争，本来是如南北极之各不相谋的。科学的目的在求真理，他的应用则足以赋予人类以能力，增进人类的幸福。但因人类当竞争激烈，求胜心切之时，往往不择手段，滥用科学所能给予的一点能力来做制胜对方的利器。于是科学家辛辛苦苦向天然界争取得来的光荣发明，便不免被强盗们用来做杀人放火的下流勾当。如今日的飞机炸弹是一例，毒气大炮也是一例。所以科学的发明愈多，则战争的破坏力愈大；战争的破坏力愈大，则文化的消灭也愈快。这种趋向，如其前进不已，不加制止，其结果，除了如爱谋生所说让人类自己毁灭于自己造成的文化中之外，别无他途可出。这不但使深思远虑的哲学家替人类的前途担忧，被飞机炸弹威胁的人们对于科学诅咒不已，也岂是研究科学的人们所忍心坐视而不想一个救济的方法吗？

---

* 录自《新经济半月刊》，第 1 卷第 12 期（1938 年 3 月 16 日）。——编者注

在去年九月某日的香港《星期报》里，我们读到英国康桥大学柏尔纳（J. D. Berual）教授的一篇论说。他的题目是《科学的转机》。他的论说有一段说：

> 在近十年来，科学界继续感受到经济恐慌，法西斯主义扩张及大战威胁的打击。这些，不但于市民的职分上，即在工作上，都于他们有极大的影响。
>
> 他们听说科学是为人类谋幸福的，但是没有那么一回事。他们看见科学自身日渐堕落，科学家为了意见及种族不同的原故，毫无理由的被放逐、下狱、刑罚或杀害了。
>
> 现在他们看见科学到处被利用来作战争或战争的准备，科学的发明每天用来粉碎无辜的妇孺，甚至在中国及西班牙境内的大学及研究室也被炸毁及劫掠。这种危险且有扩张到每一个人的可能，再进一步，连科学本身也无法自存了。
>
> 凡从前古人所绞脑肼手以得到的自然的秘密将被忘却，科学整个的结构将归消灭，在这科学思想、科学方法及科学应用最发达的时代有此现象，尤觉可怪。
>
> 因为这个原故，每一个从事科学的人们，无论如何为眼前的问题所压迫，他对于这些未来的凶兆及隐忧是不能不注意的。他不能不被迫而考虑自己和同行的科学家对于世界的关系。在尚未甚晚的时候，想出一个方法来免除悬在头上的危险，并保证一个平安幸福的将来。

这种呼吁代表的是甚么？他是代表一种科学界的自觉。在去年四五月里，国际科学联盟评议会（International Council of Scientific Union，简称 I. C. S. U，为各种专门科学联盟所组成）在伦敦开第三次大会，参加者有二十国及七个国际科学联盟团体。当时荷兰王家科学院（Royal Academy of Sciences at Amsterdam）代表柏格尔斯（J. M. Burgers）教授曾建议"设立国际委员会，以检讨科学与科学人员对于社会责任的关系，期能达到调协的步骤"。这个建议的用意很明白，并且带有纠正责任的意义。经过热烈的讨论之后，终以此建议案与国际科学联盟评议会章程所规定的职权不合，未能成立。后来改为组织科学与社会关系委员会（Committee on Science & Its Social Relations），其宗旨与工作范围，亦经规定为"研讨物理、化学、生物诸科学之进步、联系及新动向，尤注重于相当期内举行调查工作，俾能确切明瞭世界科学发展之现况，及科学应用于社会所发生之影响"。这就是英国科学促进会（British Association for the Advancement of Science）去年九月在康桥开会时决议组织科学与社会关系部所由来，也就是柏尔纳教授所称为"科学的转机"的要点了。

这样的组织有甚么用处？据我们看来，应该有以下各种可能的效用：

一、我们可以知道一个国家用于生产的研究费和用于不生产的研究费比例怎样？

二、我们可以知道一个国家从事于建设事业研究的科学家与从事于破坏事业研究的科学家人数比例怎样？

三、我们可以知道各种科学在各国的发达情形及某一国家对于某种科学特殊贡献是甚么，因以推究对于世界现势发展的意义。

四、既已知道科学发展的方向及情形，科学家可进一步以谋对于各种科学事业的管理与统制，免致以此种权力的发动人反为盲目势力所挟持而违反其本来的目的。如战争及杀人器具的制造及改进，科学家应根本反对或持不合作的态度。

五、科学原为具有国际性质的学术，所有一切发明应绝对公开，俾努力向上的民族皆得利用之以改善其生活，因而自私自利的经济壁垒与专事侵略的法西斯主义等恶势力亦可以不攻自破。

六、根据调查所得的材料，制成国际合作事业的最善方案，由国际科学会议决议施行，俾可促进人群间相互的了解，以导人类于自由之途。

以上几点，不过是我们对于这个运动的希望。我们以为这样的希望并非过奢。其理由：第一，科学原是世界进化的原动力，今乃几乎一变而为毁灭文化的恶势力，其关键全在科学发明的结果为人所误用与滥用。今要改正其误，制止其滥，唯科学本身有此力量。第二，此次的运动，并非出于某一国家的指使或政局的官办，而是由于民间职业团体的发起。这样，有许多办法，在国际间因政治情形的阻碍而无法进行的，在这些专门学术团体中间，或反以职业同志的关系而得以实现。第三，我们知道科学家是以追求真理、主持正义为最后目的的。在科学萌芽的时代，他曾经为了主张地动或重力的学说，至于身受禁锢与焚死的酷刑能不改悔；在科学被误用的时代，我们知道他为了主张人道的正义和文化的前途，也必能不顾一身的利害，勇往直前，以拯救人类免使回复到野蛮的状态。

　　最后，我还要补充一句话。这个运动虽则重要，但其因关系的复杂，成功必甚迟缓。希望国内的科学家与以热烈的赞助，尤其不要忘记了科学的本身，而努力其根本的发展。

科学教育与抗战建国[*]
（1939 年 6 月 3 日）

大家知道，抗战建国是我们中华民族当前的一个最伟大最艰苦的事业，现在我们却要把它拿来和科学教育连带讨论，这有下面所列的两个理由。

第一，抗战建国需要两个因素，就是人力和物力，但人力，物力非经过科学的陶铸，不能发生最大的效用。譬如说罢，我们中国自来号称地大物博，人民众多。但埋在地下的铁矿，做不了摧毁敌人的大炮，更做不了建设必需的轮船铁轨。说到人力，我们知道，现代的世界已经不是斗力的世界而是斗智的世界了。那就是说，我们的战争虽然是斗力，但是这个力字应包括智力，即知识的力量在内。在战时的武力竞争是这样，在平时的建国奋斗也是这样。

第二，西方圣人亚里士多德［培根］有一句名言，说"知识就是权力"。我们在抗战建国的过程中，如其尚感觉到权力的不够，那一定要归结到我们知识不够的一个结论上去。讲到知识，我们要知道只有科学的知识才是真知识。那就是说，科学的知识是经过严格方法的整理和众多经验的证明的。所以这种知识可以作格物穷理的本源，也可以作利用厚生的根据。一个民族如其对于这种知识没有相当的培养，我们可以断定这个民族对于现代社会的生存条件必定还不曾具备。反过来说，我们如要抗战必胜、建国必成，必定要用科学教育来养成我们特别需要的人才，方能有济。至于科学教育何以为养成抗战建国人才所必需，留待下面再说。

我们记得在抗战建国纲领内，教育部门曾经特别制定了两大目标，

---

* 录自《教育通讯》，第 2 卷第 22 期（1939 年 6 月 3 日）。——编者注

一是注重国民道德的修养，一是提高科学的研究。提高科学的研究，固然是推进一切科学事业的本源，包括有培养专门人才及奖励特殊发明等设施在内；但要以教育的力量诱导民智，培养民力，而后将民力、民智集中于抗战建国事业之中，去促其成功。这种任务除非由科学教育入手是不易完成的。关于国民道德的修养方面，暂且不述，本文所要叙述的，是科学教育方面，亦即是科学在推进教育事业中的任务。

下面我要分三步来叙述，第一是科学教育之意义，第二是科学教育之内容，第三是如何推进科学教育以利抗战建国。

一、科学教育之意义

所谓科学教育，其目的是用教育方法直接培养富有科学精神与知识的国民，间接即促进中国的科学化。科学是二十世纪文明之母，是现代文明国家之基础，已为大家所共知。所以要中国现代化，首先就要科学化，抗战需要科学，建国亦需要科学。国内科学化运动，不是已有很高的呼声么？除呼声之外，要促其实现，教育方面就是最重要的一条途径！亦是最切实的一条途径！为什么呢？

第一因为科学教育可以养成科学的精神，教导科学的方法，与充实科学的知识。教育的范围，并不限于学校，可是只就学校方面言之，科学教育应当是学校功课的重要部份。学生学了物理、化学、生物等科目，就可以得到自然界明白准确的知识。读过物理学，他们会知这自然界可怕的闪电，人们亦可以利用来装置电灯、电铃、电风扇、电话等，所以闪电并不是鬼神的作祟。凡理化生物等科目所授予者，都是这一类知识，将自然界许多似乎是神秘的东西，都解释出来了。这是关于科学的知识方面。当学生学科学的时候，又知道了在实验室中怎样证实课本内所说的真理与事实，较之不经过科学方法而只信别人传说者更准确可靠，无形中学生又学会了科学的方法。学生们既熟习了科学方法，于是凡事不轻信，不苟且，求准确，求证实，这就熏染了科学的精神。我们知道非但自然科学知识极为可贵，其方法和精神亦同样地可贵。学生经过十数年小、中、大学里科学课程的熏陶以后，将来无论跑到社会上那一个角落里去，都会利用其已获得的科学知识、科学精神与科学方法，而促进科学化运动。这是指一般科学课程而言之。

第二因为科学教育可以培栽新进技术人才。高等专门科学教育，除理科而外，如农、工、医、矿、水利、水产，其目的就是在养成技术人才。无论前方战场与后方建设事业，都需要大量的干部技术人才。现有国内少数技术人才，决不够分配，必有待于补充。而技术人才之训练，非用严格的教育方式不可。由工厂学徒出身的熟练工人，决不能任工程师；在医院里稍学些某药可治某病的下级助手，决不能任医师。所以在抗战以前创办的医、工各校，在战后非但要努力继续，并且更须扩充。其理由就是抗战建国事业愈紧张，技术人才之需要亦随之愈亟。这些干部技术人员的训练，就是现在高等科学教育的任务。高等科学教育愈发达，新进技术人员在量的方面愈众多，在质的方面也愈优秀，结果抗战建国的力量也就愈充实愈强盛。

第三因为科学教育可以提高科学文化的水准。过去许多文化界的人士，都在各方面努力，如出版界、新闻界、文艺界等，在推进中国文化事业上曾有相当的成就。但是大家对于促进科学文化方面所表示的力量却是薄弱些，这是无可讳言的。许多学科学的人，有的起来组织科学团体，如中国科学社、中华自然科学社、中国科学化运动协会等，来发动科学化运动，可是这种科学团体出版刊物往往是出版界销路最少的刊物（有少数例外，如中国科学社出版之《科学画报》曾销至近二万份），其书籍亦是各书坊所最怕承印者。而各科学家在有讲演的时候，亦往往对于听众不易引起兴趣。这种种缺点，只有在科学教育方法去充实，去认真办理，把学生的科学程度提高，方才可以补救一部份。学生的科学程度提高之后，科学文化运动就添了大批的生力军。以后科学在文化运动中，可以和哲学、文艺、新闻出版等各界分工合作，促进中国之现代化。

从上面看起来，科学教育最利于普及科学精神、方法与知识，最利于产生新进高等技术人员，最利于提高科学文化水准。这是科学化运动的捷径，也是科学化运动的大道。教育家应赶紧负起责任，从速充实科学教育，促进科学教育之发展，以求中国之科学化！

二、科学教育之内容

我们既已知道了科学教育之意义是这么重大，那么科学教育里面究竟应该包括些什么呢？鄙人以为科学教育里面应该包括的有下面三种。

第一种是普通理科教程，如数学、物理、化学、生物之类，这些是基本科学知识。每个学生，无论学政治、经济、文学、美术、史地、哲学，都应该学习的。尤其是中小学的理科教程，必须认真教授。我记得我们以前在中小学里读书时，学校里最注重者是国文、英文、数学三项。对于博物、理化等科，和音乐、体操，一般不受人注意。前十五年或二十年，各大学里，文科学生往往超过理科学生几倍。一大半原因，还是中小学的根底不好，所以进大学之后，对于理科即缺乏兴趣。当初中小学理科科目不被注重之原因，一则是教材不充实，二则是师资感缺乏。近一二十年来经过科学界人士之努力，教材课本已由用外国课本，抄袭外国课本，而至自己编著课本了。如教动植物学，以前用的课本往往讲外国的动植物，教师讲的时候不能拿本国标本来作教材，以致引不起学生的兴趣，现在此种弊端已可以避免了。此外，科学名辞已多数有适当译名，亦可以不用外国原本了。所以今后理科教材应当较以前便利。此外自大学理科充实以后，中小学的教师亦增多；最近教育部为增加中学师资起见，更扩充了师范学院，产生各科师资，理科师资当然亦随之增加。故中小学的理科师资将不感缺乏，一般的理科教程当更为充实。以后只希望各学校认真办理，不要如以前那样使英、国、数三项畸形发展才好。

第二种是技术科目。这里面包括农、工、医、水产、水利、蚕桑、交通、无线电等专门学校，以及医院所附设之护士学校等而言。无可讳言，我们的专科学校太少，培植出来的人才不够用。例如以医学校而论，全国国立的还不上十个，每年毕业的学生还不足五百人。幸自抗战以来，敌人虽蓄意破坏我文化机关，但已成立的各专科学校仍继续在安全地方办理，甚至尽可能地加以扩充，新进人才不至于缺乏。当然最感困难者为师资不够，设备艰难。虽在这种困难情形之下，各校主持人仍本其奋斗精神，为国家培植人才。如医学校在后方各大都市已每处有一所。其他如工、矿、农、水产等，和医学一般，皆为科学教育之主要部分，非但不可片刻中断，并得要随时尽可能加以扩充。最近积极从事建设事业的苏联宣布第三次五年计划，其中建议训练技师及各种专家一百四十万人，受有高等教育之专家六十万人。这个数字给我们看来太骇人了，但我们希望五年中能有这数字之十分之一的专家，已足增强不少的抗战建国的力量了。

第三种是社会教育中之科学宣传。在西洋各先进国家，其国民教育较我国普及得多，尚有博物馆、科学馆之设立，将科学常识灌输给一般市民；我国文盲既多，教育普及的程度远在他人之后，社会上一般人迷信过甚。如在许多穷乡僻壤的地方将疾病认为是鬼神作祟，甚至社会上许多地位崇高的领袖人物还在相信看相、算命、扶乩等事。这种缺乏科学常识的国民，在现今的世界里是无法生存的。故对于似乎很浅显的一般科学常识教育，其需要应更甚于上述二项。

以上略述了我国所需要的科学教育的内容。

三、如何推进科学教育以利抗战建国

我们既已明白了科学教育之内容，有理科教程，有技术专科，并有社会教育中之科学宣传材料；然则究竟应当如何推进，使之配合于抗战建国事业，以达到克敌兴邦的目的呢？我觉得根本上应该：第一，训练好的师资；第二，供给好的教材；第三，提倡科学研究工作。

我们先谈师资问题。我记得刚在抗战发动之前，教育部曾办过医学校里生理学及解剖学师资训练班。抗战开始以后，这些教师都到各医学校去服务，并有供不应求之势。各种科学教育所需要的师资很多，向来由大学理科各系毕业生去充任；现在则有师范学院之创办，在这学院内预备供给各中学校理科教员，这是比较有计划的办法。不过我们对于训练的标准，希望要认真，要提高，非但着重教材内容，还要注意教授方法。将来他们任教师时，即可提高中学校学生的科学训练。同时现任的中学理科教师，希望其时时刻刻不忘自我教育，非但要每天教人，还要自己教自己，自己求长进，本着"苟日新，日日新，又日新"之意；重视自己的教业，寻求"诲人不倦"的乐趣。尤其对于教授法时时加以揣摩，使干燥无味的科学知识，讲授得活泼生动，使每个学生都会感到兴趣才好。

其次谈到教材方面。上面我们已经说过，现在理科教材，经多年来科学家的努力，已较以前充实，如地质、生物、理化各方面，已有许多本国材料。这些材料，应当可以编就好的课本，制备本国标本。又仪器方面，现在国内亦有自己制造的机关，希望竭力并从速加以扩充和利用。每个学校都应当充实理科教材，因为科学教育是不能一刻离开标本仪器与实验室的。同时我们要准备供给这种需要，编好的教本，制好的标本、好的仪器，办好的实验室。没有这几样东西，根本就谈不上科学教育。至于高等专门技术所用的教材，现在只得由教授们努力设法，因为多数仍须仰给于外国课本、外国仪器。只希望当局对于采办方面给予相当之便利。不过在抗战建国期中，一切事业之进行，必有无数困难。这些困难希望各教师要因时因地努力克服之。例如活的教材，即适合于时代，适合于抗战建国事业之教材，这种随地随时取材，亦就是上面所说要教师之自我教育适应之。如在医学校内附设战地救护，即是适应时代需要之一。至于社会上一些博物馆或科学馆所需要的标本、图表等，就国内已有者已足够用，事实上只需要推广而已，其责任在各地方本地当局者负之。

除开师资及教材之外，还有一个重要问题，对于推进科学教育有绝大关系者，就是科学研究工作。上面说过，现在理科教材，已有许多本国材料，如动植物等是。这种收获，都是多年来各科学专家埋首研究之结果。即如上段所提的随时随地取材一项，一方面固赖科学教师自己的努力，一方面仍有赖于科学专家的研究。如在四川教动植物，因地取材，其教材必比北平、广州或上海所教的有些不同。此时就需要动植物学家在四川先作一番研究工作。如在战时教化学，不得不添些毒气、烟幕弹等材料，最好取敌人处得来的现成材料而研究之，再编写教材，这是最基本的工作。我国科学研究工作之进行已有十余年，现在因为抗战建国关系，应当更紧张更努力。供给适合时代之科学教材，亦当为其研究目标之一。

有好的师资，有好的教材，有科学研究工作，则抗日建国所需要之科学教育，必定可以很顺利地向前推进了。

四、结　论

我们说抗战建国事业为什么需要科学教育呢？因为科学教育可以普及科学精神、方法与知识，可以培植新进技术人材，可以提高科学文化的水标［准］。科学教育的内容是什么呢？是中小学的理科教程，是各种技术专科训练，是社会上普及科学知识的宣传工作。怎样去推进科学教育呢？是要靠良好的师资，良好的教材，与继续不断的研究工作。

让我打一个比喻。我们中华民族好像是一支大船，在汪洋中驶行。现在抗战建国时代好像是这支船遇到了暴风雨。我们在抗战建国时期中进行，亦就像是这支大船在暴风雨的汪洋中挣扎一般：成功就是这支船达到了目的地，失败就是船的颠覆与消灭！现在我们领袖就好比是船主，抗战建国纲领就是它的指南针。我们的领袖领导这只船依着抗战建国的指南针在狂风暴雨中驶行，全船的人都应该和衷共济、各尽其能。这里科学技术人才好比是机器间的机务人员；而科学教育就是在时时培植这些最好的机务人员，以适应暴风雨时代的需要，其任务之重大就可想见。机务人员虽不能说比其他船员更重要，但亦是重要人员之一部分。机务人员既有其重要性，我们就应当充分培养这些人才，不要使船到紧要关头束手无策，这就是科学教育在抗战建国期中的任务！

抗战后的科学*
（1940 年 7 月 1 日）

如此次的中日战争能够给我们一个痛苦教训的话，我以为这个教训应该是：增进科学为我们此后建国的努力方向。

此次抗战转瞬已满三年了。在这三年中间，我们得到了极重要的收获与发见。我们的收获是："精诚团结"、"一致御侮"，已由口号标语而完全成为事实。我们的发见是：顽强的日军可以用勇气来加以克服，物质的缺乏可以用精神来为之补救。以上所说，都是属于精神方面的。属于物质方面的，似乎不能说我们有甚么新的发见。如其要勉强举一件新事实来作此次战争经验所能给我们的启示，则我以为这个启示只是消极的。这个启示是说物质与精神，有同等的重要。设如我们物质的准备在开战前能比目下更充分、更进步的话。则此次战争的结果或与目前大有不同。换言之，即以我们的精神，加上优良的物质，也许不等到现在，最后的胜利早已在我们手中了。

上面所说的物质，自然是对精神而言。若稍切实际言之，则物质二字皆当改作科学二字，或者说物质加以科学，方为我们眼前讨论的问题。因为物质不经过科学的改扮，是不能在近世舞台上成为重要演角的。譬如说罢，铁是物质，且是极重要的物质。但由普通用土法制出的铁与制造军器的合金钢相提并论，则后者需要科学的研究，科学的处理，决非原始制造土铁的方法所可同日而语。所以单有铁的物质而没有制钢的科学，铁的用途是极有限的。近代的军队都要讲机械化。据某杂志所载，上次欧战时一个代表性的师团所需用的机械是四千马力。最近所谓机械化部队，一个师团所需的马力多至十八万七千。这些只就坦克

军、运输队、给养队、炮车等动力而言。至于空军、海军、潜水艇等等，无一不有特殊的装置，无一不需巨大的动力。这些，在普通来说，统是物质，就实际言之，都靠科学的研究。所以我们说此次抗战的教训使我们感觉到物质的不如人，即等于说我们科学的不如人，而抗战后我们努力的方面应该是甚么，也就可以不言而喻了。

军器制造，是特殊而且有秘密性的事业，我们不便多谈，也不必多谈。我们且看看我们平常生活的情形是怎么样。说到此处，使我不能不想到两年前在内地某大都会的附近参观砖瓦制造的情形。砖瓦制造在吾国至少有二三千年的历史，秦砖汉瓦不是现时考古家所宝贵的东西吗？但今时砖瓦制造的方法，恐怕比较最初发明时并无甚么两样。他们糅合泥土，只用天生的两足；他们入范取形，只用两手的力量。结果他们造成的砖瓦都是畸形异式，要拿来堆成一垛正直的墙壁也不可能。看看这种制造业之后，使我们对于作始的发明者表示无限的敬意，因为他们已能改变物质，尽了利用厚生的能事。同时也使我们对于后嗣的不长进，发生无限的感慨。因为他们不但不能继长增高，光大前人的遗业，且使之有每下愈况的形势。这一点小小工业虽则仅占到生活的一极小的部分，但可以表示在眼前的生活中，科学是怎样的与我们不发生关系。如其在这些粗浅的地方，科学尚且不能帮助我们发生效用，要想在复杂的精致的近代工业或近世国防里面得到科学的帮助，岂不等于缘木求鱼吗？

从上面的讨论，我们可以大胆的先提出一个结论，即抗战以后，第一要求科学的生活化。我说科学的生活化，与当代人所提出的生活科学化，略有不同。说生活科学化，等于说生活合理化，是假定科学的知识已经深入民间，并且已经心知其意的应用到一般生活上面去。我们说科学的生活化，只要科学不成洋八股而使之对于实际生活发生一点效用。譬如说罢，盐是平常日用必须的物品，我们为甚么不能用科学方法增加产量，而必定要使人民吃几元一斤的贵盐？——自然盐价的昂贵还有其他人为的原因。糖是自己土壤生产的物品，为甚么他人以贱价吃雪白的净糖，我们出几倍以至十倍的高价而只能吃黑黄的粗糖？如其我们对于这一点眼前的问题，不能解决而漫然说我们在国家有事时，可以像法国人在拿破仑被封锁的时代可以发见制碱新法，可以像德国在上次欧战时代可以发见橡皮的代用物品，其谁信之？其谁信之？

第二，我们以为抗战后科学研究机关有大量增加的必要。科学与研究是分不开的，没有研究就没有科学。国内近年科学研究的呼声甚嚣尘上，对于科学研究似亦颇知注意。但考其实际，使你觉得雷声大，雨点小，不独豚蹄簋车说来可笑，并且使你疑惑这些主持其事的人们是否真正晓得他们所司何事。约十年前，作者曾为太平洋国际学会著了一篇讲中国科学发展的文章，当时把国内科学研究机关列举出来，有以下的几个：

经济部地质调查所	民国五年成立
中国科学社生物研究所	民国十一年成立
中央研究院各研究所	民国十六年成立
静生生物调查所	民国十七年成立
北平研究院各研究所	民国十八年成立

这寥寥几个研究机关，自然不曾把大学里面的研究所列入，事实上，当时大学里原不曾开办研究所。就眼前说，大学的研究所虽已添了不少，但属于科学的仍占少数。且抗战以后方始开办的，于设备人才两方面都有问题，所以大学的研究所我们暂时不必计入。除了大学研究所不算以外，似乎这十年以来，科学研究所的增加实在屈指可数。兹就作者个人闻见所及，再为列表如下：

经济部中央工业试验所	民国十（？）年成立①
经济部中央农业试验所	民国二十（？）年成立②
黄海化学工业研究社	民国十（？）年成立③
中英庚款董事会地理研究所	民国二十九年成立
中英庚款董事会蚕桑研究所	民国二十九年成立

这些研究所所研究的科目，大约不出地质、天文、气象、物理、化学工程、化学工业、动物、植物、生理、心理、农学、蚕桑、地理等科（不属于自然科学范围的不列入），看来似乎应有尽有。但我们若仔细审查一下，便可以觉得大半的科目，多近乎普通而少有特殊目的。这可以表示我们所谓的研究机关者，乃先有机关而后寻题目，并非先有题目而后设机关。此为应行改正的一点。其次说到经费，除了几个政府设立的研究机关大约每年共用二百数十万元外，其他私立研究机关合计起来当

---

① 中央工业试验所成立于民国十九年。——编者注
② 中央农业试验所，应为中央农业实验所，成立于民国二十一年。——编者注
③ 黄海化学工业研究社成立于民国十一年。——编者注

不到三十万元。通共算起来，大约每年不满三百万元。这个数目，若在外国还不够一个研究机关的经费（美国一个地质调查所经费有二百余万元，日本一个理化研究所经费也有二三百万元。）我国每年国库支出，若以十六万万计，科学研究经费尚不及岁出千分之二。如其我们不把科学研究看作粉饰太平无足轻重的东西，而希望它发生一点实际的功用，这个奇异现象，也急须改正。

第三，此后科学的研究要理论与应用双方并重。我们近年来对于科学的态度，经过几番变改。最初是曾李时代，开制造局，设造船厂，他们心目中的科学是完全属于应用的。其后张之洞的"中学为体，西学为用"时代，他的目的，在替学校科目中的科学课程定一个适当的地位，但从此科学渐渐的成为洋八股，不但应用毫无，即科学的本身也名存实亡久矣。民国成立以后，少数学者感觉到科学本身的湮没不彰，科学的发展既不可得，科学的应用更是无从说起，于是才有整个的科学及科学研究相号召而造成目前国内一点稀薄的科学空气。因为要提倡科学精神与科学研究，所以理论方面的工作较为发达，而实际应用上或反不为人们所注意。此次抗战的结果，使我们感觉到科学落后，偿付的代价太大了。将来重新回到科学来，注重应用的潮流必定高过一切。我们要指出的是，凡是真正科学理论，与应用是分不开的。专重理论而忘了当前的需要，固然无以救国之急。专务应用而忘了科学的本身，也不免再蹈曾李的覆辙。唯有理论与应用双方并进，尤其是研究理论的多注意应用，如巴斯德之研究微生物学，对于法国国家及科学的贡献，两臻绝顶，那才是我们所馨香祈祝的。

第四，为促进科学及工业发展起见，我们以为一切制造，一切供给，要多靠自己而不要倚赖他人。在战争紧急期间，有许多物品，自然须向国外购买以求现成应急。一旦战事停止，我们以为一切用品无论是平时或战时的，宁出高倍代价以求自制，而不可存偷懒倚赖的心仍然专靠外来的供给。盖唯自行制造，方能发见自己的问题而自求解决。不但我们科学上工业上的知识逐渐增加，且可养成各项专门人才，为任何学校或留学外国所不可得的。此事只要我们艰苦忍耐，放弃买办心理，持以毅力，并不是甚么不可能的。永利化学工业公司的成就，即是我们当前的好榜样。

发展科学为整个抗战建国的重要问题。我们意有所感，特拉杂写出以供大家讨论，幸当世贤达有以教之。

一个值得注意的生产教育办法[*]
（1940 年 7 月）

　　《现代读物》为纪念抗战满三周年，出一个纪念特刊，来信要我写一点甚么与抗战建国有关的教育问题。我想教育是国家的根本问题，无论那一方面都是与抗战建国有关的。不过眼前的教育问题，我以为还是生产教育最重要。生产教育这个口号，这个政策，已经出现了不少的时候了。可是如何使生产教育真能生产，似乎至今还不曾看见一个有效方法，这不是值得我们注意的事件吗？

　　有人说，生产教育，即是职业教育。现在我们政府已不遗余力的在推行职业教育了，那末，怎么能说还没有看见有效的生产教育办法呢？我以为这件事还得分别言之。

　　第一，生产教育的范围，应该比职业教育为大。凡在职业教育以内的自然都是生产教育，而生产教育不当以职业教育为限。换言之，我们既以生产教育为号召，则这个政策自当澈上澈下，使它成为各级学校的中心目标，而不当以设立几个职业学校为满足。

　　第二，职业学〈校〉是否能达到生产教育的目的，也是值得考虑的一个问题。职业学校的难办是当今教育家所公认的。在现今的中国，办职业学校，尤为难上加难。学校中所授的职业是否与社会的需要相应，一难也。职业功课是否适合于实际应用，二难也。师资不易得，三难也。设备不易齐全，四难也。学生毕业后与社会格格不能相入，五难也。这种种难题，不但使学校不易办，也使学生学了之后，仍不能保证其不失业，更说不上增加生产。

　　我们以为生产是社会普遍进行的事体，故生产教育只有将学校与社

---

　　* 录自《现代读物》，第 5 卷第 7 期（1940 年 7 月）。——编者注

会打成一片的一个办法。

这个办法，在当今教育学专家中作此理论上的主张的固大有人在。但在实行上，他们仅能自制一种社会以为学生的试验场，而不能直捷了当应用眼前现成的社会，这可以说明他们成功的限度。

目下美国的南方各省推行一种半工半学，职业与学校合作制度，我以为这正是我们应该取法的生产教育最好办法。这个制度，凡中学三四年级（等于我国高中二三年级）的学生，都是上半天在学校上课，下半天在个人选定的职业场所作工。他们作工的经验可以作为学校的成绩，算作毕业时的分数。这种办法，不但学校对于职业功课的设备可以大为减少，学生对于职业的准备已经十分切实，而且学生到毕业的时候，对于自己的职业问题已经有了相当的解决，决不会有失业之叹了。这个办法看去甚为单简，行起来则不能如想象的容易，因为这其中少不了一个连锁的机构。这连锁的机构，我们暂且叫他做指导员。指导员的任务，大概说来应有下列几个步骤。

一、关于一地方职业情形的调查。

二、选定某种职业最适宜于学生的学习。

三、与该职业当事人的联络。

四、对于学生性情及境遇的考查。

五、学生与职业的绍介。

六、学生在校时对于职业的准备。

七、学生在工学期间于工作方面的考查，如遇困难随时加以扶助或匡正。

此处所说不过是一个大概，但我们要知道除非有一个负责的人员对于此事专心的筹划，仔细的推行，这件事是不易成功的。在我国，这个制度的进行尤有特殊困难，一是各行职业对于学生的不欢迎，一是学生对于职业的不热心。这个困难固然是事实，然我们以为并非无解决之道。第一，要知道各行职业原有学徒的制度，现在我们办法可以说是一种改良的进步的学徒制度，而不可与普通大学或专门学校毕业学生出外就事者同日而语。第二，学生对于职业的不热心，我们以为也是少数的高级学校为然。若这等办法普及于初中甚而至于高小，正足以救济一般中小学生既难升学又无职业的苦况，所谓对于职业的厌弃，恐怕不成问题罢。

总之，我觉得这个半工半学、职业与学校合作的办法，是我们今日谈生产教育的值得注意的一个问题，很希望能就几个大城市切实试验一下。

科学与工程*
（1942 年 2 月 1 日）

工程在人类社会史中，发达甚早，而科学则发达较迟。古之所谓工程，颇有异于今者，譬如造屋，古则鸠工庇材，率意营造，今必先设计造图，估料计价。譬如筑路，古则因陋就简，顺其自然，今必先测量定线，统筹计划。凡此步骤，即属科学。近代工程经过科学洗礼，故乃与古不同，学习工程者，必先学习各专门科学，庶克有济。倘一工程家欲从事相当事业，而不先研究科学，实属舍本逐末。

科学为现代产物，欧洲科学系发煌于文艺复兴后三四百年，研究科学，胥从研究天然界物质现象与条理着手，即吾国儒者所称之格物致知。格物即研究科学之义，以研究所得，利用厚生，是则工程人员之务矣，兹简述科学与工程之分别，及其关系如次：

（一）科学与工程之分别。例如今日电气事业，极属发达。夫电之原理发明，属于科学；其制造设备，则属工程。是知无科学发明，则工程即无着落，古代先有工程后有科学，今代则反是。

（二）科学与工程之关系。社会未进化之初，一切动力，皆仗牲畜。嗣后发明蒸汽机，情形乃大变，惟以装置繁琐，犹感不便。迨电力发明，简便致用，为利綦溥。现尤有较电力更伟大者，厥为电子，正由科学家研究利用中。

吾人于此可见各项事业之进步，胥赖科学家先有发明，然后始可作工程之措施。工程先须以科学为枢纽，科学愈昌明，工程愈发达。且今之工程，较诸往昔更属规模宏大，程序细致，制造迅速。综上所述，可知工程背后，有极重要之科学在焉，此二者实为一体，愿吾工程界同人，于工作之余时刻勿忘科学之研究。

---

* 录自《工程》，第 1 期（1942 年 2 月 1 日）。——编者注

中国科学之前瞻与回顾[*]
（1943 年 3 月）

中国科学社同人于民国四年发行《科学》月刊，当时定此杂志之目的有二：一为提倡科学，一为传播新知。盖以此时第一次欧战开始未久，科学社同人悚然于科学与现代国家关系之重要，知抗战御侮需要科学，和平建国尤需要科学。故欲以短绠之汲，作野人之献。其提倡科学云者，盖以当时国人对于船坚炮利之威，"声光化电"之术，虽若有所憧憬，而于科学在学术领域之地位，尚缺乏正确了解也。其传播新知云者，盖以知识之事有赖于沟通激励而后可得进步也。案头适有《科学》杂志创刊号，偶观其发刊词，有云"世界强国民权国力之发展，必与其学术思想之进步为平行线，而学术荒芜之国无幸焉"。是当时同人所蕲向之目的固已跃然纸上，无待烦言。

计自《科学》杂志发行以来，于今二十有八年矣。此将近一世之长久岁月中，科学社同人所悬以企求之鹄的究竟达到几何？在今日《科学》月刊经历大难垂绝复苏之会，略为回溯之讨论，当非毫无意义之举。第一，"科学"二字在吾国一般人心目中已成普通常识，此可于今日常语中之好用"科学化"三字见之，如云"生活科学化"、"工作科学化"之类。而科学化运动尤可谓集科学蔚为常识之大成。此与"格致入门"、"格致大成"时代之以"格致"二字代表科学之意义已不可同日而语。盖言格致犹近于以中印西，言科学乃代表一种新精神新态度也。此其一。复次，科学研究机关之成立，在近三十年中亦颇夥赜可观。如民国三年成立之中央地质调查所，民二十八年甫庆祝其二十五周年纪念。其展览会成绩之繁富使参观者莫不赞叹称美。民国十一年中国科学社在

＊ 录自《科学》，第 26 卷第 1 期（1943 年 3 月）。——编者注

南京成立之生物研究所，继之以北平之静生生物调查所与广东中山大学之植物研究所，而生物研究之范围与工作，已有追踪地质调查所而树全国规模之势。惜乎在理化科学方面，研究机关久付缺如，仅一黄海化学工业研究社，以私家公司之努力为吾国理化科学略事点缀焉。民国十七年，国民政府成立以后，以发展学术为国策，赫然有中央研究院之设置。其中设研究所十，而属于科学者已占其八（天文、地质、气象、物理、化学、工程、心理、动植物），尤足表示政府重视科学之深意。近来各大学相继设立研究所，亦以属于科学者为多。设如吾人以此近三十年来对于科学之设施与民国以前之三十年相比较，将见不但为量之增加而且有质之增进，此可为进步之一大标志者也。此其二。复次，因各种科学之发达，科学家人数之增多而有各种学会之设立。故学会之多少，亦可为科学发达之量度计。学会之名目，遽数之不能终其物。言其大概，则属于纯粹科学者，有数理学会、物理学会、化学会、地质学会、天文学会、气象学会、生理学会、心理学会、动物学会、植物学会，几乎应有尽有焉。属于应用科学者，有工程师学会、土木工程学会、电机学会、机械工程学会、动力工程学会、矿冶学会、化学工程学会、农学会、医学会，亦几乎应有尽有焉。回忆在科学社成立之前，国内仅有一詹天佑氏所组织之中华工程师会代表近代学会之组织。科学社成立后三十年，而学会已呈风起云涌、枝叶扶疏之观，此又不可谓非科学发达之现象也。此其三。

若于以上三者之外，再求一科学进步之表征，则各种科学杂志及专刊之出现，殊不容吾人忽视。上节所举之各学会皆发行一种会报，其中不乏极有价值之著作。而各研究所所出之报告期刊，发表新事物新结果尤夥，极为世界学术界所重视。此固斯世所公认，非一人之私言。要而言之，我国科学界在以往三十年间，已骎骎入世界学术之林，而非以负贩他人之所得为已足。此吾人所可引以自慰者也。以上所举之科学情形，如其在小土寡民之国家，未尝不可以周世用而支国运。不幸中国拥有一千一百二十万方公里之土地，四万数千万人口之民众，以数千百科学家居其间，真所谓大海之一滴，太仓之一粟，其不能发生多大影响，固无足怪。不宁唯是，中国正当中西文化接触之际，新旧制度交替之时，所需要于科学家者又至重且大。设无人十己百，人百己千之才能，则必有此同倍之数量而后可，而不幸事实乃适与此相反，此吾人所不禁为科学前途忧，且为我国建设前途虑者也。

过去我国学术界关于发展科学之讨论，大致从思想方面着想，或从方法方面着想。其所证明者为我国学人之心思才力并无不适于研究科学之处，而且我国若干旧有学术在方法上亦与科学甚相接近。此种结论，于绍介科学与我国诚具有根本重要性质。但如证明其可能之后，而遂听其自然，不为之谋所以发达增进之道，则是临渊羡鱼不知退而结网，过屠门而大嚼不知退而割烹，何补于实际之有耶？本此观察以测我国科学之将来，吾人以为应有以下数项之注意：

第一，吾国科学事业必须大量推进，科学人才必须大量养成，此非重量不重质之谓，盖唯其量多，始有美质从之而出也。试举一例以明吾说。吾人皆知科学上有名人物以北欧三国为最多，实则北欧三国之科学家人数亦视欧洲其他各国为众。（参观《科学》第一卷第五期鄙作《科学家人数与一国文化之关系》一文。）近来国内许多科学工作皆有人才缺乏之患，于是不得不此争彼夺，至不得已则滥竽充数，以下驷当中驷，中驷当上驷，如此欲科学事业之有成效，又安可得？就教育言，设如吾国科学人才众多不可胜用，今日之教大学课程者可移以教中学，教中学者可移以教小学。如此，科学程度必可提高，科学进步必非今日所可比拟。故吾谓科学之质的进步当于量的增加求之。无如自来政府及社会对于此事之重要与范围似皆未加注意，以一国家对于科学设施之经费，设与他人用于一公司一事业者相较，且觉瞠乎其后。操豚蹄以祝满篝满家，欲不为淳于髡所笑，其可得乎？

第二，科学事业必须为有秩序有统系的发展。科学之为物，条理众多，范围博大，设非为有秩序有统系之组织筹划，则易流于重复、肤浅、急功近利、取悦流俗之为，而难期远大之效果。我国科学研究，除少数具有地方性之事业自然有其分工合作之限度外，其他具共同性之科学，则多停滞于浅近易达之阶段而少特殊独立之贡献。此无他，缺乏有统系有秩序之计划故耳。设以为此后不谋科学之发达则已，如其否也，每一科学之研究计划必须经过专家会议之缜密讨论与设计。此项专家，如不能得之于国内，不妨借材于异国。要在谋定后动，纲举目张，庶几昔日各不相谋与暗中摸索之弊病一扫而空之，而后科学事业乃有循序渐进之可期耳。

第三，科学事业不当偏重应用而忽略根本之纯粹科学。应用科学以易收切近之功效常易为人所重视，纯粹科学反之，故常易为人忽略。此在平时已然，在战时及战后为尤甚。实则自应用科学四字观之，已知必先有科学而后可谈应用，设科学先不存在，更何应用之有？故作《天演论》之赫胥黎氏常言，"应用科学四字，吾愿其自来即不存在"。吾社翁霓先生亦云"与其言应用科学，不如言科学应用之为允当"。此皆一语破的之言。此次世界大战，凡参加战争之国家自无不乞灵于科学以磨砺其杀人之工具。然或则专用前人科学之遗产，或则用产与造产同时并行，其效果之差别不久当皎然共见耳。

言至此，吾人不能不提及吾国科学眼前之重大危机。据近一二年来各大学招考新生之统计，投考学生以经济学、商科占最大多数，应用科学之各种工程次之，纯粹科学几有无人问津之感。此种趋向，虽不过代表抗战期间之一种特殊现象，然如不为矫正，五年至十年以后，必有感觉科学人才缺乏之一时，而此时又适为抗战后建国之重要时期。彼时欲加补救，已无及矣。若夫整个科学所受之损失，似尚不易以数字计。甚愿有责任之教育当局及早图之。

国际科学合作的先决条件[*]
（1944 年 1 月）

　　"科学是有国际性的"，这句话的意思要从两个方面看。一方面是说科学是人类智慧的公共产品，科学知识应该公开出来为全人类谋幸福，不应由少数国家或个人据为独得之秘，阻碍人类的进步。另一方面，科学的本身，须靠了国际间学者的合作方能得到迅速的发展。若专靠一国学者的努力，不但许多重复，迟缓是免不了的，有些工作的进展简直是不可能。最显著的例子，如爱恩斯坦的普遍相对论完成于一九一五年，而其结论的正确，则待至一九一九年英美学者就日食观测的结果加以证明后，方为世界学者所公认。时第一欧战方告终结，设各英美学者不愿与德国学者（是时爱恩斯坦系德国威廉研究所教授）合作，那末相对论的真理可以至今无法得到实验的证明。科学之有国际性，此当益明了。

　　由各国学者共同努力以发展一件科学之先例很多，我们不妨再以无线电的发明来作一个说明。一八六四年英国剑桥大学教授马克斯威尔（James Clerk Maxwell）在皇家学会宣读了一篇关于电磁波的论文，是为无线电理论上的根据。电磁波的存在，则于一八八七年德国赫尔慈教授（Heinrich Hertz）及一八九〇年英国洛治教授（Oliver Lodge）用实验方法加以证明。以上可以说是英、德两国人的合作。无线电检波器的发明者休斯（Hughes）是英国人，而锐感检波器的发明者柏兰列（Branly）则为法国人。最后一八九六年意大利人马可尼（Marconi）完成无线电收放机的装置，使长距离的通电成为可能。最近美国人李得福（Lee de Foreet）发明三极真空管，更使无线电的效能得到最大进步。可见在不满半世纪的时间中，使无线电由学者脑经中的理论成为近代第

---

　　* 录自《科学》，第 27 卷第 1 期（1944 年 1 月）。——编者注

一的交通利器，全靠汇集英、德、法、意、美各国科学家、工程学家的天才以从事而后得此。科学之迅速发展有待于国际合作，这又是一个最好的证明。

过去国际间的科学研究虽然已有不少的合作事实（如上面所举的几个例子），但其合作的动机或由于私人的友谊或由于自然的趋势，故其结果尚未能达到希望的完美。其所以如此，则有以下的几个原因：（一）一部份研究结果的不公开，（二）各国文字语言的阻碍，（三）国际间科学组织的缺乏。此刻要谈国际科学合作，我们以为须以解决以上三个问题为先决条件。

何以说一部份研究结果的不公开可以阻碍国际合作呢？我们晓得目下科学知识的传布，大部份专靠各国学会所出的杂志，而这些杂志所发表的结果则大部分限于学院（Academic）中研究。其不属于学院中的研究，如在工业试验室或某些国家特设的实验室所得的结果，则往往视为秘密永不发表。其实这中间有许多是探究自然奥妙和增进人类幸福所不可少的知识。若隐秘不宣，不知阻碍了人类多少进步。例如第一次大战前德国关于有机颜料的制造及光学玻璃的制造，其方法及研究经过始终是科学上的秘密。其他各国同样的秘密当然也不在少数。若要国际科学合作成为有效用、有意义的工作，则研究结果的绝对公开，应当是第一个先决条件。

第一，各国语言文字的不统一，也是阻碍科学合作的一个大原因。科学是有国际性的，但发表科学的语言则恰恰与国际性相反而常保持其狭仄的国家性。故语言的阻碍可以减少国际合作的效能。显著的例，如此大战前苏联的科学研究仅用俄文发表，以致各国对于苏联近年的科学皆有问津无从之感。此后科学的传布，应有一种共同而普遍的工具，方能增加国际合作的效能，实为最明显的道理。故我们以为扫除语言文字的障碍为国际科学合作的第二个先决条件。

第二，国际间科学组织的缺乏，当然也使国际科学合作增加困难。在目下世界交通突飞进步，各种国际性的组织纷纷成立的时候，科学的国际组织还未曾出现，不能不说是一个可怪的事。按目下的情形，科学学会的组织可分为二类：一是专门学会的组织，如化学会、物理学会之类是。一是普通推进科学的组织，如英国及美国的科学促进协会（The British or American Association for the Advancement of Science）之类是。这两种组织都有它的用处，但两种组织地理的范围都以一国为界。

虽然在某种特殊场合，未尝没有国际学者共集一堂以讨论学术问题的事实（如太平洋科学会议近年在爪哇及美国加利福尼亚所开之会议，以及几年前的世界地质学会及世界植物学会召开的会议），但这究竟仅限于一事一时，要达到科学合作的目的，恐怕还有成立常设国际性的科学协会的必要。我们以为为增加国际间科学的交流与促成国际间的科学合作起见，国际间的科学组织必须先为推进，即无论专门学会或普通性的科学组织，皆当由国家本位推进到世界的组织。有了这些组织之后，不但国际合作实行时可减少许多困难，且可使国际合作不至于成为有名无实的空洞机构。所以我们认为发展国际间的科学组织，为实行国际科学合作的第三个先决条件。

以上是就一般的科学合作而言。若单就我们中国说，也有几个先决条件值得我们注意。

第一，我们要与人家合作必须要有与人并驾齐驱的科学。民国以前，我们只知道有西方的坚船利炮，知道西方的奇技淫巧，并不知道什么是科学。所以就近代的意义说，中国可谓无科学，有之则为外人代办的科学，例如里希霍芬（F. V. Richthofen）之于我们的地质学，威尔逊（E. H. Welson）之于我们的植物学，安德鲁（Roy Andrews）之于我们的考古学，都是以中国材料供人研究的结果，不得称为中国人的科学。犹之外国人以中国的原料制成工艺品，不得成为中国的工业一样。民国以后，首先是有地方性的科学渐渐由中国人建立起来了，就中如地质学方面、生物学方面、古生物学方面、气象学方面，我们都有很好的成就。外国学者要在这些方面探究中国的科学，必须到中国人方面来请教，再不能有越俎代庖的思想。这是中国科学大大的光荣。至于有普遍性的科学如像物理学、化学之类，我们的地位便没有那样幸运。虽然在这方面我们科学家的贡献已相当可观，但和西方先进的国家比较起来，不能不说仍是瞠乎其后。这是我们应该并力以赴，迎头赶上的。科学虽是人类共有的资产，唯对于这个资产的总量有贡献的始有参加的资格。这个很平常的道理，想来我们的科学家不至于忽略过去。

其次，是科学研究的机关应该从速增加与充实，尤其重要的是每一科学至少须有一个研究的中心，在进行国际合作的时候方能收提纲挈领之效。我们不难想象在和平恢复、各种科学事业重上轨道之后，国际间的科学合作，必不限于文字的宣传与书札的往来，而须有人事上的接触与事业的交换。如其我们科学设备不够，或他国同道的朋友不远千里而来，仅仅做了些讲演或应酬的工夫而去，那末不但要令远人失望，就是我们也很难得到合作的利益。反之，如其我们先有了许多科学研究的中心，在平时固然可以发展我们的科学事业，在国际合作的时候也自然可以成为交换知识或交换研究的场所。这样学术上的国际平等庶几可以取得，而国际合作的效果也必定格外宏大。

有了科学、有了研究中心之后，上面所说的国际间的科学组织只要我们科学家略为注意当可迎刃而解。《大学》说，"知所先后，则近道矣"，不知我们科学家以为何如？

《科学与科学思想发展史》译者序[*]
（1944 年 9 月）

  我国的出版界到现在为止，还缺乏一部好的科学史，这是多年以来我们所感到的一种需要，一种要求。抱了这个感想，译者便随时留意欧美出版的科学史一类的书籍。在最近十几年内，此类书籍也出版了好几部。但有的失之过于繁重，如 G. Sarton 的 *Introduction to the History of Science*，是一部材料的书，可供参考而不适于阅读。有的编法特殊，如 L. Hogban 的 *Science for Citizen*，它是为英国人编的，其取材多不合于一般读者的需要。至于较为单简的作品，则皆各有编重，于科学史仅见一鳞一爪。要求把二千余年来直到最近十数年为止，西方科学的发展作一个具体而有统系的叙述，追溯其来源，阐明其关系，提纲挈领，以简驭繁，不偏于一部份的特长，亦不流于肤浅的通俗作品，以我所知，尚未有出于丹丕尔·惠商教授（Professor William Cecil Dampier Dampier-Whetham，现在是威廉爵士）的科学史一书之右者。

  此书原名 *A History of Science and its Relation with Philosophy and Religion*，直译之应为《科学史及其与哲学宗教的关系》。它于一九二九年初版，次年再版，以后即未见有新版出现。此书占八开本五百余页，内容也相当的繁重，但要将浩瀚繁赜的科学史作一个完全的叙述，这个篇幅并不算太多。（据闻丹丕尔·惠商教授近有一部较短简的科学史出版，但我们尚未看见。）尤其重要的，是本书的作者乃一物理学家，他把科学的根柢处追寻到物理学的概念上去，如此一来，自然不能不牵涉到哲学及宗教的问题了。

  科学在西方学术史上本来是哲学的一部份，早年的科学只叫做自然

---

  * 录自《科学与科学思想发展史》，上海，商务印书馆，1946。——编者注

哲学。后来科学依据了它本身的特殊方法，研究自然界及社会上一切现象，利锋所向，成绩斐然。不但与哲学分道扬镳，简直有取哲学而代之的形势。所以谈科学史而撇开哲学不讲，是不可能的。若勉强做到，徒见其残缺不完而已。至于科学之与宗教，虽始终立于反对的地位，但如中世纪的烦琐哲学即含有科学的种子。文艺复兴以前，教会成为欧洲文化的唯一渊薮。科学之出于教会，有如吾国九流之出于王宫，正反有殊，而关系则一。丹丕尔此书，叙述科学历史的发展，处处指出它与宗教哲学的关系，盖不如此不能了解科学发展的过程与其真正意义。此书之异于其他科学史者在此，此书之高出于其他科学史者亦在此。因此书所注重者，不特是科学的本身，而且是科学思想的发展，故易名为《科学与科学思想发展史》，希望于原作者之意不会有所牴牾。

本书翻译始于民国三十年冬间，彼时笔者因避空袭，僦居昆明乡间，长日无聊，因取此书移译以资消遣。此后播迁靡定，作辍无常，而朋友们听说我拟译此书，即多方督促，早观其成。笔者不欲过拂朋好之意，爰将此书后四章分请华西大学教授李珩君及中央研究院化学研究所所长吴学周君担任翻译，以期迅速蒇事。故此书前六章译文为本人执笔，其第七、八两章为李珩君所译，第九、十两章译事则吴学周君所担任也。两君译文皆经本人仔细校阅一过，俾归一致，其文责当由译者与校者共负之。

此书内容牵涉颇广，译者遇有疑难时，常多方请教于专门学者，予以协助，受益孔多，特志于此以申谢忱。又此书全稿付印前，承李珩君阅读一过，亦当感谢。读者诸君如能发见纰缪，惠予指示，俾能于再版时加以改正，则尤为我们所馨香祷祝的。

民国三十三年九月　任鸿隽　序于重庆

科学与工业 *

（为纪念范旭东先生作）

（1946 年 10 月）

　　要在眼前的时代办一个现代工业，他便与科学发生了不可分离的关系，但这关系有种种不同。有的是利用科学来做生产的工具，只要生产不成问题，科学知识是不在他计算之中的。有的是以科学来做工业的出发点，他要利用科学来改进生产的方法，增进物品的功用。在这类人心目中，科学终不免成为工业的附庸。还有一类人是要利用工业的力量来谋科学的发展，他是身在工业，心存学术，金钱的得失是不在他计算之中的。我们只要晓得科学为一切近代工业之母，便知道第一类人徒知贩用他人的发明，坐食其利，自可卑之无甚高论。第二类人虽也使科学与工业相得益彰，然其眼光犹不出功利范围以内，现代的进步工业家多优为之。至于第三类人，要以增进科学知识为造福人类的重要途径，不但急功近利不在眼中，即个人的生活康健亦置之度外。这种人，在科学界中时一遇之，在工业界中则真如凤毛麟角，而范旭东先生实为此类人之一。故其逝世，不但是工业界的大损失，也是科学界的大损失。

　　范旭东先生在化学工业上的成就，十足的代表他利用科学来发展近代工业的信心与毅力。我们知道他的化学工业，以久大精盐公司为发轫。据说，他在民国初年由日本西京帝大毕业归国，路过塘沽一带，眼见当地产盐的丰富，与盐中泥沙杂质占去成分之高，便慨然有利用化学方法来改良食盐并创立其他化学工业之意，久大精盐不过小试其技罢了。果然在久大精盐成功不久之后，继之以永利塘沽制碱厂的设立，不久更继之以南京附近硫酸铔厂的设立。在设立后两厂的过程中，自然遇

---

　　* 录自《科学》，第 28 卷第 5 期（1946 年 10 月）。——编者注

见了无数技术上和管理上的困难，但皆以科学方法为之克服。如制碱法且有特殊的贡献，为此类工业解决了一些问题。这些，可以表示他所追求的目的，是在应用科学的技术来为中华民国开辟一点天然的利源，为学科学的人们吐一口学人无用的恶气，而决不是为个人谋金钱的收获。因为金钱的收获，靠了他的轻而易举精盐已经得了，何必去干那困难重重的碱与钠呢？他这种精神，一直到抗战军兴后，流亡入川，还是继续不衰。我们晓得他在四川的五通桥建设新塘沽，同时还费了一笔巨款，在五通桥附近的地方开掘深井，要探究该处地下的宝藏。从这些可以看出，科学在范先生手中，已经成了锐利无前的工具。设如他不即逝，还有多少化学工业建筑出来，谁能加以限量呢？即就现在为止，要在我国工业界中，找出一个完全依赖科学来创造新的工业的人，恐怕还无出范先生之右者。

其次，范先生要藉工业的力量来谋科学的发达，尤其是他的高瞻远瞩不可及的地方。本来在近代的工业中，设一个试验室之类来做制造的管制与顾问，是极其普通的事。不过范先生的见解与作风，比这些普通办法要更进一步。他在精盐方告成功，制碱尚未开始之时，已成立了一个独立的黄海化学工业研究社。这个研究社，是范先生以他的久大和永利两公司创办人的酬劳金为经费而成立的，它是此类私立研究机关的嚆矢。当成立之始及其后，维持这个机关的困难，我们可以想象而知，但决不听见范先生以为它是一个不急之务而表示冷淡。事实上，我们晓得范先生对于研究社的期望，恐怕要驾乎他对于工业之上。他在黄海化学工业研究社二十周年纪念词中，曾有这样话，值得我们加以引述：

> 中国广土众民，本不应患贫患弱；所以贫弱，完全由于不学。这几微的病根最容易被人忽略，它却支配了中国的命运。可惜存亡分歧的关头，能够看得透澈的人，至今还是少数。中国如其没有一班人肯沉下心来，不趋热，不惮烦，不为当世功名富贵所惑，至心皈命为中国创造新的学术技艺，中国决产不出新的生命来。

这一段话，句句警辟，字字沉痛，我们愿写千万遍，为一切自命为知识界、学术界人们的座右铭。由此也可以看出范先生的最后目的，是要替中国创造新的学术技艺，而他的创办工业，也不过是达到目的的一种手段而已。

现在范先生虽已与我们长辞，但他创造的工业与研究所，幸得无恙，而且在复员以后，它们还要发荣滋长，是无可致疑的。不过范先生的精神——"工业以科学为出发点，学术为工业的终竟目的"的精神，值得我们永远保存与效法，庶几范先生所希望的新的学术技艺，在中国有实现的一日。

范先生的崇高的人格与度越寻常的言行，值得我们纪录的还很多，以不在此文范围之内，姑置之以待异日。

关于发展科学计划的我见[*]
（1946 年 12 月）

　　科学对于抗战建国的重要，吾人既已耳熟有年矣。此次世界大战，以一原子弹之威力，使战事提早结束，则科学对于抗战之重要，既以事实为之证明。建国需要科学，更为日日呈现眼前的事实，无须吾人再为辞费。吾人目前的问题，乃如何能使科学加速发展，使能适应今日之需要是已。关于此问题，吾人拟首先提出两个根本原则：（一）吾国目前所处之局势，为空前未有之局势，故处理此局势下之一切事务，不可蹈常袭故，必须另觅有效的方法。（二）科学事业与其他事业同样可以适当方法促其进展。但若无具体发展的计划，而欲其从天掉下，则不可得。本此见地，吾人试一先观吾国科学事业以往的现状，而后进言发展科学应有的程序。

　　吾国真正研究科学之历史，大要不过三十年。（参观拙著《五十年来的科学》，载在《五十年来的中国》书中，胜利出版社出版。）其从事的机关，不出（一）学校、（二）研究机关两类。所谓学校，当然系指大学等高等教育机关而言。在大学未成立名副其实的研究所以前，科学只成为教育的附庸品。所谓研究机关系指公私立的某些特殊研究所而言。此种机关既各有其特殊任务，科学亦只限于应用一方面。近年以来，虽亦有少数研究所之组织，以研究科学为纯粹目的者，如中央研究院之某些研究所以及少数学会之研究所等，然为数不多，规模亦小，不能大有作为以担负此新时代之任务，皎然明甚。综上所言，吾国以往之科学事业，或失之浅（如在学校中者），或失之隘（如在特殊研究所中者），或失之分（如各研究所皆规模狭小不足有为），而其根本病源，则

在无整个发展之计划，一任少数人之热心倡导，自生自灭，故虽有三十年之历史，而成效仍未大著。此非由于吾国科学家才智之不如人（吾国科学家之才智实有过人之处已经许多事实证明），而实由于国家对于科学未加以注意与奖励。由今之道，无变今之政策，虽再历三十年，吾知其成效与今亦相去不远。然而吾国此后三十年之需要科学，决非以往三十年可比；此吾所以提出第一个原则，主张以非常有效的方法，促成科学之发展也。

吾人试思，设如吾国今拟兴复海军，则必为之筹定一笔相当庞大的经费，然后决定以若干部份定造船舰，若干部份创始船坞机厂，若干部份训练人才，而又厘定程序，在若干时间内完成某种组织，而后此海军乃能如期实现。今欲发展科学，其事既属于学术思想，其范围又远及于上天下地与一切人类之知识活动，故其繁赜精微，远非任何一种事业所可比拟。而谓不必有先事准备与整个计划，听其自然，莫之致而自至，其谁信之。此吾所以又提出第二个原则，以为欲发展科学必须有切实计划与准备也。

原则既定，请言计划。计划之出发点，吾人以为首宜确定：

发展科学为今后十年二十年国家的首要政策

国家任何事业，非待科学发展，皆难有预期之成效。如言国防，今日之飞机、原子弹、高空探测与海军潜艇，何一非科学之产物乎？如言经济，今日之工业制造、农业产品；有一不经科学之改进者乎？以言教育与社会事业，有不经科学之陶铸而能达到最高效率者乎？吾人今日言建立国防，发展经济与教育，而遗弃科学，是谓舍本逐末，不可得之数也。今日世界各国，无不以发展科学为立国条件之一，而在凡事落后之吾国，尤当以发展科学为吾国之生命线。盖得之则生，不得则死，其重要远超乎一切之上，不可无明确之规定以一新全国之耳目也。

本此政策以言计划，吾人以为有下列数点应予注意。

第一，科学研究必须成一个有效的组织。所谓有效的组织，吾人以为宜包括以下各顶。

（一）目的　研究之目的不定，最足为前进的阻碍。例如纯理的研究与应用的研究的争论，在计划中应早为决定。吾人以为某种研究宜为纯理的，而某种研究宜为应用的，一经分别指定，即可不成问题，而在讨论的范围内，此问题可永远存在。

（二）组织　在整个计划中，组织最关重要，具体计划，自然应随目的而决定。但以下各点应于组织中充分顾到：（1）全盘学术发展之关系，（2）各项事业进行之联系，（3）以往研究机关之利用与联系，（4）未来之发展。

（三）范围 每一研究机关应有一工作范围，以便配合而免重复。

（四）时间 每一工作皆应规定一完成时间，以便考成而求进步。

第二，计划之产生宜由政府特别邀集中外专门学者若干人，组织委员会，悉心厘定，期于切实可行。少数人之私见，外行建议与官样文章，皆所切忌。

第三，关于计划之实行，吾人以为下列两点应特别注意：

（一）国家宜有独立的科学事业预算。以往我国国家岁出预算，只立教育文化一项，其中有若干用于科学事业，无从查考。且其为数过小，不足以资发展，不问可知。为表示重视科学事业及保证其实行起见，国家宜于教育文化经费之外，另立一宗发展科学事业的预算。预算之大小，自然须视事业计划而定，但既定之后即不可拖欠与缩减。

（二）管理科学研究人员，必须为专门学者，用整个时间与精神以从事，不可成为政府要人之附属品，尤不可阑入官场习气，使成为一种衙门也。

第四，在开始研究时期，必感人才不足，吾人以为不妨卑礼厚币延聘外国威权学者来华引导，一面多派优秀青年至先进国家学习。此种留学政策，吾国虽已行之数十年，然人才一日不足用，即一日不能停止。尤其在高深学术方面，吾人今后数十年，唯有耻不若人，庶几有若人之一日耳。

在抗战结束、建国开始之今日，言建国大计者风起云涌，而于此关系建国根本之要图，似尚少注意及之者，故略贡鄙见如上，倘亦当世贤达所乐闻乎。

留美学界的几个问题 *
（1947 年 5 月 10 日）

经过二十六年之后重到美国，发见我们的留美学界有了一些重大的改变，无宁说这是应有之义。这些改变是甚么？举其大概，有下列几件：

一、在美国的大学任教的中国学者，二三十年以前，简直是绝无仅有；现在，从美国的西方直到东方，凡有名的大学，几乎无一不有一两位中国学者在任教。他们所教的不仅是中国的语言或历史哲学之类，而有的是西方的科学、工程等等专门学问。

二、学生数目的急剧增加。增加的不但官费短期的训练生，自费生也不在少数。

三、与学生数目的增加成反比例的是求学精神的减少。在留美学生社会中，我们听见的只是交际往来的活动，不大听见有甚么学术讨论或特殊问题的探求。

四、学生组织的衰退。二三十年前，留美学生有全体的组织，如全美留学生总会是；有各种专门学会，如中国科学社、中国工程师学会等是。现在留学生总会没有了，剩下的只是少数有政治性的组织。

根据以上种种情形，我们发见几个问题。

第一，已经学成的学生，为甚么不肯返国。国内建设，需才孔急，已经学成的学生应当归，可以说是天经地义。他们不肯回国的理由，大概说来不出两个：一是生活问题，一是工作问题。目前国内物价高涨，生活困难，是人人知道的事实。如其在美毕业之后而尚有事情可做，则他们均宁愿在彼邦暂住下来做月给二三百元的小事，而不愿回国

---

* 录自《观察》，第 2 卷第 11 期（1947 年 5 月 10 日）。——编者注

就月给七八十万元的高位。因为在美国二三百元可以过颇为舒适的生活，而在中国七八十万元尚不能维持一个两口之家。这在已有家眷或即将结婚的人们自不能不再三考虑。不过这一层尚不十分重要。在稍具理想、略解吃苦的国人，当能不为这种物质的考虑所左右。工作问题，即当作别论。他们既已学成有独立研究的能力，最大的希望自然是回国以后能继续他们的研究工作，可是目前国内的教育或学术研究机关，大都是经费支绌，设备简陋，不但研究进行为不可能，即教学必要的设备亦多欠完备。所以你若劝他们回国服务，他们可以问你回国究竟做甚么。的确，他们可以说，在美国还可以继续做一点学问，回中国，不到两年便可以成为落伍的废材。这在中国未必有任何好处，而在学术上已是一笔损失了吗？这种人你可以责备他缺乏国家观念，但这忠于所学的态度，不也正是我们希望造成的一种人才吗？

实际说来，问题的解决非常简单，即尽力在国内造成几个名副其实、图书仪器均较为充实的大学或研究机关，这些为学术研究的便利而留在他国的人才，自然要相率归来，而原来乐不思蜀，并非为学术的人们，也不能有所藉口。这岂不是一石而毙两鸟的妙举吗？

还有一层，我们在抗战结束后，大量派遣学生留学，目的是为将来造就人才，但我们不应该把从前派遣出去而已经造成的人才忘记了。若就眼前的效率来说，我们以为多费一点资本来利用已经造成的人才，似乎比投资在若干年后的人才上更有利些。依此观点，我们以为即是移派遣留学生的经费若干来加强国内的教育学术机关，亦不失为一种适当的办法。

第二，留学生的准备问题。记得在三十年前，留学生到美国的多数是进大学本科，后来因为国内大学程度提高，在国内大学毕业后，可到美国进大学的毕业院。本来，本科功课多属普通，不必到外国去学；到外国学习的应该是毕业院的专门功课。这原是留学生政策的合理要求。但这有一个危险，就是学生进国外大学的毕业院，是否有充分的准备？我们晓得，外国大学的本科功课多取严格主义，而毕业院的功课则较为自由。故有些欲求为本科学生而不得之人，反可进毕业院上课一二年而得到一个学位。因此之故，我们所知道的留学成绩特殊的人才，大都是由美国大学本科出身，或在国内著名严格的大学毕业留美的学生；未经受过严格训练的学生，虽能入国外大学的毕业院，也甚难得有成就。也因这个原故，我们若发见最近几年留美学界并无甚么出色的成绩，似乎也无需惊异。我们在抗战期间，国内学校的一般程度，不是已经大大的降低了吗？严格的训练不必说，就是求学的风气，也因种种政治问题、生活问题，弄得若有若无之间。在这样环境与风气中造出的人才，要到外国去立刻接受高深的训练，其扦格不入，不是可预期的吗？我们曾听见美国某大学的校长来信说，他们的学校，本来是极端欢迎中国学生的，现在已改变政策了，原因是中国学生的语言程度太差。又听说美国国务院要把某机关派送的学生送还两名，原因是发见他们的程度不够。这种情形的存在，我们以为不应该怪学生本人，而当由他的毕业学校及选送机关负其责。选送的弊病，自经教育部举行留学生试验后，也许有一部份的改正，而学生程度的不够，乃是我们教育的根本问题。一言以蔽之，我们的学校不先办好，要想利用他国的学校来造就我们需用的人才，亦几几乎不可能。

第三，学生团体的问题。此问题等于学生的课外活动，可云与学业无关，但在美国却有其特别意思。因美国为民治的发源地，其组织能力又早已称雄于世界，我国学生留美，若于此方面得不到一些观摩，即失去教育的一半。从前所有的学生团体，其起原如何，可不必问，但足以练习学生组织的能力与养成民治的习惯，则为不可否认的事实。据我们所知，当时美国东中西部各有学生分会，又由三分会而合组学生总会。总会出英文月刊、中文季刊杂志各一种，已有十余年的历史。近年不知何故，此种组织，忽然不复存在了。据闻，在民国十三四年间，由中国来美的学生，带来了一些政团的种子，于是学生团体开会时，每每以政治势力的竞争而演成角力的武剧。于是美国大学相戒不借地方与中国学生开会，而此类全体学生的大会，便无形消灭了。（中国学生开会时，常有百数十人到会，故非有大学与以特殊便利，是无法供给会众的食舍的。）学生会出版的两种杂志，也就停止出版。直待最近抗战军兴，才由华美协进社出来号召组织，成立所谓学术建国讨论会，出了一种名叫《学术建国丛刊》的英文季报。我们试回溯这一段历史，可知留美学界在团体组织上，不但是没有进步，而且是大大的退步，由已经自由独立的成人，退步到须人而行的幼稚学生。同时所谓特殊组织的兄弟会等，则颇为发达。这些事实所表示的，是有小己而无大我，重私交而乏公谊。这也许是国内一般社会情形的反映罢。但要在这样空气中造成磊落光明的人才，恐怕是缘木求鱼之类了。

以上所说，是笔者二十余年后再游美国所得的印象，希望它不与事实过于相远。中美文化的交流，自十九世纪后半期中国派遣留美学生起而联系不绝。自二十世纪初年，美国退还庚子赔款，愈增加了我国学生留学美国的机会。而以我国学生的聪明智慧、勤苦用工，在美国人心中也造成了极端良好的印象。此种印象，实为将来中美两国文化合作的基础。如何保持此基础以增进两国文化的交流，乃我主持教育政策者及身任文化大使者之共同责任。古人有言，百年成之不足，一旦坏之有余。甚望我当局及学界同仁三复斯言。

今后国家的出路[*]
（1947 年 5 月 16 日）

抗战胜利的我国，转瞬便是二十个月了，这个长时间所给予国人的感想，是一串不断的失望。大局由表面的统一而演成露骨的破裂；物价本来可能平定或降落的而继长增高为民不聊生的程度；教育、交通，比战时更加困难；国际的地位一落千丈，几几乎由处理人的资格一变而为受人处理。在这种情形之下，关心国事的人们，无不痛心疾首，绕室彷徨，为国家前途捏一把大汗。我们常闻人言，在抗战期间，虽然大敌当前，我们从不悲观，从不失掉对于国家前途的信心，唯在战争结束以后，国家的表现是这个样子，乃使我们怀疑到我们是否有建国的能力。如其"希望"这一念头把我们由黑暗困难中带到了光明的时期，那末，这"失望"的一点也许可以成为建国前途的致命伤。因为这个原故，我们在现在的时候，来研讨一下中国的出路，也许可以恢复我们的信心，从新建立起我们的希望。要讨论中国的出路，我以为应该有几个根本远的、大的、简单可行的观念，作为我们共同努力的目标，然后前途才有光明的引导。不揣孤陋，谨就我个人所认为中国出路所必不可少的，略举两三事，以与国人商榷。

一、民主政治。民主政治这句话，已经各方说得烂熟，几乎成为口头禅了。但我怀疑说这话的人是否对它有真正的了解。散开理论不讲，单就眼前的世界政治来说，民主政治的观念已久矣，搅得混淆不清了。在战前，我们可以把西方的某些国家，依其政体的不同分为两类。一是民主国家，可以英美作代表。一是极权国家，可以德义与苏俄作代表。战后极权国家的德义已经打倒了。站在同盟方面的苏联，乃变更其立

---

* 录自《现代文丛》，第 1 卷第 7 期（1947 年 5 月 16 日），转引自《大公报》。——编者注

场，自附于民主国家之列。此在联合国开会时，苏俄代表的演说中，时时可以见到的。不过我们如其拿老牌的民主政制来作标准，衡量苏联的制度，它是否可算为民主，却大成问题。同样，在我们国内，也有相等的现象。国民党在未还政于民以前，本来是一党专政，不用说了。共产党要攫夺国民党的政权，于是抓着民主这个题目，到处拿它来号召。事实上，共产党的报纸和宣传品，把民主叫得天响，似乎民主乃是共党的独占品。不过按其实际，则共党所谓民主，至多也既是所谓三三制。还不过挂羊头卖狗肉，要想拿来收揽人心，压付敌党，也未免小视天下人了。所以我们以为民主政治这个名词，有重新提出再加估价的必要。

民主政治的最低条件，我们以为应该是：代表民意的机关，必须自由选举；政府的进退，必须由民意来表决。凡主张民治的人们，必须以此为努力的鹄的。以民治号召的政党，必须以此为实践的规条。我们须知，民主政治并非应付目前的手段，而有其终竟的目的。孟子说："天下之生久矣，一治一乱。"中国几千年来，社会不能进步，就是被这个一治一乱的公式所限制。天下何以必须一治一乱？经济学家也许拿马尔萨斯人口论的理论来解释。但据我们看来，我们的政治问题应没有一个合理的解决，乃是根本的原因。盖权力这个东西诱惑性极大，一经掌握，便不肯轻易放弃。同时它又最富于腐化性，掌握既久，必致弊病丛生。天下的大乱既由此起，所以世界良好的政治制度，必须使新陈代谢的作用易于进行，因此政治可以常保清明。民主政治的妙用，就在使政府的换替，常在和平状况之下进行，而不必有流血革命的惨剧。我们试看，英国在战事完结之后，经了一次大选，工党便继邱吉尔联合内阁而执掌大权。虽以邱吉尔的勋名巍赫，亦帖然退听，而无可如何。美国去年十一月的选举结果，使民主党多数的国会，一变而为共和党多数。事实上等于共和党执政。一个政策不同政府的交替，既等于政治的大改革，在他国或经过杀人流血而不可得者，在英美则以人们一举手之劳而得之。这可见他们能维持长久治安，实非偶然。而我们要解决政治问题，舍实行民主政治外，其道无由。

二、增加物质。物价甚高，民不聊生，人人皆归咎于通货膨胀由以致之。平心而论，通货膨胀是物价上涨的一个重要原因，而非唯一的原因。其另一个原因，乃系物资的缺乏。我们可以设想，通货与战争一样，并未膨胀，但因物资缺乏，也可使物资与通货失去向来的平衡，而使物价上升。若加以通货膨胀，即平衡的失去愈大，物价的上涨亦必愈甚。若再加上囤积、投机等等推波助澜，则物价上升，必至如脱缰的野马，一往而不可收拾。所以要平定物价，安定生活。单是取缔囤积投机，停止发行，仍属不够，增加物资的生产乃是根本办法。说到增加生产，我们便会联想到工业化的种种困难问题，于此我们应当提醒的，是许多生产不一定由工业出来，如农产物是。这些生产，只须消极利导，即可勃然而兴。故与其高谈甚么集体农场，不如关心于农民的安集，使他能返田间工作的较为有效。即就机械工业言，在开始的时期，必定是一些基本的建设，如机器的输入与原料的获得等，皆必经过长时间的期待，此时须放大眼光，紧收腰带，立一个长久的计划，而不为眼前的小利小害所摇惑，方能有济。总之，调整币制，安定物价，即使行之有效，也不过为增加物资的一种准备，以后一般的生活的宽裕与否，将与物资增加的多寡为比例。这是铁的定律，我们没有方法能够规避的。

三、振兴学术。世界大战结束若干时后，人们痛定思痛，追溯既往，始得一个结论，说战争的胜负系取决于实验室。这个结论的正确，不特西方各国知之甚悉，既我们抗战八年，亦何当不饱尝此中的教训。这句话也许要一点举例，才可以使人明白。原来此次原子弹的发明，并非因为要来结果日本，而是为要与强暴危险的纳粹德国争一日之命。因为远在一九二九年，铀原子的可以被中子冲击而分裂，已经是科学界共有的知识。其后的重要发明，只是如何从出铀原子破裂而发生的中子，再继续不断的作用而成功一个大爆炸。德人志在征服全世界，势必念念不忘，要利用这个超出人类的力量来作武器，是不解可知的。所以同盟国若不能发明原子弹以击毁德国，德国必发明原子弹以打倒同盟国，这是一九四一年以后的一个大赛跑。万幸德国人的原子弹始终未能出现，而同盟国的原子弹成功时，德国已经投降了。于是把留下的两颗原子弹奉送与日本，结束东方的战局。这个故事，加上雷达及许多军备上医药上的新发明，充分表示了目下科学研究的创造力的伟大，而所谓战事的胜负取决于实验室的话，亦非虚语。

科学研究在战时固然受了特殊的刺激而有特殊的贡献，在平时又何尝有一刻的止息。而且平时若无严密精深的科学研究与组织，战时必不能得到科学的效用。试想由铀原子分裂的发见，到原子弹制造成功的中间，还要经过多少新困难、新发见。若非有大批的第一流的科学家，此事如何可能？平时每一个新发见也许需要几十年。此次因战事的迫促，把原子能的大门打开了，以后利用的道路，真难以想象缕述。所以单就原子能的一项来说，将来需要人类的努力已不可以道里计。何况学术的方面。正所谓浩如烟海，我们学术落后的国家，若不急起直追，请问还有甚么希望？

以上三点，说来绝无新奇之处。民主政治即是所谓德先生，振兴科学即是所谓赛先生。有了赛德两位先生，增加物产大约是不成问题的了。不过德先生与赛先生的重要，在二十年前已经喧哗得甚嚣尘上了。到了今天，还须要我们重新提出，可见这两位先生不是空言延请可以降临，而必须我们为之开道与筑基。两位先生的道路，是自由言论与自由思想；两位先生的基础，是共守的法律与合理的方法。具备这四种条件的国民，是不患没有出路的。

为本届大学毕业生进一言[*]
（1947 年 7 月 12 日）

　　本届毕业生于大学的同学们，他们两年的光阴在抗战期中，又约一年的时间在复员中度过，其余的仅仅一年的时间，算是比较平定的日子。在这样灾乱纷乘，扰攘不宁的时期中，他们能修完四年的课程而毕业，已经是难能可贵了。尤其难得的，是他们经过这四年来艰难困苦的锻炼，孟子所谓"动心忍性，增益其所不能"，张横渠所谓"贫贱忧患，至汝于成"，皆是他们特有的权利。所以我们对于本届毕业的同学们，要向他们敬重地道贺。

　　不过，话说回来，道高一尺，魔高一丈。时局所能给予我们的好处，远不及它给予我们的困难的多。我们这一班初出茅庐的勇士，谁能不望着前途的荆棘险阻，而彷徨无措呢？你看，第二次世界大战告终，不是又有人说第三次世界大战即将爆发吗？我们的抗日战争方告结束，不是又在进行内战吗？物价不是正以冲天之势逐日高涨吗？生活不是一天比一天困难吗？本来大学生毕业即有失业的恐惧，现在这个恐惧更有成为事实的可能。那末，我们本届毕业同学应该怎么样自处呢？对于这个问题，我们想提出一点意见，以供毕业同学的参考。

　　第一，要有自信心。此处所谓自信，不是妄自尊大，也不是固执傲慢，而是相信世界上一切困难无不可以人力去克服。罗斯福在一九三三年就任第一任总统时，就美国的经济恐慌发表演说。他说："现在甚么都不足令我们恐惧，最可怕的乃是恐惧的本身。"这是教人不要失去了自信心而成为失败主义者。大学的同学们，在求学的时代，不是早以天下为己任吗？那末，出了校门之后，尤其应该对于国事及社会问题，出

---

　　* 录自《观察》，第 2 卷第 20 期（1947 年 7 月 12 日）。——编者注

以积极的态度，不要轻易流于悲观与颓放。古人有一句名言：不遇盘根错节，不足以别利器。我们在这个万方多难的时候遇到的一切困难，正是发扬我们特殊才能的好机会。唯一的问题，是你的自信怎样？

第二，要时时自省。曾子说："吾日三省吾身。"自省是我们进德修业的不二法门。上面我们说过，艰难的时事，是锻炼能力的好机会，可是也有黑暗的一方面。譬如说罢，在抗战的期间，学校设备的不完善，环境的欠安定，以及求学情绪的缺乏专一，都使我们的学业成绩，比平日要打一个折扣。这在本届毕业的同学们也许自己不觉得或不愿承认。但你们如其和你的前辈们一同考留学试验或其他高等考试，你便知道上面的说话并非无病的呻吟。好在学问之道，本来是无止境的。大学毕业也不过得到一个开图书馆门的钥匙。只要时时自省，时时感觉到不足，则学问知识的长进，自然不但能弥补以前的缺憾，而且会有新的进步。总而言之，大学毕业，即使最好的成绩，在求学也不过刚才发轫，在作人也不过才立下始基。这时时反省以求学问修养的进步，是必不可少的。

以上两层是就个人的态度而言。至于将来出而任事，对事态度应怎样，我们也不妨提出一二点以供参考。

（一）要有所不为。孟子说："人有不为也，而后可以有为。"这句话真是见到之言。无所不为的人，必定无宗旨，无目的，专门取巧投机，少劳而多获。结果不但自己一事无成，而社会事业也就败坏于此种行为之中。所以要有所不为，必先决定甚么应该不为。就浅近的说，如无谓的酬酢，酒食征逐，人人知道是旷日废时的事，但能不随波逐流的有几人？其次则学习专长的人，往往不择事而就。故有学工的去管税收，学物理的去司笔札。这样用非所学，自难望有好的成就。至于立身行己，具有本末的人，有许多事根本不在考虑之中。如孟子所说："食前方丈，侍妾数百人，我得志弗为也。"若今天大学毕业的同学们也能学孟子来一个坚决的自誓，说"以友牟利，营私害公，我得志弗为也"，我相信将来国家的受益必非浅鲜。

（二）不要看不起小事。新毕业的同学各有各的未来理想，空中楼阁，对于低下一点的位置常常不屑屈就。据我看来，此乃是一种错误。就事业的次序说，我们以为行远自迩，登高自卑，乃是成功的途径。我们常见有些不幸的青年，因为生长在特殊阶级之家，一步登天的做了甚么机关的首领，而结果他所做的事业多半是失败。这种例子太多了，我不必一二的举出。反之从低微起家而失败的人，我们还未曾见过。古今中外的许多大人物，都是从微贱职业出身。我们的孔子就说："吾少也贱，故多能鄙事。"而近代大发明家如爱迪生，曾做过卖报的童子。新近死去的美国汽车大王福特，也是从一个小小的机器工匠做起。这些都可以证明不耻小事，正是做大事的一种训练。顺便说一句，小事当然比大事多，竞争也不如大事的激烈。故如不看不起小事，失业的恐慌也就可以少些。

（三）不要以手段当目的。人生目的，本来是最难讲的一件事。不过大学生既受过高等教育，我们总不能说他们只是如平常人的梦梦然而生，懵懵然而死，而必定对于人生目的，必定有一个交代。这个目的必定为人的、远大的、以全社会人类的福利为究竟的，而非为己的、个人的、以狭小的团体的利益为归宿的。因为如其是后者，很难称为人生的目的。目的既定，手段自然有种种不同，要紧在不要以手段当目的。如人追求财富，财富决不是目的，但可以为造福社会的一种手段。如只顾追求财富而忘却社会的目的，则其人必将成为守财奴，不但于社会有损，于他自己也未必有益。又如玩耍政治，目的无非是要造福民众。但如得了权势，而所作所为反足以涂炭生民，流毒社会，则失其政治的目的，而仅为贪权怙势的小人。甚至研究学术，潜心艺术，设若不把目的、手段分别清楚，则科学可以杀人，艺术可为欺骗之具。大学教育的成功失败！可以说亦以毕业同学的运用目的为分水界。故希望对于此层特别注意。

以上所说，都是卑之无甚高论。不过在这世乱纷纷的时候，我们以为唯有稳扎稳打，先从浅近的在我的做起，方不至对于社会非徒无益而又害之。毕业诸君当不河汉斯言。

科学与社会[*]
（1948 年 9 月 15 日）

　　无论从那方面说起，科学在现世界中，是一个决定社会命运的大力量。因此，在这次大战以后，重待建设的世界中，科学与社会常常成为讨论的问题。据我们所知道的，关于这个问题的讨论，可以两种方式代表：一是此后的世界问题是不是专靠科学所能解决？二是此后的科学与社会应有什么样的关系？本文拟就此两方面加以讨论。

　　关于第一个问题，我们可以洛克裴尔基金会董事长福斯狄克（Raymond B. Fosdick）的言论作代表。在 1947 年洛氏基金会的报告中，福斯狄克有以下几段话：

　　　　眼前的危机，是西方社会所曾经遭遇到的最严重的一个，我们一直知道知识的获得是危险的，因为它可以被用于错误的方向。但现代人们手中的知识是那样容易被误用——而且一经误用，就很容易把人类的希望和建设化为灰烬——故此挑战的冲击，使我们迷惑、恐惧、茫然不知所措。

　　　　目下的时期所以成为严重，正如汤比（Toynbee）教授所说的，将依了反应的性质而定我们生存的机运。过去的历史充满了国族和帝国残滓，是因为它们仅靠了物质的力量来适应他们当时的危机。我们眼前的反应，不能限于下层的力量。除非我们能真正伟大，把答案抬高放在智慧与道德的平面上，我们的命运不但将与历史上归于毁灭的国族相似，并将与一切生物种族，不论是鸟类或恐龙，专恃凶恶方法或自卫武器的同其运命。

　　　　要把我们的答案放在研究人类较高的平面上有一个困难，是我

---

* 录自《科学》，第 30 卷第 11 期（1948 年 11 月）。——编者注

们美国人常把提高生活程度这件事看得太重。在这方面，我们是无比的成功的。我们的生产力及消费力比世界上任何国家都大。其结果，是我们的标准偏重于量的一方面。我们所有的一切比任何人都多——汽车、冰箱、无线电、铁路。从而我们理想中的世界，不是一个住满了聪明正直人类的世界，而是一个每家有汽车、每厨有鸡肉的世界。我们太容易假定物质生活弄好了，其他的价值会天然的跟着来。从我们的机器及工厂的装置线上会自然发生美满的生命。

另外一个困难，是我们对于物质科学的迷信。它们神圣不可侵犯，它们是生命的配给者。"科学能孕育伟大光明的文化"是到处奉为金科玉律的格言。即我们的大学也拜倒在二十世纪的方法崇拜之下，这些方法即是使物质世界的管制成为可能的。——不消说，对于人文及社会科学，他们常常与以应得的尊敬。但事实告诉我们，在基金上、研究设备上及教授的地位上，人文与社会科学远不及物质科学的优越，而且这裂痕还天天在扩大。

这裂痕是应该减小，不应该扩大的。在这科学时代，我们免不了了解科学的责任，但我们所面对的最高问题，不是化学、物理、工程所能给我们答案的。它们在伦理上是中性的。——它们能给我们更多的马力，但只有呆子会说马力能发展一种方法使脱缰的技术受到统制。它们能帮助更多的人类得到康健与长寿，但它们很难发见新的人生目的，或人与人关系的艺术，或帮助获得和平与成功的政府所需要的社会道德。

我们眼前的问题与人类命运，不能在物质方面解决，而必须在道德上与社会平面上决定。物质的力量与金钱兵力的优势，可以维持我们于一时，但我们社会上爆发性的紧张，只有靠了道德及社会的智慧方有解除的希望；而这种智慧，非试验管【发】所能沉淀出来，也不是原子物理学的灿烂方法所能得到的。

以上所引福斯狄克的话，固然只是一人的言论，但我们深信它能代表许多忧深虑远的意见。记得第一次世界大战之后，人们对于西洋的科学文明起了疑问，也发表了不少同样的意见。其中的一个代表，直到现在还新鲜在人记忆中的，要算理朋主教（Bishop Ripon）的说教。他说，尽管人类对于克制他的环境有过远大的胜利，我们对于人类的前途仍感到极度不安，因为人类尚不知怎样克制自己。他以为科学家在庞大数目的发现中已失掉了方向的感觉，因此需要一个支配的哲学——人格。他甚至提议停止科学研究十年，以便人们用他的力量来发见人生的意义。当时东方的学者更有不少的人发出"西方文明破产要待东方文化来解救"的呼声。（据我们所记得的，梁任公就是一个。）不过呼吁尽管热烈，世界的情形甚少改变，经过二十年之后，第二次世界大战发生了。而且第二次大战结束不久，第三次大战的新恐惧又笼罩着疮痍未复的世界。由此看来，福斯狄克的说话，不过是旧调重弹，没有什么新的意义。但因此问题关系重大，我们不妨检讨一下。

福斯狄克君诊断眼前世界的危机，一是由于我们（特别是美国人）过分看重物质生活，一是由于我们过于迷信物质科学。但物质生活的增进，是由于科学研究的结果，所以我们可以说福氏所着重的还是科学这一点。关于第一点，我们没有多少讨论的地方。"人不能单靠面包而生活"，是凡稍有文化的民族所共具的信条。设于物质生活之外，不能发见较高的活动与信仰，人生还有什么意义？况且物质生活的追求，常常是一切竞争的起源。福氏所说"每家有汽车、每厨有鸡肉"的目的，即使靠了科学的进步而达到了，我想人们的希望又将为"每家有飞车、每厨有火鸡"了。这样，人与人、国与国之间，便免不了争夺相杀的惨剧。所以偏重物质生活的结果，既足以制造乱源，更不能成为人生的目的。

说到科学——特别指物质科学，就不能与物质生活同日而语，这是我们与福斯狄克君分歧的出发点。物质科学是物质的研究，但它本身不是物质。物质生活是物质平面的事，科学研究——不论他研究的是什么——却是智慧或道德平面的事。要说明这一点，不须繁征博引，我们只要记得研究科学的最高目的，并不在追求物质享受，而在追求真理。为了追求真理，科学家不但不暇顾及身体的享乐，甚至连性命安全也可以置之度外。发明磁电的法拉第拒绝某公司顾问的聘请，说"我没有时间去赚钱"。哥白尼与盖理略冒了当时教会火刑的迫害，发明太阳中心说与地动说的真理。其他为了发明真理而履危蹈险，艰苦卓绝的科学家，更不胜枚举。所以福氏所说物质的弊害，与真正的科学如风马牛之不相及，而除了最高的智慧与道德的平面，我们也无处位置这一班科学大师。

所可惜的，像这样高尚纯洁的科学家每每不为当时所认识，而他们的求真探理的精神，又往往为科学应用的辉煌结果所掩蔽，于是物质的弊害都成了科学的罪状。其实我们要挽救物质的危机，不但不应该停止研究，而且应当增加科学并发挥科学的真精神。我们试想，设如欧西人民都受了科学的洗礼，有了求真的精神，希特勒、莫索里尼等愚民的政策将无所施其技。我们也明白现今独裁的国家，何以要靠了隔离与宣传的作用来维持他们的政权。如其我们说科学愈发达，致世界战争愈剧烈，我们也可以说科学到了真正发达的时候，战争将归于消灭。这不是因为科学愈发达，大家势均力敌，不敢先于发难；而是因为知识愈增进，则见理愈明了，少数政客无所施其愚弄人民的伎俩而逞野心。战前的日本人民如其有充分的世界知识，也许不至发动侵华军事，造成世界的大劫运。我们以为"力的政治"不能达到消弭战争的目的，唯有诉诸人类的理智，方能使战争减少或消灭。而研究科学实为养成理智的最好方法。

因此，我们以为福斯狄克所说"迷信物质科学为解救当前世界危机的困难之一"，为不了解科学真义之言。福氏所谓物质科学，当系指工程技术（Technology）而言。工程技术是应用科学的发明以谋增进人类的健康与快乐为目的的。这与纯理科学之以追求真理为目的相比较，已有卑之无甚高论之感。然即这个卑之无甚高论的主张，也不见得与人生目的有何冲突。唯有把工程技术用到毁灭人类的战争上，它才与人类的前途背道而驰。然这个责任，似乎不应该由科学家来担负。

其次，我们要讲科学与社会应该有什么关系的问题。这个问题也是第一次世界大战后才为人所注意；尤其是英国的科学促进会（The British Association for the Advancement of Science）在 1938 年曾组织科学与社会关系组（Section on Science and its Relation to Society），专事研究这一问题。科学联盟国际评议会（International Council of Scientific Unions）也有一个科学与社会关系委员会（Committee on Science and its Social Relations），本年六月在巴黎的联教大楼开会，通过了几项工作计划及科学家应行共守的宪章纲要，征求世界科学家的同意（见《科学》第 30 卷第 9 期 278 页）。此外关于发表此问题的中外文字都不在少数。这可见这个问题的重要性，也可以说这是科学家最近的一种自觉。

科学与社会的关系，自有科学以来即已存在，何以直到最近几十年此问题才被人注意？这是因为：（一）当科学方在萌芽，即盖理略、牛顿的时代，探求真理的倾向，过于利用厚生的作用，故其影响还不十分显著。（二）即在后来瓦特、喀尔文、马可尼时代，科学应用渐渐把工业及日常生活改变了，但其影响是属于进步的建设性的。其结果是增加了人们的乐观主义，无须怀疑到科学的利害问题。唯有到了二十世纪以后，西方的帝国主义已扩张势力到短兵相接的程度，社会上财富增加，阶级组织日益繁复，于是战争、经济恐慌等现象接踵而起。在这些生存竞争的过程中，科学都占了一个重要地位。科学家在这个时候，才回过头来检讨一下科学与社会的关系，不消说是当然，我们还不免有来何晚也之感。

要检讨科学与社会的关系，我们以为可从四方面加以观察。即：

（1）科学发明所发生的社会影响是什么？

（2）科学发明是否有益的用于社会？

（3）科学发明的利益是否普遍地造福人群，或仅为少数人所独占？

（4）社会组织是否合于科学的发展？

以上四个问题，详细讨论将为此文篇幅所不许，我们只好单简地说说。关于第一个问题，我们要指出：科学发明所生的社会影响，属于理论的要比属于应用的为大且远。人们只知道飞机与无线电怎样变更了社会组织，但不要忘记了地动说与天演说怎样改变了我们的世界观与人生观。没有后者的改变，由中世纪进入近世纪将为不可能。科学家追求真理，不可松懈，更无所用其恐惧。关于第二个问题，我们得承认：科学发明在道德上是中性的，它们可以用来福利人群，也可以用来毁灭人类。最近的原子能发明是一个例。原子核武器，此刻正威胁人类文明的前途，但如应用在建设方面，将来可增加人类的幸福将不可以量计。毒菌的发明也可以作如是观；因为毒菌用来作战虽然可怕，但研究毒菌使人类疾苦得到救治已经不少了。关于第三个问题，我们以为与其说是属于科学的，不如说是属于社会的更为确当。科学发明无论如何重要，只是一种原理，一种方法。要用来造福人群，还须经过社会组织的一个阶段。社会组织如其良好，受到科学利益的必然众多；反之，如其社会组织不良，科学上有利的发明，可能为少数人所独占或垄断。这在现代工业社会中是数见不鲜的事。我们要免除此种弊病，有两条路可走：一是科学家停止发明，这是反进步的办法，当然不可能。一是改良社会组织，这是可能的，但这权力不一定在科学家手里。眼前的问题是：科学家在这种情形之下，他的态度应该怎样？这个问题的答案关系很大，似乎不容易置答。不过我们不要忘记，科学是这一切问题的原动力。科学家既握有此种原动力在手中，只要善为利用，不怕社会不向善的方向前进!

　　最后一个问题，即社会组织是否合于科学发展的问题，可以说是社会对于科学的关系。追溯科学发展的历史，其初只是少数自然哲学家依着自己的兴趣，凭了新起的实验方法，向天然界探索秘奥。他们既不受社会的重视，也没有社会的目的。这可以说是科学的个人主义时代。但就在这个时代中，把科学的根基打下了。至十六世纪以后，科学的统系渐渐成立，科学的重要也渐渐为社会所承认，于是在学校中、学社中、私人团体中，乃至政府机关中，都渐渐有科学研究的组织。这到十九世纪末以至二十世纪初年为止，可以说是科学的团体运动时代。在这个时代中，科学的研究机会固然加多，个人的天才发挥亦称尽致，故科学的成就尤为辉煌可观。及至二十世纪开始以后，经过两次世界大战，科学的重要性愈加明显；同时因为科学的研究已到了精深博大的境界，所需要的研究设备又极其错综复杂，使所谓个人主义或团体运动的研究，几有望尘莫及之感。于是重视科学的国家，都拨出巨款，特设机构，来担负研究科学的责任。这可以说科学的国家主义时代。国家用全力来发展科学，科学的进展固然愈可预期。但我们不要忘记科学的国家主义，和其他国家主义一样，将不免狭隘、偏私、急功近利等种种毛病。这和科学的求真目的既不相容，与大道为公、为世界人类求进步的原则亦复背驰。所以我们以为在计划科学成了流行政策的今日，私立学术团体及研究机关，有其重要的地位，因为它们可以保存一点自由空气，发展学术的天才。

卅七，九，一五

任鸿隽年谱简编*

1886 年（光绪十二年　丙戌）

12 月 20 日（农历十一月二十五日），生于四川省垫江县（今属重庆市），祖籍浙江归安县（今属湖州市）菱湖镇。

祖父任轶才，居归安菱湖时约从事丝业。为避太平军战乱，于 1863 年率家到四川，投靠在成都就幕的三叔祖任秋苹。去世后葬于成都城外浙江会馆的坟山郝家堰。

三叔祖任秋苹，早年在家乡中秀才，后游幕入蜀。约 1870 年去世。

父任士真（1842—1902），字章甫。入川后从任秋苹习刑名。1872 年"纳粟入官"就任垫江县典史，遂举家移居垫江。

母闵氏（1849—1902），亦出生于浙江游幕入川之家。

父母育子女七人，男中鸿隽行三。

大哥任鸿熙（1875—1926），字伯光。同盟会会员。曾任职于彭水县。

二哥任鸿泽（1880—1929），字仲侠。同盟会会员。

四弟任鸿年（1888—1913），字季彭。同盟会会员，国民党党员。曾任重庆《新中华报》主笔。

1892 年（光绪十八年 壬辰）　六岁

入家塾读书。

---

* 编订本年谱的史料依据，除《科学》、《社友》之外，参考的主要文献有《前尘琐记》、《五十自述》、《中基会对科学的赞助》（杨翠华著）、《任以都先生访问纪录》、《竺可桢全集》、《任鸿隽年谱》（赵慧芝编）和《任鸿隽陈衡哲家书》。据悉，中国科学社的档案正在整理中，对于任鸿隽年谱的真正完善，我们充满期待。——编者注

1898 年（光绪二十四　戊戌）　12 岁

考入县中书院，为住院生。从师艾缉光（子熙）治文字训诂之学。在十二次月考中，皆得第一名。

1902 年（光绪二十八年　壬寅）　16 岁

在书院学习。父母相继去世。

1904 年（光绪三十年 甲辰）　18 岁

冒籍巴县人，赴重庆应院试，以第三名成绩考取秀才。入重庆府中学堂。受到《新民丛报》鼓吹新思潮的影响。入学校新设一年半学制的速成师范班学习。

1905 年（光绪三十一年 乙巳）　19 岁

毕业于重庆府中学堂师范班。在校时，靠借贷和替人抄书维持学习。

1906 年（光绪三十二年 丙午）　20 岁

春，入重庆开智小学任教，同时兼教私立中学课程，一年中得积蓄二百元。

1907 年（光绪三十三年 丁未）　21 岁

春初，与同学结伴乘船抵上海。入中国公学大学预科甲班，课程有英文、几何、代数、音乐等。到校后，在革命气氛中剪辫易服。在校中结识张奚若、杨杏佛、胡适、但懋辛、朱经农等。

暑假期间，与浙江湖州籍同学结伴到祖籍寻访老宅和祖坟。

年末，预科毕业后，在同学资助下，乘船赴日。

1908 年（光绪三十四年 戊申）　22 岁

年初抵东京。学习日语，入同文中学。

居东京三年十个月，期间课余参加章太炎主讲的"国学讲习会"，获益甚大。

1909 年（宣统元年 己酉） 23 岁

经朱芾煌、但懋辛介绍，加入同盟会，后曾任同盟会四川分会书记、会长等职，并参与总会事务。

夏，取得中学毕业文凭后考入东京高等工业学校应用化学预科，成为官费生。学应用化学，是为掌握制造炸弹技术，以投身暴力革命推翻满清王朝。

1910 年（宣统二年 庚戌） 24 岁

夏，升入东京高等工业学校一年级。

1911 年（宣统三年 辛亥） 25 岁

为准备武装起义，曾与张奚若等在日本参与购买武器活动。

4 月，为配合黄花岗起义，与喻培棣制作发动举事的布告。

夏，升入高工二年级。

10 月，武昌起义爆发后，即放弃学业，准备回国。在此前后，曾因四川保路风潮在《民立报》上发表《川人告哀文》、《为铁路国有告国人书》等。

11 月初，回国，在上海参加由川中革命党人组织的蜀军，向四川进发。途中至武汉停留时得悉四川已告独立后，自行返回上海。

12 月末，各省代表会议选举孙中山为临时大总统。应胡汉民征选，随同孙中山赴南京就职。

1912 年（民国元年） 26 岁

1—3 月，出任中华民国临时总统府秘书处总务组秘书（同组秘书有吴玉章）。曾为孙中山草拟《告前方将士文》、《咨参议院文》、《祭明陵文》等。

4 月，南北和议告成而易权于袁世凯之后，呈文请求政府资送赴美留学。经稽勋局考核批准，入选为第一批"稽勋"留学生。在等待出国期间，曾在唐绍仪内阁担任国务院秘书。

7 月，应京津同盟会《民意报》总经理赵铁樵之邀，赴天津任该报主笔。

8、9 月间，根据友人朱芾煌的日记撰写长文《共和建设别记》，披露袁世凯在南北和议中的行迹，《民意报》曾一度因此被停刊。

11月，乘"蒙古"号海轮赴美，抵达纽约，同行者有杨杏佛等11人。事先根据胡适介绍，决定入康奈尔大学学习。

12月1日，抵纽约车站，由胡适迎接安排住宿，入康奈尔大学文理学院，学习科目偏重化学。故友重逢之后，与胡适、杨杏佛间常有唱和。

1913年（民国二年） 27岁

4月初，偕杨杏佛访问康奈尔大学附近之"佐治少年共和国"。

6月，弟鸿年在赴天津出任《民意报》主笔途中转道经杭州时，感愤于时局险恶，在杭州投井自杀。

7月3日，吴玉章致函任鸿隽，告其弟自杀情况。

是年，与胡适等参与编辑《留美学生年报》。

1914年（民国三年） 28岁

1月，《留美学生年报》改为《留美学生季报》，任主笔。

3月，为纪念四弟鸿年去世一周年，将其书札、诗词等文编辑成书，题名《鹡鸰风雨集》。

6月，在《留美学生季报》夏季号上发表《建立学界论》，认为中国之衰在于无"学界"而致"学术荒芜"。后于秋季号发表《建立学界再论》，进一步明确指出所主张建立之学界为"当为格物致知、科学的学界"。

6月10日，中国留学生在其寓内聚谈，众议拟创办刊物向国人介绍科学知识。遂与胡明复、赵元任、杨杏佛等9人发起成立"科学社"。

8月11日，组建科学社董事会，被推选为会长。

1915年（民国四年） 29岁

1月，《科学》在上海出版，为创刊号撰写"发刊词"，论述科学在增进物质文明、破除愚昧迷信、增强人类健康和提高道德修养等方面的社会功能，表述"科学救国"之理想。

4月，与胡明复、邹秉文三人负责起草《中国科学社总章》。

夏，收到陈衡哲（莎菲）为《留美学生季报》的投稿《来因女士传》，后向其约稿，开始建立通信关系。

10月25日，中国科学社正式成立，初以"联络同志共图中国科学之发达"为宗旨，以科学社董事会行使中国科学社（下简称"科学社"）董事会职能，被推举为董事会会长（即科学社社长）。

是年，同年发表的重要文章中还有《说中国无科学之原因》、《科学家人数与一国文化之关系》、《科学与工业》、《科学与教育》等，由此形成了个人撰述中终生坚持的特别关注领域，也成为《科学》杂志的一大特色专栏。

1916 年（民国五年） 30 岁

1 月，在《科学》第 2 卷第 1 期发表《科学精神论》，是为国人阐述和提倡"科学精神"之先声。

6 月，于康乃尔大学毕业，获化学学士学位。后曾赴哈佛大学、麻省理工学院，最后进入哥伦比亚大学化学工程系攻读硕士学位。

夏，为中国文字和文学问题，同胡适发生激烈辩论，后自称此时"承认白话有其用处，但不承认除白话外无文学，且于白话诗之能否成立，为尤断断耳"。

7 月 8 日，暑假期间，与友人聚于绮色佳郊游荡舟，后作诗《泛湖纪事》。此次得与陈衡哲初会，"一见如故，爱慕之情与日俱深"。

9 月 2 日，在科学社举行首次年会（会址在马萨诸塞州安道弗高等学校）上作工作报告。次日发表以"外国科学社及本社之历史"为题的讲演。

1917 年（民国六年） 31 岁

4 月 7 日，偕胡适至瓦萨女子学院访问陈衡哲。

9 月 6—7 日，出席并主持在罗岛省普罗维屯斯城勃朗大学校内召开科学社第二次年会。

1918 年（民国七年） 32 岁

春，于哥伦比亚大学毕业，获硕士学位。进一家法国实验室打工，积攒回国经费，于 6 月底辞职。

6 月 24 日，致信胡适，告知回国后的计划，首先是用一年时间调查国内各方面的情形，然后选择可从事的事业。

8 月 30 日至 9 月 2 日，主持在绮色佳康奈尔大学召开的科学社第三次年会（与中国工程学会联合召开）。此后，随着董事会成员和社员陆续归国，科学社事务处也迁回国内。

10 月 26 日，与杨杏佛等乘海轮经日本归国抵上海。

归国后，倾力筹划科学社事业的维持和发展。期间，多次造访孙中山，协助校读其所著《孙文学说》中的有关科学内容。

12 月 7 日，与杨杏佛、胡明复、邹秉文等商议为科学社筹款事，决定发起"五万元基金"募集活动。

12 月底，为募集基金，赴广州走访岑春煊、伍廷芳、汪精卫等人。

1919 年（民国八年） 33 岁

2 月，在北京获徐世昌总统捐助二千元，教育部总长傅增湘捐助一千元，合张謇所允，合计一万元。本年内先后到上海、南通、南京、北京、武汉、成都、重庆等地，考察国情；走访各界名人，为科学社募集基金。

5 月，到重庆，走亲访友，"连日在各学校、商会等处演说，鼓吹科学，颇受一般人欢迎"。

6 月，在四川省省长杨沧白的陪同下到成都拜见四川督军熊克武，进言建立本省钢铁工业基础。随即受委托草拟具体计划，并着手负责筹备建厂，邀请周仁担任总工程师。

10 月，回到上海准备赴美考察。

11 月 24 日，偕周仁乘船赴美，考察炼钢方法及采购有关设备。

1920 年（民国九年） 34 岁

春，在考察美国实业情况的同时，受胡适之托，在美各地为北京大学物色人才。期间，与已在芝加哥大学研究院读硕士学位的陈衡哲重逢。

夏，决定采用先进的电炉法炼钢，购买摩尔电炉公司的电炉设备。但因四川政局发生变化，建厂计划被搁置。遂与周仁返回南京。

8 月 15—21 日，参加并主持在南京举行的科学社第五次年会，同时庆祝社所和图书馆的成立。

8 月 22 日，下午 3 时与陈衡哲在南京梅菴订婚，当晚邀胡适到鸡鸣寺的豁蒙楼用餐。后胡适以此作诗《我们三个朋友》发表于《新青年》杂志。

9 月，应蔡元培之聘，出任北京大学化学系教授，同时陈衡哲被聘为北京大学历史系教授。

9 月 27 日，与陈衡哲在北京大学举行婚礼。

嗣后，受教育总长范源濂之委，兼任教育部专门教育司司长，不久即辞去北京大学教职。

1921 年（民国十年） 35 岁

1 月，参与接待英国哲学家罗素来华讲学的工作，并翻译其讲稿《物之分析》。

约 6 月，参与由胡适、丁文江等发动组织"努力会"（后称"努力社"），谋求中国的政治的改善和社会进步。后为筹办刊物，按丁文江建议，所有会员连续三个月交出每月工资的 5% 作为创刊资金。

7 月 21 日，长女出生在北京，名"以都"，后为丁文江认作义女。

9 月 1—3 日，主持在北京清华大学举行的科学社第六次年会。

12 月，范源濂辞教育总长职。

1922 年（民国十一年） 36 岁

2 月 5 日，被正式免去教育部专门教育司司长职，前此已于年初携眷回到南京。

4 月 29 日，在科学社于南京社所举办的春季演讲会上，作题为"科学与近世文化"的开篇演讲。

5 月 3 日，拟赴四川寻找发展实业或教育的机会，科学社南京社友会举行宴会欢送。

5 月 7 日，由胡适主编的《努力周报》创刊号出版。

5 月 25 日，携妻女抵重庆。任氏家族商定，从江北香国寺优恤任鸿年的用地中购置中心地段的七十余亩，作为整个家族今后的居住中心，称"任家花园"。任陈夫妇后来为此陆续投资约八万元。

8 月，因战事交通受阻未能由重庆赴南通参加科学社第七次年会。

11 月，携妻女离重庆回上海。

12 月，被聘为商务印书馆编辑。

1923 年（民国十二年） 37 岁

6 月，所译斯宾塞著《教育论》由商务印书馆出版。

1 月 在《科学》第 8 卷第 1 期发表《中国科学社的过去及将来》，

勾画了科学社在南通年会之后的未来发展蓝图。

5月20日，参与"科玄论战"，在《努力周报》第53号上发表《人生观的科学或科学的人生观》。

8月10—14日　出席在杭州举行的科学社第八次年会，随后通过突出"学术研究"的新社章，被推选为理事和董事会书记，处于连接董事会与理事会之间的枢纽地位。

1924年（民国十三年）　38岁

1月，出任国立东南大学副校长。

5月25日，在南京召开科学社理事会，讨论美国退还庚子赔款余额的用途，争取利用此款发展科学社的事业。

7月1日，在《申报》上发表《中国科学社对美款用途意见》，本月16日又将其改写为《中国科学社对庚款用途之宣言》，以单行本印发。

7月1—5日，主持在南京社所召开的第九次年会暨成立十周年纪念会，担任年会委员长和会程委员会委员，在大会上作社史报告。

1925年（民国十四年）　39岁

3月，在东南大学发生的"易长风潮"中持中立态度，后辞去东南大学副校长职务，专心著述《科学概论》。

6月3日，次女以书出生，后由胡适认作义女。

8月24—28日，出席在北京欧美同学会举行的科学社第十次年会，并被推举为参加次年泛太平洋学术会议筹备委员会委员。

9月初，应中基会干事长范源濂之邀，出任中华教育文化基金董事会（下简称"中基会"）专门秘书。

1926年（民国十五年）　40岁

3月21日，长兄任鸿熙中风去世。

4月，由中基会专门秘书改任执行秘书，协助干事长处理日常工作。

10月30日至11月11日，出席在日本东京举行的第三次泛太平洋学术会议。经中国全体代表一致力争，终以中国科学社代表中国科学机关加入太平洋科学会议中央委员会。

11 月，所撰《科学概论》由商务印书馆出版。

1927 年（民国十六年） 41 岁

9 月 3—7 日，出席在上海召开的科学社第十二次年会。

12 月 23 日，中基会干事长范源濂病故。

是年，子任以安出生。

1928 年（民国十七年） 42 岁

1 月 28 日，在《现代评论》上发表文章，揭露日本政府假借退还赔款的名目，在华实行文化侵略的政策，呼吁加强对本国资源的调查研究。

3 月 19 日，中基会举行第十三次执委会，决议为纪念范源濂，接受尚志学会委托，拨款组建静生生物调查所。

6 月 29 日，在天津举行的中基会第四次董事年会上当选为副干事长，会议还决定聘任秉志为静生生物调查所所长。

7 月 18 日，成立静生生物调查所（简称静生所）委员会，被推举为委员长。

7 月，国民政府决定改组中基会，修改董事会章程。

8 月 18—22 日，出席在苏州东吴大学举行科学社第十三次年会。

10 月 1 日，出席静生生物调查所成立大会开幕典礼并致词。

是年，被中央政府委任为四川省委员兼教育厅长，未就。

1929 年（民国十八年） 43 岁

1 月 4 日，继任为中基会董事、干事长。

1 月 16、17 日，接连致函蔡元培，对教育部在给中基会的公文中使用"训令"事提出抗议，请蔡向蒋梦麟部长协调解决。后于本月 22 日获蔡答复，教育部与中基会之间仍互以公函形式往来。

上半年，二哥任鸿泽去世。

6 月 29、30 日，出席在天津顺德饭店举行的中基会第五次董事年会，议决接受国民政府教育部及清华基金会之委托，接管清华大学基金；接受教育部之提议，接收并合组国立北平图书馆。

8 月 21—25 日，出席在北平燕京大学举行科学社第十四次年会。

8 月 30 日，教育部和中基会联合组织成立国立北平图书馆委员会，出任副委员长。翌日与袁复礼代表该委员会接收前北平图书馆和北海图书馆。

9月3日，致电刘湘，请其下令撤出入驻任家花园的属下部队，刘于8日复电，告已令撤出。

9月下旬，请假回四川料理家务。

9月25日，被推举为中基会社会调查所委员会委员长，陶孟和为所长。

12月，中基会公布职员任职名单，任鸿隽的职务有：董事、干事处干事长、科学研究补助金及奖励金审查委员会委员、社会调查所委员会委员长、国立北平图书馆委员会委员长、静生生物调查所委员会委员长。

1930 年（民国十九年） 44 岁

7月2日，参加在南京举行的中基会第六次董事年会，报告本年度各项事业进展情况；决定改组科学教育顾问委员会为编译委员会，聘胡适为委员长；改订设立科学研究教授章程。

8月12—17日，出席在青岛大学举行的科学社第十五次年会。

1931 年（民国二十年） 45 岁

2月，出席静生生物调查所和社会调查所新建大楼落成典礼（北平文津街3号），两所于4月迁入新址。5月1日，出席国立北平图书馆文津街新馆落成典礼。

6月，率领由中基会组织的教育考察团赴四川考察。期间曾在成都大学发表演说，提出创造"新文化"的两个最重要条件，一是要建立相信人类会进步的新信仰；二是要用科学方法获得自然和社会的新知识。

8月，当选为黄海化学工业研究社董事会董事长。

1932 年（民国二十一年） 46 岁

3月，参与由胡适、丁文江主导的《独立评论》筹办活动。

5月初，为政府缓付庚款而影响中基会工作事，南下与政府部门商洽。随后从上海沿长江至武汉，沿途视察中基会赞助单位的事业发展情况。

5月22日，《独立评论》正式创刊。后于1937年7月25日停刊，共出版 244 期。任鸿隽为其主要撰稿人之一，论题主要在科学和教育方面，但也广泛涉及与时局紧密相关的政治、军事、外交、文化和社会问题。

6 月 5 日，在《独立评论》上发表《党化教育是可能的吗》，公然而明确地批评国民党政府的"党化教育"政策，一是在学校课程中灌输国民党的主义或主张，二是教育事业完全受国民党的指挥。

是年，国民政府请其担任中央大学校长，辞谢未允。

1933 年（民国二十二年） 47 岁

7 月，在对中国大学和高中理科教科书进行调查之后，在《独立评论》发表文章批评过多采用外文课本的倾向。

12 月 22 日，主持静生所委员会第十二次会议，讨论筹建庐山森林植物园的计划。

1934 年（民国二十三年） 48 岁

5 月 31 日，在中基会执委会上建议将社会调查所与中研院社会科学研究所合并，引致陶孟和的不满；在处置过程中，又与丁文江发生矛盾。

7 月 3—5 日，应孔祥熙之邀，偕陈衡哲等教育界人士赴山西太谷铭贤学校参观。

8 月 20—26 日，主持庐山森林植物园开幕典礼；主持在庐山举行科学社（第十九次）、中国地理学会、中国动物学会、中国植物学会四团体的联合年会，致开幕词。23 日，蒋介石、宋美龄在牯岭私邸招待全体与会代表。

1935 年（民国二十四年） 49 岁

8 月 6 日，接受任命国立四川大学校长（中基会准其休假一年），28 日抵达成都。

9 月 14 日，致函蒋介石，寄送四川大学计划书。

9 月 16 日，在四川大学本学期第一次纪念周上演说，提出四川大学应该承担输入世界知识、建设西南文化中心和负起民族复兴责任的三项使命。

10 月 27 日，在南京中央大学礼堂举行的科学社成立二十周年纪念大会上作社务报告。

12 月，全家由北平迁居成都。

1936 年（民国二十五年） 50 岁

4 月 18 日，中基会第十二次董事会年会准其请辞干事长职务，仍被选为董事。

8 月 17—21 日，出席在北平清华大学和燕京大学举行的科学社（第二十一次）、中国数学会、中国物理学会等七团体的联合年会。

1937 年（民国二十六年） 51 岁

6 月，辞去四川大学校长职务。回到北平，重回中基会工作，任编译委员会委员。

7 月初，往庐山森林植物园视察，并料理自家在庐山建造的别墅"古青书屋"。

7 月 16—20 日，应邀出席蒋介石主持的"庐山谈话会"。会后至上海，与卢沟桥事变后携子女抵上海的陈衡哲会合。

8 月上旬，全家至庐山困居半年。

12 月 29 日，在庐山写完回忆录《五十自述》。

1938 年（民国二十七年） 52 岁

2 月 19 日，携家离庐山，经武汉、广州，于 19 日抵香港，寄居于中基会香港办事处。

3 月，居港期间将部分诗词整理成册，题名《古青诗词》，请蔡元培为其撰跋，但未及印行。

4 月 27 日，出席在香港举行的中基会第十四次年会，向董事会提交《备忘录》，建议在严重困难时期，应采取积极的急进政策，"不顾成败利钝，但尽力为之，以期于国事有济"。同月，被选为中基会执行委员会委员。

6 月 21 日，当选第一届国民参政会参政员。于 7 月 6 日出席在武汉召开的第一届第一次国民参政会。

9 月，被聘为中央研究院化学研究所所长，10 月赴昆明就职。

11 月，被聘为中央研究院总干事。

12 月 22 日，主持在昆明召开的中央研究院院务会议。

1939 年（民国二十八年） 53 岁

3 月 13—14 日，参加在昆明举行的中央研究院第一届评议会第三次会议，作总干事报告。15 日主持院务会议。

4 月 22 日，出席中基会在香港九龙半岛举行的第十五次董事年会，研究庚款停付期间经费筹备办法。在职员改选中，连任原所有职务。

1940 年（民国二十九年） 54 岁

3 月 7 日，飞赴香港，参加于本月 10 日举行的蔡元培葬礼。

3 月 22—23 日，参加在重庆举行的中央研究院第一届评议会第五次年会，选举出中央研究院院长候选人翁文灏、朱家骅、胡适。

4 月 15 日，出席在香港九龙半岛酒店举行的中基会董事年会，会议讨论通过了十二项工作报告和教育文化机关补助费、科研补助金及奖励金等。

7 月 1 日，由其主持筹建的中央研究院化学研究所实验馆落成（昆明小西门外）。

9 月 19 日，国民政府发表朱家骅为中央研究院代理院长。

10 月，辞去中央研究院总干事职务，由傅斯年继任。

12 月 23 日，落选第二届国民参政会参政员。

1941 年（民国三十年） 55 岁

2 月 27 日，在昆明城郊居室遭到抢劫。

3 月 13—15 日，出席在重庆召开的中央研究院第二届评议会第一次年会。

3 月 15 日下午，在重庆主持召开科学社理事会，对本年是否召开年会问题出现分歧，后于 3 月 22 日召开理事会决定本年停办年会。

4 月 18 日，出席中基会在香港举行的第十七次董事年会，通过应对可能发生太平洋战争的紧急预案。

7 月，长女任以都从昆明抵香港，后经上海赴美国留学。

冬，居昆明乡间避空袭期间，翻译 W. C. D. 丹皮尔的科学史著作 (*A History of Science and its Relation With Philosophy and Religion*)。

11 月 27 日，陈衡哲携一女一子赴香港，太平洋战争爆发后受困于港。

1942 年（民国三十一年） 56 岁

1 月 18 日，中基会成立非常时期委员会（即"紧急委员会"）在重庆设立干事处，被推举为干事长。3 月 16 日，中基会在美董事于纽约成立特设驻美委员会，孟禄为主席，胡适为秘书，顾临为协理干事长。中基会事务主要通过任鸿隽与顾临之间联络。

夏初，辞去中央研究院化学研究所所长职务，专任中基会干事长。

夏间，陈衡哲携子女脱险归来。

1943 年（民国三十二年） 57 岁

年初，受周恩来邀请，陈衡哲曾往红岩村做客。

4 月，因前列腺肥大住院手术。

6 月 30 日，在重庆主持召开中基会非常时期委员会第四次会议，讨论各补助款项及科学研究金当选人，续聘李济、秉志、葛利普、庄长恭为科学研究教授。

7 月 18—20 日，出席在北碚举行的中国科学社（第二十三次）与中国气象学会等六学术团体联合年会，在科学社年会上做工作报告。

是年，周恩来曾在吴玉章陪同下到任家花园拜访任鸿隽陈衡哲夫妇。

1944 年（民国三十三年） 58 岁

1 月初，科学社董事会改为监事会，继续担任监委会书记、理事会会长（社长）。

11 月 4—6 日，在成都主持召开科学社成立卅周年庆祝大会暨第二十四次年会。

1945 年（民国三十四年） 59 岁

2 月，中基会成立由任鸿隽、蒋梦麟、朱经农、傅斯年等组成的"特别补助金委员会"，办理由美国援华救济联合会对教育研究机关补助骨干人员研究之用的拨款。候选人须有学术研究及教学之成绩，经济十分困难者的高级研究教学人员。

7 月 1 日，出席在重庆中央大学礼堂召开的"中国科学工作者协会"成立大会，被公推为大会主席。8 月被选为理事。

9 月 20—26 日，抗战胜利后，出席在重庆中央图书馆召开的全国教育善后复员会议，与竺可桢、蒋孟麟、吴有训等提出"向日本调查图书仪器，以补大学与研究机关损失案"。

12月1日，在重庆召开的中基会第十八次年会上作干事长报告，安排复员工作。因抗战胜利，撤销中基会的战时临时机构，恢复正常组织。

1946年（民国三十五年） 60岁

3月，与李衎、吴学周三人合译的《科学与科学思想发展史》在重庆出版，6月在上海再版。

7月4日，乘船赴美与美国董事商讨中基会工作。携家人同行，安排次女以书、儿子以安在美就学。在美期间曾因患肾结石住院治疗。

1947年（民国三十六年） 61岁

2月3日，回到上海。

8月28日，出席联合国教育科学文化组织中国委员会成立大会。

8月30日至9月1日，出席由中国科学社（第二十五次）与中华自然科学社、中国天文学会、中国气象学会等在上海举行的七团体联合年会。

9月15日，联合国文教组织中国委员会举行首次执行委员会议，当选为自然科学委员会委员。

1948年（民国三十七年） 62岁

1月25日，出席在中央研究院举行的中国科学工作者协会上海分会成立大会，代表科学社致词。

5月30日，主持由科学社和中国科学工作者协会上海分会联合举办的"工业与科学"座谈会。

5月31日，在《观察》上发表文章悼念于3月27日去世的中基会副董事长R.S.顾临先生，称他是"一个纯洁的、不自私的、为了中国的利益服务，数十年如一日的好朋友"。

9月26日，出席在中央研究院召开的联合国联教组织中国委员会第二次年会。

10月10—11日，出席由中国科学社（第二十六次）与中华自然科学社等十团体在上海举行的上海—南京区联合年会。

12 月底，当选中国科学工作者协会第三届监事会监事。

1949 年　63 岁

2 月 13 日，出席科学社理事会、监事会联席会议，做社务工作报告。

4 月 3 日，出席在中国科学社和中国科学工作者协会上海分会联合举办的"科学与社会"座谈会上发言，涉及"计划科学"等问题。

5 月 2 日，偕财务干事叶良才赴香港处理移交中基会事务，在港滞留四个多月。

6 月 10 日，由中国科学社、中华自然科学社、中国科学工作者协会和东北自然科学研究会联署，在北平发布《召开"中华全国第一次科学会议"发起书》。

6 月 15 日，上海解放后，市长陈毅向竺可桢询问任鸿隽情况，希望其能参加将在北平举行的全国科学会议。

9 月 4 日，从香港乘船北上。抵天津后赴北平，13 日上午拜会吴玉章。

9 月 21 日，作为特邀代表出席在北京举行的第一届中国人民政治协商会议，但因陈衡哲催促，于 9 月 26 日提前离会回上海。

10 月 23 日，在上海召开中华人民共和国成立暨中国科学社成立三十五周年庆祝会上，号召全体社员在人民政府领导下，努力为发展新中国科学事业而奋斗。

1950 年　64 岁

5 月，忆述自己 25 岁之前生活经历的《前尘琐记》完稿。

6 月 14—23 日，出席第一届中国人民政治协商会议第二次会议。

8 月 17—24 日，出席在北京清华大学召开的中华全国自然科学工作者代表大会，当选为中华全国自然科学学会专门联合会（简称"全国科联"）第一届全国委员会委员。8 月 25 日当选为全国科联常务委员会委员。此后中国科学工作者协会与中华自然科学社等先后宣布解散。

12 月 26 日，经中央人民政府委员会第 10 次会议批准任命为政务院文化教育委员会委员。其后被任命为华东人民政府文化教育委员会委员。

1951 年　65 岁

5 月，在《科学》第 32 卷增刊号上发表《〈科学〉三十五年的回顾》，作为对《科学》停刊的纪念。

11 月，进行中国科学社社友登记，坚持开展社务活动，继续担任科学社理事长（社长）。

是年，被选为上海市科联主任委员，但中国科学社活动不纳入科联工作。

是年，侄儿任百鹏在重庆被错判误杀，此后负责抚养百鹏第三子任尔宁。

1952 年　66 岁

1 月 5 日，赋诗《壬辰除夕》："急景高风又岁阑，愁怀难遣酒杯宽。百年倏过三分二，世事惊看觸斗蛮。每话故交余苦忆，剩缄儿女报平安。案头幸有书画史，坐对梅花共晚寒。"

1953 年　67 岁

年初，主持将科学社创办的《科学画报》移交给上海市科普协会。

1954 年　68 岁

春，当选上海市第一届人民代表大会代表。

3 月 12 日，出席在北京召开的政务院文化教育委员会第五次全体会议。

10 月，主持科学社成立四十周年纪念会，并举办"中国科技史料展览"。

12 月 21—25 日，作为自然科学团体代表出席第二届全国政协会议，并当选第二届全国政协委员。

是年，主持将科学社生物研究所所有的标本、仪器、人员等分别移交给中国科学院水生生物所、动物室和植物所。

1956 年　70 岁

1 月 30 日至 2 月 7 日，出席全国政协第二届第二次会议，期间与竺可桢晤谈，表示其子任以安（学地质）愿回国到中科院工作。

2 月，主持捐献明复图书馆，由上海市文化局接收、改组为上海市科技图书馆，聘任鸿隽为馆长。

3月，署名庶允的译著《最近百年化学之进展》，由科学出版社出版。

秋，主持将"中国科学图书仪器公司"公私合营，印刷厂并入中国科学院所属的科学出版社，人员和机器全部迁到北京。翌年初，该公司所属编辑部并入上海科技出版社，仪器部分合并给上海量具工具厂。

12月，所译《爱因斯坦与相对论》由科技出版社出版，所编《明复图书馆庋藏外文期刊目录》由科学社刊印。

是年，搬进太原路63弄6号新居。

1957年　71岁

响应"向科学进军"的号召，在"双百方针"鼓舞下，主持将《科学》杂志以季刊形式复刊，由科学社编辑，由上海科技出版社出刊，以本年7月为第33卷第1期，至1960年4月出刊第36卷第2期，再度停刊。

1958年　72岁

春，上海科技图书馆（原明复图书馆）并入上海图书馆，被任命为馆长。

4月2日，致函中共市委教育卫生工作部领导，希望确认直接领导中国科学社的上级党政机构。

冬，当选上海市科学技术协会副主席。

1959年　73岁

4月17日—19日，作为无党派民主人士出席第三届全国政协会议，并当选为全国政协委员。

秋季，主持召开科学社全体理事会，决定将社中所有现存房屋、财产、书籍、设备等，一并捐献给政府，《科学》杂志由上海市科协接收。

1960年　74岁

5月4日，与上海市科协办妥科学社的一切移交事项，科学社至此宣告结束。

年底，辞去上海图书馆馆长职务。

是年，应全国政协文史资料委员会办公室之请，着手撰写有关忆述文章。

1961 年　75 岁

5月，在《文史资料选辑》第 15 辑上发表《中国科学社社史简述》。

5月，在杭州与吴玉章相会，嘱将西湖旁尚存任鸿年之墓迁移，"免碍建筑"。后由吴与当地政府部门商议，启墓火化归土。

10月9日，受劝允于次日参加辛亥革命五十周年纪念大会并作讲演，但当晚突发脑溢血而病倒住院。

11月9日，中午 12 时在上海华东医院去世。

11月13日，在上海万国殡仪馆举行公祭。周恩来、陈毅、吴玉章、陈丕显、陈望道等赠送花圈、挽联。

中国近代思想家文库

丁文江卷　　　　　　　　　　　　　　　宋广波　编
钱玄同卷　　　　　　　　　　　　　　　张荣华　编
张君劢卷　　　　　　　　　　　　　　　翁贺凯　编
赵紫宸卷　　　　　　　　　　　　　　　赵晓阳　编
李大钊卷　　　　　　　　　　　　　　　杨琥　编
李达卷　　　　　　　　　　　　宋俭、宋镜明　编
张慰慈卷　　　　　　　　　　　　　　　李源　编
晏阳初卷　　　　　　　　　　　　　　　宋恩荣　编
陶行知卷　　　　　　　　　　　　　　　余子侠　编
戴季陶卷　　　　　　　　　　　　桑兵、朱凤林　编
胡适卷　　　　　　　　　　　　　　　　耿云志　编
郭沫若卷　　　　　　谢保成、魏红珊、潘素龙　编
卢作孚卷　　　　　　　　　　　　　　　王果　编
汤用彤卷　　　　　　　　　　　汤一介、赵建永　编
吴耀宗卷　　　　　　　　　　　　　　　赵晓阳　编
顾颉刚卷　　　　　　　　　　　　　　　顾潮　编
张申府卷　　　　　　　　　　　　　　　雷颐　编
梁漱溟卷　　　　　　　　　　　梁培宽、王宗昱　编
恽代英卷　　　　　　　　　　　　　　　刘辉　编
金岳霖卷　　　　　　　　　　　　　　　王中江　编
冯友兰卷　　　　　　　　　　　　　　　李中华　编
傅斯年卷　　　　　　　　　　　　　　欧阳哲生　编
罗家伦卷　　　　　　　　　　　　　　　张晓京　编
萧公权卷　　　　　　　　　　　　　　　张允起　编
常乃惪卷　　　　　　　　　　　　　　　查晓英　编
余家菊卷　　　　　　　　　　　　余子侠、郑刚　编
瞿秋白卷　　　　　　　　　　　　　　　陈铁健　编
潘光旦卷　　　　　　　　　　　　　　　吕文浩　编
朱谦之卷　　　　　　　　　　　　　　　黄夏年　编
陶希圣卷　　　　　　　　　　　　　　　陈峰　编
钱端升卷　　　　　　　　　　　　　　　孙宏云　编
王亚南卷　　　　　　　　　　　　夏明方、杨双利　编
黄文山卷　　　　　　　　　　　　　　　赵立彬　编

图书在版编目（CIP）数据

中国近代思想家文库. 任鸿隽卷/樊洪业，潘涛，王勇忠编. —北京：中国人民大学出版社，2013.12

ISBN 978-7-300-18559-0

Ⅰ. ①中… Ⅱ. ①樊…②潘…③王… Ⅲ. ①思想史-研究-中国-近代②任鸿隽（1886～1961）-思想评论 Ⅳ. ①B250.5

中国版本图书馆 CIP 数据核字（2013）第 319615 号

中国近代思想家文库
任鸿隽卷
樊洪业　潘涛　王勇忠　编
Ren Hongjun Juan

出版发行	中国人民大学出版社			
社　　址	北京中关村大街 31 号		**邮政编码**	100080
电　　话	010－62511242（总编室）		010－62511770（质管部）	
	010－82501766（邮购部）		010－62514148（门市部）	
	010－62515195（发行公司）		010－62515275（盗版举报）	
网　　址	http：//www.crup.com.cn			
经　　销	新华书店			
印　　刷	涿州市星河印刷有限公司			
开　　本	720 mm×1000 mm　1/16		**版　　次**	2014 年 6 月第 1 版
印　　张	33.25 插页 1		**印　　次**	2025 年 1 月第 3 次印刷
字　　数	516 000		**定　　价**	104.00 元